21世纪经济管理新形态教材·会计学系列

税务会计与税收筹划

杜驰 ◎ 主编

清华大学出版社

北京

内 容 简 介

本书以我国最新税制法规及《企业会计准则》为依据,对主要税种涉税业务的确认、计量与税收筹划进行了系统阐述。在编写思路的处理上,本书不过度拘泥于对现行税制法规文本细节的阐释及纯业务处理技巧的展示,而是体现对流转税、所得税、财产税、行为税等各类税种兼容耦合特性的全面理解与把握,以及对企业会计准则与税制法规之间既冲突又协调的深入思考,力图培养学生形成精准的涉税业务专业判断能力。此外,相关章节还从产业链、价值链视角对涉税业务进行了分析,这对于企业突破自身局限,将涉税业务处理拓展到产业链、价值链转型升级这一广阔背景下进行全面审视具有方法论上的启发意义。

本书适应了部分高校会计学、税收学等专业压缩理论课程课时、强化专业实践的课程改革思路,可作为这类专业本科及专业硕士层次较为理想的课程教材。当然,会计、财税领域实务工作者选择本书用于业务学习也是适宜的。

本书封面贴有清华大学出版社防伪标签,无标签者不得销售。
版权所有,侵权必究。举报:010-62782989,beiqinquan@tup.tsinghua.edu.cn。

图书在版编目(CIP)数据

税务会计与税收筹划/杜驰主编.—北京:清华大学出版社,2022.12(2025.1重印)
21世纪经济管理新形态教材.会计学系列
ISBN 978-7-302-62015-0

Ⅰ.①税… Ⅱ.①杜… Ⅲ.①税收会计－高等学校－教材 ②税收筹划－高等学校－教材
Ⅳ.①F810.42

中国版本图书馆CIP数据核字(2022)第187599号

责任编辑:胡　月
封面设计:汉风唐韵
责任校对:王荣静
责任印制:刘海龙

出版发行:清华大学出版社
　　　　网　　　址:https://www.tup.com.cn,https://www.wqxuetang.com
　　　　地　　　址:北京清华大学学研大厦A座　　邮　　编:100084
　　　　社 总 机:010-83470000　　　　　　　　邮　　购:010-62786544
　　　　投稿与读者服务:010-62776969,c-service@tup.tsinghua.edu.cn
　　　　质量反馈:010-62772015,zhiliang@tup.tsinghua.edu.cn
　　　　课件下载:https://www.tup.com.cn,010-83470142
印 装 者:三河市铭诚印务有限公司
经　　销:全国新华书店
开　　本:185mm×260mm　　印　张:25.25　　字　数:607千字
版　　次:2022年12月第1版　　　　　　　　印　次:2025年1月第3次印刷
定　　价:69.00元

产品编号:094829-01

前言
PREFACE

涉税业务的确认、计量及税收筹划在会计学、税收学等专业的课程体系中具有极其重要的地位。目前,国内针对这方面内容所出版的教材多是分设为《税务会计》《税收筹划》两本,彼此之间的内容编排多有重复,内在逻辑及有机协调不尽如人意。虽然也有极少数教材将"税务会计"与"税收筹划"内容编入同一本教材,但是对"税收筹划"部分仅是做思路性、原理性概述,结合实际业务的具体操作及对技能培养等方面的思考仍有不足。

为此,编者基于多年的教学反思与实践经验,编写了本教材。本教材的编写思路是,不过度拘泥于对现行税制法规文本细节的阐释及纯业务处理技巧的展示,而是体现对流转税、所得税、财产税、行为税等各类税种兼容耦合特性的全面理解与把握,以及对企业会计准则与税制法规之间既冲突又协调的深入思考,力图培养学生形成精准的涉税业务专业判断能力。此外,本教材还从产业链、价值链视角对"税务会计"业务与"税收筹划"业务进行了相应阐述,这对于企业突破自身局限,将涉税业务处理拓展到产业链、价值链转型升级这一广阔背景下进行全面审视具有方法论上的启发意义。

编者在教学之余有多年的财税会计领域实践工作经验,在此过程中深切感受到现实经济领域涉税业务活动的复杂性、多样性,远远超出教材所能枚举穷尽的范畴。作为财税会计领域的教育工作者,有责任将真实的涉税业务情况经由教学反思全面呈现给学生,使学生不会囿于"只见树木、不见森林"的局促视野,引导学生把握适切的方法论去剖析、领会纷繁复杂的现实经济活动中具体涉税业务的本质与精髓,进而真正提高自身的专业素养与业务技能,成为具有创新精神的新时代中国特色社会主义事业的建设者和接班人。有鉴于此,本教材还适当融入了课程思政元素。

本教材的编写工作得到了黄蕾教授的大力支持,刘元洪教授、刘长进博士审阅了全书,在读研究生余梦灵、匡涛协助完成了图表处理工作,清华大学出版社的编辑对教材编写工作给予了持续的鼓励与鞭策。本教材在出版过程中,得到了南昌航空大学教材立项资助,在此深表感谢。另外,本教材参考了部分专家学者公开出版的文献,在此一并致谢!

编 者
2022 年 10 月

目录 CONTENTS

第1章 概论 ··· 1
  1.1 企业会计准则的应用背景与基本结构 ·································· 1
    1.1.1 企业会计准则的应用背景 ··· 1
    1.1.2 企业会计准则的基本结构 ··· 3
  1.2 中国现代税制的设计与调整完善 ·· 4
    1.2.1 设计思路与主要原则 ··· 4
    1.2.2 主要税种及其调整完善 ·· 5
  1.3 会计准则与税制法规的冲突及协调 ····································· 7
    1.3.1 税务会计的界定 ·· 7
    1.3.2 会计准则与税制法规的冲突 ······································ 8
    1.3.3 会计准则与税制法规的协调 ······································ 9
  1.4 课程的性质与本教材的特点 ·· 9
    1.4.1 课程的性质 ·· 9
    1.4.2 本教材的特点 ··· 10
  复习思考题 ·· 11

第2章 涉税业务特点与税收筹划原理 ··· 12
  2.1 税务会计领域交易、事项的确认与计量特点 ······················· 13
    2.1.1 税务会计领域的主要交易或事项 ······························ 13
    2.1.2 税务会计领域的主要特点 ······································· 14
  2.2 税收筹划对税务会计具体业务处理方式的影响形式 ············· 15
    2.2.1 改变会计计量的基本模式 ······································· 15
    2.2.2 影响会计政策及会计处理方法的具体选择 ················· 16
    2.2.3 影响会计账户的选择运用与纳税申报表的调整 ··········· 16
  2.3 税收筹划的基本原理与主要方法 ······································ 17
    2.3.1 税收筹划的基本原理 ··· 17
    2.3.2 税收筹划的主要方法 ··· 19
  2.4 税收筹划的影响因素 ··· 22
    2.4.1 外部因素 ·· 22

2.4.2 内部因素 ······ 23
复习思考题 ······ 25

第3章 增值税会计与税收筹划 ······ 26
3.1 增值税的确认、计量与纳税申报 ······ 27
3.1.1 增值税概述 ······ 27
3.1.2 增值税的确认与计量 ······ 35
3.1.3 增值税的纳税申报 ······ 40
3.2 增值税进项税额的会计处理 ······ 45
3.2.1 会计账户设置 ······ 45
3.2.2 增值税进项税额的会计处理 ······ 48
3.3 增值税销项税额的会计处理 ······ 55
3.3.1 一般销售方式的会计处理 ······ 55
3.3.2 视同销售行为的会计处理 ······ 56
3.3.3 混合销售行为的会计处理 ······ 61
3.3.4 兼营行为的会计处理 ······ 61
3.3.5 销售退回及折让、折扣的会计处理 ······ 62
3.3.6 包装物销售、出租及没收包装物押金的会计处理 ······ 64
3.3.7 销售、出租有形动产、不动产及无形资产的会计处理 ······ 66
3.3.8 特殊情况的会计处理 ······ 67
3.4 增值税简易计税的会计处理 ······ 69
3.4.1 小规模纳税人增值税的会计处理 ······ 69
3.4.2 一般纳税人增值税简易计税的会计处理 ······ 70
3.5 增值税减免、缴纳、稽征查补的会计处理 ······ 72
3.5.1 增值税减免的会计处理 ······ 72
3.5.2 增值税缴纳的会计处理 ······ 74
3.5.3 增值税稽征查补的会计处理 ······ 75
3.6 纳税平衡点的模型建构与运用 ······ 76
3.6.1 一般纳税人和小规模纳税人身份认定的筹划 ······ 77
3.6.2 运用收益平衡点模型分析的供应商选择筹划 ······ 80
3.7 增值税税收筹划技巧与实务 ······ 82
3.7.1 购进环节的税收筹划 ······ 82
3.7.2 销售环节的税收筹划 ······ 86
3.7.3 利用税收优惠政策的税收筹划 ······ 90
3.7.4 其他税收筹划方式 ······ 93
复习思考题 ······ 96

第4章 消费税会计与税收筹划 ······ 97
4.1 消费税的确认、计量与纳税申报 ······ 98

		4.1.1 消费税概述	98

        4.1.2 消费税的确认与计量 102
        4.1.3 消费税的纳税申报 107
  4.2 消费税的会计处理 111
        4.2.1 会计账户设置 111
        4.2.2 应税消费品销售的会计处理 112
        4.2.3 委托加工收回应税消费品的会计处理 116
        4.2.4 进口应税消费品的会计处理 118
        4.2.5 消费税出口退(免)税的会计处理 119
  4.3 消费税税收筹划技巧与实务 120
        4.3.1 应税消费品定价的税收筹划 120
        4.3.2 降低计税依据的税收筹划 122
        4.3.3 兼营或成套销售应税消费品的税收筹划 122
        4.3.4 委托加工应税消费品收回后出售的税收筹划 123
        4.3.5 应税消费品加工方式选择的税收筹划 124
        4.3.6 课税环节的税收筹划 125
        4.3.7 买赠促销的税收筹划 126
        4.3.8 利用起征点的税收筹划 126
        4.3.9 纳税义务发生时间的税收筹划 127
  复习思考题 129

第 5 章 关税会计与税收筹划 130

  5.1 关税的确认、计量与纳税申报 130
        5.1.1 关税概述 130
        5.1.2 关税的确认与计量 134
        5.1.3 关税的纳税申报 137
  5.2 关税的会计处理 138
        5.2.1 制造企业进出口业务关税的会计处理 138
        5.2.2 商品流通企业进出口业务关税的会计处理 140
  5.3 关税税收筹划技巧与实务 143
        5.3.1 进口货物关税完税价格的税收筹划 143
        5.3.2 关税税率的筹划 145
  复习思考题 147

第 6 章 土地增值税会计与税收筹划 148

  6.1 土地增值税的确认、计量与纳税申报 148
        6.1.1 土地增值税概述 148
        6.1.2 土地增值税的确认与计量 152
        6.1.3 土地增值税的纳税申报 154

6.2 土地增值税的会计处理 ·· 158
   6.2.1 主营房地产业务的企业土地增值税的会计处理 ························ 158
   6.2.2 兼营房地产业务的企业土地增值税的会计处理 ························ 160
   6.2.3 非房地产企业转让房地产的土地增值税的会计处理 ···················· 160
6.3 土地增值税税收筹划技巧与实务 ·· 161
   6.3.1 计税依据和税率的筹划 ·· 162
   6.3.2 增加房地产转让环节的筹划 ·· 166
复习思考题 ··· 167

第 7 章　企业所得税会计与税收筹划 ·· 168
7.1 企业所得税的确认、计量与纳税申报 ···································· 168
   7.1.1 企业所得税概述 ·· 168
   7.1.2 企业所得税的确认与计量 ·· 174
   7.1.3 企业所得税的纳税申报 ·· 189
7.2 应付税款法与纳税影响会计法的比较 ···································· 194
   7.2.1 所得税会计的应用背景 ·· 195
   7.2.2 税前会计利润与应纳税所得额之间差异的会计处理方法 ··············· 198
7.3 企业所得税的会计处理 ·· 207
   7.3.1 会计账户设置 ·· 207
   7.3.2 企业所得税具体账务处理 ·· 208
7.4 企业所得税税收筹划技巧与实务 ·· 221
   7.4.1 纳税人身份的税收筹划 ·· 221
   7.4.2 收入的税收筹划 ·· 223
   7.4.3 税前扣除项目的税收筹划 ·· 226
   7.4.4 应纳税所得额的税收筹划 ·· 236
   7.4.5 税率的税收筹划 ·· 239
   7.4.6 应纳税额的税收筹划 ·· 241
复习思考题 ··· 245

第 8 章　个人所得税会计与税收筹划 ·· 246
8.1 个人所得税的确认、计量与纳税申报 ···································· 246
   8.1.1 个人所得税概述 ·· 246
   8.1.2 个人所得税的确认与计量 ·· 252
   8.1.3 个人所得税的纳税申报 ·· 260
8.2 个人所得税的会计处理 ·· 266
   8.2.1 代扣代缴个人所得税的会计处理 ··································· 266
   8.2.2 非法人企业个人所得税的会计处理 ································· 267
8.3 个人所得税税收筹划技巧与实务 ·· 270
   8.3.1 综合所得的税收筹划 ·· 271

目录

  8.3.2 经营所得的税收筹划 ······ 278
  8.3.3 财产租赁所得的税收筹划 ······ 279
  8.3.4 公益性捐赠的税收筹划 ······ 280
  8.3.5 纳税人身份的税收筹划 ······ 282
 复习思考题 ······ 284

第9章 资源税会计与税收筹划 ······ 285
 9.1 资源税的确认、计量与纳税申报 ······ 285
  9.1.1 资源税概述 ······ 285
  9.1.2 资源税的确认与计量 ······ 290
  9.1.3 资源税的纳税申报 ······ 291
 9.2 资源税的会计处理 ······ 293
  9.2.1 账户设置 ······ 293
  9.2.2 具体业务的会计处理 ······ 293
 9.3 资源税税收筹划技巧与实务 ······ 295
  9.3.1 分开核算具体应税产品的税收筹划 ······ 295
  9.3.2 充分享受税收优惠政策的税收筹划 ······ 296
  9.3.3 某些特殊情况下合理确定折算率进行税收筹划 ······ 297
  9.3.4 其他税收筹划思路与方法 ······ 298
 复习思考题 ······ 299

第10章 其他税种会计与税收筹划 ······ 300
 10.1 城市维护建设税会计与税收筹划 ······ 300
  10.1.1 城市维护建设税概述 ······ 300
  10.1.2 城市维护建设税的会计处理 ······ 304
  10.1.3 城市维护建设税税收筹划技巧与实务 ······ 305
 10.2 城镇土地使用税会计与税收筹划 ······ 306
  10.2.1 城镇土地使用税概述 ······ 306
  10.2.2 城镇土地使用税的会计处理 ······ 309
  10.2.3 城镇土地使用税税收筹划技巧与实务 ······ 312
 10.3 房产税会计与税收筹划 ······ 314
  10.3.1 房产税概述 ······ 314
  10.3.2 房产税的会计处理 ······ 317
  10.3.3 房产税税收筹划技巧与实务 ······ 318
 10.4 印花税会计与税收筹划 ······ 322
  10.4.1 印花税概述 ······ 322
  10.4.2 印花税的会计处理 ······ 329
  10.4.3 印花税税收筹划技巧与实务 ······ 330
 10.5 车船税会计与税收筹划 ······ 334

  10.5.1 车船税概述 ·· 334
  10.5.2 车船税的会计处理 ·· 338
  10.5.3 车船税税收筹划技巧与实务 ··· 338
 10.6 契税会计与税收筹划 ··· 339
  10.6.1 契税概述 ··· 339
  10.6.2 契税的会计处理 ·· 342
  10.6.3 契税税收筹划技巧与实务 ·· 344
 10.7 车辆购置税会计与税收筹划 ··· 348
  10.7.1 车辆购置税概述 ·· 348
  10.7.2 车辆购置税的会计处理 ··· 352
  10.7.3 车辆购置税税收筹划技巧与实务 ································ 352
 10.8 环境保护税会计与税收筹划 ··· 354
  10.8.1 环境保护税概述 ·· 354
  10.8.2 环境保护税的会计处理 ··· 361
  10.8.3 环境保护税税收筹划技巧与实务 ································ 361
 10.9 财产税和行为税合并纳税申报试点改革 ································ 362
  10.9.1 合并纳税申报试点改革背景 ······································· 362
  10.9.2 财产和行为税纳税申报表填制 ··································· 363
 复习思考题 ··· 365

第11章 主要产业部门税务会计与税收筹划 ···································· 366
 11.1 产业领域涉税业务的价值链分析 ·· 366
  11.1.1 产业领域价值链概述 ·· 367
  11.1.2 价值链治理模式对税负及会计处理的影响 ················ 368
 11.2 具体产业部门涉税业务特点 ··· 371
  11.2.1 装备制造业涉税业务特点 ·· 371
  11.2.2 现代服务业涉税业务特点 ·· 373
 11.3 税收筹划助推产业链、价值链转型升级的思路 ······················ 375
  11.3.1 涵养价值生态维护产业链稳定,避免一己私利破坏价值生态 ····· 375
  11.3.2 适度技术转移均衡增值率,推动协同创新实现价值链攀升 ········ 376
  11.3.3 生产性服务业与制造业深度融合、价值共创,助推产业链升级 ··· 377
 复习思考题 ··· 378

第12章 税收筹划思路与技巧的系统思考 ·· 379
 12.1 企业直接税与间接税的总体结构及配比关系 ························· 379
  12.1.1 企业直接税与间接税的总体结构与配比情况 ············ 379
  12.1.2 政策着力点差异与税务风险 ······································· 380
 12.2 流转税、所得税、财产税、行为税的兼容耦合性及现金流量分析 ·········· 382
  12.2.1 流转税、所得税、财产税、行为税的兼容耦合性 ·············· 382

  12.2.2 不同税种税负对利润表与现金流量表逻辑依存关系的影响 …… 383
 12.3 整体税收筹划观的思考与构建 ………………………………………… 385
  12.3.1 税收筹划应审视所处行业整体发展态势及产业链具体情况 …… 385
  12.3.2 税收筹划目标应服从纳税人的整体战略发展目标 ……………… 386
  12.3.3 税收筹划应与企业生命周期生产运营完整流程相结合 ………… 386
  12.3.4 税收筹划应秉持终身学习理念,全面把握税制法规的变化
     调整 …………………………………………………………………… 387
  复习思考题 …………………………………………………………………… 388

参考文献 ……………………………………………………………………………… 389

第1章 概　论

【学习目标】
1. 了解企业会计准则的应用背景与基本结构。
2. 熟悉中国现代税制的总体状况。
3. 理解企业会计准则与税制法规之间冲突的产生逻辑。
4. 掌握协调企业会计准则与税制法规之间冲突的主要方法。

【导入案例】
某服装公司在 2021 年年终盘点存货时,发现一批当年年初生产的春款服装因滞销依然积压在仓库中。公司管理层就盘点结果召开会议讨论处理相关事项时,财务经理提出应对该批春款服装计提存货跌价准备,理由是:第一,该批服装具有明显的资产减值倾向,计提存货跌价准备符合谨慎性原则;第二,计提存货跌价准备可以计入资产减值损失,从而减少本期的利润总额,进而降低企业所得税税负。

请思考:
1. 财务经理提出的建议是否应被采纳?
2. 财务经理给出的理由是否成立?

1.1　企业会计准则的应用背景与基本结构

1.1.1　企业会计准则的应用背景

企业会计准则是反映企业经济活动、确认产权关系、规范收益分配的会计技术标准,也是生成和提供会计信息、实现社会资源优化配置、政府规范经济秩序和从事国际经济交往的重要依据。我国企业会计准则的应用背景具有以下特点。

1. 颁布应用相对晚近,借鉴改进特征明显

我国企业会计准则的制定、发布与应用相对晚近。1992 年 11 月 30 日,财政部发布的

《企业会计准则——基本准则》（自1993年7月1日起实施），是改革开放以来为了实现与国际惯例接轨而制定、发布的第一个企业会计准则。此后，随着国际经济交往的不断推进以及全球经济一体化步伐的加快，我国对作为经济交往通用语言的会计准则的制定需求日渐迫切，但是当时对企业会计准则的制定与应用的实际经验以及认识都极为欠缺。为此，我国企业会计准则的制定借鉴了国际会计准则等行业标准进行修正的具体方式，此间历经多次发布、修改、补充、完善，目前的企业会计准则体系已经基本实现了与国际财务报告准则的实质性趋同。

但是，过于刻意追求与国际财务报告准则的实质性趋同必然带来诸多问题。因为在新时代中国特色社会主义建设进程中，一方面要发挥市场在资源配置中的决定性作用，另一方面又因特有的制度优势，要确保"发展为了人民"的发展理念切实得到贯彻，所以，实际经济发展领域中的产权界定、职工权益保障、破产清算程序等方面有许多契合国情的制度安排。这决定了我国企业会计准则既要具备宽广开放的国际视野，又必然蕴含着深刻的经济、社会、文化、国情背景，这种准则运用背景既是制度自信、文化自信的具体体现，又对我国企业会计准则的价值取向发挥了基本的引领作用。为此，我国企业会计准则对企业会计信息生成及披露的规范与约束，绝不能从纯技术的工具理性角度来进行运用及阐释，而应结合企业财务会计人员与管理层、治理层甚至监管部门等利益相关方的价值体认与文化认同来深刻理解。

2. 准则确认具备较大的弹性空间，会计处理自由裁量权需要善用

企业会计准则体系以确保提供高质量的会计信息满足需求为核心，具体而言是业务确认与计量、财务报告、信息披露在反映企业管理层受托责任履行情况的同时，能够向会计信息的利益相关者提供对决策有用的信息。但是，财务会计人员的专业水准与文化素养，企业管理层及治理层的立场与价值取向，以及涵盖股东、债权人、政府监管机构、潜在投资者等众多利益相关者对会计信息的理解与使用目的迥异，所有这一切都决定了财务会计信息系统要最大限度地满足上述质量要求，就不得不使企业会计准则确认具备必要的弹性空间和自由裁量幅度，而财务会计人员的专业水准与主观职业判断能力只是其中的关键环节而非最终决定因素。因此，企业会计准则对会计信息质量真实性与公允性兼具的明确要求，就是对这种自由裁量权进行的回应。

但是财务会计处理中的自由裁量权需要善用，财务会计人员的专业判断能力、管理层及治理层的立场局限，甚至监管层与潜在投资者的特殊要求与利益考量，都有可能导致财务会计处理中的自由裁量权运用不当甚至被滥用，进而使会计确认、计量与披露丧失公允。

企业会计准则在计量属性选择、资产减值准备计提等诸多方面都具备弹性空间，在相关业务的财务会计处理过程中如不能善用自由裁量权，则很可能构成盈余操控行为：《企业会计基本准则》第四十三条规定，"企业在对会计要素进行计量时，一般应当采用历史成本，采用重置成本、可变现净值、现值、公允价值计量的，应当保证所确定的会计要素金额能够取得并可靠计量"。但是，对于类似生物资产采用公允价值计量增值收益却无相应的现金流等情况，如何取得增值收益并确保其可靠性非常困难；资产减值准则明确的资产减值前提——存在明显减值迹象的判断也存在随意性，尤其对市场发育不充分或者受供应链波动影响较大的产品则更难确保公允。此外，计提资产减值准备时运用资产组、资产组组合等概念来判断资产的可收回金额,本身就具有较强的主观判断性。在这种背景下,财务会计人员的专业水准与管理层、治理层的价值取向,以及监管层和潜在投资者的具体要求,都会对会计信息生成质量及损益情况产生巨大影响。

【扩展阅读 1.1】 我国企业会计准则体系的完善过程

扫描此码

深度学习

1.1.2　企业会计准则的基本结构

我国企业会计准则体系包括基本准则、具体准则和应用指南三个部分,这三个部分是一个有机整体。其中:基本准则是"纲",处于会计准则体系的第一层次,是"准则的准则";具体准则是"目",处于会计准则体系的第二层次,是根据基本准则制定的,用于指导企业各类经济业务确认、计量、报告的具体规范;应用指南是"补充",处于会计准则体系的第三层次,是根据基本准则和具体准则制定的指导会计实务的操作性指南。

1. 基本准则

我国基本会计准则类似于国际会计准则理事会的《编制财务报表的框架》和美国财务会计准则委员会的《财务会计概念公告》,在整个企业会计准则体系中起着统驭作用。基本会计准则规范了包括财务报告目标、会计基本假设、会计信息质量要求、会计要素的定义及其确认、计量原则、财务报告等在内的基本问题,是会计准则制定的出发点,也是制定具体准则的基础。财务会计课程教材的一般版本中,多在概述及理论基础部分对基本准则内容进行阐述。

2. 具体准则

具体准则目前共有 42 项,分为一般业务准则、特殊行业或特定业务准则和报告准则三类。

1) 一般业务准则

一般业务准则主要规范各类企业普遍适用的一般经济业务的确认和计量,包括存货、会计政策、会计估计变更和差错更正、资产负债表日后事项、建造合同、所得税、固定资产、租赁、收入、职工薪酬、股份支付、政府补助、外币折算、借款费用、长期股权投资、企业年金基金、每股收益、无形资产、资产减值、或有事项、投资性房地产、企业合并等准则项目。这部分内容一般主要安排在《中级财务会计》课程中进行阐述,但是企业合并等少数业务则主要安排在《高级财务会计》课程中阐述。

2) 特殊行业或特定业务准则

特殊行业或特定业务准则主要规范特殊行业或特定业务的确认和计量要求,如金融工具确认和计量、金融资产转移、套期保值、金融工具列报等准则项目。这部分内容一般安排在《高级财务会计》课程中进行阐述。

3）报告准则

报告准则主要规范普遍适用于各类企业的报告类准则，如财务报表列报、现金流量表、合并财务报表、中期财务报告、分部报告、关联方披露等准则项目。这部分内容中的财务报表列报、现金流量表等准则项目，一般会先在"会计学基础（原理）"等课程中进行简单介绍，后续接着在"中级财务会计"课程中详细阐述。而合并财务报表、中期财务报告、分部报告、关联方披露等准则项目则一般安排在"高级财务会计"课程中详细阐述。

3. 应用指南

应用指南由两部分组成：第一部分为企业会计准则解释；第二部分为会计账户和主要账务处理。

1.2 中国现代税制的设计与调整完善

1.2.1 设计思路与主要原则

中国的现代税制是在改革开放后逐步建立起来的，特别是在党的十四大确定建立社会主义市场经济体制之后，我国开始初步建立起与社会主义市场经济体制相适应的现代税制。

1. 设计思路

我国现代税制设计思路体现在以下3个方面：

（1）适应新时代中国特色社会主义发展建设的需要。国家凭借公共权力筹集财政收入，承担管理社会和为社会成员提供公共产品和公共服务的义务，落实人民对美好生活的向往就是党的奋斗目标这一理念。

（2）适应激励科技创新升级、促进经济可持续发展的需要。国家税制设计在增值税抵扣、所得税减免、研发经费加计抵扣等方面，需要体现通过科技创新推动转型发展、解决关键技术领域卡脖子问题的政策意图，以实现经济可持续发展。

（3）适应形势发展，完善税法体系，以实现税收结构优化与经济社会发展的良性循环。及时调整完善税法体系，适时停征或开征相关税种，完善税收结构，通过税收杠杆进行调控，以贯彻国家意志，实现税收结构优化与经济社会发展的良性循环。

2. 主要原则

（1）财政原则。即通过完善我国的税制结构，增强我国税收收入增长的弹性，加强预算外资金的管理，逐步减少税外收费项目。

（2）法治原则。即税收的征收管理活动应严格按照税法规定进行，通过税收法定来落实依法治税。

（3）公平原则。即纳税人的税收负担与其收入相适应，以体现税负公平；同时改善不平等的税收环境,通过税收杠杆实现公平竞争。

(4) 效率原则。即提高税收征管水平与现代化程度,减少征税成本,减轻纳税人的办税负担。

【扩展阅读1.2】 分税制改革实施背景

扫描此码
深度学习

1.2.2 主要税种及其调整完善

1994年,我国对税制进行了全面的结构性改革,将原来的37个税种缩减到23个,并清晰厘定了中央税、地方税、中央地方共享税的范围,从而基本建构起以工商税为主体的现代税收制度。

1. 税种的构成

税种是一个国家或地区税收体系中的具体征税种类。税种由纳税人、征税对象、税率、纳税期限、纳税时间、纳税地点、计税依据、减免税和违法处理等要素构成。税种之间的区别主要体现为纳税主体(纳税人)和征税客体(征税对象)的不同。一个国家或地区根据本身的政治、经济、社会条件,用法律法规形式开征的所有税种的总和就构成了这个国家或地区的税制。

1994年,我国税制改革后具体涵盖的税种包括增值税、消费税、营业税、关税、企业所得税、外商投资企业和外国企业所得税、个人所得税、资源税、城镇土地使用税、房产税、城市房地产税、城市维护建设税、耕地占用税、土地增值税、车船使用税、车船使用牌照税、印花税、契税、固定资产投资方向调节税、筵席税、屠宰税、农业税、牧业税。

2. 税种的分类

1) 按征税对象性质分类

按征税对象性质分类,可以分为流转税、所得税、财产税、行为税、资源税、特定目的税六大类。

(1) 流转税。流转税是指以货物、劳务、服务、无形资产或者不动产买卖的流转额为征税对象征收的各种税,包括增值税、消费税、关税等。流转税不受实际损益的影响,但对价格变化较为敏感,在我国税收构成中占有主要地位。

(2) 所得税。所得税是以所得额为征税对象征收的各种税。其中,所得额一般情况下是指全部收入减除为取得收入耗费的各项成本费用后的余额,包括企业所得税、个人所得税等。由于所得税的征税对象并不是一般的收入,而是总收入减除准予扣除项目后的余额,即应纳税所得额,因此其税负轻重受成本费用、损益大小的影响较大。目前,我国税收构成中所得税占比远低于流转税占比。

(3) 财产税。财产税是指以纳税人拥有或支配的财产为征税对象征收的各种税,包括房产税、契税、车船税等。财产税的税负轻重与财产价值、数量密切相关,体现调节财产、合理分配等原则。

(4) 行为税。行为税是指以纳税人发生的应税行为为征收对象征收的各种税,包括印花税、土地增值税等。行为税的征收对象选择性明显,具有较强的时效性。

(5) 资源税。资源税以各种应税资源为征收对象,我国应税资源包括能源矿产、金属矿产、非金属矿产、水气、盐五大类。资源税税负高低与资源级差收益水平密切相关,征税范围的选择会随着经济社会发展形势的变化灵活调整。

(6) 特定目的税。特定目的税是指为了达到某种特定目的,对特定对象和特定行为征收的一种税,包括耕地占用税、环境保护税等。特定目的税是国家为实现特定宏观调控目的而开征的税,其目的不在于增加财政收入,而在于落实耕地保护、环境保护等国家意志。

2) 按税收收入的支配权限分类

按照税收收入的支配权限分类,可以分为中央税、地方税、中央地方共享税三大类。

(1) 中央税。中央税是指由中央立法、收入划归中央,并由中央管理的税种,包括关税、消费税等。

(2) 地方税。地方税是指由中央统一立法或授权立法、收入划归地方,并由地方负责管理的税种,包括房产税、车船税、土地增值税、城镇土地使用税等。

(3) 中央地方共享税。中央地方共享税是指由中央立法、管理,但是税收收入支配由中央和地方按比例或按法定方式分享的税种,包括增值税、印花税、资源税等。

3. 税种的调整

随着经济社会的不断发展,主要税种也在进行调整改变,以体现国家宏观调控意志或实现财政意图,进而更好地适应形势发展变化需要。目前,已经进行的税种调整主要包括:

(1) 实行内外资企业所得税并轨。改革开放初期,为缓解国内建设资金不足、吸引外商投资,我国对外商投资企业和外国企业制定了优惠的所得税政策,尤其为引导外资投资于铁路、公路、港口等基础设施,在所得税减免方面力度极大。但是随着我国自身经济实力的壮大及投资环境的优化,有必要对内外资企业创造更为公平的市场竞争环境。为此,从2008年开始取消了外商投资企业和外国企业所得税,对内外资企业统一征收企业所得税。

(2) 全面实施"营改增",取消营业税。"营改增"之前,增值税、消费税、营业税是三个主要的流转税,将现实经济活动流通领域的货物和劳务全部涵盖在内。其中,增值税针对流转环节的货物(另含加工、修理修配等少数劳务)普遍征收;营业税针对流转环节的劳务(另含转让无形资产、销售不动产)普遍征收;此外,针对烟、酒、奢侈品等少数货物再征收一道消费税。但是,随着经济社会的发展,服务业尤其是研发、金融等生产性服务业、现代服务业迅猛发展,因此,为适用产业发展趋势变化,2016年开始全面停止征收营业税、改征增值税。

(3) 改革农业税制。2006年取消了农业税,并于同年开始,对过去计征农业特产税的烟叶产品改征烟叶税;2005年至2006年先后取消了牧业税、屠宰税。

(4) 完善财产税制。自2001年起,将船舶吨税重新纳入财政预算管理。2011年审议通过了《中华人民共和国船舶吨税暂行条例》并于2012年1月1日起实施；2001年，开征车辆购置税，2006年将对内征收的车船使用税与对外征收的车船使用牌照税合并为车船税，并于2007年起正式开征车船税；自2009年起取消了对外征收的城市房地产税，中外纳税人开始统一征收房产税。

（5）暂停征收或取消不符合经济社会发展形势的税种。自2000年开始暂停征收固定资产投资方向调节税，2008年、2013年先后取消了筵席税、固定资产投资方向调节税。

（6）为落实生态文明，推动绿色发展，2018年开始征收环境保护税。

（7）对房产税进行改革，已经在上海、重庆开展试点，同时适时推动房产税的立法工作逐步开展，以促进房地产市场平稳健康发展。

截至2022年，中国的税制设有18个税种：增值税、消费税、关税、企业所得税、个人所得税、土地增值税、房产税、城镇土地使用税、耕地占用税、契税、资源税、环境保护税、车辆购置税、车船税、船舶吨税、印花税、城市维护建设税、烟叶税。

1.3　会计准则与税制法规的冲突及协调

在现代企业制度框架下，财务会计和税务会计都是被广为运用、不可或缺的基础性制度安排。但是财务会计是以会计准则为依据来对交易、事项进行确认、计量，并向利益相关者披露会计信息，而税务会计则以所涉税境的税制法规为准绳，对企业经营过程中的涉税事项应纳税额进行计算、调整、申报、缴纳、退补及合理筹划。工作依据及目标指向的不同，决定了财务会计和税务会计之间在实务处理必然存在差异与冲突。

不过，财务会计与税务会计又具有合和性，这是因为税务会计并不需要在财务会计的凭证、账簿、报表之外另外设置一套账簿开展工作，涉税事项的会计处理融合在财务会计的范畴内，不可能完全脱离对会计准则的凭籍。只是在纳税事项中，税务会计在填制税务报表（纳税申报表与各类附表）及具体申报纳税时，在会计准则与税制法规存在冲突的情况下，需要依从税制法规进行调整。

为此，税务会计是"会计中的税务、税务中的会计"，税务会计与财务会计之间是既分离又合和的辩证统一关系，税务会计的本质可以理解为税制法规与会计准则既冲突又协调的一种会计机制。

1.3.1　税务会计的界定

1. 税务会计的概念

税务会计是以所涉税境的税制法规为依据，以财务会计的基本理论和方法为基础，全面、系统、连续地对纳税主体涉税资金运动进行核算、监督、筹划的一门专门会计，其工作程序中的计税基础及应纳税额的计算、纳税申报与缴纳退补、合理税收筹划等具体环节，既是财务会计的有机组成部分，又是传统财务会计职能的有机延伸。税务会计不仅要依循会计准则做出专业判断，更要遵从税法的刚性约束，本质上是会计准则与税制法规既冲突又协调的一种会计机制。

2. 税务会计的职能

1）核算职能

税务会计要以税制法规为依据,在财务会计归集生成财务资料的基础上,正确进行与应纳税额形成、计算、申报、缴纳、退补有关的会计处理和调整计算,通过向税务机关报送纳税申报表及基础材料,及时、足额缴纳各种税款,依法履行纳税义务。

2）监督职能

财务会计要依循会计准则对交易和事项进行确认、计量并披露信息,税务会计要以税制法规为准绳准确计算并及时足额缴纳税款,两者相互协调、相互依存,确保纳税主体对涉税资金运动的合法性及信息披露的公允性进行有效监督,有效防范税务风险及涉税违法行为。

3）筹划职能

税务会计应在充分知悉税制结构的基础上掌握各类税种的计税依据、原理、减免税政策,树立整体税收筹划观念,依法享受税收优惠政策,统筹谋划各个具体税种的结构配比,选取合适方法构思税收筹划方案,达到减轻纳税主体整体税负、最大限度降低税务风险、获得合理税收筹划收益的目的。

1.3.2 会计准则与税制法规的冲突

1. 目的指向不同

运用会计准则的目的是确保提供客观、公允的会计信息,使广大的不特定利益相关者利用相关信息进行决策时具备有用特性;实施税制法规的目的是约束纳税主体严格遵守税法规定,通过及时准确计算、申报、缴纳应纳税款履行纳税义务,以实现国家的财政意志和宏观调控目标。

2. 特点和属性不同

会计准则具有更大的弹性和自由裁量权发挥空间,技术规范色彩相对浓郁,同时又蕴含着厚重的经济社会文化背景;税制法规具备明显的强制性和刚性特点,以立法形式贯彻国家意志的属性明显,技术规范色彩相对较弱。

3. 运用领域及侧重点不同

财务会计领域交易和事项的确认、计量及信息披露,主要依循会计准则,需要充分发挥财务会计人员的专业判断能力,并协调与管理层、治理层和其他利益相关者的立场与价值取向;税务会计领域涉税业务应纳税行为的确认、计税依据及应纳税额的计算、纳税申报与税款缴纳退补、合法税收筹划等业务环节需要严格遵守税制法规的约束。此外,前者提供的财务信息框架面向不特定的利益相关者,信息披露要求全面、公允;后者提供的财务报表主要是涉税的纳税申报表以及相关的附表资料,信息披露要求真实、合法。

4. 应用不当时后果不同

会计准则体系有基本准则、具体准则和应用指南三部分,方向性、原则性规定较多,应用不当造成的后果可以分为差错、严重差错和刻意舞弊等轻重不同的情形,但是多数情形可以通过采纳独立审计意见进行账务调整和修改披露形式等方式予以纠正;税制法规是国家立法机关及被授权立法的行政机关颁布的强制性法律规范,运用不当可能构成违法行为,造成严重影响的偷税、漏税、骗取退税、虚开专用发票等行为甚至会触犯刑律,构成犯罪。

1.3.3 会计准则与税制法规的协调

1. 协调原则

当会计准则与税制法规的规定不一致时,原则上应遵从税制法规的规定进行调整确认,即优先依从税制法规的原则。

2. 具体方式

1) 间接调节

会计准则与税制法规允许存在合理差异时,可以先遵从财务会计的处理方法对具体业务进行确认、计量与披露,再按照税制法规的规定进行间接调节,这种分别反映的处理方式,一方面可以揭示两者之间的客观差异,另一方面又遵从了优先依从税制法规的原则。例如,所得税会计处理中,对于行政违法的罚没支出、超过标准列支的业务招待费等事项,都可以依据会计准则的专业判断计入"营业外支出""管理费用"等账户列支为成本费用。但是在填报纳税申报表及实际缴纳应纳税额时,则要严格遵从税制法规的规定,将税前会计利润调整为应纳税所得额,由于上述两项列支依据税制法规的规定是不予税前扣除的项目,为此应调整增加应纳税所得额,这会进一步影响实际应缴纳的所得税。在这种调节方式下,财务会计处理结果被认可采纳,但是具体纳税事项的处理则需要进行调整。

2) 直接协调

对遵从税制法规的规定可以被确认,但是依据会计准则进行财务会计处理时严格意义上难以被认定的交易或事项,税务会计处理中可以通过直接协调的办法给予认定,后续进行纳税申报填报时不必再进行纳税调整。也就是说,财务会计直接接受税务会计的处理结果,对信息的列报披露不会显失公允,"没有差异"也就不必再进行纳税调整。例如,纳税人将自产产品作为福利发放给员工、将自产产品移送自用等增值税法规定的视同销售行为,税法将其认定为收入并要求计算增值税销项税额,但是按照会计准则对收入认定的标准,这些事项因为并没有经济利益的流入,因此并不符合"收入的金额能够可靠计量""相关经济利益很可能流入企业"等收入认定的条件。但是通过直接协调的方法,在进行财务会计处理时直接采用税制法规的规定,在贷方计入"主营业务收入"账户进行确认、计量,后面在纳税申报及税款缴纳时不再进行纳税调整。

1.4 课程的性质与本教材的特点

1.4.1 课程的性质

"税务会计与税收筹划"是高等学校会计学、税收学等专业的一门重要专业课,对于培养学生理解和掌握涉税业务确认、计量、纳税申报及税收筹划等领域的专业技能具有重要意义。课程直接以我国最新税制法规政策和企业会计准则为主要依据，并基于税务会计与财务会计适度分离的原则进行内容编排。在各个税种的分论阐述中，基本按照税制法规要素简述、财务会计与税务会计对具体业务处理的协调、税收筹划技巧与实务这一逻辑安排。此外，还结合主要产业部门业务对税务会计与税收筹划的理论问题及实务处理进行了探讨，内容结构体现了对整体税收筹划观等方法论的深刻反思。

1.4.2 本教材的特点

本教材具有以下四个特点。

（1）体现了会计处理与税收筹划内容编排的均衡性。

既往公开出版的教材中，或是将会计处理与税收筹划分为两部分，或是以会计处理为主线，适当增加税收筹划内容作为辅助。前者实际上是对税务会计应具备的税收筹划职能，以及两者的内在逻辑承接性缺乏深刻认识，且课时安排交叉重复，不够简明精炼；后者则对税收筹划内容的编排过于简单笼统，结合具体业务的实际操作性相对欠缺。

（2）体现了专业判断能力的培养与课程思政元素的融入。

实际经济生活中的涉税业务纷繁复杂、难以穷尽，无法在教材编排中完全呈现。为此，对学生专业判断能力的培养尤其显得重要，本教材对某些业务类别内容的阐述体现了对专业判断能力的培养，对不同情境下相似业务的处理思路体现了专业判断方面的启发引导。另外，不少课程思政元素以润物细无声的形式有机融入课程内容编排中，充分体现了专业课程立德树人的育人原则。

（3）体现了主次有别、轻重兼顾的内容编排原则。

本教材内容以流转税中的增值税、消费税，以及所得税中的企业所得税、个人所得税等税种为主进行阐述，其他财产税、行为税等小税种的内容编排相对简洁，这种内容编排原则与实际税收结构中各税种的比重及重要程度是一致的。

（4）体现了结合具体产业部门对业务处理方法论的反思与探讨。

本教材扬弃了就单个纳税人（企业）开展税收筹划的局促视角，将纳税人置于整个产业链、价值链的某一环节来构思整体税收筹划，这样的讨论更加符合产业发展实际情况，同时也更具生命张力，对于培养学生系统全面的创新思维能力不无裨益。

【导入案例讨论】

经过本章的学习，对于企业会计准则与税制法规之间既冲突又协调的逻辑关系有了清晰认识，最后，在此解答一下本章开始"导入案例"中提出的问题。

问题1：财务经理提出的建议是否应被采纳？

解答：财务经理提出的建议应予以采纳，因为该服装公司2021年年初生产的春款服装到当年年底仍未售出，说明该款服装难以获得市场认可，因滞销具有明显的资产减值倾向，依据谨慎性原则，应避免高估资产，所以，计提存货跌价准备是符合企业会计准则的。

问题2：财务经理阐明的理由是否正确？

解答：财务经理阐明的理由不完全正确，这是因为企业会计准则与税制法规存在差异。企业依照会计准则计提存货跌价准备时，借方计入"资产减值损失"项目虽然确实会减少税前会计利润总额,但是这样处理并不符合税制法规的规定,在进行企业所得税纳税申报时,所列支的资产减值损失应依据税制法规调增应纳税所得额,所以并不能起到减轻企业所得税税负的作用。

扫描此码

即测即练题

复习思考题

1. 企业会计准则与税制法规是什么关系?

2. 企业会计准则与税制法规主要有哪些方面的冲突?协调两者冲突的方法主要有哪些?

3. 是否需要在财务会计之外另外设置完整账套进行税务会计处理?

第2章
涉税业务特点与税收筹划原理

【学习目标】
1. 熟悉税务会计领域的主要交易或事项。
2. 理解税务会计领域主要交易或事项的特点。
3. 理解税务会计对具体业务处理方式的影响形式。
4. 理解税收筹划的基本原理并掌握税收筹划的主要方法。
5. 了解税收筹划的影响因素。

【导入案例】

甲公司是注册在某产业园区的小型微利企业,被认定为增值税小规模纳税人。为节省开支,该公司没有聘请专职会计,而是委托园区内一家代理记账公司代理记账,代理记账费用为500元/月。具体代理记账程序是:公司每月底将当月全部发票单据提交给代理记账公司,由代理记账公司依据这些原始凭证进行账务处理并代为报税。2020年年底,甲公司在参加所在产业园区推出的服务平台搭建推介会议时获悉,有会计师事务所以优惠条件提供税务顾问服务,对园区内小微企业以每年2 000元的优惠价格提供税务顾问服务,园区内有不少企业认可并接受了该项服务。但甲公司管理层认为聘请税务顾问增加了开支,账务委托代理记账公司处理就可以了。出于节省费用开支的目的,甲公司没有聘请税务顾问。

2020年,甲公司每月销售额在15万~16万元之间波动。2021年,由于新冠肺炎疫情影响,公司销售额有所下滑,月销售额在14.5万~15.5万元之间波动,当年12个月每月的销售额分别为14.6万元、15.1万元、15.3万元、14.9万元、14.6万元、15.2万元、15.4万元、14.9万元、14.7万元、14.5万元、14.8万元、15.5万元。代理记账公司每月底代为处理业务并按月申报缴纳了增值税。2021年合计缴纳增值税22 950元[(15.1万元+15.3万元+15.2万元+15.4万元+15.5万元)×3%]。

请思考:
1. 代理记账公司对甲公司的业务处理及增值税申报缴纳是否有错误?
2. 若甲公司每年支付2 000元聘请税务顾问,是否因增加了开支而不值得?

2.1 税务会计领域交易、事项的确认与计量特点

2.1.1 税务会计领域的主要交易或事项

财务会计以会计主体的资金运动为工作对象,需要对所有交易、事项进行确认、计量,并依据重要性原则进行归并,遴选披露相关信息。税务会计则以纳税主体的涉税资金运动为工作对象,虽然不可避免也要在资产、负债、所有者权益、收入、费用、利润六大会计要素,以及资金筹集、配置使用、回收再投资等循环周转的基本框架下进行业务处理,但是其主要交易或事项依然有别于财务会计,具体类别如下。

【扩展阅读 2.1】 财务会计与税务会计岗位的联系与区别

扫描此码

深度学习

1. 与税收征管机关之间的征纳以及减免、抵补税款事项

纳税主体与国家税务机关、海关等税收征管机关之间的征纳税以及税款减免、抵补等事项,是税务会计进行确认与计量的主要业务。为此,围绕与纳税主体相关的各个具体税种,确认计税依据、计算应纳税额、按时填制纳税申报表及其附表资料、及时足额缴纳税款、进行税款抵补、享受减免税政策等具体业务环节,是税务会计要处理的最为主要的常态性业务。

2. 税款代扣代缴、预扣预缴等方面的交易或事项

税务会计领域的业务有相当一部分是涉及代扣代缴、预扣预缴应纳税款的交易与事项,这类业务中的应纳税款虽然不是由纳税主体自身承担的,但是也涉及对该等业务的确认与计量问题。例如,委托加工消费税中应税原材料这一交易,就涉及受托方代扣代缴消费税的确认与计量,以及收回消费税中应税原材料后依据具体去向的不同,委托方进行的税务会计处理等问题;雇佣方为正式员工发放工资薪酬事项中,预扣预缴个人所得税的确认与计量问题。凡此种种,均是税务会计处理中较为常见的业务类型。

3. 与财务会计之间进行配合与协调时的辅助性交易或事项

税务会计主体在开展采购、销售、投资、融资等业务时,一方面需要按照会计准则的要求对费用(成本)、收入、利润、权益等会计要素进行确认与计量,另一方面需要遵守税制法规对相关税费进行辅助性确认与计量。例如,采购及接受投资等业务在确认采购成本或投资成

本时对增值税进项税额的确认与计量；销售及自产自用业务在确认收入时对增值税销项税额的确认与计量。上述交易与事项,通常会体现出税务会计与财务会计之间的依存配合关系,例如,增值税进项税额通常就是购入成本或投资成本乘以适用的增值税税率,增值税销项税额通常就是营业收入乘以适用的增值税税率。但是也有出现冲突需要协调的情况,例如,消费税应税产品视同销售时,在近期有同类产品销售的情况下,营业收入按照市场公允价值计量,消费税的计算要以同期产品的最高售价作为计税基础,而增值税销项税额的计算则以同期产品的平均售价作为计税基础。这种情况下,税务会计对计税基础的确认、计量与财务会计对营业收入的确认、计量即出现冲突,双方需要依据税制法规进行协调。

4. 对具体税种进行税收筹划过程中的交易或事项

税收筹划不仅是财务会计职能的进一步延伸,还是税务会计的主要职能之一。进行税收筹划时,部分交易或事项按照会计准则进行确认与计量无疑符合公允性,但是仍会出现为实现税收筹划目标,对账户选用及会计处理方式进行改变的情形。例如,纳税主体购入用于增值税非应税项目的原材料,因进项税额不得抵扣而将其直接计入原材料采购成本,符合会计确认与计量要求。但是进行税收筹划时,为避免多余的材料不能抵扣本可以抵扣的进项税额,在税务会计处理时会改变处理方法,先将采购原材料相应的增值税进项税额的价税分开记账并予以确认抵扣,后面陆续领用原材料用于非应税项目时再通过税额转出进行处理,从而使具体账户选择和会计处理方式发生改变。

2.1.2 税务会计领域的主要特点

1. 依法性

税务会计领域的交易或事项的确认、计量以税制法规为准绳,税制法规具有强制性和刚性,不严格遵守税制法规的约束,会使纳税主体面临很大的税务风险,甚至因违法受到行政处罚。但是财务会计领域交易或事项的确认、计量主要以会计准则为依据,会计准则不乏指引性、指南性的规范,具有很大的弹性空间和自由裁量权,在会计政策选择及具体核算方法方面具有较大的灵活性。

2. 两重性

财务会计进行的信息披露,是向非特定的广大利益相关者提供对决策有用的信息,在目标方面具有唯一性。税务会计除了要向利益相关者提供涉税业务的主要财务信息,还要着重向税收主管机关提交税款形成、确认、计量及汇总的基础性资料,填制报送涉税财务报告（纳税申报表及各种附表）,完成纳税申报及税款缴纳工作,履行法定纳税义务,化解税收风险。因此,税务会计领域交易或事项的会计处理及信息披露指向具有两重性。

3. 相对独立性

税务会计处理的交易或事项相比财务会计,具有相对独立性。这是因为虽然涉税业务核算也需要以会计理论和方法为基础,对财务会计具有一定的依附性,但是税务会计是以税制法规作为直接依据,当税制法规与财务准则存在冲突时,需要严格遵从税制法规进行调整。从这种角度讲,税务会计处理的交易或事项相比财务会计又是相对独立的。

4. 可稽查性

为确保涉税业务确认、计量的准确性和真实性,税务稽查机关会采取税务稽查的形式对纳税主体税务会计处理情况依法进行稽查,对涉税违法行为可以责令限期改正并给予行政处罚。但是,财务会计领域对业务确认、计量及披露合法性、公允性的合理保证,主要是通过独立审计来制约的,独立审计提出的修改建议及出具的审计意见类型不是强制性的,只能通过沟通和认可来获得被审计方的接受。

2.2 税收筹划对税务会计具体业务处理方式的影响形式

税收筹划是税务会计的主要职能之一,纳税主体需要以税制法规为依据合法进行税收筹划,但是税收筹划同时又是财务会计职能的延伸,所以,税收筹划在围绕税制法规开展工作的同时,必然还会对税务会计具体业务处理方式产生影响。

2.2.1 改变会计计量的基本模式

在进行税收筹划时,会出现对纳税主体身份进行抉择或者单独分设核算机构的问题,不同身份选择及分设核算机构会改变纳税主体会计计量的基本模式,进而影响整个账务处理程序与具体方法。常见的情况有以下3种。

1. 对增值税纳税人身份选择的筹划

如果选择成为一般纳税人,那么增值税计算缴纳采用进项税额抵扣制度,增值税账户可设置11个二级明细账户与10个三级明细账户,而且一般情况下进项税额与销项税额作为价外计税,不会对损益产生直接影响,这在一定程度上成为利润表的净利润与现金流量表的净现金流量产生背离的常见原因之一。如果选择成为小规模纳税人,那么增值税缴纳不采用进项税额抵扣制度,而是直接按销售额乘以适用税率来计算缴纳。在账户设置上也很简单,通常只需要设置1个二级明细账户就可以了,而且在采购环节即便取得了销售方的增值税专用发票,上一个销售环节的销项税额也不能抵扣,只能计入采购成本,进而对损益产生直接影响。

2. 对所得税纳税人身份选择的筹划

纳税主体在进行所得税纳税人身份选择时,可以考虑注册为个人独资企业、合伙制企业和有限责任公司。如果注册为个人独资企业和合伙制企业,由于非法人企业不缴纳企业所得税,因此,应纳税所得额是按个人所得税中的"经营所得"税目计算缴纳个人所得税的,适用税率为5级超额累进税率,确认损益时设置的账户为"本年应税所得",并需要在该账户下设置"本年经营所得""应弥补的亏损"2个一级明细账户。如果注册为有限责任公司,则按企业所得税的规定就应税所得计算缴纳企业所得税,适用的是25％的基本比例税率或者小型微利企业、高新技术企业享受的其他优惠税率,确认损益时设置的账户主要为"本年利润""利润分配"等账户。

3. 由纳税人附属机构变更为独立核算机构的筹划

对于一些频繁大量用自己的运输工具替客户运输所销售的货物并收取一定运费,以及存在大批量本地销售业务的消费税应税货物的销售行为的纳税人而言,在进行税收筹划时会考虑是否将附属的运输部门单独分离出来注册成立运输公司,或者将销售部门(一部分)分立出来注册成立单独的销售公司,这样处理可以分割混合销售行为或者前移销售环节,以达到降低计税基础、合法减轻税收负担的目的。但是,这样的处理会将纳税人与附属机构的统一核算模式变更为两个独立机构的核算模式,两套不同账务系统的存在、合并财务报表的编制与内部事项的抵消,都会导致会计基本计量模式发生变化。

2.2.2 影响会计政策及会计处理方法的具体选择

在不考虑资金时间价值的情况下,固定资产、原材料等资产在整个经济寿命周期内对现金流出的影响是固定的,依据会计准则的规定,固定资产的折旧可以选择平均折旧和加速折旧,加速折旧又分为年数总和法、双倍余额递减法等。而原材料领用的计价可以选择实际成本法和计划成本法,实际成本法具体又分为个别计价法、先进先出法、加权平均法等。但是,由于会计分期这一核算基本前提的存在,进行税收筹划时,有时候需要将应纳税所得额在不同会计期间进行筹划,合理分配,以获得合理的税收筹划收益。例如,税制法规对于符合条件的软件企业,企业可享受所得税"两免三减半"的税收优惠政策,即从开始盈利的年度起,前两年免征企业所得税,接下来的后三年减半征收企业所得税。这种情况下,要想合法享受最大的政策优惠红利,纳税主体应该在预计开始盈利年度之后的一定周期内,将应纳税所得额(利润)最大可能地安排在前面两年,为此,在税制法规认可的情况下,税务会计对会计政策的选择应该是:新增加的固定资产计提折旧时倾向于选择直线法而避免采用加速折旧法;存货计价只能依从税制法规的规定选择实际成本法,并且应依据物价上涨或下降的趋势,运用先进先出法、个别计价法和加权平均法进行具体测算,选取能减少当期或最近期原材料领用成本的方法。这种形式并不会改变会计核算时的账户选取及收支确认原则,也不需要对纳税申报表进行再调整,而只是使计税基础的具体额度(应纳税所得额)在不同年份之间合理配置,以最大限度地合法享受政策优惠。

2.2.3 影响会计账户的选择运用与纳税申报表的调整

某些情况下,税收筹划对税务会计具体业务处理方式的影响形式表现为会计账户的选择运用以及纳税申报表的调整,即会计账户调整与纳税申报表调整。例如,在利用研发经费加计扣除政策对企业所得税进行税收筹划时,接待科研院所技术人员来考察交流的开支可以不列入管理费用之下的"业务招待费"明细,而列入管理费用之下的"研发经费"明细;研发部门在生产车间开展的产品技改初试、中试等环节的水电费用开支,或者研发部门与行政部门的水电费用开支,都可以通过单装水表、电表等方式合理区分,进而不计入"制造费用""管理费用"之下的"办公费"二级明细账户,而是计入"管理费用"之下的"研发经费"二级明细账户;研发部门行政人员兼顾行政部门行政事务,或者生产车间辅助研发部门操作生产线的技术工人的应付职工薪酬,也可以通过将员工归入研发部门的形式,在会计处理的账户选择上,不计入"管理费用"之下的"办公费"二级明细账户,或者"生产成本""制造费用"等账户,而是计入"管理费用"之下的"研发经费"二级明细账户。当然,上述业务处理中,如果针对某个具体研发项目的研发取得了成功,该等开支则应予以资本化并计入"无形资产"等账户。

除了以上所述对具体账户的选择运用外,在进行企业所得税的纳税申报时,还要在纳税申报表中对纳税调整事项之下的"研发经费加计扣除"调整项目进行填列申报,并提供相应的基础性材料。

【扩展阅读 2.2】 税务会计中的调"表"不调账

扫描此码

深度学习

2.3 税收筹划的基本原理与主要方法

2.3.1 税收筹划的基本原理

税收筹划是纳税主体在不违法的前提下,自行或委托代理人对设立、筹资、投资、物资采购、加工生产、销售产品或提供服务、利润分配、产权重组、破产清算等经济活动中的涉税交易或事项进行合理筹划和统筹安排,以尽量获得降低税负、控制防范税务风险等多重结果,实现最大筹划收益的合法权利履行及财务管理行为。

1. 税收筹划的内涵诠释

1)税收筹划的目标并非"税负最小化"

税收筹划的目标不仅体现在减轻纳税人税负方面,还体现在基于税制法规框架约束下的税后净利最大化或者股东财富最大化方面。实际经济活动中,最优的税收筹划方案并不一定是税负最小化的方案,例如,一般情况下,降低增值税等流转税的税负可以减少现金流量流出,但是并不直接影响损益进而增加税后净利润。为此,某些情况下,税后净利最大化或者股东财富最大化的方案可能更具价值。

2)防范和控制税务风险具有重要价值

防范和控制税务风险虽然不能直接获得减轻税负的效果,但是其重要价值在于:首先,可以使纳税人不至于因涉税违法受到税务机关的行政处罚,避免产生不必要的经济损失;其次,可以避免纳税人因受到纳税信用等级被降低等负面影响而受到名誉损失,使纳税人以诚信纳税的正面形象树立品牌效应,进而有利于产品的市场拓展和经营的可持续性;最后,可以促使纳税人厘清账目,提高财务管理水平,推动纳税人长远发展。

3)税收筹划是纳税人享有的重要权利

这体现在以下三个方面:首先,纳税人负有依法纳税的义务,但同时享有避免多纳税的权利;其次,纳税人享有合理谋划涉税事宜,在税制法规框架内尽可能减轻税负负担的权利;最后,纳税人享有维护自身正当权益的权利。

4)需要树立整体利益最大化的观念

在衡量税收筹划方案的优劣时,不能"只见树木,不见森林"。只考虑某个税种的节税效果,可能会疏忽不同税种之间税负水平此消彼长的效应,纳税人局部节税利益可能损害了纳税人与产业链上下游环节的关系,暂时的税收筹划收益可能蕴含着极大的税务风险……情况不一而足,这要求进行税收筹划时树立整体利益最大化的观念。

2. 税收筹划的基本类型

广义上讲,税收筹划的收益有两种表现形式:一是应纳税额绝对额度的减少;二是应纳税额的绝对数额虽然没有减少,但是由于其他税收相关要素的变化,使纳税人获得了其他方面的收益。

1)绝对税收筹划

绝对税收筹划指纳税人在遵守税制法规的前提下,通过对涉税事项的统筹安排,使纳税人应纳税额绝对数减少的一种税收筹划类型。其主要实现手段包括:

(1)创造条件,争取享受减免税优惠。在我国税制法规体系中,对每个税种几乎都或多或少地规定了减免税优惠政策,纳税人在遵守税制法规的前提下,创造条件以符合减免税政策要求,无疑是相对简便的税收筹划方式。

(2)在同一税种规定了多个税率的情况下,争取适用更低的税率。例如,企业所得税在规定了25%的基本比例税率的同时,对小型微利企业减按20%的税率计算缴纳企业所得税,对高新技术企业和技术先进型服务企业减按15%的税率征收企业所得税。纳税人应争取获得相关认定,进而适用更低的税率。

(3)争取更多的税前"扣除"。通过合法手段减少课税对象的计税基础,主要适用于对某种"净额"征收的税种。例如,企业所得税准予税前扣除项目的列支、个人所得税经营所得税目中的扣除项目、土地增值税确定增值额时的扣除项目等情形。

(4)充分利用税额的抵扣。主要包括增值税进项税额的抵扣、消费税已纳税额的抵扣、企业所得税应纳税所得额或应纳税额的抵扣等情形。例如,适当加大当期可抵扣的进项税额数额;委托加工应税消费品收回后连续加工应税消费品中已纳消费税税额、按实际生产领用抵扣对领用时计价方法的具体安排;创业投资企业符合规定方向的创业投资可按一定比例抵扣应纳税所得额。企业购置用于环境保护、节能节税、安全生产等的专用设备的投资额,可按一定比例实行税额抵免。

(5)争取退税。即充分利用税制税法规定的退税政策,直接减轻纳税人的税负负担,如增值税的出口退税、符合一定条件的增值税即征即退、消费税的出口退税等情形。

2) 相对税收筹划

相对税收筹划虽然没有直接取得减轻税负额度的效果，但可以获得其他方面的筹划收益。主要包括：

(1) 延迟纳税获得资金的时间价值。如常见的确认收入时，将应收账款方式变更为分期收款，通过推迟纳税义务发生时间，可以使纳税人获得应纳税款的资金时间价值。

(2) 有效控制税务风险。主要体现在纳税人账目清晰，纳税申报正确，税款缴纳及时、足额，对税收政策的理解全面透彻，能够有效防止任何涉税方面的违法行为，即在税务方面的风险极低，基本可以完全化解。

(3) 获得更高的纳税信用等级，树立正面的品牌形象，取得良好的社会认可。

2.3.2 税收筹划的主要方法

实践中税收筹划的主要方法包括以下十种类别。

1. 纳税人身份筹划法

纳税人也就是纳税主体，可以是自然人也可以是法人。纳税人是税制的一个基本要素，每一具体税种都有关于纳税人的相关规定。纳税人身份筹划实质上是对纳税人身份进行合理界定或转化，使纳税人的税负得以减轻或者避免成为某一税种的纳税义务人。

1) 适用不同税种的身份选择

在所得税领域，个体工商户、个人独资企业、合伙制企业和股份有限公司适用不同的所得税税种，前三种组织形式是个人所得税的纳税义务人，按个人所得税的经营所得税目缴纳个人所得税；股份有限公司是企业所得税的纳税义务人，按企业所得税的应纳税所得额缴纳企业所得税。选择不同身份类型在工商行政机关注册时，应充分预测税负轻重以及相关税务风险，并做出理性抉择。

2) 相同税种不同纳税人身份的转化

增值税纳税义务人包括一般纳税人和小规模纳税人两种类型。两种纳税人身份的认定各有一定标准，并分别采用不同的增值税计算缴纳政策，符合一定条件的情况下，两种身份之间可以互相转化。实践中可以采用一定模型预测两种身份的税负轻重，通过比较进行综合权衡，选取合适的身份类型以取得筹划收益。

3) 避免成为纳税人

即通过合理筹划，使税务主体不符合某个税种的纳税义务人条件，从而避免成为纳税人。例如，城镇土地使用税的适用区域是城市、县城、建制镇，如果纳税人将厂址选在物流便利的城郊产业园区，则可以避免成为城镇土地使用税的纳税义务人。

2. 计税基础筹划法

计税基础简称"税基"，是计算应纳税额的依据。纳税人通过某些合法方式来降低计税基础，这是减轻税负的常用方法。

1) 合理谋划计税基础确认时间

(1) 推迟计税基础确认时间。在计税基础总量不变的情况下，合法推迟计税基础的确认时间可以推迟纳税,从而使纳税人获得资金的时间价值,尤其在通货膨胀率较为明显的情况下获得的筹划收益更加明显。

(2) 均衡计税基础确认时间。即在各个纳税期间均衡确认计税基础,可以享受起征点等增值税减免政策。另外,在适用超额累进税率的情况下,还可以实现边际税率的最小化,从而降低税务水平。

(3) 提前计税基础的确认时间。在计税基础总量不变的情况下,合法提前计税基础的确认时间可以充分享受类似"两免三减半""五免五减半"等免税或者减税期间的税收减免优惠政策,从而在整体上使纳税人大幅减轻税负负担。

2) 分散计税基础

分散计税基础以减轻税负主要源自两种情形,具体是:

(1) 税率确定的情况下,通过合理扣除项目直接减少计税基础,进而达到减轻税负的目的。

如在印花税的计算缴纳中,购销合同约定的购销金额,如果是增值税含税价,则要将含税价作为计税基础,并乘以适用税率计算缴纳印花税;如果购销合同约定的购销金额是去掉增值税的不含税价,则可将不含税价作为计税基础,并乘以适用税率计算缴纳印花税。为此,税收筹划时可以将增值税从合同约定的购销金额中去除,以减少计税基础。

(2) 适用高低不同税率或分别为应税及免税项目,但计税基础合并在一起的情况,可以通过拆分计税基础按各自适用的税率(或分别按适应税率纳税及免税)计算纳税,避免合并计税时按从高计税从而增加税负负担。

如煤炭开采企业在生产销售原煤的同时,还生产销售伴生的天然气,原煤适用10%的资源税税率,天然气适用6%的资源税税率,如果不能清晰核算两种应税资源在纳税期间各自的销售额,则要按10%的比例税率从高计征资源税。为此,税收筹划时有必要清晰核算原煤和天然气各自的销售额,并分别适用10%和6%的比例税率,通过拆分计税基础,达到减轻税负的目的。

3. 税率筹划法

税率筹划法是指通过降低适用税率的方式来减轻税负的一种筹划方法。税率是税制的要素之一,不同税种税率的设计往往存在一定的幅度,如超额累进税率、超率累进税率、基本比例税率加优惠税率、幅度定额税率等。这种特点为纳税人采用税率筹划法进行税收筹划提供了合理空间。例如,土地增值税按照增值率所处区间分别适用30%、40%、50%、60%的超率累进税率,纳税人可以通过适当降低房地产售价或者适当增加成本费用,进而将增值率控制在较低的区间并适用更低的比例税率,以此获得更大的税收筹划收益。

4. 税收优惠筹划法

税收优惠政策是一种特殊性政策,体现了国家对某些产业或领域的照顾倾斜与扶持意图,但是享受该等优惠政策一般需符合一定的条件。为此,纳税人应尽可能创造条件以符合税收优惠政策的相关规定,从而享受税收减免的政策红利。具体而言,各个税种在免税、减税、退税、优惠税率、税收抵免等方面都有细致规定,增值税、消费税等少数税种还规定了免征额和起征点等。纳税人应全面掌握并深刻理解税收优惠政策的规定与精神,进而创造条件合法享受税收优惠政策。

5. 会计政策筹划法

选用不同会计政策,会带来收入、成本费用、损益等方面不同的财务处理结果,进而影响整体税负的轻重与税务风险。例如,固定资产的折旧有加速折旧法和平均折旧法,存货的计价有实际成本法和计划成本法等,不同会计政策下又有各类具体方法。在税制法规认可的范围内,纳税人充分权衡不同会计政策选用对整体税负轻重及税务风险的影响,从减轻税负负担、平衡现金流量、避免行政处罚等方面进行全面考虑,选取合适的会计政策。

6. 转移定价筹划法

转移定价筹划法是比较基本和常见的税收筹划方法,尤其关联企业之间通过转移定价,可以将纳税环节前移并减少计税基础,进而降低税负。比如,白酒行业常见的设立独立销售公司的做法,就是典型的转移定价筹划法。白酒是消费税应税产品,而且只在销售环节征收一道,酒厂通过设立独立的销售公司,将白酒以较低的价格出售给销售公司,从而将消费税纳税环节前移,销售公司再以正常的市场价对外出售白酒,这一对外销售环节不再计算缴纳消费税。

7. 递延纳税筹划法

递延纳税筹划法是通过推迟纳税义务确认时间,取得应纳税额的时间价值来进行税收筹划的方法。一般可以通过在合同中约定结算方式或者控制结算进度等来实现,如采用分期收款发出商品的结算方式、依据工程进度验证合格后付款,以及产品使用保证期合格后结算余款等方式,来推迟纳税义务确认时间,进而获得应纳税款的资金时间价值。

8. 临界点筹划法

税制设计中,对于某些税种往往规定了计税基础临界点和优惠临界点:前者如增值税、消费税的起征点,以及甲类卷烟和乙类卷烟适用不同税率的定价临界点等;后者如企业所得税计算缴纳中规定的居民技术转让所得处于不同区间免征和减半征收企业所得税的优惠临界点。合理利用计税基础临界点和优惠临界点可以为税收筹划提供一定空间。

9. 资产重组筹划法

资产重组筹划法是指纳税人通过合并或者分立等方式实现资源优化配置,以取得最大税收筹划效益的做法。例如,通过合并上下游产业链中的企业,将外部经济交易转化为内部事项,从而减轻印花税等税负;或者通过分立出独立的运输公司、销售公司、生产子公司等形式,达到将混合销售行为转化为兼营行为,避免从高适用增值税税率、消费税纳税环节前移以降低计税基础,以及成为小型微利企业享受所得税优惠政策等目的,获得税收筹划收益。

10. 业务转化筹划法

业务转化筹划法手段非常灵活多样,在多个税种中都有应用的空间。如个人所得税筹划中通过合理的用工合同安排将劳务报酬所得和工资薪金所得进行合理转化；消费税筹划中通过合理的安排在委托加工应税消费品和先销售原材料再提供加工服务之间进行合理转化等，都是常见的业务转化筹划法。

2.4 税收筹划的影响因素

税收筹划工作是一项复杂的系统工程，构思或选取的最优筹划方案在具体实施过程中并不一定能够取得预期效果，诸多内外部因素发挥着影响和制约作用，具体情况简述如下。

2.4.1 外部因素

1. 税制法规因素

税收筹划必须以税制法规为导向，而税制法规体现了国家的财政意志和宏观调整政策目标。但是，税制法规与经济社会的发展很难完全同步协调，由于经济生活的复杂多样和瞬息万变，新的经济活动形式层出不穷，税制法规约束经常存在一定的滞后性。另外，为有效发挥税收杠杆的引导调节作用并使之贯彻到国家产业发展实践，税制法规在"专精特新"等关键行业与技术领域有诸多的税收优惠减免政策，通过创新驱动来推动产业转型升级的导向性非常明显。

有鉴于此，纳税人在基于税制法规进行税收筹划时需要注意几个原则：首先，合法性与灵活性相结合的原则。税收筹划必须以纳税人严格遵守税制法规、不钻税收漏洞为前提，在深刻理解税收政策精神、贯彻税收法制原则的基础上，灵活合理地构思税收筹划方案以获取最大收益。其次，动态发展原则。随着国家经济社会形势的发展，税制法规也在相应地进行动态调整。对于不合时宜或已经变化的税制法规要素及政策阐释，纳税人必须及时跟进、全面掌握、深刻理解，在动态发展中适应变化并调整税收筹划思路。最后，服务创新驱动原则。在百年未有之大变局背景下，民族产业转型升级与创新发展，已经成为国家与社会的共识，利润表在管理费用之下单列研发费用的格式变化、所得税领域普遍适用的研发经费加计扣除，以及软件和集成电路产业"两免三减半""五免五减半"等优惠政策规定，无不体现了这种政策的调控指向性，纳税人应该顺应这种时代变局，使税收筹划在服从国家发展大局的背景下促进自身的长远发展。

2. 会计制度因素

我国的会计制度是由国务院财政部门统一厘定的部门规章和法规文件，以及制定发布的会计准则。但是，会计制度准则对交易、事项的确认、计量标准与税制法规存在一定的差异性，会计制度准则与税制法规制度并存的状态是常态性、长期性的，这种财税分离意味着对经济业务进行账务处理时，既要以会计制度准则为基础，又要遵循税制法规制度进行调整。但若转换角度看，如果财税合一，即企业的财务会计处理与税制法规完全一致，两者之间就没有任何差异性，那么纳税调整就无从谈起，税收筹划的空间也将被极大压缩，所以，正是这种财税分离的现状才更加彰显税收筹划的价值。

一个关键问题在于,我国的会计准则一方面对国际会计准则进行了趋同性借鉴,另一方面又结合国情进行了改进完善,这使得对会计准则的理解运用需要有很高的专业判断能力并能有效协调各利益相关方的立场,但是现实中财务人员的素质以及利益相关方立场协调的复杂性,使得会计信息系统的合法性和公允性较难完全实现,在此基础上再以税制法规为准绳进行调整,增加了涉税交易、事项确认与计量的复杂性和不确定性,进而一定程度上容易引发税务风险。为此,需要纳税人有很好的税务风险防范意识和风险控制能力。

3. 经济社会因素

纳税人进行税收筹划时处于具体的经济社会环境之中,个体的经济决策与活动必然受到整体经济社会环境的影响,理论上最优或可行的方案,在实践中可能由于经济社会环境因素的制约变得举步维艰。例如,对于投资于西部开发地区和少数民族地区的企业,税制法规中对企业所得税、环境保护税等税种都有许多减免税、退税方面的优惠政策。选择在这些地区投资,理论上可以获得企业所得税、环境保护税方面的筹划收益。但是从自然环境、地质地貌、投资配套、物流基础、市场容量等角度来综合考虑,很可能由于各种不利的经济社会因素掣肘而缺乏可持续性,进而达不到最初的目的。

为此,企业在投融资方面的税收筹划,应该充分考虑更多的经济社会环境因素,且对区域经济社会发展及项目行业的预期前景进行综合研判,如果割裂投融资项目计划与经济社会环境的密切联系,单纯从具体税种税收筹划的角度来进行考虑,极有可能导致项目投资整体失败。

4. 治理水平因素

中国疆域辽阔,不仅区域经济发展水平存在很大差异,区域治理水平和治理能力也参差不齐。有的地区行政机关有很好的服务意识,能够为企业良好发展环境的创设提供保证机制,在金融支持、科技服务、信息对接等诸多方面搭建平台,建立协调机制,体现了良好的区域治理水平和治理能力。但是,有的地区行政机关存在办事效率不高、主动服务意识不强、对政策的理解执行存在偏差等情况,区域治理水平和治理能力存在一定欠缺。

特别是在税收征纳关系处理中,税收征管机关和税务执法人员对政策的把握程度、征管水平、信息加工整合能力、沟通服务协调意识、税收政策宣传、主动帮助企业排忧解难等方面存在很大差异。为此,相关治理水平也是影响税收筹划的重要外部因素。

2.4.2 内部因素

1. 管理层和治理层的风险偏好与内部协调

管理层和治理层的风险偏好与内部协调是影响税收筹划具体实施的重要内部因素。管理层和治理层有不同的价值立场和不一致的风险偏好,彼此之间的协调程度以及总体风险偏好水平的高低,会影响税收筹划方案的目的指向。一般而言,总体风险偏好程度低会表现出保守型价值取向,税收筹划方案倾向于以最小的税务风险获得相对合理的筹划收益;总体风险偏好程度较高会表现出进取型价值取向,税收筹划方案倾向于接受以较大的税务风险获得更高的筹划收益;如果管理层和治理层的风险偏好和立场协调程度不理想,则税收筹划方案一般会选择比较折中的方案,风险和收益之间处于相对中性的平衡。

2. 税收筹划人员素质及财务管理水平

税收筹划人员素质及财务管理水平是影响税收筹划效果的关键性内部因素。如果税收筹划人员具有丰富的行业经验、知识结构完备全面、有良好的学习意愿和具体行动、对税制法规变化能够及时掌握并深刻理解、财务管理水平高超、账务处理清晰明了,无疑能够为税收筹划方案设计及有效实施提供良好保证;而知识结构存在欠缺、学习意愿不佳、对税制法规变化不熟悉或缺乏基本理解、账务处理杂乱无章的税收筹划人员,则必然不可能有良好的税收筹划思维和实践运用能力。

3. 税收筹划目标

税收筹划目标是判断税收筹划方案能否成功实施的重要衡量维度。但是税收筹划目标的设定存在具体差异,如果以单一税种或具体环节节税额度作为目标,则不能全面审视各个税种的税负之间、税负下降与整体经济效益之间此消彼长的辩证关系。此外,单独局限于个体自身的税收筹划利益,不考虑对产业链上下游企业的负面影响,不顾及对整个产业链健康发展的推动效应,则税收筹划的实际效应必然是短浅而难以持久的,对企业的长远发展难言助力。

4. 筹划方案的实施环境

税收筹划不仅仅是财务管理人员、税收筹划人员的事务,还应该基于管理层、治理层立场的有效协调与价值的高度认同,并得到采购、生产、销售、行政等具体业务部门的全力配合和支持。统一的税收筹划方案需要各个业务部门的积极参与,实施过程中的偏差需要得到良好的信息反馈并及时予以纠正。如果部门之间信息沟通不顺畅、责任归属互不关联、内部缺乏凝聚共识的环境,则税收筹划方案的实际实施效果可能会远远低于预期。

【导入案例讨论】

经过本章的学习,对于财务会计与税务会计之间职能的异同有了清晰认识。财务会计的主要职能是反映和监督,税务会计的职能要在财务会计职能的基础上进一步延伸,税收筹划是税务会计的主要职能之一。基于这一认识,在此解答一下本章开始"导入案例"中提出的问题。

问题1:代理记账公司对甲公司的业务处理及增值税申报缴纳是否有错误?

解答:代理记账公司对甲公司的业务处理及增值税申报缴纳没有错误,是在履行财务会计的反映与监督职能。税务会计的税收筹划职能不是代理记账公司对甲公司承诺的业务范畴,况且税收筹划不是代理记账公司业务的侧重点,代理记账公司没有义务为甲公司进行税收筹划,而且在税收筹划的业务水准方面也相对薄弱。

问题2:若甲公司每年支付2 000元聘请税务顾问,是否因增加了开支而不值得?

解答:若甲公司每年支付2 000元聘请税务顾问,不会因增加了该笔开支而不值得,因为税收筹划的综合收益要远大于该笔开支。仅就甲公司增值税计算缴纳而言,2021年开始,国家税收政策对增值税小规模纳税人的起征点由每月销售额10万元调整到15万元,2020年,甲公司每月销售额均远高于10万元,故2020年当年按月计算缴纳增值税是在履行法定纳税义务。但是从税收筹划的角度看,依据税收优惠政策中增值税起征点的变化,2021年,甲公司每月的销售额与2020年相比略有下滑,在15万元上下波动,具有很大的税收筹划空间。如果税务顾问建议将2021年每个月的销售额适当予以均衡,即将月销售额超过新起征点(15万元)的5个月的少部分销售额,以合适的方法分配到其他月份,这样全年12个月每个月的销售额均处于新起征点之下,进而全年可以免征增值税,可减轻增值税税负22 950元,相比支付的2 000元税务顾问费用,综合收益是显著的。

其实,公司决策层的主要问题是没有认识到财务会计与税务会计之间的区别,对代理记账业务缺乏正确定位,尤其对税收筹划职能于现代企业的重要性没有深刻认识。

扫描此码

即测即练题

复习思考题

1. 税务会计领域的主要交易或事项有哪些类别?
2. 税收筹划对税务会计具体业务处理方式的影响形式主要有哪些?
3. 税收筹划的基本类型有哪些?
4. 税收筹划的主要方法有哪些?
5. 税收筹划的主要影响因素有哪些?

第3章

增值税会计与税收筹划

【学习目标】

1. 掌握增值税的纳税人和征税范围。
2. 掌握增值税应纳税额的计算和申报方法。
3. 掌握增值税涉税业务的会计处理方法。
4. 熟悉增值税的税收优惠政策。
5. 深刻理解增值税税收筹划的基本原理和方法。
6. 能够结合行业特点并依据增值税税收筹划原理,灵活选取合适方法运用于税收筹划实践,对企业增值税涉税业务进行筹划,获得税收筹划收益。

【导入案例】

某工业企业为增值税一般纳税人,2020年6月发生以下业务:

从甲公司采购一批原材料,价格200万元,并取得增值税专用发票。运输该批原材料取得乙运输公司开具的增值税专用发票,注明材料运费10万元;从丙公司采购一批钢材拟用于修建职工澡堂,取得增值税专用发票,注明价格50万元。

销售货物一批,售价500万元,并用自己的车队帮客户将货物运送到目的地,收取运费10万元,该批货物成本为430万元;加工一批特定的产品给员工做福利,成本20万元,成本利润率10%;盘点发现仓库有一批当年3月购入的原材料已经变质腐烂,该批原材料的采购价为10万元。

以上购销价格均不含增值税,款项均已通过开户银行收付。该公司采购的原材料和销售的产品均适用13%的增值税税率。

请思考:

1. 计算该企业当月应缴纳的增值税税额。
2. 对该企业当月增值税涉税业务进行会计处理。
3. 该企业增值税涉税业务是否有税收筹划的空间。

3.1 增值税的确认、计量与纳税申报

3.1.1 增值税概述

1. 增值税的概念

增值税是以货物或服务在流转过程中产生的增值额作为计税依据而征收的一种流转税。我国现行增值税的基本规范是国务院于 2017 年 11 月 19 日公布的《中华人民共和国增值税暂行条例》(国务院令第 691 号)(以下简称《增值税暂行条例》)、2016 年 3 月财政部和国家税务总局发布的"营改增通知",以及 2008 年 12 月财政部和国家税务总局发布的《中华人民共和国增值税暂行条例实施细则》。按照增值税相关法规的规定,增值税是对在我国境内发生应税销售行为以及进口货物的单位和个人,就其取得的增值额作为计税依据而征收的一种流转税。

需要理解的是,在"营改增"以前,提供服务(不含加工、修理修配劳务,另含转让资产、销售不动产)和销售货物(另含加工、修理修配劳务)分属营业税和增值税的应税行为,从计征流转税的角度看,营业税应税服务和增值税应税货物彼此是互斥的。但是,自 2016 年 5 月 1 日全面实施"营改增"之后,在我国境内提供服务,以及转让无形资产和销售不动产等原营业税的应税行为,全部改为征收增值税。这标志着当前增值税的征收范围,已由传统销售货物全面扩展到服务业,以及转让无形资产和销售不动产等领域。

【扩展阅读 3.1】 "营改增"的原因

扫描此码

深度学习

2. 增值税的纳税义务人

凡在中华人民共和国境内销售货物或者提供加工、修理修配劳务以及进口货物的单位和个人都是增值税的纳税人。除此之外,在我国境内销售服务、转让无形资产和销售不动产的单位和个人,即原营业税的纳税人,也属于增值税纳税人。

说明:①单位是指企业、事业单位、行政单位、军事单位、社会团体及其他单位,个人是指个体工商户和其他个人;②劳务是指属于交通运输业、邮电通信业、建筑业、金融保险业、现代服务和生活服务范围的劳务。

增值税纳税人具体分为以下两类,其计税原理及认定标准不同。

1) 增值税小规模纳税人

增值税小规模纳税人采用简易计税方法计算缴纳增值税,一般开具普通发票。其认定标准是:年销售额在规定标准以下,且会计核算不健全,不能按规定报送有关税务资料的增值税纳税人。所谓会计核算不健全,是指不能按照国家统一会计制度规定设置账簿,并根据合法、有效凭证进行核算。目前,小规模纳税人标准为年应税销售额500万元及以下。

2) 增值税一般纳税人

增值税一般纳税人采用进项税额抵扣制计算缴纳增值税,一般开具增值税专用发票。其认定标准是:年应税销售额超过财政部和国家税务总局规定的小规模纳税人标准的纳税人,其中的应税销售额,是指连续不超过12个月或4个季度经营期累计应纳增值税销售额,包括纳税申报销售额、稽查查补销售额、纳税评估调整销售额。增值税纳税人一经认定为一般纳税人,不得再转为小规模纳税人。

此外,年应税销售额虽未超过财政部、国家税务总局规定的小规模纳税人标准,但会计核算健全,能够提供准确税务资料的,也可以向主管税务机关办理一般纳税人登记,成为一般纳税人。

在中华人民共和国境外的单位或者个人在境内销售劳务,在境内未设有经营机构,以其境内代理人为扣缴义务人;在境内没有代理人的,以购买方为扣缴义务人。

3. 增值税的征税范围

1) 征税范围的一般规定

在我国境内销售货物,提供加工、修理修配劳务,销售服务、转让无形资产或销售不动产,以及进口货物的应税行为,均属增值税的征税范围。

销售货物:是指有偿转让货物的所有权,其中货物是指有形动产,包括电力、热力、气体在内。

提供加工、修理修配劳务:加工是指受托加工的货物,即委托方提供原料及主要材料,受托方按照委托方的要求,制造货物并收取加工费的业务;修理修配是指受托方对损伤和丧失功能的货物进行修复,使其恢复原状和功能的业务。

进口货物:是指申报进入中华人民共和国海关境内的货物。

销售服务、转让无形资产或销售不动产:是指有偿提供服务、转让无形资产或者销售不动产的行为。具体包括提供交通运输、邮电通信、建筑、金融保险、现代和生活服务业务,转让技术、商标、著作权、商誉、自然资源使用权等无形资产所有权和使用权的业务活动,转让建筑物、构筑物等不动产所有权的业务活动。

2) 征税范围的特殊规定

(1) 视同销售行为。

视同销售行为是指不符合会计准则的收入确认要求,在财务会计中一般不确认为收入,但按税法规定属于应税行为,应确认收入并计算缴纳税款的销售行为。具体包括以下10项:

① 将货物交付其他单位或者个人代销。

② 销售代销货物。

③ 设有两个以上机构并实行统一核算的纳税人,将货物从一个机构移送其他机构用于销售,但相关机构设在同一县(市)的除外。

④ 将自产或者委托加工的货物用于非增值税应税项目。

⑤ 将自产、委托加工的货物用于集体福利或者个人消费。

⑥ 将自产、委托加工或者购进的货物作为投资,提供给其他单位或者个体工商户。

⑦ 将自产、委托加工或者购进的货物分配给股东或者投资者。

⑧ 将自产、委托加工或者购进的货物无偿赠送其他单位或者个人。

⑨ 单位或者个体工商户向其他单位或者个人无偿销售应税服务、无偿转让无形资产或者不动产,但用于公益事业或者以社会公众为对象的除外。

⑩ 财政部和国家税务总局规定的其他情形。

上述10种情形之所以被确定为视同销售行为,目的有三个:一是保证增值税税款抵扣制度的实施,不致因出现上述情形而造成税款抵扣链条的中断,例如,①和②就属于这种情形,如果不将其作为视同销售行为,代销方代销环节将只有销项税额而无进项税额;二是避免因出现上述情形而造成应税销售行为之间税收负担不平衡的矛盾,例如,③就属于这种情形;三是体现增值税计算的配比原则,即购进环节实施了进项税抵扣,就应该产生相应的销售额及销项税额,以避免出现不配比情况,④至⑨就归属于这种原因。

(2) 兼营行为。

兼营行为是指纳税人销售货物、加工修理修配劳务、服务、无形资产或者不动产适用不同税率或者征收率。应该强调的是,兼营行为的销售货物和销售服务,相互之间没有互为因果的密切联系,不同业务之间是各自独立互不相关的。例如,某空调制造公司的主营业务是制造销售空调,但是业务淡季时又用自己的车队向外提供运输服务,因为主业空调销售和淡季对外运输服务之间互不相关,那么该公司销售空调和提供运输服务属于兼营行为。

根据增值税法规的相关规定:纳税人兼营不同税率或征收率的业务,应按各自销售额和适用税率或征收率分别计算缴纳增值税,未分别核算的,从高适用税率或者征收率;纳税人兼营免税、减税项目的,应当分别核算免税、减税项目的销售额,未分别核算的,不得免税、减税。

(3) 混合销售行为。

一项销售行为如果既涉及货物又涉及服务,则为混合销售行为。其中,货物是指有形动产,服务是指交通运输服务、建筑服务、金融保险服务、邮政服务、电信服务、现代服务和生活服务等。必须注意:从事货物的生产、批发或者零售的单位和个体工商户的混合销售行为,按照销售货物缴纳增值税;其他单位和个体工商户的混合销售行为,按照销售服务缴纳增值税。例如,制造企业销售自产产品并用自己的运输工具送货上门,属于混合销售行为,产品销售额和运费均应按货物使用的税率合并计税。

4. 税率、征收率、预征率

1) 税率

(1) 基本税率。

增值税的基本税率为13%。一般纳税人销售或者进口货物,提供加工、修理修配劳务,以及有形动产租赁服务,除适用低税率和特殊情况外,均采用基本税率。

(2) 低税率。

① 9%。一般纳税人销售或者进口下列货物、服务,按9%的税率计征增值税:
- 生活必需类:粮食、食用植物油、鲜奶、食用盐、自来水、暖气、冷气、热水、煤气、石油液化气、天然气、沼气、居民用煤炭制品等;
- 文化用品类:图书、报纸、杂志、音像制品及电子出版物;
- 农业生产资料类:饲料、化肥、农药、农机、农膜等;
- 农产品(初级)及其他;
- 服务类:交通运输、邮电通信业、建筑、不动产租赁服务、销售不动产、转让土地使用权。

② 6%。一般纳税人转让土地使用权以外的无形资产,提供增值电信服务、金融服务、生活服务(餐饮服务,包括外卖收入和现场消费收入),以及除租赁服务之外的各项现代服务,适用税率为6%。

(3) 零税率。

出口货物税率为零(国务院另有规定的除外),跨境应税行为税率为零。纳税人提供应税服务的同时适用免税和零税率规定的,可选择适用零税率或免税。

2) 征收率

(1) 3%的征收率。小规模纳税人以及选择简易计税方法的一般纳税人适用的税率称为征收率,明确为3%。

(2) 5%的征收率。小规模纳税人以及选择简易计税方法的一般纳税人销售不动产(不含自建)、提供不动产租赁、转让土地使用权、提供劳务派遣服务等,明确为5%。

3) 预征率

(1) 2%的预征率。纳税人提供建筑服务取得预收款,适用一般计税方法的项目预征率为2%。

(2) 3%的预征率。纳税人提供建筑服务取得预收款,适用简易计税方法的项目预征率为3%;房地产开发企业中的一般纳税人适用一般计税方法的,以取得的全部价款和价外费用,在不动产所在地,按3%的预征率计算并预缴税款;房地产开发企业采取预收款方式销售开发的房地产项目,收到预收款时按3%的预征率预缴增值税。

(3) 5%的预征率。一般纳税人销售不动产,选择一般计税方法计税的,预征率为5%。

5. 纳税期限

增值税的纳税期限分别为1日、3日、5日、10日、15日、1个月或者1个季度。纳税人的具体纳税期限,由主管税务机关根据纳税人应纳税额的大小分别核定;不能按照固定期限纳税的,可以按次纳税。

纳税人以1个月或1个季度为纳税期的,自期满之日起15日内申报纳税;以1日、3日、5日、10日、15日为一个纳税期的,自期满之日起5日内预缴税款,于次月1日至15日内申报纳税并结清上月应纳税款;纳税人进口货物,应当自海关填发海关进口增值税专用缴款书之日起15日内缴纳税款。

6．专用发票管理

1）专用发票联次

增值税专用发票是增值税一般纳税人销售货物、劳务和服务等时开具的发票,是购买方按照增值税有关规定据以抵扣增值税进项税额的凭证,一般纳税人应通过增值税防伪税控系统使用专用发票。专用发票由基本联次或基本联次附加其他联次构成,基本联次有发票联、抵扣联和记账联三联；发票联由购买方作为核算进项税额的记账凭证；抵扣联作为购买方报送主管税务机关认证和留存备查的凭证,记账联作为销售方核算销项税额的记账凭证。其他联次用途,由一般纳税人自行确定。

2）专用发票领购

一般纳税人需要在领购专用设备后,凭"增值税专用发票最高开票限额申请单"到主管税务机关办理增值税发票领购手续。

3）专用发票开具

一般纳税人销售货物,提供劳务,销售服务、无形资产、不动产,应向购买方开具专用发票。

从事以下经营业务的小规模纳税人(试点纳税人)发生增值税应税行为,需要开具增值税专用发票的,可以选择使用增值税发票管理系统自行开具：住宿业、鉴证咨询业、建筑业、工业、信息传输、软件和信息技术服务业、租赁和商业服务业、科学研究和技术服务业、居民服务、修理和其他服务业。试点纳税人销售其取得的不动产,需要开具增值税专用发票的,应按规定向税务机关申请代开。

专用发票开具要求如下：

（1）项目齐全,内容及金额与实际交易相符。

（2）字迹清楚,不得压线、错格。

（3）发票联和抵扣联加盖财务专用章或者发票专用章。

（4）按照增值税纳税义务的发生时间开具。

7．增值税减免

增值税减免政策繁多,纳税人应熟悉相关优惠政策并创造条件合法享受政策红利。

1)《增值税暂行条例》规定的免税项目

① 农业生产者销售的自产农业产品。

② 避孕药品和用具。

③ 古旧图书(指向社会收购的古书和旧书)。

④ 直接用于科学研究、科学试验和教学的进口仪器、设备。

⑤ 外国政府、国际组织无偿援助的进口物资和设备。

⑥ 由残疾人组织直接进口供残疾人专用的物品。

⑦ 销售自己使用过的物品(指其他个人使用过的物品)。

⑧ 国务院规定的其他免税项目。

2)"营改增通知"及有关部门规定的税收优惠政策

（1）免征增值税项目。

① 托儿所、幼儿园提供的保育和教育服务。

② 养老机构提供的养老服务。
③ 残疾人福利机构提供的育养服务。
④ 婚姻介绍服务。
⑤ 殡葬服务。
⑥ 残疾人员本人为社会提供的服务。
⑦ 医疗机构提供的医疗服务。
⑧ 从事学历教育的学校提供的教育服务。
⑨ 农业机耕、排灌、病虫害防治、植物保护、农牧保险以及相关技术培训业务,家禽、牲畜、水生动物的配种和疾病防治。
⑩ 个人转让著作权。
⑪ 个人销售自建自用住房。
⑫ 纳税人提供的直接或者间接国际货物运输的代理服务。
⑬ 下列利息收入免征增值税:国家助学贷款;国债、地方政府债;人民银行对金融机构的贷款;住房公积金管理中心用住房公积金在指定的委托银行发放的个人住房贷款;外汇管理部门在从事国家外汇储备经营过程中,委托金融机构发放的外汇贷款;统借统还业务中,企业集团或企业集团中的核心企业以及集团所属财务公司按不高于支付给金融机构的借款利率水平或者支付的债券票面利率水平,向企业集团或者集团内下属单位收取的利息。
⑭ 保险公司开办的一年期以上人身保险产品取得的保费收入。
⑮ 金融同业往来利息收入。
⑯ 符合规定条件的担保机构从事中小企业信用担保或者再担保业务取得的收入(不含信用评级、咨询、培训等收入)3年内免征增值税。
⑰ 国家商品储备管理单位及其直属企业承担商品储备任务,从中央或者地方财政取得的利息补贴收入和价差补贴收入。
⑱ 纳税人提供技术转让、技术开发和与之有关的技术咨询、技术服务,这部分技术咨询、技术服务的价款与技术转让或者技术开发的价款应当在同一张发票上开具。
⑲ 符合规定条件的合同能源管理服务。
⑳ 家政服务企业由员工制家政服务员提供家政服务取得的收入。
㉑ 将土地使用权转让给农业生产者用于农业生产。
㉒ 为安置随军家属就业而新开办的企业,自领取税务登记证之日起,其提供的应税服务3年内免征增值税;从事个体经营的随军家属,自办理税务登记事项之日起,其提供的应税服务3年内免征增值税。
㉓ 为安置自主择业的军队转业干部就业而新开办的企业,凡安置自主择业的军队转业干部占企业总人数60%(含)以上的,自领取税务登记证之日起,其提供的应税服务3年内免征增值税;从事个体经营的军队转业干部,自领取税务登记证之日起,其提供的应税服务3年内免征增值税。
㉔ 青藏铁路公司提供的铁路运输服务免征增值税。
㉕ 中国邮政集团公司及其所属邮政企业提供的邮政普遍服务和邮政特殊服务,免征增值税;中国邮政集团公司及其所属邮政企业为金融机构代办金融保险业务取得的代理收入

在"营改增"试点期间免征增值税。

㉖ 对符合规定条件的国际航运保险业务免征增值税。

㉗ 纳税人取得的财政补贴收入,与其销售货物、劳务、服务、无形资产、不动产的收入或者数量直接挂钩的,应按规定计算缴纳增值税。纳税人取得的其他情形的财政补贴收入,不属于增值税应税收入,不征收增值税。

(2) 增值税即征即退优惠。

纳税人享受增值税即征即退优惠政策的主要规定包括:

① 增值税一般纳税人销售其自行开发生产的软件产品,按13%税率征收增值税后,对其增值税实际税负超过3%的部分实行即征即退政策;将进口软件本地化改造后对外销售,其销售的软件产品可享受该款规定。

② 一般纳税人提供管道运输服务,对其增值税实际税负超过3%的部分实行增值税即征即退。

③ 经中国人民银行、银监会或者商务部批准从事融资租赁业务的纳税人中的一般纳税人,提供有形动产融资租赁服务和有形动产融资性售后回租服务,对其增值税实际税负超过3%的部分实行增值税即征即退政策。

④ 纳税人安置残疾人享受增值税即征即退优惠政策,月应退增值税税额为纳税人本月安置残疾人员人数乘以本月月最低工资标准的4倍,当期应退增值税税额为本期所含月份每月应退增值税之和。

(3) 扣减增值税优惠。

纳税人享受扣减增值税优惠政策的主要规定包括:

① 对自主就业退役士兵从事个体经营的,自办理个体工商登记当月起,在3年(36个月)内按每户12 000元为限额依次扣减其当年实际应缴纳的增值税、城市维护建设税、教育费附加、地方教育附加和个人所得税。

② 建档立卡贫困人口,持《就业创业证》(注明"自主创业税收政策"或"毕业年度内自主创业税收政策")或《就业失业登记证》("自主创业税收政策")的人员,从事个体经营的,自办理个体工商登记当月起,在3年(36个月)内按每户12 000元为限额依次扣减其当年实际应缴纳的增值税、城市维护建设税、教育费附加、地方教育附加和个人所得税。

(4) 金融企业发放贷款后应收未收利息的增值税优惠政策。

金融企业发放贷款后,自结息日起90天内发生的应收未收利息按现行规定缴纳增值税,自结息日起90天后发生的应收未收利息暂不缴纳增值税,在实际收到利息时按规定缴纳增值税。

(5) 个人销售自购住房的征免增值税处理。

个人将购买不足2年的住房对外销售的,按照5%的征收率全额缴纳增值税;个人将购买2年以上(含2年)的住房对外销售的,免征增值税。该政策适用于北京市、上海市、广州市、深圳市之外的地区;个人将购买不足2年的住房对外销售的,按照5%的征收率全额缴纳增值税;个人将购买2年以上(含2年)的非普通住房对外销售的,以销售收入减去购买住房价款后的差额按照5%的征收率缴纳增值税;个人将购买2年以上(含2年)的普通住房对外销售的,免征增值税。该政策仅适用于北京市、上海市、广州市和深圳市。

3) 财政部、国家税务总局规定的其他主要征免税项目

(1) 资源综合利用产品和劳务增值税优惠政策。纳税人销售自产符合规定的综合利用产品和提供符合规定的资源综合利用劳务,可享受增值税即征即退政策。退税比例有30%、50%、70%和100%四个档次。

(2) 免征蔬菜流通环节增值税。对从事蔬菜批发、零售的纳税人销售的蔬菜免征增值税。

(3) 粕类产品征免增值税。豆粕属于征收增值税的饲料产品,除豆粕以外的其他粕类饲料产品,均免征增值税。

(4) 制种行业免征增值税。制种企业在符合规定的生产经营模式下生产销售种子,属于农业生产者销售自产农业产品,按规定免征增值税。

(5) 有机肥产品免征增值税。纳税人生产销售和批发、零售符合标准的有机肥产品免征增值税。

(6) 小规模纳税人的免征增值税处理。小规模纳税人发生增值税应税销售行为,合计月销售额未超过10万元(以1个季度为1个纳税期的,季度销售额未超过30万元)的,免征增值税;小规模纳税人发生增值税应税销售行为,合计月销售额未超过10万元,但扣除本期发生的销售不动产的销售额后未超过10万元的,其销售货物、劳务、服务、无形资产取得的销售额免征增值税。

(7) 研发机构采购设备的增值税处理。为了鼓励科学研究和技术开发,促进科技进步,在符合条件的前提下,对内资研发机构和外资研发中心采购国产设备全额退还增值税;研发机构已退税的国产设备,自增值税发票开具之日起3年内,设备所有权转移或移作他用的,须按规定向税务机关补缴已退税款。

(8) 纳税人将承包地流转给农业生产者的免征增值税处理。纳税人采用转包、出租、互换、转让、入股等方式将承包地流转给农业生产者用于农业生产,免征增值税。

(9) 其他个人出租不动产的免征增值税处理。其他个人采用一次性收取租金形式出租不动产取得的租金收入,可在对应的租赁期内平均分摊,分摊后的月租金收入未超过10万元的,免征增值税。

(10) 社区养老托育家政服务收入免征增值税。自2019年6月1日至2025年12月31日为社区提供养老、托育、家政等服务的机构,提供社区养老、托育、家政服务取得的收入免征增值税。

(11) 纳税人将国有农用地出租给农业生产者用于农业生产,免征增值税。

(12) 海南岛离岛免税店销售离岛免税商品,按规定免征增值税和消费税。

4) 增值税起征点的规定

纳税人销售额未达到国务院财政、税务主管部门规定的增值税起征点的,免征增值税;达到起征点的,按照规定全额计算缴纳增值税。

纳税人起征点仅适用于个人,包括个体工商户和个人,但不适用于登记认定为一般纳税人的个体工商户。也就是说,增值税起征点仅适用于按照小规模纳税人纳税的个体工商户和其他个人。

增值税起征点的标准如下:

(1) 按期纳税的,为月销售额5 000~20 000元(含)。

(2) 按次纳税的,为每次(日)销售额 300~500 元(含)。

另外,对月销售额 10 万元以下(含)的增值税小规模纳税人,免征增值税。

3.1.2 增值税的确认与计量

1. 纳税义务发生时间的确认

1) 应税销售行为纳税义务发生时间的一般规定

纳税义务发生时间是纳税人发生应税销售行为应当承担纳税义务的起始时间,为纳税人发生应税行为并收讫销售款项或者取得索取销售款项凭据的当天;先开具发票的,为开具发票的当天。

收讫销售款项是指纳税人发生应税销售行为过程中或者完成后收取的款项。

取得索取销售款项凭据的当天,是指书面合同确定的付款日期;未签订书面合同或者书面合同未确定付款日期的,为应税销售行为完成的当天或者不动产权属变更的当天。

2) 应税销售行为纳税义务发生时间的具体规定

(1) 采取直接收款方式销售货物的,不论货物是否发出,均为收到货款或者取得索取销售款凭据的当天。

(2) 采取托收承付或委托银行收款方式销售货物的,为发出货物或提供服务并办理托收或委托收款手续的当天。

(3) 采取赊销或者分期收款方式销售货物的,为书面合同约定的收款日期当天,无书面合同的或者书面合同未约定收款日期的,为货物发出的当天。

(4) 采取预收货款方式销售货物的,为货物发出的当天,但生产销售生产工期超过 12 个月的大型机械设备、船舶、飞机等货物,为收到预收款或者书面合同约定的收款日期的当天。

(5) 销售预付卡的,在实际发出商品、提供服务时,确认应税收入承担纳税义务。

(6) 委托其他人代销货物的,为收到代销单位的代销清单或者收到全部(或部分)货款的当天。未收到代销清单及货款的,为发出代销货物满 180 天的当天。

(7) 发生视同销售行为的,纳税人发生除将货物交付其他单位或者个人代销和销售代销货物外的视同销售货物行为,为货物移送的当天。

(8) 纳税人提供租赁服务采取预收款方式的,其纳税义务发生时间为收到预收款的当天。

(9) 纳税人从事金融商品转让的,为金融产品所有权转移的当天。

(10) 纳税人发生视同销售服务、无形资产或者不动产情形的,其纳税义务发生时间为服务、无形资产转让完成的当天或者不动产权属变更的当天。

3) 特殊原则——以先发生者为准

以下情况中,哪一种情况发生在先,就以哪个的发生时间作为确认纳税义务发生的时间:

(1) 开具增值税发票的时间。

(2) 实际收款(包括预收款)的时间。

(3) 合同约定的收款时间。

2. 增值税的计量

1) 一般计税方法

(1) 销售额的计量。

① 应税销售额。应税销售额是指纳税人发生应税行为取得的全部价款和价外费用。价外费用指在销售过程中向购买方收取的手续费、补贴、基金、集资费、返还利润、奖励费、违约金、滞纳金、延期付款利息、赔偿金、代收款项、代垫款项、包装费、包装物租金、储备费、优质费、运输装卸费以及其他各种性质的价外收费。

但以下项目不包括在内：受托加工应征消费税的消费品代收代缴的消费税；同时符合以下条件的代垫运输费用，即承运部门的运输费用发票开具给购买方且纳税人将该发票转交给购买方；同时符合以下条件代为收取的政府性基金或者行政事业性收费，即由国务院或者财政部批准设立的政府性基金，由国务院或者省级人民政府及其财政、价格主管部门批准设立的行政事业性收费，收取时开具省级以上财政部门印制的财政票据，且所收款项全额上缴财政。

纳税人向购买方收取的价外费用在并入销售额征税时，应视为含税收入并将其换算为不含税收入。

纳税人发生应税行为价格明显不合理时，主管税务机关可按下列顺序确定销售额：按纳税人最近时期同类销售的平均价格确定；按其他纳税人最近时期同类销售的平均价格确定；按组成计税价格确定。组成计税价格的计算公式为：

组成计税价格＝成本＋利润＝成本×(1＋成本利润率)

② 含税销售额的换算。增值税是以不含增值税税额的销售额作为计税依据，即实行价外计税。纳税人在销售货物或者提供服务时，若将销售额和销项税额合并收取，为避免重复征税，在计算应纳税额时，应将含税销售额换算为不含税销售额，换算公式为：

应税销售额＝含税销售额÷(1＋增值税税率或征收率)

【例3-1】 某增值税一般纳税人2021年3月对外销售货物一批，开具的增值税专用发票上注明的价款为100 000元，税款为13 000元，另外开具普通发票收取运输装卸费2 260元。

应税销售额＝100 000＋2 260÷(1＋13%)＝102 000(元)

销项税额＝102 000×13%＝13 260(元)

③ 销售额的折扣与折让。具体应区分三种情形：折扣销售，购买方购买数量大，销售额和折扣额在同一张发票上注明的，按折扣后的余额计算增值税；销售折扣(现金折扣)，目的在于鼓励购买方尽早还款，如(1/10,N/30)，是一种融资方式引起的融资成本，享受的折扣不得从销售额中扣除；销售折让，是指销售之后货物或服务质量、规格有差异，给购买方一定比例的折让，折让额可在销售额中扣除。

【例3-2】 某公司2021年10月以"买一送一"的促销方式销售某品牌空调10台，同时免费赠送加湿器10台，空调价格为4 000元/台，加湿器价格为300元/台，以上价格均不含税。则该公司应税销售额＝4 000×10＋300×10＝43 000(元)。

若该公司采用折扣销售方式，每台空调价格直接优惠300元，则当期应税销售额＝

$(4\,000-300)\times10=37\,000(元)$。

若上述两种情形均为赊销方式,约定还款条件为$(1/10, N/30)$,购买方在第 29 天付款并享受了 1% 的现金折扣,则两种情况下销售额都不做任何扣除。

④ 以旧换新方式的销售额。采用以旧换新方式销售货物的,应按新货物的销售价格确定销售额,不得扣减旧货物的收购价格。

⑤ 还本销售方式的销售额。还本销售是指纳税人在销售货物后,到一定期限由销售方一次或分次将全部或部分价款退还给购货方。这种方式实际上是一种融资方式,是以商品换取资金的使用,到期还本不付息的方法。采用还本销售方式销售货物,以货物的销售价格作为销售额,不得从销售额中减除还本支出。

⑥ 以物易物方式的销售额。以物易物是一种较为特殊的购销活动,是指购销双方不是以货币结算,而是以同等价款的货物相互结算,实现货物购销的一种方式。

采用以物易物方式销售货物的双方都应做购销处理,以各自发出的货物核算销售额并计算销项税额,以各自收到的货物按规定核算购货额并计算进项税额。

⑦ 包装物押金。纳税人为销售酒类产品之外的货物而出租出借包装物收取的押金,当包装物逾期未收回时,没收押金,按适用税率计算销项税额。逾期以 1 年为限,收取押金超过 1 年时,无论是否退还均应并入销售额征税。

对销售除啤酒、黄酒外的其他酒类产品而收取的包装物押金,无论是否返还以及会计上如何核算,均应并入当期销售额征税,对销售啤酒、黄酒时收取的包装押金,按上述一般规定处理。

【例 3-3】 某公司 2020 年 6 月销售甲产品 10 件,成本为 300 元/件,售价 500 元/件,为此收取包装物押金 678 元,包装物成本为 40 元/件。该产品也是征收消费税的产品,税率为 10%。包装物押金约定 9 个月后退回包装物时予以返还。

应税销售额$=500\times10=5\,000(元)$

若 9 个月后未退包装物没收押金,押金应计入销售额计税。

增加的应税销售额$=678\div(1+13\%)=600(元)$

⑧ 视同销售行为的销售额。视同销售行为应按纳税人同类货物、服务价格确认销售额;无法确定销售额的,按下列顺序确定:按纳税人最近时期同类销售的平均价格确定;按其他纳税人最近时期同类销售的平均价格确定;按组成计税价格确定。组成计税价格的计算公式为:

组成计税价格=成本+利润=成本×(1+成本利润率)

若征收增值税的货物同时又是消费税的征税对象,其组成计税价格中还应包括消费税。其组成计税价格公式为:

组成计税价格=成本+利润+消费税
          =成本×(1+成本利润率)÷(1-消费税税率)

以上计算公式中,成本是指实际生产成本或运营成本,成本利润率由国家税务总局确定,其中货物的成本利润率为 10%。但属于应按从价定率征收消费税的货物,其组成计税价格公式中的成本利润率则须按消费税的有关规定执行。

【例 3-4】 某公司 2021 年 5 月将自产的一批新产品用于对外投资,成本 100 万元,市场上无同类产品出售,产品成本利润率为 10%。

组成计税价格＝100×(1＋10％)＝110(万元)

(2) 销项税额的计量。

销项税额是指一般纳税人发生应税行为后,按照不含税销售额和增值税税率计算并收取的增值税税额。计算公式为:

销项税额＝销售额×税率

(3) 进项税额的计量。

进项税额是指纳税人购进货物、加工修理修配劳务、服务、无形资产或不动产时,支付或者负担的增值税税额。准予从销项税额中抵扣的进项税额,包括以下四类:

① 从销售方取得的增值税专用发票上注明的增值税税额。

② 从海关取得的海关进口增值税专用缴款书上注明的增值税税额。

③ 购进农产品。具体包括以下两种情形:购进农产品取得农产品销售或收购发票的,按照发票上注明的农产品买价和9％的扣除率计算进项税额;购进农产品用于生产销售或委托受托加工适用13％税率的货物,按照农产品销售或收购发票金额10％的扣除率计算进项税额。

④ 自境外单位或者个人购进服务、无形资产或者境内的不动产,从税务机关或扣缴义务人处取得的解缴税款的完税凭证上注明的增值税税额。

【例3-5】 某公司为增值税一般纳税人,2021年2月购入生产用原材料一批,取得销售方开具的增值税专用发票,注明价款和税款分别为100 000元和13 000元;另外支付运输公司运费,取得货物运输业增值税专用发票,运费(不含税)为1 000元。材料已验收入库,款项已转账支付。

进项税额＝13 000＋1 000×9％＝13 090(元)

(4) 不得抵扣的进项税额。

下列项目的进项税额不得从销项税额中抵扣:

① 用于简易计税方法计税项目、免征增值税项目、集体福利或者个人消费的购进货物、加工修理修配劳务、服务、无形资产和不动产。其中涉及的固定资产、无形资产、不动产仅指专用于上述项目的固定资产、无形资产(不包括其他权益性无形资产)、不动产。另外,纳税人的交际应酬消费属于个人消费,不是生产经营中的投入和支出。

② 非正常损失的购进货物,以及相关的加工修理修配劳务和交通运输服务。

③ 非正常损失的在产品、产成品所耗用的购进货物(不包括固定资产)、加工修理修配劳务和交通运输服务。

④ 非正常损失的不动产,以及该不动产所耗用的购进货物、设计服务和建筑服务。

⑤ 非正常损失的不动产在建工程所耗用的购进货物、设计服务和建筑服务。

⑥ 购进的贷款服务、餐饮服务、居民日常服务和娱乐服务。

⑦ 财政部和国家税务总局规定的其他情形。

对于上述不得从销项税额中抵扣的进项税额,可以归纳为以下两种类型:

第一类是进项税额直接计入相关成本费用,包括:采用简易计税方法的纳税人、采用一般计税方法的纳税人,在涉税行为发生时就能明确是用于免税项目、集体福利、个人消费的,即使取得的是专用发票,其进项税额也计入相关成本费用。

第二类是进项税额抵扣后,因自产用途改变,用于不得抵扣项目,或计税方法改为简易计税方法,原已抵扣的进项税额应予以转出。

(5) 一般纳税人应纳税额的计算。

一般纳税人在计算出销项税额和进项税额后,二者相抵就可以得出实际应纳税额。如果应纳税额为负数,则可以留待下期抵扣,形成留抵税额。应纳税额计算公式为:

应纳税额＝当期销项税额－当期进项税额－上期留抵税额

【例 3-6】 某公司为增值税一般纳税人,2021 年 6 月销售产品,开出增值税专用发票,销售额为 100 000 元,销项税额为 13 000 元。销售给小规模纳税人产品,开出普通发票,销售额为 22 600 元(含税)。将一批成本为 10 万元但没有市场售价的新产品免费赠送给客户体验;当月购买原材料入库,取得专用发票,价款为 60 000 元,税款为 7 800 元;当月用水 20 000 元,专用发票注明税款为 1 800 元;上月留抵的增值税税额为 3 000 元。计算该公司当年 6 月应纳增值税税额。

当期销项税额＝13 000＋22 600÷(1＋13%)×13%＋100 000×(1＋10%)×13%
　　　　　　＝29 900(元)

当期进项税额＝7 800＋1 800＝9 600(元)

应纳税额＝29 900－9 600－3 000＝17 300(元)

2) 简易计税方法

(1) 小规模纳税人。小规模纳税人采用简易方法计算增值税税额,其应纳税额计算公式为:

应纳税额＝销售额×征收率

上式的征收率为 3%(转让和出租不动产除外),销售额为不含税销售额,不含税销售额的换算公式为:

不含税销售额＝含税销售额÷(1＋征收率)

小规模纳税人销售额是销售业务发生时向购买方收取的全部价款和价外费用,但是不包括按 3% 的征收率收取的增值税税额。

【例 3-7】 某公司为增值税小规模纳税人,2021 年 9 月发生如下业务:购入材料一批,取得增值税专用发票,注明材料价款为 100 000 元,税额为 13 000 元;销售产品 100 套,产品售价 1200 元/套(含税)。计算该公司当年 9 月应纳增值税税额。

不含税销售额＝1200×100÷(1＋3%)＝116 505(元)

应纳税额＝116505×3%＝3495(元)

(2) 一般纳税人。符合条件的一般纳税人也可以选择适用简易计税方法。一般纳税人提供公共交通运输服务、动漫相关服务,以及电影放映、仓储、装卸搬运、收派、文化体育等服务,提供清包方式建筑服务、甲供工程建筑服务、为建筑工程老项目提供建筑服务,销售不动产、不动产经营租赁服务等,可以采用简易计税方法。其中,销售不动产及不动产经营租赁服务,征收率为 5%。

【例 3-8】 某公司为增值税一般纳税人,2021 年 7 月销售一台增值税转型前购入的特种设备,变价收入为 51 500 元。计算该公司变卖该设备时应缴纳的增值税税额。

应纳税额＝51 500÷(1＋3%)×2%＝1 000(元)

3.1.3 增值税的纳税申报

1. 纳税地点

(1) 固定业户应当向其机构所在地主管税务机关申报纳税。

(2) 固定业户到外县(市)销售货物或者劳务,应当向其机构所在地的主管税务机关报告外出经营事项,并向其机构所在地的主管税务机关申报纳税;未报告的,应当向销售地或者劳务发生地的主管税务机关申报纳税,未向销售地或者劳务发生地的主管税务机关申报纳税的,由其机构所在地的主管税务机关补征税款。

(3) 非固定业户销售货物或者劳务,应当向销售地或者劳务发生地的主管税务机关申报纳税;未向销售地或者劳务发生地的主管税务机关申报纳税的,由其机构所在地或者居住地的主管税务机关补征税款。

(4) 进口货物,应当向报关地海关申报纳税。

(5) 扣缴义务人应当向其机构所在地或者居住地的主管税务机关申报缴纳其扣缴的税款。

2. 纳税申报

1) 一般纳税人的纳税申报

一般纳税人无论当期是否发生应税行为或是否应该纳税,均应按规定进行纳税申报。

(1) 纳税申报、缴纳程序。

一般纳税人办理纳税申报需要经过发票认证、抄报、纳税申报、报税和税款缴纳程序。进行网上申报时,纳税人必须先进入防伪税控开票子系统进行抄税,然后使用网上抄报税系统进行远程报税,再使用网上申报软件发送申报数据,最后使用网上抄报税系统清卡。随后查看申报结果提示,如果申报成功,则关注税款扣缴结果,在申报软件中及时查看银行扣款是否成功。

(2) 纳税申报资料。

纳税申报资料包括主表"增值税纳税申报表(一般纳税人适用)"(见表3-1)和附列资料(附表),附列资料有本期销售情况明细,本期进项税额明细,服务、不动产和无形资产扣除项目明细,税额抵减情况表,不动产分期抵扣计算表,"固定资产(不含不动产)进项税额抵扣情况表""本期抵扣进项税额结构明细表""增值税减免税申报明细表"。另外,还有专用发票汇总表,专用发票明细表,普通发票汇总表,普通发票明细表等其他资料。

2) 小规模纳税人的纳税申报

小规模纳税人的纳税申报,应填报"增值税纳税申报表(小规模纳税人适用)"(见表3-2)、"增值税纳税申报表(小规模纳税人适用)附列资料""增值税减免税申报明细表"。试点纳税人应根据开具的增值税专用发票销售额计算增值税应纳税额,并在规定的申报期内向主管税务机关申报纳税。在填写"增值税纳税申报表(小规模纳税人适用)"时,应当将当期开具的增值税专用发票销售额,按照3%和5%的征收率,分别填写在申报表第2栏和第5栏"增值税专用发票不含税销售额"的"本期数"相应栏次中。

表 3-1　增值税及附加税费申报表

（一般纳税人适用）

根据《中华人民共和国增值税暂行条例》第二十二条和第二十三条的规定制定本表。纳税人不论有无销售额，均应按主管税务机关核定的纳税期限按期填报本表，并于次月一日起十五日内，向当地税务机关申报。

税款所属时间：自　　年　　月　　日至　　年　　月　　日　　填表日期：　　年　　月　　日

金额单位：元（列至角分）

纳税人识别号				所属行业	
纳税人名称	（公章）	法定代表人姓名	注册地址		营业地址
开户银行及账号		企业登记注册类型			

	项目	栏次	一般货物及劳务		即征即退货物及劳务	
			本月数	本年累计	本月数	本年累计
销售额	（一）按适用税率征税货物及劳务销售额	1	800 000	800 000		
	其中：应税货物销售额	2	800 000	800 000		
	应税劳务销售额	3				
	纳税检查调整的销售额	4				
	（二）按简易征收办法征税货物销售额	5				
	其中：纳税检查调整的销售额	6				
	（三）免、抵、退办法出口货物销售额	7			—	—
	（四）免税货物及劳务销售额	8				
	其中：免税货物销售额	9			—	—
	免税劳务销售额	10			—	—
税款计算	销项税额	11	104 000	104 000		
	进项税额	12	90 000	90 000		
	上期留抵税额	13		—		—
	进项税额转出	14	6 000	6 000		
	免抵退货物应退税额	15				
	按适用税率计算的纳税检查应补缴税额	16				
	应抵扣税额合计	17＝12＋13－14－15＋16	84 000	84 000		—
	实际抵扣税额	18（如17＜11，则为17，否则为11）	84 000	84 000		
	应纳税额	19＝11－18	20 000	20 000		
	期末留抵税额	20＝17－18			—	—
	简易征收办法计算的应纳税额	21				
	按简易征收办法计算的纳税检查应补缴税额	22			—	—
	应纳税额减征额	23				
	应纳税额合计	24＝19＋21－23	20 000	20 000		

续表

项目		栏次	一般货物及劳务		即征即退货物及劳务	
			本月数	本年累计	本月数	本年累计
税款缴纳	期初未缴税额(多缴为负数)	25	32 000	32 000		
	实收出口开具专用缴款书退税额	26	—	—	—	—
	本期已缴税额	27＝28＋29＋30＋31	32 000	32 000		
	① 分次预缴税额	28			—	—
	② 出口开具专用缴款书预缴税额	29	—	—	—	—
	③ 本期缴纳上期应纳税额	30	32 000	32 000		
	④ 本期缴纳欠缴税额	31				
	期末未缴税额(多缴为负数)	32＝24＋25＋26－27	20 000	20 000		
	其中：欠缴税额(≥0)	33＝25＋26－27			—	—
	本期应补(退)税额	34＝24－28－29	20 000			
	即征即退实际退税额	35	—	—		
	期初未缴查补税额	36				
	本期入库查补税额	37				
	期末未缴查补税额	38＝16＋22＋36－37				
附加税费	城市维护建设税本期应补(退)税额	39	1 400	1 400		
	教育费附加本期应补(退)费额	40	600	600	—	—
	地方教育附加本期应补(退)费额	41			—	—

声明：此表是根据国家税收法律法规及相关规定填写的，本人(单位)对填报内容(及附带资料)的真实性、可靠性、完整性负责。

纳税人(签章)：　　　　　年　月　日

经办人：
经办人身份证号：
代理机构签章：
代理机构统一社会信用代码：

受理人：
受理税务机关(章)：
受理日期：　　年　月　日

以下由税务机关填写：
收到日期：　　　　　接收人：　　　　　主管税务机关盖章：

表 3-2　增值税及附加税费申报表

(小规模纳税人适用)

纳税人识别号：

纳税人名称(公章)：　　　　　　　　　　　　　　　　　　　　　　　金额单位：元(列至角分)

税款所属时期：　　　　　　　　　　　　　　　　　　　　　　　　　　填表日期：

	项　目	栏次	本期数		本年累计	
			货物及劳务	服务、不动产和无形资产	货物及劳务	服务、不动产和无形资产
计税依据	(一)应征增值税不含税销售额(3%征收率)	1	300 000			
	增值税专用发票不含税销售额	2	20 000			
	其他增值税发票不含税销售额	3	280 000			
	(二)应征增值税不含税销售额(5%征收率)	4	—			
	增值税专用发票不含税销售额	5				
	其他增值税发票不含税销售额	6	—			
	(三)销售使用过的应税固定资产不含税销售额	7(7≥8)		—		—
	其中：其他增值税发票不含税销售额	8		—		—
	(四)免税销售额	9=10+11+12				
	其中：小微企业免税销售额	10				
	未达起征点销售额	11				
	其他免税销售额	12				
	(五)出口免税销售额	13(13≥14)				
	其中：其他增值税发票不含税销售额	14				
税款计算	本期应纳税额	15	9 000			
	本期应纳税额减征额	16				
	本期免税额	17				
	其中：小微企业免税额	18				
	未达起征点免税额	19				
	应纳税额合计	20=15-16	9 000			
	本期预缴税额	21		—		—
	本期应补(退)税额	22=20-21				
附加税费	城市维护建设税本期应补(退)税额	23	630		630	
	教育费附加本期应补(退)费额	24	270		270	
	地方教育附加本期应补(退)费额	25				

续表

声明：此表是根据国家税收法律法规及相关规定填写的，本人（单位）对填报内容（及附带资料）的真实性、可靠性、完整性负责。	
	纳税人（签章）：　　　　　年　月　日
经办人： 经办人身份证号： 代理机构签章： 代理机构统一社会信用代码：	受理人： 受理税务机关（章）： 受理日期：　　　年　月　日
主管税务机关：	接受人：　　　　　　　　接受日期：

3）纳税申报的其他资料

一般纳税人和小规模纳税人进行纳税申报时除以上必报材料外，各省级（含计划单列市）国家税务机关还可以要求纳税人报备其他资料，如已开具的税控"机动车销售统一发票"和普通发票存根联；符合抵扣条件且在本期申报抵扣的增值税专用发票（含税控机动车销售统一发票）的抵扣联；符合抵扣条件且在本期申报抵扣的海关进口增值税专用缴款书、购进农产品取得的普通发票、铁路运输费用结算单据的复印件；符合抵扣条件且在本期申报抵扣的税收完税凭证及其清单，书面合同、付款证明和境外单位的对账单或发票；已开具的农产品收购凭证的存根联或备查联；纳税人销售服务、不动产和无形资产，在确定服务、不动产和无形资产销售额时，按照有关规定从取得的全部价款和价外费用中扣除价款的合法凭证及其清单；主管税务机关规定的其他资料。

【纳税申报同步练习】

1. 一般纳税人增值税纳税申报案例

甲公司是增值税一般纳税人，2021年1月增值税业务情况如下：不含税销售额为800 000元，适用的增值税税率为13%；当月采购发生的进项税额为90 000元；当月发生进项税额转出6 000元；2020年12月未缴纳的增值税税额32 000元已在本月缴纳。请填列甲公司2021年1月的增值税纳税申报表（纳税人识别号等表头信息略）。

解析：

本期应纳增值税计算：

本期销项税额＝800 000×13％＝104 000（元）

本期进项税额＝90 000（元）

本期进项税额转出＝6 000（元）

本期可抵扣进项税额＝90 000－6 000＝84 000（元）

本期实际增值税应纳税额＝104 000－84 000＝20 000(元)

本期应纳城市维护建设税＝20 000×7％＝1 400(元)

本期应纳教育费附加＝20 000×3％＝600(元)

解答：具体栏次填列情况见表 3-1。

2. 小规模纳税人增值税纳税申报案例

乙公司是增值税小规模纳税人，2021 年 1 月增值税业务情况如下：不含税销售额为 300 000 元，适用的增值税税率为 3％。其中：税务机关代开增值税专用发票不含税销售额为 20 000 元，税控机开具的普通发票不含税销售额为 280 000 元。请填列乙公司 2021 年 1 月份的增值税纳税申报表(纳税识别号等表头信息略)。

解析：

本期应纳增值税计算：

本期不含税销售额＝300 000(元)

本期实际增值税应纳税额＝300 000×3％＝9 000(元)

本期应纳城市维护建设税税额＝9 000×7％＝630(元)

本期应纳教育费附加＝9000×3％＝270(元)

解答：具体栏次填列情况见表 3-2。

3.2 增值税进项税额的会计处理

财政部于 2016 年 12 月发布的《增值税会计处理规定》对增值税账户设置、常见业务会计处理进行了规范。增值税纳税人分为一般纳税人和小规模纳税人两类，二者由于计税方法不同，在账户设置、业务核算方法等方面也存在差别。

【扩展阅读3.2】 服务、转让无形资产低税率的设置与原"营业税"税率的衔接考量

扫描此码

深度学习

3.2.1 会计账户设置

1. 一级明细账户的设置

应该设置"应交税费"账户，并可在该账户下再设置 11 个一级明细账户，具体如下。

1) "应交税费——应交增值税"账户

借方发生额为购进和进口货物、固定资产、无形资产以及接受应税服务支付的进项税额、缴纳的增值税等，贷方发生额为销售货物、转让无形资产、不动产、提供应税服务等应缴

增值税,出口货物退税,进项税额转出等。期末贷方余额反映企业尚未缴纳的增值税税额,借方余额反映企业尚未抵扣的、多缴的增值税。

2)"应交税费——未交增值税"账户

"应交税费——未交增值税"账户的借方发生额反映企业上交以前月份未交增值税税额和月末自"应交税费——应交增值税"账户转入的当月多交的增值税税额;贷方发生额反映企业月末自"应交税费——应交增值税"账户转入的当月未交的增值税税额;期末余额如在借方,表示企业多交的增值税,如在贷方,表示企业未交的增值税。

3)"应交税费——预交增值税"账户

该账户核算一般纳税人转让不动产、提供不动产经营租赁服务、提供建筑服务、采用预收款方式销售自行开发的房地产项目,以及其他按现行增值税制度规定应预缴的增值税税额。

4)"应交税费——待抵扣进项税额"账户

该账户核算一般纳税人已取得增值税扣税凭证并经税务机关认证,按照现行增值税制度规定准予以后期间从销项税额中抵扣的进项税额。包括实行纳税辅导期管理的一般纳税人取得的尚未交叉稽核比对的增值税扣税凭证上注明或计算的进项税额、企业取得海关专用缴款书实行"先稽核比对、后抵扣"方式的进项税额;"营改增"以后,企业取得的不动产分期抵扣进项税额时,留待下次(以后)抵扣的进项税额以及进项税额的转入额。

5)"应交税费——待认证进项税额"账户

该账户核算一般纳税人由于未经税务机关认证而不得从当期销项税额中抵扣的进项税额。包括一般纳税人已取得增值税扣税凭证、按照现行增值税制度规定准予从销项税额中抵扣,但尚未经税务机关认证的进项税额;一般纳税人已申请稽核但尚未取得稽核相符结果的海关缴款书进项税额。

6)"应交税费——增值税留抵税额"账户

该账户核算兼有销售服务、无形资产或者不动产的原增值税一般纳税人,截止到纳入"营改增"试点之日前的增值税期末留抵税额,按照现行增值税制度规定不得从销售服务、无形资产或不动产的销项税额中抵扣的增值税留抵税额。对一般纳税人而言,本期进项税额大于销项税额时,其差额为留抵税额[期末体现在"应交税费——应交增值税(进项税额)"借方余额或结转到"应交税费——未交增值税"借方余额],即留待后期抵扣的进项税,不必单独设置会计账户处理。企业实际收到税务机关退还的留抵税额时,借记"银行存款",贷记"应交税费——应交增值税(进项税额转出)"或"应交税费——未交增值税"(如留抵税额已结,结转到"交应税费——未交增值税")。

7)"应交税费——待转销项税额"账户

该账户核算一般纳税人销售货物、加工修理修配劳务、服务、无形资产或不动产,已确认相关收入(或利得)但尚未发生增值税纳税义务而需于以后期间确认为销项税额的增值税税额。即财务会计依据会计准则应先确认相关收入及相应增值税税额,在期末填列资产负债表时,需要重新分类至"其他流动负债"或"其他非流动负债"。但是税务会计依据税收法规,对尚未发生增值税纳税义务的事项不予确认销项税额。

8)"应交税费——转让金融商品应交增值税"账户

该账户核算增值税纳税人转让金融商品发生的增值税税额。结转金融商品转让损失的应抵扣税额及实际缴纳增值税税额时,借记本账户;结转金融商品转让收益应纳税额时,贷记本账户。

9)"应交税费——代扣代交增值税"账户

该账户核算纳税人购进在境内未设经营机构的境外单位或个人在境内的应税行为代扣代缴的增值税。

10)"应交税费——增值税检查调整"账户

该账户核算企业在增值税检查中查出的以前各期应补、应退增值税税额。借方记录调减的增值税税额和调增的进项税额,贷方记录调增的销项税额、调减的进项税额、调增的进项税额转出。全部调整事项入账后,应结出本账户余额,并对余额进行账务处理。

11)"应交税费——简易计税"账户

该账户核算一般纳税人采用简易计税方法发生的增值税计提、扣减、预缴、缴纳等业务。此外,小规模纳税人还可根据需要设置"应交税费——增值税检查调整"二级明细账户,其核算内容与一般纳税人相同。

2. 二级明细账户的设置

除了在"应交税费"账户之下设置上述11个一级明细账户外,另外还可在"应交税费——应交增值税"这个一级账户之下,再设置10个二级明细账户,具体包括:

(1)"应交税费——应交增值税(进项税额)"账户

该账户记录一般纳税人购进货物、加工修理修配劳务、服务、无形资产或不动产而支付或负担的、准予从当期销项税额中抵扣的增值税税额。若发生购货退回或折让,应以红字登记,以示冲销进项税额。

(2)"应交税费——应交增值税(进项税额转出)"账户

该账户记录一般纳税人购进货物、加工修理修配劳务、服务、无形资产或不动产等发生非正常损失以及其他原因而不应从销项税额中抵扣、按规定转出的进项税额。贷记该明细账户,表示对已借记的"进项税额"进行冲减。

(3)"应交税费——应交增值税(销项税额)"账户

该账户记录一般纳税人销售货物、加工修理修配劳务、服务、无形资产或不动产应收取的增值税税额。若发生销货退回或销售折让,应以红字登记,表示冲减销项税额。

(4)"应交税费——应交增值税(销项税额抵减)"账户

该账户记录一般纳税人按照现行增值税制度规定因扣减销售额而减少的销项税额。

(5)"应交税费——应交增值税(已交税金)"账户

该账户记录一般纳税人当月已交纳的应交增值税税额。收到退回的多交增值税税额时,以红字登记。

(6)"应交税费——应交增值税(减免税款)"账户

该账户记录一般纳税人按现行增值税制度规定准予减免的增值税税额。

(7)"应交税费——应交增值税(出口退税)"账户

该账户记录一般纳税人出口货物、加工修理修配劳务、服务、无形资产按规定退回的增值税税额。若办理退税后又发生退货或者退关而补缴已退增值税,则用红字登记。

(8)"应交税费——应交增值税(出口抵减内销产品应纳税额)"账户

该账户记录实行"免、抵、退"办法的一般纳税人按规定计算的出口货物进项税抵减内销产品的应纳税额。

(9)"应交税费——应交增值税(转出未交增值税)"账户

该账户记录一般纳税人月度终了转出的当月应交未交的增值税税额。转至"未交增值税"账户后,"应交增值税"的期末余额不包括当月应交未交税额。

(10)"应交税费——应交增值税(转出多交增值税)"账户

该账户记录一般纳税人月度终了转出的当月多交的增值税税额。转至"未交增值税"账户后,"应交增值税"的期末余额不含当月多交税额。

一般纳税人增值税会计账户具体设置示意图如图 3-1 所示。

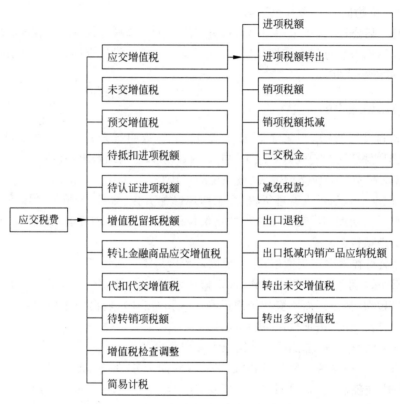

图 3-1　一般纳税人增值税会计账户设置示意图

3.2.2　增值税进项税额的会计处理

1. 购入资产或接受劳务的会计处理

一般纳税人购进货物、加工修理修配劳务、服务、无形资产或不动产,按应计入相关成本费用或资产的金额,借方记入"在途物资"或"原材料""库存商品""生产成本""无形资产""固定资产""管理费用"等账户,按当月已认证的可抵扣增值税税额,借方记入"应交税费——应交增值税(进项税额)"账户,按当月未认证的可抵扣增值税税额,借方记入"应交税费——待认证进项税额"账户,按应付或实际支付的金额,贷方记入"应付账款""应付票据""银行存款"等账户。

企业未按照规定取得并保存增值税扣税凭证,或者增值税扣税凭证上未按照规定注明增值税税额及其他有关事项的,其进项税额不得从销项税额中抵扣,计入购入货物或应税劳务的成本。

退货时,若原增值税专用发票未做认证,应将专用发票退回并做冲账的会计分录;若原增值税专用发票已做认证,根据红字增值税专用发票做冲账的会计分录。

1) 材料采购业务的会计处理

在材料采购业务中,货款的结算方式、支付时间与验收入库在时间上往往不一致,因此,具体的会计处理存在差异。

(1) 发票、货物同时到达,款项已付。

【例3-9】 某公司为增值税一般纳税人,存货计价采用实际成本法。2021年3月购入原材料1 000千克,单价为10元/千克,该材料适用税率13%。货款已通过银行转账支付,材料已验收并入库,增值税专用发票等结算凭证已收到并通过认证。相关业务如何进行会计处理?

解析:

借:原材料   10 000
　　应交税费——应交增值税(进项税额)   1 300
　　　贷:银行存款   11 300

若增值税专用发票3月未认证,待到4月才进行认证,则会计分录为:

借:原材料   10 000
　　应交税费——待认证进项税额   1 300
　　　贷:银行存款   11 300

若增值税在4月认证通过,则会计分录为:

借:应交税费——应交增值税(进项税额)   1 300
　　　贷:应交税费——待认证进项税额   1 300

若增值税在4月认证未能通过,或超过规定时间未进行认证,则会计分录为:

借:原材料   1 300
　　　贷:应交税费——待认证进项税额   1 300

(2) 款项未付,发票结算凭证已到,货物在途。

【例3-10】 沿用【例3-9】的资料,假设购入材料的款项未付,增值税专用发票等结算凭证已到,材料尚未入库。相关业务如何进行会计处理?

解析:

借:在途物资   10 000
　　应交税费——应交增值税(进项税额)   1 300
　　　贷:应付账款   11 300

上述材料验收入库后,会计分录为:

借:原材料   10 000
　　　贷:在途物资   10 000

(3) 货物已到,发票未到。

这种情况下,由于没有取得增值税专用发票,不能计入"应交税费——应交增值税(进项税额)"账户进行核算并抵扣进项税额,应先将货物暂估入账,待增值税专用发票等结算凭证到达后再调账。

【例 3-11】 假设【例 3-9】中采购业务的原材料已经运到并验收入库,但增值税专用发票等结算凭证尚未收到,货款未支付,月末按照暂估价入账。假设其暂估价为 9 000 元。相关业务如何进行会计处理?

解析:

借:原材料 9 000
　　贷:应付账款——暂估应付账款 9 000

下月初用红字将上述分录冲销,会计分录为:

借:原材料 9 000
　　贷:应付账款——暂估应付账款 9 000

收到增值税专用发票等结算凭证并支付货款时,会计分录为:

借:原材料 10 000
　　应交税费——应交增值税(进项税额) 1 300
　　贷:银行存款 11 300

(4) 外购货物退货、折让的会计处理。

① 全部退货。如果未付款且未进行账务处理,只需将"发票联"和"抵扣联"退还给销售方即可;如果已进行账务处理,无法退还"发票联"和"抵扣联"的情形下,购买方需取得当地主管税务机关开具的"进货退出及索取转让证明单"并送交销售方,作为销售方开具红字增值税专用发票的依据。销售方收到证明单以后,根据退回货物的数量、价格、税款或折让金额,向购买方开具红字增值税专用发票。

【例 3-12】 某公司 2021 年 6 月 5 日收到航海公司转来的托收承付结算凭证(验单付款)及发票,所列材料价款 2 000 元,进项税额 260 元,委托银行付款。相关业务如何进行会计处理?

解析:

借:在途物资 2 000
　　应交税费——应交增值税(进项税额) 260
　　贷:银行存款 2 260

当年 7 月 5 日材料运到,验收后因质量不符合合同约定而全部退货,取得当地主管税务机关开具的"进货退出及索取转让证明单"并送交销售方,代垫材料运杂费 200 元。7 月 12 日收到航海公司开具的红字增值税专用发票。则会计分录如下:

7 月 5 日将"进货退出及索取转让证明单"送交航海公司并退货时:

借:应收账款——航海公司 2 200
　　贷:在途物资 2 000
　　　　银行存款 200

7 月 12 日收到航海公司开来的红字增值税专用发票及款项时:

借:银行存款 2 460
　　应交税费——应交增值税(进项税额) 260
　　贷:应收账款——航海公司 2 200

② 部分退货。如果发生部分退货,在款项已付且已入账增值税专用发票无法退还的情况下,也应向当地主管税务机关索取证明单,转交对方后根据对方开具的红字增值税专用发票的发票联和抵扣联,借方记入"应收账款"或"银行存款"等账户,贷方记入"应交税费——应交增值税(进项税额)"(实际记账时用红字记入借方)"在途物资"等账户。

【例 3-13】 2021 年 2 月,某公司采用托收承付(验单付款)方式购入的材料价款为 3 000 元,进项税额为 390 元,材料验收入库时发现规格型号与合同约定的略有差异,经与销售方协商后同意折让 10%。相关业务如何进行会计处理?

解析:

材料验收入库,将证明单转交销售方,并按折让后的金额入账:

借:原材料　　　　　　　　　　　　　　　　　　2 700
　　应收账款　　　　　　　　　　　　　　　　　　300
　　　贷:在途物资　　　　　　　　　　　　　　　　3 000

收到销售方开具的折让金额红字增值税专用发票及款项时:

借:银行存款　　　　　　　　　　　　　　　　　　339
　　应交税费——应交增值税(进项税额)　　　　　　39
　　　贷:应收账款　　　　　　　　　　　　　　　　300

2) 购入免税农产品的会计处理

企业购入免税农产品,按购入农产品的买价和规定的扣除率计算进项税额,借方记入"应交税费——应交增值税(进项税额)"账户,按买价扣除进项税额后的金额,借方记入"原材料"等账户。按应付或实际支付的价款,贷方记入"银行存款""应付账款"等账户。

【例 3-14】 某公司 2021 年 9 月向农民收购免税农产品,用于生产税率为 13% 的产品,填开经税务机关批准使用的收购凭证,其上注明的买价为 10 000 元,该批农产品已运达并验收入库,货款用银行存款转账支付。相关业务如何进行会计处理?

解析:

借:原材料　　　　　　　　　　　　　　　　　　9 000
　　应交税费——应交增值税(进项税额)　　　　　1 000
　　　贷:银行存款　　　　　　　　　　　　　　　10 000

3) 购入固定资产的会计处理

自 2009 年 1 月 1 日起,我国增值税由消费型增值税向生产型增值税转型,纳税人购入固定资产按照增值税专用发票上注明的固定资产价格及增值税税额,借方记入"固定资产""应交税费——应交增值税(进项税额)"等账户,按照应付或实际支付的金额,贷方记入"应付账款""应付票据""银行存款""长期应付款"等账户。

【例 3-15】 某公司 2021 年 6 月采购一台机器设备供生产部门使用,取得的增值税专用发票上注明的价款为 100 000 元,进项税额为 13 000 元,约定 2 个月后付款。相关业务如何进行会计处理?

解析:

借:固定资产　　　　　　　　　　　　　　　　　100 000
　　应交税费——应交增值税(进项税额)　　　　　13 000
　　　贷:应付账款　　　　　　　　　　　　　　　113 000

为购进固定资产所支付的运输费用,按照可以抵扣的金额,借方记入"应交税费——应交增值税(进项税额)"账户,按照应计入固定资产、在建工程等的金额,借方记入"固定资产""在建工程"等账户。

【例 3-16】 承【例 3-15】的资料,该公司为购进设备支付运费 2 000 元(不含税),取得运输公司开具的增值税专用发票。相关业务如何进行会计处理?

解析:
借:固定资产   2 000
    应交税费——应交增值税(进项税额)   180
    贷:银行存款   2 180

自 2019 年 4 月 1 日起,取得不动产的进项税额不再分 2 年抵扣,可以一次性在取得当期抵扣。

【例 3-17】 某公司 2021 年 6 月从房地产开发商处购入办公用房一套,取得的增值税专用发票注明价款 5 000 000,进项税额 450 000 元,款项通过银行转账支付。相关业务如何进行会计处理?

解析:
借:固定资产   5 000 000
    应交税费——应交增值税(进项税额)   450 000
    贷:银行存款   5 450 000

4) 接受应税劳务的会计处理

企业接受应税劳务,按照取得的增值税专用发票上注明的增值税税额,借方记入"应交税费——应交增值税(进项税额)"账户,贷方记入"银行存款""应付账款"等账户。

【例 3-18】 某公司与中介公司签订居间销售合同销售自产产品,约定佣金比率为 5%。2020 年 8 月,中介公司销售该公司自产产品 200 000 元,该公司按合同约定支付佣金 10 000 元,中介公司向该公司开具了增值税专用发票,注明价款 10 000 元,进项税额 600 元,价税合计 10 600 元,款项已通过银行转账支付。接受劳务增值税如何进行会计处理?

解析:
借:销售费用——佣金   10 000
    应交税费——应交增值税(进项税额)   600
    贷:银行存款   10 600

2. 接受非货币性资产投资的会计处理

企业接受非货币性资产投资转入的货物,按照增值税专用发票上注明的增值税税额,借方记入"应交税费——应交增值税(进项税额)""固定资产""原材料"等账户,按照增值税税额与投入资产价值的合计数,贷方记入"实收资本""资本公积——资本溢价"等账户。

【例 3-19】 2021 年 3 月,甲公司接受乙公司一批原材料投资,双方协议确认的价格为 113 000 元,乙公司开出增值税专用发票上注明价款 100 000 元,进项税额 13 000 元。相关业务如何进行会计处理?

解析:
借:原材料   100 000
    应交税费——应交增值税(进项税额)   13 000
    贷:实收资本   113 000

【例3-20】 2021年5月,甲公司将一批材料委托乙公司进行加工,以银行存款方式支付加工费5 000元,乙公司开具的增值税专用发票注明增值税税额为650元。相关业务如何进行会计处理?

解析:
借:委托加工物资   5 000
    应交税费——应交增值税(进项税额)   650
    贷:银行存款   5 650

3. 接受无偿捐赠的会计处理

企业接受无偿捐赠的货物,按照增值税专用发票上注明的增值税税额,借方记入"应交税费——应交增值税(进项税额)""固定资产""原材料"等账户,按照增值税税额与接受捐赠资产价值的合计数,贷方记入"营业外收入"账户。

【例3-21】 2021年7月,某公司收到公益组织捐赠的原材料一批,公允价值为200 000元,该公司取得的增值税专用发票上注明增值税税额为26 000元。相关业务如何进行会计处理?

解析:
借:原材料   200 000
    应交税费——应交增值税(进项税额)   26 000
    贷:营业外收入   226 000

4. 购买方作为扣缴义务人的会计处理

现行增值税法规规定,境外单位或个人在境内发生应税行为,在境内未设有经营机构的,以购买方为增值税扣缴义务人。境内一般纳税人购进服务、无形资产或不动产,按应计入相关成本费用或资产的金额,借方记入"无形资产""固定资产""管理费用"等账户。按可抵扣的增值税税额,借方记入"应交税费——应交增值税(进项税额)"账户(小规模纳税人应记入相关成本费用或资产账户借方),按应付或实际支付的金额,贷方记入"银行存款""应付账款"等账户,按应代扣代缴的增值税税额,贷方记入"应交税费——代扣代交增值税"账户。实际缴纳代扣代缴增值税时,借方记入"应交税费——代扣代交增值税"账户,贷方记入"银行存款"账户。

【例3-22】 甲公司2020年11月从国外某公司购入专利一项,价税合计为530 000元,款项通过银行转账支付。该国外公司在我国境内未设经营机构,甲公司已取得解缴税款抵扣凭证。相关业务如何进行会计处理?

解析:
借:无形资产——专利   500 000
    应交税费——应交增值税(进项税额)   30 000
    贷:银行存款   500 000
        应交税费——代扣代交增值税   30 000
代缴税款时:
借:应交税费——代扣代交增值税   30 000
    贷:银行存款   30 000

5. 进项税额转出、转入的会计处理

企业购进货物改变用途用于免征增值税项目、集体福利、个人消费,或者发生非正常损失,应将购进时已抵扣的进项税额,在当期做进项税额转出处理。

1) 进项税额转出的会计处理

(1) 用于免税项目进项税额转出的会计处理。

① 企业购进货物,如果既用于应税项目,又用于免税项目,而进项税额又无法单独核算,月末应按免税项目销售额与应税项目、免税项目销售总额之比计算免税项目不予抵扣的进项税额,贷方记入"应交税费——应交增值税(进项税额转出)"账户,借方记入"主营业务成本"账户。

【例3-23】 一家从事医疗用具器械生产的一般纳税人企业,2020年9月购进橡胶一批,用于生产普通医疗器械和避孕用具,发生的运费10 000元无法在两类产品之间分别核算。本月销售普通医疗器械和避孕用具分别为800 000元和200 000元,普通医疗器械适用13%的增值税税率,避孕用具是免税项目。则其进项税额转出业务应如何进行会计处理?

解析:

进项税额转出金额=10 000×9%×[200 000÷(800 000+200 000)]=180(元)

借:主营业务成本——避孕用具　　　　　　　　　180
　　贷:应交税费——应交增值税(进项税额转出)　　　180

② 企业购入固定资产时,如已按规定将进项税额记入"应交税费——应交增值税(进项税额)"进行了抵扣,但是固定资产投入使用后是用于免税项目、集体福利、个人消费的,应将已抵扣的进项税额予以转出,计入固定资产原值。

【例3-24】 某公司2021年6月购买10台空调拟供行政办公室使用,不含税单价为5 000元/台,收到增值税专用发票注明价款和增值税税额分别为50 000元、6 500元,该发票当月通过认证并对进项税额进行了抵扣。实际安装时,有2台空调经批准安装在公司食堂供员工用餐时使用。则其进项税额转出的业务应如何进行会计处理?

解析:

进项税额转出金额=5 000×2×13%=1 300(元)

借:固定资产——食堂空调　　　　　　　　　　　1 300
　　贷:应交税费——应交增值税(进项税额转出)　　　1 300

(2) 非正常损失购进货物进项税额转出的会计处理。

企业购进的货物由于管理不善,发生被盗、毁损、变质等非正常损失,其购进时对应的已抵扣进项税额,应在发生上述情况的当期做进项税额转出处理,具体应先通过"待处理财产损溢"账户调整到账实相符,然后查明具体原因再冲销"待处理财产损溢"账户。

【例3-25】 某公司2021年6月末盘点,发现3月购入的一批材料因管理不善已经毁损,这批原材料进价及增值税税额分别为1 000元、130元。其进项税转出的业务如何进行会计处理?

解析:

调账时:

借:待处理财产损溢　　　　　　　　　　　　　　1 130

```
    贷：原材料                                          1 000
        应交税费——应交增值税（进项税额转出）         130
```
查明原因后批准列支为管理费用：
```
借：管理费用                                         1 130
    贷：待处理财产损溢                                 1 130
```

2) 进项税额转入的会计处理

对不得抵扣且未抵扣进项税额的固定资产、无形资产、不动产，若改变用途用于允许抵扣进项税额的应税项目时，可在改变用途的次月做进项税额转入处理，转入后可抵扣的进项税额计算依据是购进该资产时取得的合法有效的增值税扣税凭证，计算公式为：

可抵扣进项税额＝增值税扣税凭证注明或计算的进项税额×不动产净值率

不动产净值率＝不动产净值÷不动产原值×100％

【例3-26】 某公司2020年2月购入房产一套用作工会职工娱乐室，取得增值税专用发票注明价款240万元、进项税额21.6万元，3月进行了勾选认证、申报抵扣并做进项税额转出处理。该房产折旧年限20年，采用直线法计提折旧，无残值。后因行政办公用房紧张，公司于当年12月将该房产转做行政部门办公使用。则其进项税额转入的业务如何进行会计处理？

解析：

不动产净值＝240－[240÷(12×20)]×10＝230(万元)

不动产净值率＝230÷240×100％＝95.83％

可抵扣进项税额＝21.6×95.83％＝20.699(万元)

改变用途的当月：
```
借：应交税费——应交增值税(进项税额)              206 990
    贷：固定资产                                    206 990
```

3.3 增值税销项税额的会计处理

3.3.1 一般销售方式的会计处理

增值税一般纳税人企业销售货物，提供加工修理修配劳务、服务，转让无形资产或销售不动产，应当借方记入"应收账款""应收票据""银行存款"等账户，贷方记入"主营业务收入""其他业务收入""固定资产清理"以及"应交税费——应交增值税（销项税额）"等账户。例如，发生销售退回的，应根据开具的增值税红字专用发票做相反的会计分录。

财务会计依据会计准则确认收入或利得的时点早于按照增值税法规确认增值税纳税义务发生时点的，应将相关销项税额记入"应交税费——待转销项税额"账户，待实际发生纳税义务时再转入"应交税费——应交增值税（销项税额）"账户。按照增值税法规确认增值税纳税义务发生时点早于财务会计依据会计准则确认收入或利得的时点的，应将增值税应纳税额借方记入"应收账款"账户，贷方记入"应交税费——应交增值税（销项税额）"账户，按会计准则确认收入或利得时，应按扣除增值税销项税额后的金额计量。

【例 3-27】 某公司 2020 年 8 月销售产品一批,价款 10 000 元,销项税额 1 300 元,货已发出,并收到购货方出具的商业承兑汇票。应如何对相关业务进行会计处理?

解析:

借:应收票据　　　　　　　　　　　　　　　　　　11 300
　　贷:主营业务收入　　　　　　　　　　　　　　　　10 000
　　　　应交税费——应交增值税(销项税额)　　　　　 1 300

【例 3-28】 某公司 2020 年 10 月采用汇兑结算方式销售产品一批,价款 30 000 元,销项税额 3 900 元,另外开出转账支票,代垫运杂费 1 000 元,货已发出。则会计分录为:

借:应收账款　　　　　　　　　　　　　　　　　　34 900
　　贷:主营业务收入　　　　　　　　　　　　　　　　30 000
　　　　应交税费——应交增值税(销项税额)　　　　　 3 900
　　　　银行存款　　　　　　　　　　　　　　　　　　1 000

3.3.2　视同销售行为的会计处理

"视同销售行为"是税法上认定的特殊销售方式,3.1.1 节中"增值税征税范围"部分对"视同销售行为"的 10 种情形进行了列示,这类销售没有现金流入,一般不会给企业带来直接的经济利益。因此,依据会计准则,这些视同销售行为一般而言并不符合收入确认的条件。但按税法规定,则需作为销售计算增值税销项税额,进行正常计税。由于财务会计和税务会计对视同销售行为是否要通过收入账户进行核算的确认依据不一致,所以实际业务处理中应该运用专业判断来进行会计处理,一般应遵循的原则是:

(1) 视同销售行为是否会使企业获得收益。如能获得收益,就应按销售收入处理;否则,按其成本进行结转。

(2) 对视同销售行为计算应交的增值税,与已事先抵扣又因特殊原因产生的"进项税额转出"不同,税务会计将其作为"销项税额"进行处理。

(3) 视同销售行为的计税基础应由税务机关依据税法规定来认定,而不一定是以财务会计上确认的收入作为计税基础。

基于上述理解,常见的视同销售行为中,例如,将自产的货物无偿赠送他人,如果是公益性捐赠,则不需要通过收入账户计量,而是直接冲减库存商品;但是如果是定向赠送给主要客户用于产品体验,或者是在节假日通过抽奖等方式赠送给广大市民以推广产品,则应按市场价格确认为收入并结转成本。总体而言,增值税法规列示的各种视同销售行为要依据具体情况进行专业判断,不过绝大多数情况是要通过收入账户来计量的。下文通过枚举实例对视同销售行为的会计处理进行阐述。

1. 将货物交给他人代销与销售代销货物

纳税人将货物交付他人代销可分为支付手续费方式的委托代销和视同买断(自购自销)两种情形。

1) 支付手续费方式的委托代销

委托方在发出商品时按发出货物的实际成本,借方记入"委托代销商品"账户,贷方记入

"库存商品"账户。收到代销清单时,借方记入"应收账款"或"银行存款"等账户,贷方记入"主营业务收入""应交税费——应交增值税(销项税额)"等账户,同时结转成本,借方记入"主营业务成本"账户,贷方记入"委托代销商品"账户。委托方支付的代销手续费应作为"销售费用"列支。

【例3-29】 2021年2月,甲公司委托乙公司代销某产品10套,不含税价1000元/套,增值税税率13%,单位成本800元,约定代销手续费按不含税价的5%支付。月末,甲公司收到乙公司转来的代销清单显示该产品已全部销售,甲公司已通过银行收到扣除代销手续费后转来的全部款项并开具增值税专用发票交付乙公司。甲公司应如何对相关业务进行会计处理?

解析:
发出代销商品时:
借:委托代销商品　　　　　　　　　　　　　　　　8 000
　　贷:库存商品　　　　　　　　　　　　　　　　　　8 000
收到乙公司开具的代销清单并结算代销手续费时:
借:银行存款　　　　　　　　　　　　　　　　　　10 800
　　销售费用　　　　　　　　　　　　　　　　　　　　500
　　贷:主营业务收入　　　　　　　　　　　　　　　10 000
　　　　应交税费——应交增值税(销项税额)　　　　　1 300
结转委托代销商品成本时:
借:主营业务成本　　　　　　　　　　　　　　　　　8 000
　　贷:委托代销商品　　　　　　　　　　　　　　　　8 000

2) 受托方视同买断(自购自销)的委托代销

这种情况一般通过商品售价调整,借方记入"商品进销差价"账户,作为给受托方的报酬。委托方在收到受托方的代销清单后,按商品销售价格确认收入,其账务处理基本类似于以上第1)种情况,只是不支付手续费而已。

【例3-30】 2021年9月,甲公司委托乙公司代销某产品100件,双方协商含税代销价为113元/件,该产品原账面价为125元/件。代销价小于原账面价的差额,作为乙公司的报酬。甲公司应如何对相关业务进行会计处理?

解析:
发出代销商品时:
借:委托代销商品　　　　　　　　　　　　　　　　11 300
　　商品进销差价　　　　　　　　　　　　　　　　　1 200
　　贷:库存商品　　　　　　　　　　　　　　　　　12 500
乙公司转来代销清单并通过银行收到代收款时:
借:银行存款　　　　　　　　　　　　　　　　　　11 300
　　贷:主营业务收入　　　　　　　　　　　　　　　10 000
　　　　应交税费——应交增值税(销项税额)　　　　　1 300
结转委托代销商品成本时:
借:主营业务成本　　　　　　　　　　　　　　　　　11 300
　　贷:委托代销商品　　　　　　　　　　　　　　　　11 300

2. 设有两个以上机构并实行统一核算的纳税人，将货物从一个机构移送至不在同一县(市)的其他机构用于销售

【例 3-31】 某总公司设在甲市，另有一个非独立核算的分公司设在乙市，2021 年 6 月乙市分公司调拨一批产品到甲市总公司处销售。该批产品市场价为 20 000 元，增值税税额为 2 600 元。调拨发生时，由乙市分公司开出增值税专用发票，应如何对相关业务进行会计处理？

解析：

借：应收账款　　　　　　　　　　　　　　　　　22 600
　　贷：主营业务收入　　　　　　　　　　　　　　20 000
　　　　应交税费——应交增值税(销项税额)　　　　2 600

3. 将自产或委托加工的货物用于非应税项目、职工福利或个人消费的会计处理

这类业务应视同销售货物来计算应交的增值税。在移送货物时，按自产或委托加工货物的计税价格和据此计算的应纳增值税之和，借方记入"在建工程""应付职工薪酬"等账户。按自产或委托加工货物的计税价格，贷方记入"主营业务收入"账户，按应纳税额贷方记入"应交税费——应交增值税(销项税额)"账户。

【例 3-32】 某食品加工公司为增值税一般纳税人，共有职工 100 人，其中：生产工人 90 人，行政部门管理人员 10 人。2021 年中秋节每人发放 1 袋自产面粉作为职工福利，共发放 100 袋。当月这种面粉平均销售价格为 109 元/袋(含税)，面粉的成本为 60 元/袋。应如何对相关业务进行会计处理？

解析：

发放面粉时：

借：应付职工薪酬——职工福利　　　　　　　　　10 900
　　贷：主营业务收入　　　　　　　　　　　　　　10 000
　　　　应交税费——应交增值税(销项税额)　　　　　900

结转成本时：

借：主营业务成本　　　　　　　　　　　　　　　　6 000
　　贷：库存商品——面粉　　　　　　　　　　　　　6 000

成本分配时：

生产成本＝10 900×90÷100＝9 810(元)

管理费用＝10 900×10÷100＝1 090(元)

借：生产成本　　　　　　　　　　　　　　　　　　9 810
　　管理费用　　　　　　　　　　　　　　　　　　1 090
　　贷：应付职工薪酬——职工福利　　　　　　　　10 900

【例 3-33】 某建筑材料公司为增值税一般纳税人，2021 年 7 月将一批自产的建筑材料 10 吨用于修建职工澡堂，这批建筑材料的市场售价为 10 000 元/吨，成本为 8 000 元/吨。应如何对相关业务进行会计处理？

解析：

材料移送使用时：

借：在建工程   113 000
    贷：主营业务收入   100 000
        应交税费——应交增值税（销项税额）   13 000

结转成本时：

借：主营业务成本   80 000
    贷：库存商品   80 000

4. 将自产或委托加工的货物无偿赠送他人的会计处理

这类业务的会计处理应充分运用专业判断，在货物移送时，借方记入"营业外支出""销售费用"等账户，同时贷方记入"库存商品""原材料""应交税费——应交增值税（销项税额）"或"主营业务收入"等账户。

1）企业履行社会责任进行的公益性捐赠

【例3-34】 某公司2021年7月通过红十字会，向当地自然灾害受灾群众无偿捐赠货物一批，该批货物的市场价格为500 000元（不含税），适用的增值税税率为13%，成本为400 000元。应如何对相关业务进行会计处理？

解析：

销项税额＝500 000×13%＝65 000（元）

借：营业外支出   465 000
    贷：库存商品   400 000
        应交税费——应交增值税（销项税额）   65 000

2）企业为拓展业务、占有市场进行的非公益性捐赠

【例3-35】 某公司为拓展市场，于2021年8月将自产的新产品10台无偿赠送给重要客户用于体验使用，这批产品的成本为20 000元/台，成本利润率为10%，适用的增值税税率为13%。应如何对相关业务进行会计处理？

解析：

销项税额＝20 000×10×(1＋10%)×13%＝28 600（元）

借：销售费用   248 600
    贷：主营业务收入   220 000
        应交税费——应交增值税（销项税额）   28 600

5. 将自产或委托加工的货物作为投资的会计处理

这类业务应当在移送货物时，借方记入"长期股权投资"账户，贷方记入"主营业务收入""其他业务收入""应交税费——应交增值税（销项税额）"等账户，同时按货物账面价值结转成本。

【例3-36】 某公司2020年12月将一批自产的产品用于对外投资，这批产品的市场价格为800 000元，适用增值税税率为13%，产品账面成本为700 000元。应如何对相关业务进行会计处理？

解析：

货物移送时：

借：长期股权投资　　　　　　　　　　　　　　904 000
　　贷：主营业务收入　　　　　　　　　　　　　　800 000
　　　　应交税费——应交增值税（销项税额）　　104 000

结转成本时：

借：主营业务成本　　　　　　　　　　　　　　700 000
　　贷：库存商品　　　　　　　　　　　　　　　　700 000

6. 将自产或委托加工的货物分配给股东或投资者的会计处理

这种情形虽然没有直接的现金流入、流出，但实际上与将货物出售取得货币资金后再分配利润给股东无实质差别，因此要确认收入并按相应增值税税率计算增值税销项税额。

【例 3-37】 2021 年 2 月，某公司将一批自产的产品作为应付股利分配给股东，该批产品的市场售价为 200 000 元，适用的增值税税率为 13%，实际成本为 180 000 元。应如何对相关业务进行会计处理？

解析：

借：利润分配——应付股利　　　　　　　　　　226 000
　　贷：应付股利　　　　　　　　　　　　　　　　226 000

借：应付股利　　　　　　　　　　　　　　　　226 000
　　贷：主营业务收入　　　　　　　　　　　　　　200 000
　　　　应交税费——应交增值税（销项税额）　　 26 000

结转成本时：

借：主营业务成本　　　　　　　　　　　　　　180 000
　　贷：库存商品　　　　　　　　　　　　　　　　180 000

7. 视同销售行为的税务风险

需要特别强调的是，纳税人如果不能对增值税视同销售行为做出正确专业判断并依法进行账务处理，有可能因偷漏税引发税务风险，特别是部分原来属于"营业税"应税项目的服务，在"营改增"之后纳入增值税应税范围，很有可能因为认识的误区导致没有正确处理应税服务的视同销售行为，以致带来较大税务风险。这需要企业财税相关人员加强学习，不断提高业务水平及专业判断能力来加以避免。

【扩展阅读 3.3】 增值税应税服务视同销售行为带来的税务风险

扫描此码

深度学习

3.3.3 混合销售行为的会计处理

从事货物的生产、批发或者零售的单位和个体工商户的混合销售行为,按照销售货物缴纳增值税;其他单位和个体工商户的混合销售行为,按照销售服务缴纳增值税。

【例3-38】 某公司是从事车床生产的增值税一般纳税人,2021年3月销售一批车床,价格为2 000 000元,增值税税额为260 000元。该公司用自己车队的汽车帮客户运送这批车床,另外收取运费113 000元。该批车床的成本为1 800 000元,款项已通过开户银行收取。相关业务应如何进行会计处理?

解析:

销项税额=260 000+113 000÷(1+13%)×13%=273 000(元)

运费属于应并入计税基础的价外费用,且为含税价。货物发出并开具专用发票时:

借:银行存款 2 373 000
  贷:主营业务收入 2 100 000
    应交税费——应交增值税(销项税额) 273 000

【例3-39】 某软件培训公司为增值税一般纳税人,2021年6月向甲客户提供软件培训服务,取得服务费63 600元,另外出售与该培训服务配套的硬件及书籍,取得销售收入3 180元。上述款项均含税并已通过银行转账收取。相关业务应如何进行会计处理?

解析:

该软件培训公司以培训服务为主,混合销售行为按销售服务缴纳增值税。

销项税额=(63 600+3 180)÷(1+6%)×6%=3 780(元)

借:银行存款 66 780
  贷:主营业务收入 63 000
    应交税费——应交增值税(销项税额) 3 780

3.3.4 兼营行为的会计处理

纳税人兼营货物、应税劳务与服务的,应分别按各自适用税率或征收率计算税款,不分别核算的从高适用税率或征收率。在分别核算的情况下,其会计处理与一般销售行为相同。

【例3-40】 某公司是从事冰箱生产的增值税一般纳税人,2020年11月销售一批冰箱,价格为10 000 000元(不含税)。由于11月是冰箱销售淡季,该公司所属车队运量有富余,于是车队向社会提供运输服务,这部分业务当月收取运费1 000 000元(不含税),款项均已通过银行转账收取。相关业务应如何进行会计处理?

解析:

货物销售与运输服务二者没有密切的因果关系,所以属于兼营行为,应该分别计算缴纳增值税。

销项税额＝10 000 000×13%＋1 000 000×9%＝1 390 000(元)
借：银行存款   12 390 000
　　贷：主营业务收入   10 000 000
　　　　其他业务收入   1 000 000
　　　　应交税费——应交增值税(销项税额)   1 390 000

3.3.5 销售退回及折让、折扣的会计处理

1. 销售退回

企业销售发生退货，不论是当月销售的货物还是以前月份销售的货物，均应冲减退货当月的主营业务收入，并区分不同情况进行会计处理。

1）尚未发生纳税义务

购买方申请货物退回时，如果销售方没有收到货款或取得收取货款的凭据，且未开具增值税发票，此时销售方尚未发生纳税义务。在这种情况下，只需冲减前期已确认的主营业务收入即可，如果涉及资产负债表日后事项，则应通过"以前年度损益调整"进行处理。

【例3-41】 某公司2021年8月销售产品一批，不含税价格为20 000元，适用的增值税税率为13%，合同约定货到验收合格后付款。同年9月，由于规格质量不符，购买方将货物退回，已知销售退回时该公司尚未开具增值税专用发票。相关业务应如何进行会计处理？

解析：

销售发生时：
借：应收账款   22 600
　　贷：主营业务收入   20 000
　　　　应交税费——待转销项税额   2 600

收到退货时：
借：应收账款   22 600
　　贷：主营业务收入   20 000
　　　　应交税费——待转销项税额   2 600

2）已经发生纳税义务

如果购买方退货时，销售方已开具增值税发票，且购买方已将发票认证并抵扣，则由购买方发起红字增值税专用发票开具流程，销售方凭校验通过的信息开具红字增值税专用发票，冲减此前已确认的收入及增值税销项税额。

【例3-42】 承【例3-41】资料，假如该公司销售时已开具增值税专用发票并采取托收承兑方式付款。相关业务应如何进行会计处理？

解析：

销售发生时：
借：应收账款   22 600
　　贷：主营业务收入   20 000
　　　　应交税费——应交增值税(销项税额)   2 600

收到退货时：

借：应收账款　　　　　　　　　　　　　　　　　22 600
　　贷：主营业务收入　　　　　　　　　　　　　　20 000
　　　　应交税费——应交增值税（销项税额）　　　2 600

2. 销售折让与销售折扣

1）销售折让

如属当月销售，销售方和购买方都尚未进行账务处理，则销售方不需要冲销当月销售收入和销项税额，只需将购买方转来的原开具的增值税专用发票的发票联和抵扣联注明"作废"，同时根据双方协商扣除折让的价款和相应的增值税税额，重新开具增值税专用发票进行账务处理。如购买方已经进行账务处理无法退回已开具的增值税专用发票相关联次，销售方应根据购买方转来的当地税务主管机关开具的通知单，开具红字增值税专用发票，作为冲销当期销售收入和销项税额的凭证。

如属以前月份销售且购买方已进行账务处理，则应根据折让后的价款和销项税额重新开具增值税专用发票，并按原开具发票与新开具发票的差额，冲销退回当月的销售收入和相应的销项税额。贷方记入"主营业务收入""应交税费——应交增值税（销项税额）"等账户，借方记入"应收账款"等账户。

【例3-43】 甲公司2020年10月25日采用托收承付结算方式向乙公司销售A产品100 000元，销项税额为13 000元。由于规格瑕疵，双方协商折让10%，11月5日乙公司将甲公司开具的增值税专用发票的相关联次退回。相关业务应如何进行会计处理？

解析：

10月25日办妥托收手续时：

借：应收账款——乙公司　　　　　　　　　　　　113 000
　　贷：主营业务收入　　　　　　　　　　　　　　100 000
　　　　应交税费——应交增值税（销项税额）　　　13 000

11月5日，按扣除折让后的金额重新开具增值税专用发票，其中：价款为90 000元，销项税额为11 700元，并冲销主营业务收入10 000元、销项税额1 300元。

借：应收账款——乙公司　　　　　　　　　　　　11 300
　　贷：主营业务收入　　　　　　　　　　　　　　10 000
　　　　应交税费——应交增值税（销项税额）　　　1 300

【例3-44】 甲公司2020年6月20日销售给乙公司的A产品，由于质量瑕疵双方协商折让5%。乙公司转来由当地税务主管机关开具的通知单，列明折让价款及相应的增值税税额分别为1 000元和130元。甲公司应根据证明单开出红字增值税专用发票并通过银行转账汇出相应款项。相关业务应如何进行会计处理？

解析：

借：主营业务收入　　　　　　　　　　　　　　　1 000
　　应交税费——应交增值税（销项税额）　　　　　130
　　贷：银行存款　　　　　　　　　　　　　　　　1 130

实际记账时,"主营业务收入"及"应交税费——应交增值税(销项税额)"等账户以红字计入贷方发生额。

2) 销售折扣

销售折扣分为商业折扣和现金折扣。商业折扣是因为销售量大等原因而给予的价格折扣,税法上将商业折扣称为销售折扣,并规定销售方如能在同一张增值税专用发票上分别注明销售额全额和折扣额,即可按折扣后的余额作为销项税额的计税依据,其会计处理可比同一般销售方式销售产品。现金折扣则是企业的一项融资行为,这种折扣不得从销售额中做任何抵减,在会计处理时计入"财务费用"账户。

【例3-45】 2021年3月,甲公司销售给乙公司1 000件产品,不含税价格为10元/件,适用的增值税税率为13%,由于购买数量多,甲公司按原价的9折给予折扣,并在开具增值税专用发票时在同一张发票上单独列出了折扣金额。另外,甲公司还向乙公司提供了(2/20,N/30)的现金折扣条件,乙公司在20日内付款享受了现金折扣。相关业务应如何进行会计处理?

解析:

发出货物时:

借:应收账款——乙公司　　　　　　　　　　　　　　　　　　10 170

　　贷:主营业务收入　　　　　　　　　　　　　　　　　　　　9 000

　　　　应交税费——应交增值税(销项税额)　　　　　　　　　1 170

收到货款时:

借:银行存款　　　　　　　　　　　　　　　　　　　　　　　9 990

　　财务费用　　　　　　　　　　　　　　　　　　　　　　　　180

　　贷:应收账款——乙公司　　　　　　　　　　　　　　　　10 170

3.3.6 包装物销售、出租及没收包装物押金的会计处理

1. 包装物销售的会计处理

随同产品销售的包装物有两种处理方式:一是包装物能单独计价,则记入"其他业务收入"账户,并计算销项税额;二是包装物不能单独计价,则并入"主营业务收入"账户一起计算销项税额。

【例3-46】 2021年5月,甲公司销售给乙公司一批产品,开具的增值税专用发票注明产品销售价格为50 000元,包装物销售价格为3 000元,销项税额为6 890元,款项已经通过银行转账收取。相关业务应如何进行会计处理?

解析:

借:银行存款　　　　　　　　　　　　　　　　　　　　　　59 890

　　贷:主营业务收入　　　　　　　　　　　　　　　　　　50 000

　　　　其他业务收入　　　　　　　　　　　　　　　　　　 3 000

　　　　应交税费——应交增值税(销项税额)　　　　　　　　6 890

2. 销售产品并出租包装物的会计处理

这种情形下,包装物租金属于含税价外费用,应换算为不含税价并入计税基础计算销项税额。

【例3-47】 2021年7月,甲公司销售给乙公司产品100件,单价200元/件,销项税额2 600元。另外,随同产品出租包装物100个,租期一个月,共收取租金1 130元,款项已通过银行转账收取。相关业务应如何进行会计处理?

解析:

销项税额＝2 600＋1 130÷(1＋13％)×13％＝2 730(元)

借:银行存款	23 730
贷:主营业务收入	20 000
其他业务收入	1 000
应交税费——应交增值税(销项税额)	2 730

3. 收取包装物押金的会计处理

收取包装物押金分两种情形:一是销售除啤酒、黄酒外的其他酒类收取的包装物押金,无论押金将来是否返还以及会计上如何核算,均应并入当期销售额计税;二是销售啤酒、黄酒以及酒类之外的其他货物而收取的押金,包装物逾期不能收回而没收的押金按适用税率计税。"逾期"以一年为限,收取押金超过一年时,无论是否返还,均应并入销售额计税。

【例3-48】 2020年12月,甲公司销售A产品10件,售价为1 000元/件,单位成本为800元/件,适用的增值税税率为13％,另外收取包装物押金2 260元,包装物也是10件,单位成本为120元/件。该产品同时是消费税应税产品,适用10％的消费税税率,款项均已通过银行转账收取。相关业务应如何进行会计处理?

解析:

销售产品时:

借:银行存款	13 560
贷:主营业务收入	10 000
其他应付款——存入保证金	2 260
应交税费——应交增值税(销项税额)	1 300

结转产品成本时:

借:主营业务成本	8 000
贷:库存商品——A产品	8 000

计算消费税时:

借:税金及附加	1 000
贷:应交税费——应交消费税	1 000

如包装物逾期未退回没收押金,当作含税价外费,换算为不含税价计税:

借:其他应付款——存入保证金	2 260
贷:其他业务收入	2 000
应交税费——应交增值税(销项税额)	260
借:税金及附加	200
贷:应交税费——应交消费税	200

结转包装物成本时:

借:其他业务成本	1 200
贷:周转材料——包装物	1 200

3.3.7 销售、出租有形动产、不动产及无形资产的会计处理

1. 销售有形动产的会计处理

销售已使用过的、增值税转型后购入的固定资产或者已抵扣进项税额的固定资产,应采用一般计税方法计算增值税税额,并将其记入"应交税费——应交增值税(销项税额)"账户,通过"固定资产清理"账户核算固定资产销售过程中的收支。

【例3-49】 2020年8月,某公司销售一台2012年购入的生产设备,购入时的原始账面价为200 000元,进项税额26 000元已于购入时抵扣,该设备已提折旧170 000元。出售时共计收到20 000元,不考虑城市维护建设税及教育费附加等流转税费。相关业务应如何进行会计处理?

解析:
转入清理时:
借:固定资产清理　　　　　　　　　　　　　　　30 000
　　累计折旧　　　　　　　　　　　　　　　　　170 000
　　贷:固定资产　　　　　　　　　　　　　　　　　　　200 000
出售时:
借:银行存款　　　　　　　　　　　　　　　　　20 000
　　贷:固定资产清理　　　　　　　　　　　　　　　　　17 699
　　　　应交税费——应交增值税(销项税额)　　　　　 2 301
结转固定资产清理损益时:
借:资产处置损益　　　　　　　　　　　　　　　12 301
　　贷:固定资产清理　　　　　　　　　　　　　　　　　12 301

2. 出租不动产的会计处理

"营改增"后公司异地购置的房产出租时应采用一般计税方法计算缴纳增值税,首先在收取租金时向房产所在地税务机关预缴增值税,预缴率为3%,再向公司所在地主管税务机关申报补缴增值税。

【例3-50】 甲公司2020年5月将"营改增"后购置的异地房产出租,年租金为109 000元,3年租期,每年5月30日收取下年租金,租期从2020年6月1日开始。相关业务应如何进行会计处理?

解析:
收到房屋租金时:
借:银行存款　　　　　　　　　　　　　　　　　109 000
　　贷:预收账款　　　　　　　　　　　　　　　　　　　100 000
　　　　应交税费——应交增值税(销项税额)　　　　　 9 000
异地预缴增值税时:
预缴增值税=109 000÷(1+9%)×3%=3 000(元)
借:应交税费——预交增值税　　　　　　　　　　 3 000

贷：银行存款	3 000

期末结转未交增值税、预交增值税时：

应交增值税＝109 000÷(1＋9%)×9%＝9 000(元)

借：应交税费——应交增值税(转出未交增值税)	9 000
贷：应交税费——未交增值税	9 000
借：应交税费——未交增值税	3 000
贷：应交税费——预交增值税	3 000

在该公司所在地补缴增值税时：

应申报补缴的增值税＝9 000－3 000＝6 000(元)

借：应交税费——未交增值税	6 000
贷：银行存款	6 000

每月确认收入时：

借：预收账款	8 333
贷：其他业务收入	8 333

3. 转让无形资产的会计处理

【例 3-51】 2021 年 2 月，甲公司将一项专利转让给乙公司，价格为 212 000 元，该项专利的账面余额为 230 000 元。应如何对相关业务进行会计处理？

解析：

借：银行存款	212 000	
资产处置损益	30 000	
贷：无形资产——专利		230 000
应交税费——应交增值税(销项税额)		12 000

3.3.8 特殊情况的会计处理

1. 以旧换新的会计处理

使用以旧换新的方式销售货物，应按新货物的同期销售价格确定销售额，所回收旧货物的抵偿价值不对新货物销售额进行扣除，而是记入"库存商品"账户的借方，同时以新货物的销售额为计税基础计量增值税销项税额。

【例 3-52】 2021 年 7 月 10 日，某公司采用以旧换新方式销售一批产品，不含税市场价为 20 000 元，适用的增值税税率为 13%，收回的同类旧产品作价 1 000 元，购买方一个月后支付款项。应如何对相关业务进行会计处理？

解析：

借：应收账款	21 600	
库存商品	1 000	
贷：主营业务收入		20 000
应交税费——应交增值税(销项税额)		2 600

2. 以货抵债的会计处理

以货抵债属于债务重组,应按货物正常售价及相应税率计算增值税税额,贷方记入"主营业务收入""应交税费——应交增值税(销项税额)"等账户,同时在借方冲销"应收账款"账户,最后按借差或贷差记入"营业外收入"或"营业外支出"账户确认债务重组损益。

【例3-53】 甲公司欠乙公司一笔货款50 000元,由于甲公司资金周转面临困难,2021年6月,经甲、乙双方协商,由乙公司做出让步,同意甲公司以一批自产货物抵债,该批货物成本为36 000元,市场正常售价为40 000元,适用的增值税税率为13%。甲公司应如何对相关业务进行会计处理?

解析:

货物发出时:

借:应付账款——乙公司　　　　　　　　　　　　　　　50 000
　　贷:主营业务收入　　　　　　　　　　　　　　　　　40 000
　　　　应交税费——应交增值税(销项税额)　　　　　　 5 200
　　　　营业外收入　　　　　　　　　　　　　　　　　　 4 800

结转成本时:

借:主营业务成本　　　　　　　　　　　　　　　　　　 36 000
　　贷:库存商品　　　　　　　　　　　　　　　　　　　36 000

3. 以物易物的会计处理

这种情况下,以物易物的双方都要做购销处理,并依据各自发出货物的价值计算销项税额,依据各自收到货物的价值计算进项税额,双方均开具增值税专用发票,未取得增值税专用发票不能抵扣进项税额。

【例3-54】 甲公司2020年9月3日用自产的一批材料换回乙公司生产的一台设备,该批材料的不含税售价为100 000元,成本为90 000元。该设备的不含税售价为101 000元,成本为92 000元,双方都开具了增值税专用发票并通过认证。甲、乙公司对该业务分别应如何进行会计处理?

解析:

(1)甲公司会计处理如下。

发出材料并收到设备时:

借:固定资产　　　　　　　　　　　　　　　　　　　　101 000
　　应交税费——应交增值税(进项税额)　　　　　　　　13 130
　　贷:主营业务收入　　　　　　　　　　　　　　　　100 000
　　　　应交税费——应交增值税(销项税额)　　　　　　13 000
　　　　营业外收入　　　　　　　　　　　　　　　　　　 1 130

结转成本时:

借:主营业务成本　　　　　　　　　　　　　　　　　　 90 000
　　贷:库存商品　　　　　　　　　　　　　　　　　　　90 000

(2) 乙公司会计处理如下。

乙公司发出设备并收到材料时：

借：原材料	100 000
应交税费——应交增值税（进项税额）	13 000
营业外支出	1 130
贷：主营业务收入	101 000
应交税费——应交增值税（销项税额）	13 130

结转成本时：

借：主营业务成本	92 000
贷：库存商品	92 000

3.4 增值税简易计税的会计处理

小规模纳税人增值税业务采用"简易计税方法"进行会计处理；一般纳税人特殊情况下的增值税业务也可采用简易计税方法进行会计处理。

3.4.1 小规模纳税人增值税的会计处理

1. 一般购销业务

小规模纳税人增值税不采用进项税额抵扣法，而是直接以不含税销售额乘以征收率计算应缴纳的增值税。增值税的应交、上交和欠税等业务一般只需通过"应交税费——应交增值税"账户处理。但是，涉及税务机关对其增值税纳税情况检查后进行增值税账务调整的，也可设置"应交税费——增值税检查调整"账户进行账务处理。

【例 3-55】 甲公司为增值税小规模纳税人，2021 年 8 月从乙公司采购一批材料，取得乙公司开具的增值税专用发票，注明价款为 3 000 元，增值税为 390 元。材料已验收入库，款项已通过银行转账支付。甲公司对该业务应如何进行会计处理？

解析：

借：原材料	3 390
贷：银行存款	3 390

应该注意的是：小规模纳税人购入货物或接受应税劳务时支付的增值税，即便取得了上一个环节销售方的增值税专用发票，相关的增值税税额也不能作为进项税额用于抵扣，而是直接计入采购货物及劳务的成本。

【例 3-56】 承【例 3-55】资料中的甲公司，2021 年 8 月销售一批货物，开具普通发票，注明金额合计为 10 300 元，款项已通过银行收取，货物已发出。甲公司对该业务应如何进行会计处理？

解析：

销售货物时：

借：银行存款　　　　　　　　　　　　　　　　　　　　10 300
　　贷：主营业务收入　　　　　　　　　　　　　　　　　　10 000
　　　　应交税费——应交增值税　　　　　　　　　　　　　　300

实际缴纳增值税时：

借：应交税费——应交增值税　　　　　　　　　　　　　　300
　　贷：银行存款　　　　　　　　　　　　　　　　　　　　　300

【例 3-57】　乐品公司是从事餐饮服务的小规模纳税人，2020 年 6 月与某建筑施工企业签订供餐协议。协议约定，当年下半年由乐品公司为该建筑施工企业员工承担供餐服务，每月供餐费用为 30 900 元(含税)，在 6 月签订协议时一次性付清下半年供餐费用。乐品公司通过银行转账收到款项并开具了普通发票。乐品公司对该业务应如何进行会计处理？

解析：

6 月收到款项并开具普通发票时即产生了增值税纳税义务：

借：银行存款　　　　　　　　　　　　　　　　　　　　185 400
　　贷：预收账款——某建筑施工企业　　　　　　　　　　180 000
　　　　应交税费——应交增值税　　　　　　　　　　　　5 400

7 月开始每月确认主营业务收入时：

借：预收账款——某建筑施工企业　　　　　　　　　　　30 000
　　贷：主营业务收入　　　　　　　　　　　　　　　　　　30 000

2. 销售使用过的固定资产和旧货

小规模纳税人销售自己使用过的固定资产和旧货，减按 2% 的征收率征收增值税。其计算公式为：

销售额＝含税销售额÷(1＋3%)

增值税应纳税额＝销售额×2%

【例 3-58】　承【例 3-55】资料中的甲公司，2021 年 3 月向某物资再利用公司销售一批报废的办公用家具，开具的普通发票注明合计款项为 3 090 元，款项已通过开户银行收取。甲公司对该业务应如何进行会计处理？

解析：

增值税应纳税额＝3 090÷(1＋3%)×2%＝60(元)

借：银行存款　　　　　　　　　　　　　　　　　　　　3 090
　　贷：其他业务收入　　　　　　　　　　　　　　　　　　3 000
　　　　应交税费——应交增值税　　　　　　　　　　　　　60
　　　　其他收益——减免税款　　　　　　　　　　　　　　30

3.4.2　一般纳税人增值税简易计税的会计处理

增值税一般纳税人销售不得抵扣且未抵扣进项税额的固定资产时，适用简易计税办法，按

3%征收率减按2%征收。在会计处理时,使用"固定资产清理"账户核算清理过程中的收支,应交增值税通过"应交税费——简易计税"账户进行核算。

【例 3-59】 某公司 2020 年 12 月出售一台于 2007 年 12 月购入的机床,原价为 300 000 元,已提折旧 250 000 元,售价为 41 200 元。该公司对相关业务应如何进行会计处理?

解析:

转入清理时:

借:固定资产清理	50 000
累计折旧	250 000
贷:固定资产	300 000

收到款项时:

借:银行存款	41 200
贷:固定资产清理	40 000
应交税费——简易计税	1 200

减免税计量:

| 借:应交税费——简易计税 | 400 |
| 贷:其他收益——减免税款 | 400 |

结转清理损益时:

| 借:营业外支出 | 10 000 |
| 贷:固定资产清理 | 10 000 |

增值税一般纳税人提供公共交通运输服务、动漫相关服务,以及电影放映、仓储、装卸搬运、收派、文化体育服务,提供清包方式建筑服务、甲供工程建筑服务,为建筑工程老项目提供建筑服务,销售不动产、不动产经营租赁服务等,可以采用简易计税方法。其中,销售 2016 年 4 月 30 日(全面实施"营改增")之前购进的不动产,如采用简易计税方法,以销售取得的全部价款减去购置原价的差额,按 5% 征收率计算增值税。

【例 3-60】 某公司 2020 年 9 月将一套房产以 4 000 000 元出售,该房产购置于 2015 年 9 月,购入价为 3 000 000 元。该房产已提折旧 750 000 元。该公司选择简易计税办法计算缴纳增值税。该公司对相关业务应如何进行会计处理?

解析:

增值税应纳税额 = (4 000 000 − 3 000 000) ÷ (1 + 5%) × 5% = 47 619(元)

转入清理时:

借:固定资产清理	2 250 000
累计折旧	750 000
贷:固定资产	3 000 000

收到款项时:

借:银行存款	4 000 000
贷:固定资产清理	3 952 381
应交税费——简易计税	47 619

结转清理损益时:

| 借:固定资产清理 | 1 702 381 |
| 贷:营业外收入 | 1 702 381 |

3.5 增值税减免、缴纳、稽征查补的会计处理

3.5.1 增值税减免的会计处理

1. 直接减免增值税的会计处理

销售免税项目时,可按正常销售处理,借方记入"银行存款"等账户,贷方记入"主营业务收入""应交税费——应交增值税(销项税额)"等账户;对直接减免的销项税额,借方记入"应交税费——应交增值税(减免税款)"账户,贷方记入"其他收益——减免税款"账户。

【例 3-61】 某农村信用合作社 2020 年 11 月取得农村小额贷款利息收入 318 000 元(含税),该项目是免税项目。该农村信用合作社对相关业务应如何进行会计处理?

解析:

增值税销项税额 = 318 000 ÷ (1 + 6%) × 6% = 18 000(元)

借:银行存款　　　　　　　　　　　　　　　　318 000
　　贷:主营业务收入　　　　　　　　　　　　　　300 000
　　　　应交税费——应交增值税(销项税额)　　　 18 000
借:应交税费——应交增值税(减免税款)　　　　 18 000
　　贷:其他收益——减免税款　　　　　　　　　　 18 000

【例 3-62】 某公司是被认定为增值税小规模纳税人的小微企业,2021 年 6 月共取得三笔含税销售收入,金额分别为 44 290 元、51 500 元、58 607 元。该公司对相关业务应如何进行会计处理?

解析:

税法规定,小规模纳税人增值税的起征点为月销售额 10 万元(不含税),由于该小微企业月中每笔销售额都比较小,业务发生时无法确定当月销售额是否会超过 10 万元,因此,平时应按正常销售计算应纳税额。

说明:按照财政部、国家税务总局 2021 年《关于明确小规模增值税纳税人增值税免税政策的公告》(2021 年第 11 号),自 2021 年 4 月 1 日至 2022 年 12 月 31 日,增值税起征点月销售额由 10 万元提高至 15 万元。

解析:

取得第一笔收入时:

借:银行存款　　　　　　　　　　　　　　　　 44 290
　　贷:主营业务收入　　　　　　　　　　　　　　 43 000
　　　　应交税费——应交增值税　　　　　　　　　 1 290

取得第二笔收入时:

借:银行存款　　　　　　　　　　　　　　　　 51 500
　　贷:主营业务收入　　　　　　　　　　　　　　 50 000
　　　　应交税费——应交增值税　　　　　　　　　 1 500

取得第三笔收入时：
借：银行存款　　　　　　　　　　　　　　　　　58 607
　　贷：主营业务收入　　　　　　　　　　　　　　　　56 900
　　　　应交税费——应交增值税　　　　　　　　　　1707

当月不含税收入额合计＝43 000＋50 000＋56 900＝149 900（元），没有达到 15 万元，符合免税条件。月末，进行减免税处理：

增值税减免税款＝1 290＋1 500＋1 707＝4 497（元）
借：应交税费——应交增值税　　　　　　　　　　　4 497
　　贷：其他收益——减免税款　　　　　　　　　　　　4 497

2. 即征即退增值税的会计处理

税法规定，对符合条件的应税事项实行即征即退，即企业向主管税务机关办理增值税缴纳的同时即行办理退税手续。企业在上交增值税时，借方记入"应交税费——未交增值税"账户，贷方记入"银行存款"账户。在实际收到退税时，借方记入"银行存款"账户，贷方记入"其他收益"账户。

【例 3-63】　甲公司是从事软件开发的增值税一般纳税人，2020 年 2 月购入原材料一批，注明价款为 100 000 元，进项税额为 13 000 元；当月销售自行开发的软件产品，不含税销售额为 160 000 元，增值税销项税额为 20 800 元。假设本月无其他增值税涉税事项，该公司对相关业务应如何进行会计处理？

解析：
甲公司增值税应纳税额＝20 800－13 000＝7 800（元）
实际税负比率＝7 800/160 000×100%＝4.9%，对税负比率超过 3% 的部分可以即征即退。
应退增值税税额＝7 800－160 000×3%＝3 000（元）

购入原材料时：
借：原材料　　　　　　　　　　　　　　　　　　100 000
　　应交税费——应交增值税（进项税额）　　　　　13 000
　　贷：银行存款　　　　　　　　　　　　　　　　　113 000

销售软件产品时：
借：银行存款　　　　　　　　　　　　　　　　　180 800
　　贷：主营业务收入　　　　　　　　　　　　　　　160 000
　　　　应交税费——应交增值税（销项税额）　　　　20 800

月末转出未交增值税：
借：应交税费——应交增值税（转出未交增值税）　　7 800
　　贷：应交税费——未交增值税　　　　　　　　　　7 800

3 月 15 日前实际缴纳增值税时：
借：应交税费——未交增值税　　　　　　　　　　7 800
　　贷：银行存款　　　　　　　　　　　　　　　　　7 800

实际收到即征即退增值税税款：
借：银行存款　　　　　　　　　　　　　　　　　3 000
　　贷：其他收益——减免税款　　　　　　　　　　　3 000

3.5.2 增值税缴纳的会计处理

1. 按日申报缴纳增值税的会计处理

税务机关核定纳税人按日(1、3、5、10、15)缴纳增值税的,平时应通过借方记入"应交税费——应交增值税(已交税金)"账户核算当月应交的增值税。月末,应结出本月"应交税费——应交增值税"账户的借方、贷方合计发生额和差额,若有贷方差额,表明本月有应交未交的增值税税额;若为借方差额,则可能存在尚未抵扣完的进项税额或者包含多交的增值税。

【例 3-64】 某公司是增值税一般纳税人,以 10 日为一个纳税期。2021 年 8 月 1—10 日该公司进项税额合计为 20 000 元,销项税额合计为 50 000 元,无其他增值税涉税调整事项。当年 8 月 15 日该公司申报缴纳当月 1—10 日的增值税。该公司对相关业务应如何进行会计处理?

解析:

借:应交税费——应交增值税(已交税金)   30 000
    贷:银行存款   30 000

2. 按月申报缴纳增值税的会计处理

税务机关核定纳税人按月缴纳增值税的,月末应将"应交税费——应交增值税"账户余额结转到"应交税费——未交增值税"账户,编制资产负债表中流动负债的"未交税金"项目时据此对其余额予以反映。若月末欠税,应从"应交税费——应交增值税(转出未交增值税)"账户的借方转入"应交税费——未交增值税"账户的贷方;若月末有留抵或未抵扣完的进项税额,则从"应交税费——应交增值税(转出多交增值税)"账户的贷方转入"应交税费——未交增值税"账户的借方。下月 15 日之前缴纳本月应交的增值税时,记入"应交税费——未交增值税"账户的借方,而不是计入"应交税费——应交增值税(已交税金)"账户的借方。

【例 3-65】 某公司为增值税一般纳税人,2021 年 6 月销项税额为 1 000 000 元,已经通过认证的进项税额为 600 000 元。当月盘点发现,当年 3 月购入的部分原材料因管理不善已经霉变损坏,经批准作为管理费用列支并转出相应已抵扣的进项税额 20 000 元;另外,当年 5 月还有未抵扣完的留抵进项税额 200 000 元。7 月 13 日,申报缴纳 6 月的增值税。该公司对增值税相关业务应如何进行会计处理?

解析:

进项税额转出时:

借:管理费用   20 000
    贷:应交税费——应交增值税(进项税额转出)   20 000

结转 6 月末应纳增值税时:

借:应交税费——应交增值税(转出未交增值税)   220 000
    贷:应交税费——未交增值税   220 000

6月增值税应纳税额＝1 000 000－600 000＋20 000－200 000＝220 000(元)

7月13日,申报缴纳6月应纳增值税时:

借:应交税费——未交增值税　　　　　　　　　　　220 000
　　贷:银行存款　　　　　　　　　　　　　　　　　　　220 000

3. 按季度申报缴纳增值税的会计处理

纳税人按季度申报缴纳增值税与按月申报缴纳增值税的会计处理类似,只是每月只作增值税发生额及月末余额结转的账务处理,不作缴纳增值税的账务处理。季度结束后,于下月15日之前申报缴纳上个季度的应纳增值税。

4. 预交增值税的会计处理

一般纳税人预交增值税时分两种情形:一是采用一般计税方法,预交时借方记入"应交税费——预交增值税"账户,并在月末从该账户的贷方转入"应交税费——未交增值税"账户的借方;二是采用简易计税方法,预交时借方记入"应交税费——简易计税"账户,月末因不必结转而无须进行专门账务处理。

小规模纳税人预缴增值税时,借方记入"应交税费——应交增值税"账户,月末因不必结转而无须进行专门账务处理。

【例3-66】　某房地产开发公司开发甲、乙两个项目,甲项目采用一般计税方法计算缴纳增值税,乙项目采用简易计税方法计算缴纳增值税。2021年3月,甲、乙两个项目预收房款分别为32 700 000元、10 500 000元,甲、乙两个项目开发的房产均于2年后才交付给客户使用。该房地产公司对增值税相关业务应如何进行会计处理?

解析:

预收房款时:

借:银行存款　　　　　　　　　　　　　　　　　43 200 000
　　贷:预收账款　　　　　　　　　　　　　　　　　　43 200 000

预缴增值税时:

借:应交税费——预交增值税　　　　　　　　　　　900 000
　　　　　　　——简易计税　　　　　　　　　　　　300 000
　　贷:银行存款　　　　　　　　　　　　　　　　　　1 200 000

一般计税项目应预缴的增值税税额＝32 700 000÷(1＋9%)×3%＝900 000(元)

简易计税项目应预缴的增值税税额＝10 500 000÷(1＋5%)×3%＝300 000(元)

3月末将"预交增值税"转入"未交增值税"时:

借:应交税费——未交增值税　　　　　　　　　　　900 000
　　贷:应交税费——预交增值税　　　　　　　　　　　900 000

3.5.3　增值税稽征查补的会计处理

税务机关对一般纳税人企业进行增值税纳税情况检查后,如涉及增值税账务调整的,应通过"应交税费——增值税检查调整"账户进行账务处理。检查后应调减账面进项税额或调增销项税额、进项税额转出的情况,借记相关账户,贷记本账户。检查后应调增账面进项税额或调减销项税额、进项税额转出的情况,应借记本账户,贷记有关账户;全部调整事项入账后,应结出本账户余额并进行处理。若余额在借方,全部视同留抵进项税额,借方记入"应交税费——未交增值税",贷方记入本账户。若余额在贷方,借方记入本账户,贷方记入"应交税费——未交增值税"。

根据核查核实之后的当期全部销项税额和进项税额(含上期留抵税额),重新计算当期增值税应纳税额。若应纳税额为正数,做补税处理;若应纳税额为负数,则应核减期末留抵税额。

【例3-67】 某公司2021年1月接受主管税务机关税务稽查,发现以下情形:上年12月盘点时原材料盘亏,是因为被盗引起的非正常损失,该原材料对应的已抵扣进项税额2 600元未做进项税额转出处理;将自产产品作为福利发给职工,未按视同销售处理,少计销项税额1 300元;上年12月底"应交税费——未交增值税"账户为借方余额1 000元。据此,税局做出补缴增值税2 900元,加收滞纳金和罚款8 500元的决定。公司按时缴纳了税款、滞纳金及罚款。该公司对增值税相关业务应如何进行会计处理?

解析:

非正常损失原材料进项税额未转出的调整:

借:以前年度损益调整　　　　　　　　　　　　　　　2 600
　　贷:应交税费——增值税检查调整　　　　　　　　　2 600

未作为视同销售计算销项税额的调整:

借:应付职工薪酬　　　　　　　　　　　　　　　　　1 300
　　贷:应交税费——增值税检查调整　　　　　　　　　1 300

将调整额结转至"应交税费——未交增值税"账户:

借:应交税费——增值税检查调整　　　　　　　　　　3 900
　　贷:应交税费——未交增值税　　　　　　　　　　　3 900

实际补缴增值税并缴纳税收滞纳金和罚款:

应补缴增值税税额＝2 600＋1 300－1 000＝2 900(元)

借:应交税费——未交增值税　　　　　　　　　　　　2 900
　　营业外支出　　　　　　　　　　　　　　　　　　8 500
　　贷:银行存款　　　　　　　　　　　　　　　　　11 400

此外,该公司在申报上年度企业所得税时,应调减应纳税所得额2 600元;在申报当年企业所得税时,缴纳的税收滞纳金和罚款8 500元不允许税前列支,应调增当年应纳税所得额。

小规模纳税人增值税稽征查补的会计处理类似一般纳税人,也通过"应交税费——增值税检查调整"账户进行账务处理,但是因不设"应交税费——未交增值税"账户,故结转调整额时转入"应交税费——应交增值税"账户。

3.6　纳税平衡点的模型建构与运用

增值税作为流转税中的主要税种,具有税负转嫁特性。纳税人上一个环节的销项税额,由纳税人支付现金流作为进项税额,但是纳税人进项税额所支付的现金流又被转嫁到下一个环节,通过收取下一个环节的销项税额,所流入的现金流一方面弥补进项税额所支付的现金流,另一方面将体现本环节增值率大小差异的销项税额与进项税额差额作为应纳税额,上缴税务机关。但是,上述一般纳税人的基本计税原理,与小规模纳税人的简易计税的原理迥异,小规模纳税人采用简易计税方法时,增值税应纳税额是由销售额直接乘以固定征收率,这种方法下产业链上各个具体环节增值率的大小差异没有清晰体现出来。为此,基于两种计税原理的差异,可以通过构建纳税平衡点模型在纳税人身份选择、采购环节的对象选择等方面进行税收筹划,进而获取税收筹划收益。

3.6.1 一般纳税人和小规模纳税人身份认定的筹划

1. 两类纳税人的主要差异

1) 认定标准

小规模纳税人的主要认定标准是年应税销售额500万元及以下;纳税人年应税销售额超过此标准的,除一些特殊情况外,应当认定为一般纳税人。

2) 计税方法

一般纳税人除某些特殊情况下可采用简易计税方法外,主要适用进项税额抵扣制度,增值税应纳税额为当期销项税额减去当期进项税额。现行增值税税率依据行业差异分为13％、9％、6％三档;小规模纳税人采用简易计税方法,用不含税销售额直接乘以征收率计算缴纳增值税税额,征收率主要为3％,少数情况下为5％。

3) 发票管理权限

一般纳税人可以自行开具增值税专用发票和普通发票;小规模纳税人一般情况下不允许自行开具增值税专用发票,只能开具普通发票,或者申请主管税务机关代开增值税专用发票。不过,目前在14个行业试点小规模纳税人自行开具增值税专用发票,并且试点范围在不断扩大。

2. 基于纳税人身份选择的纳税平衡点模型构建

纳税人的不同身份选择会对企业整体税负产生较大影响,为此,可构建模型测算两类纳税人的税负平衡点,通过税负平衡点,再合理合法地选择税负较轻的增值税纳税人身份类别。

增值税税制设计的核心思想是依据产业链各个具体环节的增值额大小纳税,为此,模型引入增值率这一概念。当然,也可以转换视角考察抵扣率,抵扣率和增值率实际上是高度负相关的,被界定为:抵扣率＝1－增值率。

1) 模型一:考察增值率

增值率＝(销售额－采购额)÷销售额×100％

＝(销项税额－进项税额)÷销项税额×100％

假定:纳税人所在环节增值率为 R,销售额为 S,采购额为 P,一般纳税人适用税率为 T_1,小规模纳税人的征收率为 T_2,则:

增值率＝$R=(S-P) \div S \times 100\%$

一般纳税人增值税应纳税额 $= S \times T1 - P \times T1$
$= (S-P) \times T1$
$= (S-P) \div S \times S \times T1$
$= R \times S \times T1$

小规模纳税人增值税应纳税额 $= S \times T2$

当一般纳税人和小规模纳税人应纳税额相等时,则有:

$$R \times S \times T1 = S \times T2$$
$$R = T2 \div T1 \times 100\% \tag{1}$$

上述模型中的采购额与销售额均不含税,若两者都是含税额,则:

一般纳税人增值税应纳税额 $= S \div (1+T1) \times T1 - P \div (1+T1) \times T1$
$= (S-P) \div (1+T1) \times T1$
$= (S-P) \div S \times S \div (1+T1) \times T1$
$= R \times S \div (1+T1) \times T1$

小规模纳税人增值税应纳税额 $= S \div (1+T2) \times T2$

当一般纳税人和小规模纳税人应纳税额相等时,则有:

$$R \times S \div (1+T1) \times T1 = S \div (1+T2) \times T2$$
$$R = [(1+T1) \times T2] \div [(1+T2) \times T1] \times 100\% \tag{2}$$

通过考察增值率选择纳税人身份的具体思路是:

当实际增值率等于 R 时,一般纳税人和小规模纳税人税负一样;当实际增值率小于 R 时,一般纳税人税负轻于小规模纳税人税负;当实际增值率大于 R 时,一般纳税人税负重于小规模纳税人税负。所以,在增值率比较低的情况下,选择一般纳税人身份比小规模纳税人身份更具优势。但随着增值率上升并超过平衡点增值率,小规模纳税人则更具有减轻税负的优势。

依据上述公式(1)、(2),以一般纳税人增值税税率13%、9%、6%和小规模纳税人征收率3%分别代入,求得纳税平衡点的增值率如表3-3所示。

表3-3 两类纳税人纳税平衡点的增值率

一般纳税人税率	小规模纳税人征收率	不含税平衡点增值率	含税平衡点增值率
13%	3%	23.08%	25.32%
9%	3%	33.33%	35.28%
6%	3%	50%	51.46%

【例3-68】 某公司为生产型企业,其购销货物均可适用13%的增值税税率,但是该公司当年被认定为小规模纳税人,原材料含税采购额为320万元,货物含税销售额为450万元。次年1月税务机关开始新年度纳税人身份认定工作,该企业虽然经营规模达不到一般纳税人销售额标准,但是会计制度健全,增值税业务核算工作准确,经主管税务机关批准可以认定为一般纳税人。因此,该公司面临纳税人身份变更的选择问题,具体应如何抉择?

解析:

该公司实际增值率(含税) $= (450-320) \div 450 \times 100\% = 28.89\%$

实际增值率比纳税平衡点(含税)的增值率25.32%更大,选择一般纳税人身份,税收负担将重于小规模纳税人税负。

验证:

作为一般纳税人应纳税额=450÷(1+13%)×13%-320÷(1+13%)×13%
=14.96(万元)

作为小规模纳税人应纳税额=450÷(1+3%)×3%=13.10(万元)

作为一般纳税人比作为小规模纳税人的税负增加=14.96-13.10=1.86(万元)

所以,选择不变更为一般纳税人,保持小规模纳税人身份能降低税收负担。

2)模型二:考察抵扣率

由于抵扣率计算公式为:抵扣率=1-增值率,所以,考察抵扣率实际上是从不同视角审视同一问题,抵扣额与增值额、抵扣率与增值率都是此消彼长的反向关系。

基于以上原理,两类纳税人纳税平衡点的抵扣率如表3-4所示。

表3-4 两类纳税人纳税平衡点的抵扣率

一般纳税人税率	小规模纳税人征收率	不含税平衡点抵扣率	含税平衡点抵扣率
13%	3%	76.92%	74.68%
9%	3%	66.67%	64.72%
6%	3%	50%	48.54%

通过考察抵扣率选择纳税人身份的具体思路是:

当实际抵扣率等于纳税平衡点抵扣率时,两种纳税人身份税负一致;当实际抵扣率高于纳税平衡点抵扣率时,其效果类似于实际增值率低于纳税平衡点增值率,一般纳税人税负轻于小规模纳税人税负,适宜选择认定为一般纳税人;当实际抵扣率低于纳税平衡点抵扣率时,其效果类似于实际增值率高于纳税平衡点增值率,一般纳税人税负重于小规模纳税人税负,适宜选择认定为小规模纳税人。

【例3-69】 某科研所为非企业机构,研制的产品附加值较高,当年预计不含税销售额为3 000万元,购进的原材料不含税额为1 400万元,购、销的货物均适用13%的增值税税率,该纳税人应如何选择纳税人身份认定?

解析:

税法规定年应纳税额超过小规模纳税人标准的非企业单位,可以选择小规模纳税人身份,也可以认定为一般纳税人。

该研究所实际抵扣率测算:1 400÷3 000×100%=46.67%

由于测算出的该研究所实际抵扣率远小于纳税平衡点抵扣率76.92%,作为一般纳税人税负将远重于小规模纳税人税负,因此,应选择认定为小规模纳税人。

验证:

作为一般纳税人应纳税额=3 000×13%-1 400×13%=208(万元)

作为小规模纳税人应纳税额=3 000×3%=90(万元)

作为一般纳税人比作为小规模纳税人的税负增加=208-90=118(万元)

3)模型三:综合考察法

实际业务中,纳税人购进的货物或劳务可能适用不同的增值税税率,若取得的进项税额既有来自适用13%税率的货物,又有来自适用9%、6%税率的劳务,则上述两种模型不适用,此时可考虑通过综合考察来进行纳税人身份筹划,即通过考察进项税总额与销售额之比来进行抉择。

假定:纳税人年含税销售额为S,一般纳税人和小规模纳税人适用的税率和征收率分别为$T1$、$T2$,估算一年能取得的进项税额为I,则不同身份应纳税额相同时有以下等式:

$$S \div (1+T1) \times T1 - I = S \div (1+T2) \times T2$$

$$I \div S = T1 \div (1+T1) - T2 \div (1+T2)$$

运用综合考察法选择纳税人身份的具体思路是:

预计取得的增值税进项税额与销售额之比等于平衡点比率时,两种身份选择税负相同;预计取得的增值税进项税额与销售额之比大于平衡点比率,即取得的进项税额较多时,选择认定为一般纳税人为宜;预计取得的增值税进项税额与销售额之比小于平衡点比率,即取得的进项税额偏少时,则应选择认定为小规模纳税人以降低税负。

基于以上原理,综合考察法下两类纳税人纳税平衡点如表3-5所示。

表3-5 两类纳税人纳税平衡点的"进项税总额/含税销售额"

一般纳税人税率	小规模纳税人征收率	平衡点进项税与含税销售额之比
13%	3%	8.59%
9%	3%	5.34%
6%	3%	2.75%

【例3-70】 某即将注册成立的民用小家电制造公司预计未来的年含税销售收入为480万元,采购的材料预计可产生进项税38万元,接受的劳务预计可产生进项税15万元,该公司应如何进行增值税纳税人身份认定?

解析:

预测进项税额与含税销售额之比$(I/S)=(38+15)/480=11.04\%$

预测的进项税额与含税销售额之比大于平衡点比率8.59%,表明该公司预计产生的进项税额较多,应选择认定为一般纳税人以减轻税负。

验证:

一般纳税人增值税应纳税额$=480\div(1+13\%)\times13\%-53=2.22(万元)$

小规模纳税人增值税应纳税额$=480\div(1+3\%)\times3\%=13.98(万元)$

一般纳税人比小规模纳税人的税负减少$=13.98-2.22=11.76(万元)$

3.6.2 运用收益平衡点模型分析的供应商选择筹划

企业如何选择供应商购进货物和劳务,直接影响增值税税负和收益。假设在采购价格和质量相同的情况下,选择一般纳税人作为供应商可以取得税率为13%、9%、6%的增值税专用发票抵扣进项税额;而选择小规模纳税人作为供应商则只能索取征收率为3%、5%的增值税专用发票以抵扣进项税款,或者取得普通发票而不能抵扣进项税额。为此,选择一般纳税人作为供应商可抵扣的进项税额大,则应纳税额小,属于最佳选择。

但是上述假设只是理想状态,作为供应同样质量商品或劳务的供应商,如果小规模纳税人的定价与一般纳税人的定价相同,那么小规模纳税人在市场上必将无法生存,理性的抉择是降低定价以留有生存空间。小规模纳税人的定价与一般纳税人的定价之比存在高低差异,该比例对纳税人选择供应商影响甚大。为此,纳税人在选择供应商时,应该通过考察该比例,进而比较不同方案下的税负和收益,以期获得最佳税收筹划收益。

假设:某纳税人(一般纳税人)的含税销售额为 S,若选取一般纳税人作为供应商则含税采购价为 P,若选取小规模纳税人作为供应商则其含税采购价低于 P,且与 P 之比为 R。一般纳税人适用的税率和小规模纳税人适用的征收率分别为 $T1$、$T2$,因不同供应商供应的原材料质量相同,所以,生产加工费用没有区别,故收益为销售收入扣除采购额、增值税应纳税额后的剩余部分。

选择一般纳税人作为供应商取得增值税专用发票后的收益=
$$S-P-[S\div(1+T1)\times T1-P\div(1+T1)\times T1]=(S-P)\div(1+T1)$$
选择小规模纳税人作为供应商取得增值税专用发票后的收益=
$$S-P\times R-[S\div(1+T1)\times T1-P\times R\div(1+T2)\times T2]$$
$$=S\div(1+T1)-P\times R\div(1+T2)$$
当两者的收益相等时,则:
$$(S-P)\div(1+T1)=S\div(1+T1)-P\times R\div(1+T2)$$
$$R=(1+T2)\div(1+T1)\times 100\% \tag{3}$$

通过考察供应商含税定价比指标选择供应商的具体思路是:

若实际的含税定价比小于收益平衡点,则应选择小规模纳税人作为供应商;若实际的含税定价比大于收益平衡点,则应选择一般纳税人作为供应商;若实际的含税定价比等于收益平衡点,则选择两种类型的供应商无差异。

根据上述公式(3),假设纳税人选择小规模纳税人作为供应商,该小规模纳税人无法开具增值税专用发票而只能开具普通发票,则公式(3)中 $T2$ 为 0,该公式变化为:
$$R=1\div(1+T1)\times 100\% \tag{4}$$

按以下三种情况计算供应商定价比平衡点:①供应商为一般纳税人适用税率为 13%、9%、6%;②供应商为小规模纳税人,征收率为 3%;③供应商不能开具增值税专用发票,只能开具普通发票,无法抵扣进项税。具体如表 3-6 所示。

表 3-6　收益平衡点的供应商定价比率

一般纳税人供应商 适用增值税税率	小规模纳税人供应商 适用增值税税率	取得增值税专用发票 后的含税定价比率	取得普通发票后的 含税定价比率
13%	3%	91.15%	88.50%
9%	3%	94.50%	91.74%
6%	3%	97.17%	94.34%

【例 3-71】　某制造企业为增值税一般纳税人,适用的增值税税率为 13%,预计每年可实现销售收入 1 500 万元(含税),每年需要外购原材料 1 000 吨。现有甲、乙、丙三家原材料供应商备选,其中:甲为一般纳税人,可开具税率为 13% 的增值税专用发票;乙为小规模纳税人,可委托主管税务机关代开征收率为 3% 的增值税专用发票;丙为小规模纳税人,只能提供普通发票。甲、乙、丙供应的原材料质量相同,但是含税价格存在差异,分别为 1 万元/

吨、0.89万元/吨、0.85万元/吨。该企业应如何选择供应商以获取税收筹划收益？

解析：

筹划思路：

乙与甲的含税定价比率＝0.89÷1×100％＝89％，小于平衡点定价比率91.15％。

丙与甲的含税定价比率＝0.85÷1×100％＝85％，小于平衡点定价比率88.50％。

通过比较，首先可以将甲排除在供应商之外，下一步可在乙、丙之间进行选择。可进一步选取比较三个不同供应商的收益。

如果选取甲作为供应商：

增值税应纳税额＝1 500÷(1+13％)×13％－1 000×1÷(1+13％)×13％＝57.52(万元)

收益额＝1 500－1 000×1－57.52＝442.48(万元)

如果选取乙作为供应商：

增值税应纳税额＝1 500÷(1+13％)×13％－1 000×0.89÷(1+3％)×3％＝146.64(万元)

收益额＝1 500－1 000×0.89－146.64＝463.36(万元)

如果选取丙作为供应商：

增值税应纳税额＝1 500÷(1+13％)×13％＝172.57(万元)

收益额＝1 500－1 000×0.85－172.57＝477.43(万元)

结论：三种备择方案中，选取丙作为供应商，该制造企业获得的综合收益最高。

3.7 增值税税收筹划技巧与实务

增值税作为主要的流转税，几乎涉及现实经济活动中的所有市场主体，对其进行合理筹划不仅反映了税务会计的基本职能，同时也是筹划方业务水准与专业技能的重要体现。具体应从增值税计税原理、纳税人身份选择、税收优惠政策等方面进行全面考量。

3.7.1 购进环节的税收筹划

采用一般计税方法计算缴纳增值税的企业，增值税应纳税额等于当期销项税额与当期进项税额之差。因此，在购进环节进行税收筹划时，总体思路是：尽可能加大进项税额的抵扣金额，以及提前进项税额的抵扣时间。

1. 兼营免税项目的筹划

实际经济业务中，企业开展多元化经营的情况是比较普遍的，采用一般计税方法计算缴纳增值税的纳税人，如果兼营增值税免税项目，但是无法与应税项目清晰划分，按规定其免税项目对应的进项税额是不能抵扣的，其具体计算公式为：

不得抵扣的进项税额＝当期取得的全部进项税额×当期增值税免税项目销售额÷当期全部销售额

如果企业将免税项目剥离出来单独核算,那么免税项目的进项税额不能抵扣,应税项目的进项税额全额抵扣,这种情况是否比两种业务混在一起无法清晰区分更能获得税收筹划收益呢?

【例3-72】 某医药用品制造公司既生产医疗防护器械,也生产避孕药具,前者适用13%的增值税税率,后者为免税项目。该公司医疗防护器械年销售收入和避孕药具年销售收入分别为4 000万元(不含税)、1 000万元(免税)。公司全年材料采购共产生进项税额200万元,但是无法准确划分医疗防护器械和避孕药具使用的原材料。该公司是否应该把避孕药具生产项目分离出来单独设立一个生产公司呢?

解析:

第一种情况:假设避孕药具生产项目的进项税额为30万元,医疗防护器械生产项目的进项税额为170万元,则:

合并时:可抵扣的进项税额=200－200×1000÷(4 000＋1 000)=160(万元)

增值税应纳税额=4 000×13%－160=360(万元)

分设后:增值税应纳税额=4 000×13%－170=350(万元)

第二种情况:假设避孕药具生产项目的进项税额为40万元,医疗防护器械生产项目的进项税额为160万元,则:

合并时:可抵扣的进项税额=200－200×1000÷(4 000＋1 000)=160(万元)

增值税应纳税额=4 000×13%－160=360(万元)

分设后:增值税应纳税额=4 000×13%－160=360(万元)

第三种情况:假设避孕药具生产项目的进项税额为52万元,医疗防护器械生产项目的进项税额为148万元,则:

合并时:可抵扣的进项税额=200－200×1000÷(4 000＋1 000)=160(万元)

增值税应纳税额=4 000×13%－160=360(万元)

分设后:增值税应纳税额=4 000×13%－148=372(万元)

比较可知:只有在第一种情况下将避孕药具生产项目进行分设可以取得筹划收益;第二种情况合并与分设税负是一样的;第三种情况将避孕药具生产项目分设反而会加重税收负担。

总结规律可以看出,关键是考察"免税项目进项税额/全部进项税额"和"免税项目销售额/全部销售额"两个指标之间的大小关系:第一种情况中前者为15%,后者为20%;第二种情况中前者为20%,后者也为20%;第三种情况中前者为26%,后者为20%。结论是:如果前者小于后者,分设可以获得税收筹划收益;如果两者相等,不论分设与否,应纳税额都是相同的;如果前者大于后者,则合并可以减轻税负,不宜分设。

2. 购入长期资产用途的筹划

税法规定,下列特殊情况下的进项税额不得从销项税额中抵扣,包括用于简易计税方法计税项目、免征增值税项目、集体福利或者个人消费的购进货物、加工修理劳务、服务、无形资产和不动产。其中涉及的固定资产、无形资产、不动产等长期资产,是指专用于上述项目的情形。为此,如果相关长期资产(购入的非长期资产要按免税项目销售额占全部销售额的比例计算不得抵扣的进项税额)是兼用于免税项目和应税项目,则不属于上述情形,其进项税额准予全额抵扣,这为购入或取得长期资产时全额抵扣进项税额提供了税收筹划空间。

【例 3-73】 某公司是一般纳税人,购入一套门禁管理软件系统,主要用于职工住宅安保管理,但也可兼顾用于行政办公楼安保管理。取得的增值税专用发票上注明价款为 100 万元,增值税税额为 6 万元。公司应如何进行税收筹划以获得合理的筹划收益?

解析:如果这套门禁管理软件系统只用于职工住宅,则 6 万元增值税不能抵扣。可以考虑将这套门禁管理系统兼顾用于行政办公楼,则 6 万元进项税可以全额抵扣。

3. 农产品采购的筹划

税法规定,企业向农业生产者直接购买免税农产品的,按照取得或开具的收购发票注明的农产品买价和 9% 的扣除率计算进项税额予以抵扣;如果购进的免税农产品是用于生产销售或委托受托加工适用 13% 税率的货物的农产品还可加计扣除 1%,即按 10% 的扣除率计算进项税额予以扣除。但是免税农产品是指直接从事生产的自产农产品,如果单位和个人对农产品进行加工变成加工农产品,则不属于增值税免税范围,应该按照规定征收增值税。

为此,农产品经销或加工企业,一般应选择未经加工的初级农产品作为原材料,尽可能将采购环节前移,通过收购初级农产品并将加工工序纳入企业生产流程,可以加大增值税进项税额的抵扣额度,降低纳税人税负。

【例 3-74】 某公司是一般纳税人,主要生产销售食物油,适用增值税税率为 9%,年度不含税销售额为 800 万元,产品的主要原料是大豆、花生、菜籽等农产品。有两个原材料采购方案:甲方案为向民富公司(一般纳税人)支付 470 万元(含税价)收购一批经过脱水、防霉处理的原材料;乙方案为直接从农民手中收购所需原材料,支付价款 465 万元,并临时雇用农民进行脱水、防霉处理,支付报酬 5 万元。选取哪个方案可以获得税收筹划收益?

解析:

甲方案:增值税应纳税额 $=800\times 9\% - 470\div(1+9\%)\times 9\% = 33.19$(万元)

乙方案:增值税应纳税额 $=800\times 9\% - 465\times 9\% = 30.15$(万元)

为此,选用乙方案可减轻税收负担。

4. 运输方式的筹划

企业采购过程中需要发生运输费用,尤其对于具有一定规模的企业,运输费用是一笔不小的开支。运输费用的处理有两种思路:一种是组建自己的车队,用自己的车队承担运输任务,这种情况下企业可抵扣的进项税额包括车辆购置的进项税额,以及日常的车用油、车辆维修费及其他费用的进项税额。这些支出如果取得增值税专用发票,可以按照 13% 的增值税税率抵扣进项税额;另一种是向专业运输公司购买运输劳务,企业可节省组建车队及后续运营开支,但需支付给运输公司运费,取得运输公司开具的增值税专用发票后可按 9% 的增值税税率计算抵扣进项税额。

为此,进行税收筹划时,可以比较两种方式下的税负情况,以使企业获得税收筹划收益。

假设:委托运输公司运输的含税运费总额为 F,自行组建车队运输可抵扣支出总额为 E,则:

委托运输公司运输增值税进项税额 $= F \div (1+9\%) \times 9\%$

自行组建车队运输支出可抵扣进项税额 $= E \div (1+13\%) \times 13\%$

当两种方式下可抵扣的进项税额相等时,则:

$$F \div (1+9\%) \times 9\% = E \div (1+13\%) \times 13\%$$

$$E/F = 0.7177$$

税收筹划时的抉择思路是:当自行组建车队运输可抵扣支出总额与委托运输公司运输的含税运费总额之比大于 0.7177 时,自己运输可抵扣的进项税额较大,可以减轻税负,适宜自己运输;当自行组建车队运输可抵扣支出总额与委托运输公司运输的含税运费总额之比小于 0.7177 时,委托运输公司运输的进项税额较大,税负较轻,适宜委托运输公司运输;当自行组建车队运输可抵扣支出总额与委托运输公司运输的含税运费总额之比等于 0.7177 时,两种方式税负一样。

【例 3-75】 某公司是一家规模较大的厨房电器制造企业,被认定为增值税一般纳税人。业务部门预计一定周期内需产生运费 800 万元,如果公司自己组建车队承担运输任务,车辆购置、燃油、车辆维修等费用开支为 470 万元。公司应如何进行税收筹划以获得合理的筹划收益?

解析:

自行组建车队运输可抵扣支出总额与委托运输公司运输的含税运费总额之比为 0.5875(470÷800),小于 0.7177,为此应采用委托运输公司运输的方式。

验证:

委托运输公司运输增值税进项税额 $= 800 \div (1+9\%) \times 9\% = 66.06$(万元)

自行组建车队运输支出可抵扣进项税额 $= 470 \div (1+13\%) \times 13\% = 54.07$(万元)

委托运输公司运输时增值税进项税额更大,因而增值税应纳税额更小,所以,选择委托运输公司运输这种方式更为适宜。

5. 进项税额先抵扣后转出的税收筹划

企业对于购买的准备用于非增值税应税项目、免征增值税项目、集体福利或者个人消费的材料,按税法规定不能抵扣进项税。但是有的情况下这类材料的移送使用有一个较长的过程,针对这种情况,可在购进时先抵扣进项税额,然后在移送使用时,再陆续将进项税额转出,从而避免因该材料有剩余但是超过抵扣期限不能再抵扣带来的损失。同时,这样处理也延缓了增值税缴纳时间,进而获得资金的时间价值,给企业带来一定税收筹划收益。

【例 3-76】 某公司是一大型制造企业,下设医院、食堂等非独立核算的部门。2020 年 1 月初,该企业购进一批材料,价值 1130 万元(含税),准备用于医院、食堂的基建工程。截至 2021 年 1 月底,医院、食堂等部门累计共领用价值为 927 万元(含税)的材料,并完成了基建工程。剩余的 203 万元(含税)材料,该公司准备将其转为生产车间用,但已超过 360 天的抵扣期限,导致该批剩余材料无法抵扣进项税额。该公司应如何进行税收筹划以避免这种损失?

解析:

方案一:该公司在 2020 年 1 月购入材料时将进项税额全部直接计入成本。可抵扣的进项税额=0。

方案二:该公司在 2020 年 1 月购入材料时将进项税额与买价分开核算,先通过认证并将全部进项税额予以抵扣。在以后陆续领用并用于医院、食堂等集体福利基建工程时,再将进项税额分次转出。

2020 年 1 月抵扣的进项税额=[1130÷(1+13%)]×13%=130(万元)

2020 年 1 月至 2021 年 1 月,医院、食堂等部门陆续领用材料时,累计需转出的进项税额=[927÷(1+13%)]×13%=106.65(万元)。

实际抵扣的进项税额=130−106.65=23.35(万元)

方案二相比方案一,可以多抵扣进项税额 23.35 万元,从而减轻增值税税负 23.35 万元,在推迟纳税的同时还获得了资金的使用价值。

3.7.2 销售环节的税收筹划

在销售环节进行税收筹划,总体思路是减少销项税额和延迟销项税额的确认时间。由于销项税额是依据销售额和适用税率来计算确认的,所以可以从缩小销售额及减低税率两个方面筹划减少销项税额:对销售方式、结算方式进行筹划有助于前者的实现,对兼营和混合销售行为进行筹划则有助于后者的实现。

1. 销售方式选择的税收筹划

税法对不同销售方式规定了不同的计税依据,这为增值税税收筹划提供了较大空间,主要包括以下 3 种情形。

1) 折扣销售

纳税人采取折扣方式销售货物,如果销售额和折扣额在同一张发票上分别注明的,可按折扣后的销售额征收增值税。未在同一张发票"金额"栏注明折扣额,而仅在发票的"备注"栏注明折扣额的,折扣额不得从销售额中减除。

2) 实物折扣(如买二赠一)

这种销售方式对流转税和所得税计税均会造成影响,即销售方将自产、委托加工和购买的货物用于实物折扣,该实物款不能从销售总额中减除,且该实物应按"视同销售货物"计算增值税销项税额,同时确认为营业收入,并结转成本、利润计算缴纳企业所得税。

3) 返还现金

返还现金是指企业在销售货物的同时,返还部分现金给购货方,返还现金不属于公益性捐赠,不得在企业所得税税前进行扣除。

具体筹划思路是:对于折扣销售,企业应将销售额和折扣额在同一张发票上分别注明,这样可按折扣后的销售额计征增值税以达到节税目的;实物折扣应该尽量避免,即便必须采用实物折扣的销售方式,也应在发票上做适当调整,变"实物折扣"为"价格折扣"(折扣销售)以达到节税目的;返还现金的折扣方式会加重企业所得税税负,应将"返还现金"变为"价格折扣"(折扣销售)以达到节税效果。

【例 3-77】 某商场是一般纳税人,拟于 2021 年元旦举办促销让利活动,事先初拟了三种方案,具体是:

(1) 让利(折扣)10%销售商品。即商场将 1 000 元的商品以 900 元价格销售,即商品的销售价格标为 1 000 元,但开具发票时在同一张发票上的"金额"栏分别注明价款 1 000 元、折扣额 100 元;

(2) 实物赠送。即顾客在购买 900 元商品的同时,商场再另外赠送 100 元其他商品;

(3) 返还现金。即商场销售 1 000 元商品时,向顾客退还 100 元现金。

商场事先测算:以销售 1 000 元的商品为基数,参与该次活动的商品购进成本为含税价 600 元(购进成本占售价的 60%),另外,每销售 1 000 元商品会发生可在企业所得税前扣除的工资和其他费用 60 元,活动期间顾客产生的个人所得税由商场代付。假设增值税、城市维护建设税、教育费附加、企业所得税适用的税(费)率分别为 13%、7%、3%、25%,应如何在三种方案中进行抉择以获得合理的税收筹划收益?

解析:

方案一:

增值税应纳税额=[(900-600)÷(1+13%)]×13%=34.51(元)

应纳的城市维护建设税及教育费附加=34.51×(7%+3%)=3.45(元)

应纳的企业所得税=[(900-600)÷(1+13%)-60-3.45]×25%=50.51(元)

商场的税后净利润=(900-600)÷(1+13%)-60-3.45-50.51=151.53(元)

方案二:

实物赠送按视同销售处理。

增值税应纳税额=[(1 000-600)÷(1+13%)]×13%=46(元)

应纳的城市维护建设税及教育费附加=46×(7%+3%)=4.6(元)

应纳的企业所得税=[(1 000-600)÷(1+13%)-60-4.6]×25%=72.35(元)

商场的税后净利润=(1 000-600)÷(1+13%)-60-4.6-72.35=217.03(元)

方案三:

增值税应纳税额=[(1 000-600)÷(1+13%)]×13%=46(元)

应纳的城市维护建设税及教育费附加=46×(7%+3%)=4.6(元)

商场代付的个人所得税=[100÷(1-20%)]×20%=25(元)

应纳的企业所得税=[(1 000-600)÷(1+13%)-60-4.6]×25%=72.35(元)

(注:商场代付的个人所得税及返还的现金均不得在企业所得税税前进行扣除。)

商场的税后净利润=(1 000-600)÷(1+13%)-60-100-4.6-25-72.35=92.03(元)

尽管方案一所纳的增值税比方案二和方案三少,但方案一的税后净利润远不如方案二;方案二和方案三所纳的增值税虽然是一样的,但是方案二的税后净利润远多于方案三。综合权衡,方案二是最优的。

因此,企业在选择折扣方式时,不能只从节约增值税等流转税的角度来权衡,缴纳流转税税金少的方案不一定是最优的方案,缴纳流转税税金多的方案不一定就要舍弃,还要结合企业所得税等税种的税负来综合权衡,在寻求降低流转税税负的同时,最终还是要指向获得更多税后净利润。

2. 兼营销售行为的税收筹划

兼营销售行为包括兼营不同增值税税率和征收率项目,以及兼营应税项目和免税项目两大类型。对于以上两大类别的兼营销售行为,税法规定都应该分别核算各自销售额,并按各自适用的增值税税率、征收率或者免税进行税务处理,未分别核算销售额的,对第一类情形从高适用税率或征收率,对第二类情形,不得免税、减税。

为此,纳税人应当尽量将不同税率的货物或应税劳务、应税项目和免税项目分开核算,以规避从高适用税率或本来可以免税的项目不能享受减免税进而加重税负。

【例 3-78】 某公司为增值税一般纳税人,主要生产销售机电设备。2021 年 1 月销售机电设备共取得收入 800 万元,其中:农机的销售额为 300 万元,其他机电设备的销售额为 500 万元,以上销售额均不含税,当月可抵扣的进项税共为 60 万元。公司应如何进行税收筹划以获得合理的筹划收益?

解析:

一般机电设备适用的增值税税率为 13%,农机适用的增值税税率为 9%。分别核算可以适用各自的增值税税率。如果未分开核算,则从高适用增值税税率。

(1) 未分开核算:

该公司增值税应纳税额 $=800\times13\%-60=44$(万元)

(2) 分开核算:

该公司增值税应纳税额 $=500\times13\%+300\times9\%-60=32$(万元)

可见,分开核算可以降低增值税税负 12(44－32)万元,取得了合理的筹划收益。

【例 3-79】 某公司为增值税一般纳税人,以同一种原料生产销售甲、乙两种产品,甲产品适用的增值税税率为 13%,乙产品免税。2021 年 6 月购入材料取得的增值税专用发票注明价款为 100 万元,进项税额为 13 万元。当月销售甲产品 140 万元、乙产品 60 万元,销售额均不含税。公司应如何进行税收筹划以获得合理的筹划收益?

解析:

该公司兼营应税项目和免税项目,如果两种项目能够清晰地分开核算,那么免税项目可以享受增值税免税政策。如果两种项目不能够清晰地分开核算,那么免税项目销售额应并入应税项目销售额合并计算缴纳增值税。

(1) 未分开核算:

该公司增值税应纳税额 $=(140+60)\times13\%-13=13$(万元)

(2) 分开核算:

该公司增值税应纳税额 $=140\times13\%-13\times140\div(140+60)=9.1$(万元)

可见,应税项目和免税项目分开核算可以降低增值税税负 3.9(13－9.1)万元,通过享受政策优惠取得了节税效果。

3. 混合销售行为的税收筹划

一项销售行为如果既涉及货物又涉及应税服务,且两者之间存在密切的因果关系,则属于混合销售行为。税法规定,从事货物的生产、批发或者零售的单位和个体工商户的混合销售行为,按照销售货物缴纳增值税;其他单位和个体工商户的混合销售行为,按照销售服务缴纳增值税。上述从事货物的生产、批发或者零售的单位和个体工商户,包括以从事货物的生产、批发或者零售为主,并兼营销售服务的单位和个体工商户在内。由于货物与服务适用不同的税率,货物税率高于服务税率,为此,混合销售行为的税收筹划思路主要有两条:一是设法控制业务中货物销售所占比重,尽量转化为以应税服务为主;二是将销售服务的业务独立出来,进行单独核算,通过切割货物和服务的关系,将混合销售行为变为兼营行为。

1) 合理调整应税货物及服务各自所占的比例

在实际生产经营活动中,纳税人混合销售的应税货物销售额如果占到总销售额的50%以上,则要按照销售货物缴纳增值税,因此,应控制应税货物所占比重,将应税服务销售额提高到总销售额的50%以上,由此选择适用较低的税率计算纳税。

【例3-80】 某公司为增值税一般纳税人,主营业务包括特种钢结构生产销售和建筑安装服务。该公司承接了某大型商场的钢结构安装施工工程,施工合同约定价款总计10 000万元(不含税),但没有就钢结构销售价款和施工安装价款分别注明。该公司应如何进行税收筹划以获得合理的收益?

解析:

该公司钢结构销售与施工安装业务属混合销售行为,依据钢结构销售额占合同约定总销售额的比重是否超过50%,确定公司增值税适用税率为13%还是9%。

方案一:如果公司钢结构生产销售额占该项业务总额的50%以上,则:

增值税销项税额=10 000×13%=1 300(万元)

方案二:如果公司将钢结构生产销售额控制在占该项业务总额的50%以内,则:

增值税销项税额=10 000×9%=900(万元)

在进项税额相同的情况下,方案二比方案一可减轻增值税税负400万元。

2) 将混合销售行为中货物销售和提供劳务进行分割

具体可通过分设各自的业务部门,分别适用高低不同的税率计算缴纳增值税。

【例3-81】 某公司为增值税一般纳税人,生产销售的货物适用13%的增值税税率,因公司所在地物流极不便利难以购买运输服务,销售货物需要依靠自己的车辆帮客户进行运输。假设公司年度销售额为8 000万元,收取运费为2 000万元(均不含税),公司该如何进行税收筹划以获得合理筹划收益?

解析:

公司销售货物并提供运输服务属混合销售行为,适用货物13%的增值税税率。因为运输劳务业务量大,有必要将混合销售行为中的货物销售与提供的运输服务分割为兼营行为,可成立独立的销售公司并提供运输服务,但是原有人员结构保持不变。

(1) 分开核算前作为混合销售行为:

增值税销项税额=(8 000+2 000)×13%=1 300(万元)

(2) 成立独立的销售公司后,货物销售与运输服务属于兼营行为:

增值税销项税额=8 000×13%+2 000×9%=1 220(万元)

在进项税额相同的情况下,设立独立的销售公司可以减轻增值税税负80万元,进而获得合理的税收筹划收益。

3.7.3 利用税收优惠政策的税收筹划

1. 免税项目的筹划

税法规定了不少免征增值税项目,如农业生产者销售自产农产品,生产销售避孕药具,销售古旧图书,进口直接用于科学研究、科学试验和教学的仪器、设备,外国政府、国际组织无偿捐助的进口物资和设备,由残疾人组织直接进口供残疾人专用的设备,销售自己使用过的物品。具体可见 3.1.1 节。纳税人应当基于对相关免税项目应具备条件的充分知悉与深刻理解,尽最大可能进行筹划,使自己的生产经营条件符合法规要求,进而合法地获得税收筹划收益。

【例 3-82】 某农场近年来市场前景明朗,销售规模不断扩大。农场计划在销售新鲜水果的同时对水果进行精细加工,制成有机果汁、罐头出售,提高产品的附加值。预计从自产的水果中移送 500 万元作为原材料,加工成有机果汁、罐头每年可带来 1 000 万元销售额(不含税)。加工用水电、耗材及其他支出可用于抵扣的进项税额为 35 万元。该农场应如何进行税收筹划以获得合理筹划收益呢?

解析:

农场销售自产新鲜水果是免税项目,但是销售加工后的有机果汁、罐头是增值税应税项目,应具体比较将两种业务独立分开核算,与纳入同一企业作为连续的两段业务流程核算。哪种选择更能获得税收筹划收益呢?

(1)方案一:

该农场直接用自产水果作为原料加工成果汁、罐头出售:

增值税应纳税额=1 000×13%−35=95(万元)

(2)方案二:

该农场另外单独成立一个食品加工厂,与农场分开核算,农场作为食品加工厂的原材料供应商。一方面,农场销售自产水果免征增值税,另一方面,食品加工厂采购免税农产品生产销售适用 13%税率的货物,可按买价的 10%计算可抵扣的进项税额。

增值税应纳税额=1 000×13%−500×10%−35=45(万元)

结论:单独成立一家食品加工厂可减轻增值税税负 50 万元,取得了合理的税收筹划收益。

2. 起征点的筹划

起征点是某一税种计税依据的数值节点:在起征点以下,纳税人不用缴税,享受免税优惠;在起征点以上,必须按规定全额计算缴纳税款。

增值税对起征点的规定是:凡办理了税务登记或临时税务登记的小规模纳税人,实行按期纳税,月销售额未超过 10 万元(按季纳税的小规模纳税人,季度销售额未超过 30 万元)的,可以享受增值税免税政策(说明:按财政部、国家总局规定,自 2021 年 4 月 1 日至 2022 年 12 月 31 日,起征点调整为月销售额未超过 15 万元);未办理税务登记或临时税务登记的小规模纳税人,实行按次纳税,每次销售额未达到 300~500 元的免征增值税,达到 300~

500元的则需要全额征税。以上所指销售额均为不含税销售额。

1) 纳税期限的筹划

按固定期限纳税的小规模纳税人可以选择按月或者按季度纳税。如果选择按月纳税,那么每月销售额不超过10万元当然都是免税的;但是如果选择按季度纳税,季度中某一个月超过10万元,但季度总销售额不超过30万元,则可以按规定享受免税政策。

【例3-83】 某公司为已经办理税务登记的小规模纳税人,2020年第一季度1、2、3月的销售收入(含税)分别为11万元、10.5万元、8.4万元。公司应如何利用纳税期限进行增值税起征点的税收筹划?

解析:

方案一:选择按月纳税。

公司增值税应纳税额=11÷(1+3%)×3%+10.5÷(1+3%)×3%=0.63(万元)

方案二:选择按季度纳税。

2020年第一季含税总销售额为29.9万元,未达到起征点30万元,免纳增值税。

结论:方案二比方案一减轻增值税税负0.63万元,取得了合理的筹划收益。

为此,在税收筹划实务中,纳税人应仔细分析各个月份或季度销售额的波动情况及趋势,依据变动规律选择适宜的税收筹划方案。

2) 起征点标准的筹划

如果纳税人的销售额在起征点附近,应该尽量将销售额控制在起征点之下,从而享受免税优惠政策。

【例3-84】 某自然人刘某2020年出租一套房产,租期一年,一次性收取租金128万元。刘某应如何对增值税进行税收筹划以获得合理的筹划收益?

解析:

自然人出租不动产,按5%征收率简易计税。一次性收取租金的,可在租期内平均分摊租金,按规定计算缴纳增值税或享受免税政策。

方案一:直接计算缴纳增值税。

每月分摊的不含税租金收入额=128÷12÷(1+5%)=10.16(万元)

月收入10.16万元已经超过起征点10万元,应就收入全额纳税。

刘某增值税应纳税额=128÷(1+5%)×5%=6.1(万元)

刘某获得的实际收入=128−6.1=121.9(万元)

方案二:将租金降低到124万元。

每月分摊的不含税租金收入额=124÷12÷(1+5%)=9.84(万元)

月收入9.84万元未达到起征点10万元,租金收入全额免征增值税。

刘某获得的实际收入=124(万元)

结论:刘某适当减低租金标准,使月平均租金收入低于增值税起征点,表面上降低了租金收入,但是实际上通过免征增值税获得了更大的筹划收益。

3. 进项税额加计扣除的筹划

1) 收购免税农产品进项税额加计扣除的筹划

税法规定,一般纳税人从农业生产者手中购入免税农产品,可按取得或开具的农产品收购发票,按买价9%的扣除率计算进项税额;如果购入用于生产销售或委托受托加工适用于13%税率货物的免税农产品可加计扣除1%,按买价10%的扣除率计算进项税额;如果购入的免税农产品既有用于生产销售或委托受托加工适用于13%税率的货物,又有用于生产销售其他货物服务的,应当分别核算农产品的进项税额,未分别核算的,统一按买价和9%的扣除率计算进项税额,不得享受附加扣除。

为此,纳税人应分别核算购进农产品的生产销售情况,以清晰区分不同用途下免税农产品进项税额的扣除率,以期获取税收筹划收益。

【例3-85】 某公司是增值税一般纳税人,从事茶叶及茶饮料的生产销售。2021年3月向茶农收购一批明前初茶,开具的农产品收购发票上注明买价为500万元。这批购入的初茶中有70%经烘焙等加工工序后直接作为茶叶对外销售(适用9%的增值税税率),不含税价格为450万元;30%加入中药材后制成保健茶饮品对外销售(适用13%的增值税税率),不含税价格为320万元。该公司应如何进行税收筹划以获得合理的筹划收益?

解析:

方案一:如果公司不能清晰核算购入初茶中生产茶叶和保健茶饮品的比例,则进项税额不能享受1%的加计扣除优惠政策。

增值税进项税额$=500\times 9\%=45$(万元)

方案二:如果公司能够清晰核算购入初茶中生产茶叶和保健茶饮品的比例,则对应保健茶饮品生产所购入的初茶可以享受加计1%的进项税额扣除优惠政策。

增值税进项税额$=350\times 9\%+150\times 10\%=46.5$(万元)

结论:在销项税额相同的情况下,方案二可使当月可抵扣的进项税额增加1.5万元,达到了合法减轻增值税税负的目的。

2)生产、生活性服务业进项税额加计扣除的筹划

现行税法规定,一般纳税人提供邮政服务、电信服务、现代服务、生产服务取得的销售额占全部销售额比重超过50%的,可按当期可抵扣进项税额加计10%,抵减应纳税额。

为此,从事上述服务业的一般纳税人,应有意识地适当调整业务结构比重,使其符合税法规定,进而合法享受进项税额加计扣除优惠政策,并获得税收筹划收益。

【例3-86】 某通信公司是增值税一般纳税人,主要从事通信产品销售和基础电信服务业。2020年销售通信产品1 000万元,提供基础电信服务销售额998万元,以上金额均不含税;可以抵扣的进项税额为158万元。

解析:

方案一:不调整业务结构比例。

$998\div(1\,000+998)\times 100\%=49.95\%$

基础电信服务业销售额占比小于50%,进项税额不能加计扣除。

增值税销项税额$=1\,000\times 13\%+998\times 9\%=219.82$(万元)

增值税进项税额$=158$(万元)

增值税应纳税额$=219.82-158=61.82$(万元)

方案二:有意识地调整业务结构比例,通过适当降低通信产品价格,将这部分销售额调整到997万元。

$998\div(997+998)\times 100\%=50.03\%$

基础电信服务业销售额占比大于50%,进项税额可以加计10%予以扣除。

增值税销项税额=997×13%+998×9%=219.43(万元)

增值税进项税额加计扣除=158×10%=15.8(万元)

增值税应纳税额=219.43-158-15.8=45.63(万元)

结论:进行税收筹划后,虽然表面上收入略有下降,但是可以减轻增值税税负16.19万元,进而获得更大的税务筹划收益。为此,2021年之后,公司应适当调整通信产品销售和基础电信服务的结构比例,使基础电信服务的营业额占总营业额的比重超过50%。

3.7.4 其他税收筹划方式

1. 一般纳税人计税方法的筹划

一般纳税人主要采用进项税额抵扣法计税,但是特殊情况下也可以采用简易计税方法,主要包括:①出租、出售全面"营改增"(2016年4月30日)之前取得的不动产,以及这些不动产提供的融资租赁服务,房地产开发企业出租、租赁自行开发的房地产老项目等,适用5%的征收率;②公共交通运输服务、为甲供工程提供的建筑服务、一般纳税人提供城市电影放映服务等,适用3%的征收率;③销售增值税转型前(2008年12月31日)购进的固定资产,销售自己使用过不得抵扣且未抵扣进项税额的固定资产,纳税人销售旧货等,适用3%征收率减按2%征收。

上述简易计税项目主要涉及"营改增"之前部分营业税应税项目,如改革之前转让不动产按销售额的5%计征营业税、交通运输业按营业额的3%计征营业税。"营改增"之后,一般计税方法下房地产公司销售不动产、运输企业提供运输服务均适用9%的增值税税率。由于税点提高,为避免相关企业因进项税额太少而增加税收负担,故设计与原营业税征收率一致的简易计税方法供企业选择。两种方法之间如何择优,为企业税务筹划提供了一定空间。总体筹划思路是:如果能够产生足够多的可抵扣进项税额,则选择一般计税方法可降低增值税税负;如果采购额很少不足以产生足够多的进项税额,则采用简易计税方法可以避免增加增值税税负。

【例3-87】 某新成立的交通运输公司为一般纳税人,主要从事公共交通运输服务。预计未来5年车辆购置费达1亿元,燃油、修理维护等费用总计达6000万元,年均营运收入达5000万元(含税)。进行增值税税收筹划时,公司应在一般计税方法和简易计税方法中选择哪种计税方法?

解析:

方案一:如果按3%的简易计税方法,则5年总计增值税应纳税额为

5000×5÷(1+3%)×3%=728.16(万元)

方案二:如果按一般计税方法计税,则5年总计增值税应纳税额为

5000×5÷(1+9%)×9%-[(10000+6000)÷(1+13%)×13%]=223.51(万元)

结论:因为有足够多的进项税额可以抵扣,方案二采用进项税额抵扣法(一般计税方法)时,增值税税负较方案一采用的简易计税方法更轻,所以获得了合理的税收筹划收益。

2. 推迟纳税义务确认时间的筹划

增值税纳税义务产生是以销售实现为前提,以销售额作为计税基础的,为此,纳税人可采取适当的结算方式,推迟销售额确认的时间,进而延缓应纳税额的缴纳,获得资金的时间价值。

【例3-88】 甲公司为增值税一般纳税人,主要制造销售数控机床。2020年1月向某大型国有企业乙公司销售机床一批,价款8 000万元,适用的增值税税率为13%。甲公司应如何对增值税进行筹划以获得合理的筹划收益?

解析:营业额很大导致销项税额也大,应进行税务筹划取得合理收益。

方案一:采取应收账款结算方式。

货物2020年1月发出即产生了纳税义务,当月开具专用发票,产生了1 040(8 000×13%)万元销项税额。

方案二:采取分期收款结算方式。

合同约定,乙公司2020年1月付40%的到货款、半年后付50%的初验款、一年保修期满付清10%的尾款。这样,当月、半年后、一年后分三次确认的销项税额分别为416(8 000×40%×13%)万元、520(8 000×50%×13%)万元、104(8 000×10%×13%)万元,如此,不仅缓解了甲公司的现金流量压力,而且分别获得了后续两笔销项税额半年、一年的资金时间价值。

【导入案例讨论】

经过本章的学习,我们对于增值税涉税业务会计处理及税收筹划思路有了全面深刻的认识。最后,让我们来逐一回答本章开始"导入案例"中提出的问题。

问题1:计算该企业当月应缴纳的增值税税额。

(1) 当月进项税额 $= 200 \times 13\% + 10 \times 9\% = 26.9$(万元)

注意:该企业从丙公司采购一批钢材拟用于修建职工澡堂,这是将购入材料用于集体福利,上一环节的6.5万元销项税额不能在本环节作为进项税额抵扣。

(2) 当月销项税额 $= [500 + 10 \div (1+13\%)] \times 13\% + 20 \times (1+10\%) \times 13\%$
$= 69.01$(万元)

(3) 当月进项税额转出 $= 10 \times 13\% = 1.3$(万元)

(4) 当月增值税应纳税额 $= 69.01 - (26.9 - 1.3) = 43.41$(万元)

注意:销售500万元货物并用自己的车队运输收取10万元运费,这属于混合销售行为,运费应合并作为增值税计税基础,且运费视同含税价。

问题2:该企业当月增值税涉税业务的会计处理如下。

(1) 采购业务:

① 借:原材料　　　　　　　　　　　　　　　　　　　　　2 100 000
　　　应交税费——应交增值税(进项税额)　　　　　　　 269 000
　　贷:银行存款　　　　　　　　　　　　　　　　　　　　　　　2 369 000

② 借:在建工程——工程物资　　　　　　　　　　　　　　565 000
　　贷:银行存款　　　　　　　　　　　　　　　　　　　　　　　565 000

(2) 销售业务：
① 借：银行存款　　　　　　　　　　　　　　5 750 000
　　　贷：主营业务收入　　　　　　　　　　　　　　5 000 000
　　　　　其他业务收入　　　　　　　　　　　　　　　88 500
　　　　　应交税费——应交增值税（销项税额）　　　661 500
② 借：主营业务成本　　　　　　　　　　　　4 300 000
　　　贷：库存商品　　　　　　　　　　　　　　　　4 300 000
(3) 视同销售：
① 借：应付职工薪酬　　　　　　　　　　　　　248 600
　　　贷：主营业务收入　　　　　　　　　　　　　　　220 000
　　　　　应交税费——应交增值税（销项税额）　　　　28 600
② 借：主营业务成本　　　　　　　　　　　　　200 000
　　　贷：库存商品　　　　　　　　　　　　　　　　　200 000
(4) 进项税额转出：
① 借：待处理财产损溢　　　　　　　　　　　　113 000
　　　贷：原材料　　　　　　　　　　　　　　　　　　100 000
　　　　　应交税费——应交增值税（进项税额转出）　　13 000

问题3：该企业增值税涉税业务有税收筹划的空间，主要可以从两处予以考虑：

(1) 该企业从丙公司采购一批钢材拟用于修建职工澡堂，虽然是将购入材料用于集体福利，但是为避免出现钢材有剩余而不能再抵扣本来可以抵扣的进项税额，可先将这批钢材上一环节的销项税额作为本环节的进项税额予以抵扣。待实际陆续领用钢材用于修建职工澡堂时，再通过进项税额转出进行处理。

为此，问题2中第(1)部分采购业务的第② 笔会计分录可改为：
借：原材料——钢材　　　　　　　　　　　　　500 000
　　应交税费——应交增值税（进项税额）　　　　65 000
　　贷：银行存款　　　　　　　　　　　　　　　　　565 000
后面陆续领用钢材修建职工澡堂时会计分录为：
借：在建工程——职工澡堂　　　　　　　　　　×××
　　贷：原材料——钢材　　　　　　　　　　　　　　×××
　　　　应交税费——应交增值税（进项税额转出）　　×××

(2) 若该企业将销售给客户的货物用自己的车队进行运输是频繁的常态性行为，这种视同销售行为中，货物及运输服务均适用13%的增值税税率；进行税收筹划时，可以考虑将混合销售行为分割为兼营行为，即成立单独核算的运输公司，货物适用13%的增值税税率，运输服务适用9%的增值税税率，这样可以通过降低计税基础，取得合理的节税效果。

扫描此码

即测即练题

复习思考题

1. 税法规定的增值税视同销售行为有哪些?这些视同销售行在什么情况下应确认为"收入"(主营业务收入或其他业务收入)?
2. 增值税的税收优惠政策主要有哪些?
3. 对增值税进行核算时,应在"应交税费"账户下设置哪些一级明细和二级明细?
4. 进项税额不得抵扣的情形有哪些?
5. 进项税额转出和视同销售计算销项税额的区别在哪里?
6. 增值税简易计税适用什么情况?
7. 增值税缴纳的会计处理主要分为哪几种情形?
8. 如何利用增值税两类纳税人身份进行税收筹划?
9. 采购和销售环节的增值税税收筹划思路主要有哪些?
10. 如何将混合销售行为分割为兼营行为进行税收筹划?
11. 如何利用增值税起征点进行税收筹划?
12. 如何利用增值税加计扣除政策进行税收筹划?

第4章

消费税会计与税收筹划

【学习目标】
1. 掌握消费税的纳税人和征税范围。
2. 掌握消费税应纳税额的计算和申报方法。
3. 熟练掌握消费税涉税业务的会计处理方法。
4. 熟悉税收法规对消费税起征点的具体规定。
5. 掌握消费税税收筹划的基本原理和方法。
6. 深刻理解消费税税收筹划原理并能够选取合适方法灵活运用于税收筹划实践,对企业消费税涉税业务进行筹划以获得税收筹划收益。

【导入案例】

红叶卷烟厂为增值税一般纳税人,2020年12月收回一批委托A卷烟厂加工完成的烟丝,该批烟丝共计600千克,受托方A卷烟厂按当月销售同类烟丝600元/千克的计税价格代收代缴消费税。红叶卷烟厂收回这批烟丝后连续生产甲类卷烟出售,当月销售用其连续生产后的甲类卷烟20个标准箱,每标准条的调拨价为80元。月底结账时,账面反映月初库存的委托加工收回烟丝为200千克,价款为120 000元;月底库存的委托加工收回烟丝为300千克,价款为180 000元,上述价格均不含增值税。注册会计师于2021年1月初对红叶卷烟厂2020年度涉税情况进行专项审计时发现该卷烟厂对消费税进行了如下会计处理。

1. 计算消费税应纳税额。
2020年12月消费税应纳税额=20×150+20×250×80×56%=227 000(元)
2020年12月准予抵扣委托加工烟丝已纳消费税税额=600×600×30%=108 000(元)
2020年12月销售该批甲类卷烟环节实际消费税应纳税额=227 000-108 000
=119 000(元)

2. 会计处理如下。

(1) 收回烟丝时向A卷烟厂支付代缴消费税:

借:应交税费——应交消费税   108 000
  贷:银行存款   108 000

(2) 计算出甲类卷烟销售环节应纳消费税:

借:税金及附加   227 000
  贷:应交税费——应交消费税   227 000

(3) 2021年1月初,填报纳税申报表时,申报甲类卷烟销售实际消费税应纳税额为119 000元。

请思考:

1. 红叶卷烟厂上述消费税相关业务会计处理是否正确?

2. 若红叶卷烟厂收回该批委托加工烟丝后,加价直接对外销售,该环节的消费税是否存在税收筹划空间?

4.1 消费税的确认、计量与纳税申报

4.1.1 消费税概述

1. 消费税的概念

消费税是对在我国境内从事生产、委托加工和进口应税消费品的单位和个人就其应税消费品征收的一种流转税。从征收实践上看,消费税征税的范围较窄,只针对特定的消费品或特定消费行为征收。目前消费税的基本法律规范是2008年11月5日经国务院第34次常务会议修订通过,自2009年1月1日起施行的《中华人民共和国消费税暂行条例》(以下简称《消费税暂行条例》),以及2008年12月15日财政部、国家税务总局颁布的《中华人民共和国消费税暂行条例实施细则》。

2. 纳税义务人

在中华人民共和国境内生产、委托加工和进口应税消费品的单位和个人,以及国务院确定的销售应税消费品的其他单位和个人,为消费税的纳税人。

单位是指企业、行政单位、事业单位、军事单位、社会团体及其他单位;个人是指个体工商户及其他个人。

在中华人民共和国境内,是指生产、委托加工和进口属于应当缴纳消费税的消费品的起运地或者所在地在境内。

3. 征税范围

消费税的征税范围主要涵盖以下四个大类:

(1) 危害身体健康及社会环境的,如烟、酒、鞭炮、焰火、铅蓄电池等。

(2) 奢侈类及非生活必需品,如贵重首饰及珠宝玉石、高档化妆品等。

(3) 高能耗及高档消费品,如高档手表、游艇、小轿车、摩托车等。

(4) 不可再生和不可替代的资源,如成品油、实木地板、木制一次性筷子等。

4. 税目与税率

1) 税目

依据《消费税暂行条例》及相关法规规定,目前消费税包括烟、酒、化妆品等15个税目,

部分税目还进一步划分了若干子目。

(1) 烟。烟指以烟叶为原料加工生产的产品,不论使用何种辅料,均属于本税目的征收范围,包括卷烟、雪茄烟和烟丝三个子税目。卷烟又细分为甲类卷烟和乙类卷烟。

(2) 酒。酒指酒精度在 1 度以上的各种酒类饮料,包括白酒、黄酒、啤酒和其他酒四个子税目。

(3) 高档化妆品。高档化妆品包括高档美容、修饰类化妆品、高档护肤类化妆品和成套化妆品。高档美容、修饰类化妆品和高档护肤类化妆品是指生产(进口)环节销售(完税)价格(不含增值税)在 10 元/毫升(克)或 15 元/片(张)及以上的美容、修饰类化妆品和护肤类化妆品。

(4) 贵重首饰及珠宝玉石。贵重首饰及珠宝玉石指以金、银、白金、宝石、珍珠、钻石、翡翠、珊瑚、玛瑙等高贵稀有物质以及其他金属、人造宝石等制作的各种纯金银首饰及镶嵌首饰和经采掘、打磨、加工的各种珠宝玉石。

(5) 鞭炮、焰火。鞭炮、焰火指各种烟花爆竹。体育上用的发令纸、鞭炮药引线不按本税目征收。

(6) 成品油。成品油包括汽油、柴油、石脑油、溶剂油、航空煤油、润滑油、燃料油 7 个子税目。

(7) 摩托车。摩托车指气缸容量在 250 毫升及以上的摩托车,包括轻便摩托车和摩托车。对气缸容量在 250 毫升以下的摩托车不征收消费税。

(8) 小汽车。小汽车指由动力驱动,具有四个或四个以上车轮的非轨道承载的车辆,包括乘用车、中轻型商用客车和超豪华小汽车三个子税目。电动汽车、沙滩车、雪地车、卡丁车、高尔夫车不属于消费税征收范围,不征收消费税。

(9) 高尔夫球及球具。高尔夫球及球具是指从事高尔夫球运动所需的各种专用装备,包括高尔夫球、高尔夫球杆及高尔夫球包(袋)等。

(10) 高档手表。高档手表指销售价格(不含增值税)每只在 10 000 元(含)以上的各类手表。

(11) 游艇。游艇是指长度大于 8 米小于 90 米,船体由玻璃钢、钢、铝合金、塑料等多种材料制作,可以在水上移动的水上浮动载体。按照动力划分,游艇分为无动力艇、帆艇和机动艇。

(12) 木制一次性筷子。木制一次性筷子又称卫生筷子,是指以木材为原料,经过锯段、浸泡、旋切、刨切、烘干、筛选、打磨、倒角、包装等环节加工而成的各类一次性使用的筷子。未经打磨、倒角的木制一次性筷子属于本税目征税范围。

(13) 实木地板。实木地板是指以木材为原料,经锯割、干燥、刨光、截断、开榫、涂漆等工序加工而成的块状或条状的地面装饰材料。按生产工艺不同,分为独板(块)实木地板、实木指接地板、实木复合地板三类;按表面处理形态不同,分为未涂饰地板(白胚板、素板)和漆饰地板两类。

(14) 电池。电池是一种将化学能、光能等直接转换为电能的装置,一般由电极、电解质、容器、极端,通常还有隔离层组成的基本功能单元,以及用一个或多个基本功能单元装配成的电池组。征税范围包括原电池、蓄电池、燃料电池、太阳能电池和其他电池。其中对无汞原电池、金属氢化物镍蓄电池、锂原电池、锂离子蓄电池、太阳能电池、燃料电池和全钒液流电池免征消费税。

(15) 涂料。涂料是指涂于物体表面能形成具有保护、装饰或特殊性能的固态涂膜的类液体或固体材料之总称。自 2015 年 2 月 1 日起对涂料征收消费税，施工状态下挥发性有机物(VOC)含量低于 420 克/升(含)的涂料免征消费税。

2) 税率

消费税采用比例税率和定额税率两种形式，以适应不同应税消费品的实际情况。

消费税根据不同税目或子目确定相应的税率或单位税额。大部分应税消费品适用比例税率，如烟丝消费税税率为 30%，摩托车消费税税率为 3% 等；黄酒、啤酒、成品油适用定额税率；卷烟、白酒采用比例税率和定额税率的双重(复合)征收形式。

"消费税税目、税率(额)表"如表 4-1 所示。

表 4-1 消费税税目、税率(额)表

税 目	税 率
一、烟	
1. 卷烟	
(1) 甲类卷烟[调拨价 70 元(不含增值税)/条以上(含 70 元)]	56%+0.003 元/支
(2) 乙类卷烟[调拨价 70 元(不含增值税)/条以下]	36%+0.003 元/支
(3) 商业批发	11%+0.005 元/支
2. 雪茄烟	36%
3. 烟丝	30%
二、酒	
1. 白酒	20%+0.5 元/500 克(或者 500 毫升)
2. 黄酒	240 元/吨
3. 啤酒	
(1) 甲类啤酒	250 元/吨
(2) 乙类啤酒	220 元/吨
4. 其他酒	10%
三、高档化妆品	15%
四、贵重首饰及珠宝玉石	
1. 金银首饰、铂金首饰和钻石及钻石饰品	5%
2. 其他贵重首饰和珠宝玉石	10%
五、鞭炮、焰火	15%
六、成品油	
1. 汽油、石脑油、溶剂油、润滑油	1.52 元/升
2. 柴油、航空油、燃料油	1.20 元/升
七、摩托车	
1. 气缸容量(排气量，下同)在 250 毫升(含)以下的	3%
2. 气缸容量在 250 毫升(不含)以上的	10%

续表

税　　目	税　　率
八、小汽车	
1．乘用车	
（1）气缸容量（排气量，下同）在 1.0 升（含 1.0 升）以下的	1%
（2）气缸容量在 1.0 升以上至 1.5 升（含 1.5 升）的	3%
（3）气缸容量在 1.5 升以上至 2.0 升（含 2.0 升）的	5%
（4）气缸容量在 2.0 升以上至 2.5 升（含 2.5 升）的	9%
（5）气缸容量在 2.5 升以上至 3.0 升（含 3.0 升）的	12%
（6）气缸容量在 3.0 升以上至 4.0 升（含 4.0 升）的	25%
（7）气缸容量在 4.0 升以上的	40%
2．中轻型商用客车	5%
3．超豪华小汽车	10%
九、高尔夫球及球具	10%
十、高档手表	20%
十一、游艇	10%
十二、木制一次性筷子	5%
十三、实木地板	5%
十四、铅蓄电池	4%
十五、涂料	4%

注释：

① 卷烟实行从量定额和从价定率相结合的复合计税办法。先从量定额计税，定额税率为每标准箱（50 000 支，下同）150 元；再按调拨价格从价计税，每标准条（200 支，下同）调拨价格在 70 元（含 70 元，不含增值税）以上的卷烟消费税税率为 56%；每标准条（200 支，下同）调拨价格在 70 元（不含增值税）以下的卷烟消费税税率为 36%。

② 粮食白酒、薯类白酒实行从量定额和从价定率相结合的复合计税办法。定额税率为每斤（500 克）或每 500 毫升 0.5 元；粮食白酒和薯类白酒的比例税率均为 20%。

每吨啤酒出厂价格（含包装物及包装物押金）在 3 000 元（含 3 000 元，不含增值税）以上的，单位税额为 250 元/吨；每吨啤酒出厂价格在 3 000 元（不含增值税）以下的，单位税额为 220 元/吨。

③ 钻石及钻石饰品的纳税环节，由生产环节、进口环节改为零售环节，其消费税率为 5%。

④ 乘用车适用进口环节消费税。

⑤ 电池、涂料在生产、委托加工和进口环节征收消费税。

5．纳税期限

按照《消费税暂行条例》规定，消费税纳税期限分别为 1 日、3 日、5 日、10 日、15 日、1 个月或者 1 个季度。纳税人的具体纳税期限，由主管税务机关根据纳税人应纳税额的大小分别核定；不能按照固定期限纳税的，可以按次纳税。

纳税人以 1 个月或 1 个季度为纳税期的，自期满之日起 15 日内申报纳税；以 1 日、3 日、5 日、10 日、15 日为一个纳税期的，自期满之日起 5 日内预缴税款，于次月 1 日起 15 日内申报纳税并结清上月应纳税款。纳税人进口应税消费品，应当自海关填发海关进口增值税专用缴款书之日起 15 日内缴纳税款。

6．征税环节

消费税原则上只征一道税，具体征税环节主要如下。

1) 对生产应税消费品在生产销售环节征税

生产应税消费品销售是消费税征收的主要环节,对于大多数消费税应税商品而言,在生产销售环节征税以后,流通环节不再缴纳消费税。纳税人生产应税消费品,除直接对外销售时应征收消费税外,如将生产的应税消费品换取生产资料、消费资料、投资入股、偿还债务,以及用于继续生产应税消费品以外的其他方面时都应缴纳消费税。

2) 对委托加工应税消费品在委托加工环节征税

委托加工应税消费品收回后,再继续用于生产应税消费品销售且符合政策规定的,其加工环节缴纳的消费税税款可以扣除。

3) 对进口应税消费品在进口环节征税

单位进口属于消费税征税范围的货物,在进口环节要缴纳消费税,进口环节缴纳的消费税由海关代征。

4) 对零售特定应税消费品在零售环节征税

自1995年1月1日起,金银首饰消费税由在生产销售环节征收改为在零售环节征收。

5) 对移送使用应税消费品在移送使用环节征税

企业在生产经营过程中,将应税消费品移送用于加工非应税消费品、发放职工福利等方面时,应对移送使用部分征收消费税。

6) 对卷烟批发在批发环节征税

与其他消费税应税商品不同,卷烟除在生产销售环节征收消费税外,还在批发零售环节征收一次。纳税人兼营卷烟批发和零售业务的,应当分别核算批发和零售环节的销售额、销售数量;未分别核算批发和零售环节的销售额、销售数量的,按照全部销售额、销售数量计征批发环节消费税。

【扩展阅读4.1】 增值税进项税额抵扣与消费税已纳税额抵扣的区别

扫描此码

深度学习

4.1.2 消费税的确认与计量

1. 纳税义务发生时间的确认

1) 纳税义务发生时间确认的基本原则

纳税义务发生时间,为纳税人发生应税行为并收讫销售款项或者取得索取销售款项凭据的当天。先开具发票的,为开具发票的当天。

2) 纳税义务发生时间的具体规定

(1) 纳税人销售应税消费品的,按不同的销售结算方式分别为:采取赊销和分期收款结算方式的,为书面合同约定的收款日期的当天,书面合同没有约定收款日期或者无书面合同的,为发出应税消费品的当天;采取预收货款结算方式的,为发出应税消费品的当天;采取托收承付和委托银行收款方式的,为发出应税消费品并办妥托收手续的当天;采取其他结算方式的,为收讫销售款或者取得索取销售款凭据的当天。

(2) 纳税人自产自用应税消费品的,为移送使用的当天。

(3) 纳税人委托加工应税消费品的,为纳税人提货的当天。

(4) 纳税人进口应税消费品的,为报关进口的当天。

2. 消费税应纳税额的计算

1) 生产销售应税消费品应纳税额的计算

消费税采用从价定率、从量定额、从价定率与从量定额复合计税三种方法计算应纳税额。应纳税额的计算公式分别为:

(1) 采用从价定率方法计算的应纳税额＝销售额×比例税率

(2) 采用从量定额方法计算的应纳税额＝销售数量×定额税率

(3) 采用复合计税方法计算的应纳税额＝销售额×比例税率＋销售数量×定额税率

销售额是指纳税人销售应税消费品向购买方收取的全部价款和价外费用。价外费用指价外向购买方收取的手续费、补贴、基金、集资费、返还利润、奖励费、违约金、滞纳金、延期付款利息、赔偿金、代收款项、代垫款项、包装费、包装物租金、储备费、优质费、运输装卸费以及其他各种性质的价外收费。以下价外费用不计入销售额,具体包括:

(1) 同时符合以下两个条件的代垫运输费用:承运部门的运输费用发票开具给购买方的;纳税人将该项发票转交给购买方的。

(2) 同时符合以下三个条件代为收取的政府性基金或者行政事业性收费:由国务院或者财政部批准设立的政府性基金,由国务院或者省级人民政府及其财政、价格主管部门批准设立的行政事业性收费;收取时开具省级以上财政部门印制的财政票据;所收款项全额上缴财政。

应税消费品连同包装物销售或者出租的,无论包装物销售、出租是否单独计价,也不论在会计上如何核算,均应并入应税消费品的销售额中征收消费税。如果包装物不作价随同产品销售,而是收取押金,此项押金则作为应付款不并入应税消费品的销售额中计税,但对因逾期未收回的包装物不再退还的或者收取的时间超过 12 个月的押金,应并入应税消费品的销售额,按其适用税率计算缴纳消费税。

销售酒类产品(啤酒、黄酒除外)而收取的包装物押金,无论是否逾期,也无论会计如何核算,均应并入酒类产品的销售额计算消费税。

【例 4-1】 某葡萄酒公司为增值税一般纳税人,2021 年 2 月向某客户销售葡萄酒取得不含税收入 200 000 元,并收取包装费 4 000 元,另外还收取包装箱押金 2 500 元。葡萄酒适用消费税税率为 10%,计算该公司当月消费税应纳税额。

解析:收取的包装费属于价外费用;葡萄酒不同于啤酒、黄酒,其包装箱押金无论是否逾期,都应视为价外费用。而且,价外费用一般为增值税含税价。

该公司当月消费税应纳税额＝[200 000＋(4 000＋2 500)÷(1＋13%)]×10%
＝20 575.22(元)

【例 4-2】 某啤酒厂 2021 年 9 月销售啤酒 300 吨,每吨出厂价格为 3 100 元(不含税)。

计算当年9月该啤酒厂应缴纳的消费税。

解析：根据"消费税税目、税率（额）表"，销售啤酒出厂价为3 100吨/元，超过3 000元/吨，属于甲类啤酒，适用定额税率250元/吨。

该厂当月消费税应纳税额＝销售数量×定额税率＝300×250＝75 000（元）

【例4-3】 某卷烟厂2021年3月销售卷烟50个标准箱，每标准条调拨价格为100元，采用托收承付结算方式，货物已经发出，款项尚未收取，计算该卷烟厂当月应缴纳的消费税。

解析：销售卷烟采用复合计税法计算缴纳消费税。尽管款项未收回，但销售已经实现，应承担消费税纳税义务。

卷烟厂当月消费税应纳税额＝50×150＋50×250×100×56％＝707 500（元）

2）自产自用应税消费品应纳税额的计算

纳税人自产自用应税消费品，是指纳税人生产应税消费品后，不是用于直接对外销售，而是用于自己连续生产应税消费品或用于其他方面。其中：

（1）用于自己连续生产应税消费品，是指纳税人将自产自用的应税消费品作为直接材料生产最终应税消费品，自产自用应税消费品构成最终应税消费品的实体。例如，卷烟厂一方面生产烟丝，烟丝属于应税消费品；另一方面，卷烟厂再用生产出的烟丝连续生产卷烟。这样，用于连续生产卷烟的烟丝就不需要缴纳消费税，只对最终生产的卷烟征收消费税。因此，纳税人自产自用的应税消费品，用于连续生产应税消费品的不征税消费税。

（2）用于其他方面，是指纳税人将自产自用应税消费品用于生产非应税消费品、在建工程、管理部门、非生产机构、提供劳务、馈赠、赞助、集资、广告、样品、职工福利、奖励等方面。例如，汽车制造公司把自己生产的小轿车用作节假日市民抽奖活动奖品，按照税法规定，这属于视同销售行为，要计算缴纳消费税。因此，纳税人将应税消费品用于连续生产应税消费品以外的，看作视同销售，在移送使用时纳税。

这种情况下计算消费税时，应按纳税人生产的同类消费品的销售价格计算纳税；没有同类消费品销售价格的，按照组成计税价格计算纳税。

① 实行从价定率办法计算纳税的组成计税价格计算公式：

组成计税价格＝（成本＋利润）÷（1－比例税率）

＝成本×（1＋成本利润率）÷（1－比例税率）

消费税应纳税额＝组成计税价格×比例税率

② 实行复合计税办法计算纳税的组成计税价格计算公式：

组成计税价格＝（成本＋利润＋自产自用数量×定额税率）÷（1－比例税率）

消费税应纳税额＝组成计税价格×比例税率＋自产自用数量×定额税率

以上公式中所说的"成本"是指应税消费品的生产成本，"利润"是指根据应税消费品的全国平均成本利润率计算的利润，全国平均成本利润率由国家税务总局统一规定：甲类、乙类卷烟分别为10％、5％；酒类消费品，除白酒为10％外，其余为5％；化妆品、鞭炮、焰火为5％；贵重首饰、珠宝玉石、摩托车为6％；乘用车为8％；高尔夫球及球具为10％；高档手表为20％；游艇为10％；木质一次性筷子、实木地板、中轻型商用客车为5％；电池为4％；涂料为7％。

【例4-4】 某公司为生产化妆品的一般纳税人，2021年3月，该公司将自产的一批高档化妆品作为节日福利发放给公司女员工。该批化妆品的对外售价为33 900元。

解析：公司将自产化妆品发给员工，属于消费税税法中的视同销售行为，应按同类化妆品售价计算缴纳消费税。

该公司消费税应纳税额＝33 900÷(1＋13％)×15％＝4 500(元)

如果该例中无同类产品售价，假设其生产成本为25 000元，成本利润率为5％，则消费税应纳税额为：

组成计税价格＝25 000×(1＋5％)÷(1－15％)＝30 882.35(元)

该公司消费税应纳税额＝30 882.35×15％＝4 632.35(元)

3）委托加工应税消费品应纳税额的计算

委托加工应税消费品是指由委托方提供原料和主要材料，受托方只收取加工费和代垫部分辅助材料加工的应税消费品。委托加工应税消费品应由受托方在向委托方交货时代收代缴消费税，但对委托个体经营者（或个人）加工应税消费品的，一律由委托方收回后在委托方所在地缴纳消费税。

(1) 委托加工应税消费品收回后直接对外销售。

委托加工的应税消费品，需按照受托方的同类消费品当月的销售价格计算纳税，没有同类消费品销售价格的，按照组成计税价格计算纳税。

① 实行从价定率办法计算纳税的组成计税价格计算公式：

组成计税价格＝(材料成本＋加工费)÷(1－比例税率)

② 实行复合计税办法计算纳税的组成计税价格计算公式：

组成计税价格＝(材料成本＋加工费＋委托加工数量×定额税率)÷(1－比例税率)

委托方收回应税消费品后直接对外销售的，分两种情形：第一种情形是以不高于受托方的计税价格直接出售时，则对外销售环节不再缴纳消费税；第二种情形是以高于受托方的计税价格对外销售时，需补充缴纳消费税，在委托加工环节受托方代收代缴的消费税准予扣除。

【例4-5】 甲公司为生产化妆品的一般纳税人，2020年11月受托为乙公司加工一批高档化妆品，乙公司提供加工所需原料成本为100万元，同时支付不含税加工费6万元。甲公司没有生产销售过同类产品。高档化妆品适用的消费税税率为15％，计算甲公司应代收代缴的消费税。

解析：甲公司没有生产销售过同类产品，应根据组成计税价格计算代收代缴的消费税。

组成计税价格＝(100＋6)÷(1－15％)＝124.71(万元)

应代收代缴的消费税＝124.71×15％＝18.71(万元)

如果乙公司收回后是以124.71万元的售价直接对外销售，则销售环节不需要再缴纳消费税。

【例4-6】 甲公司为一家销售蓄电池的小规模纳税人，2021年3月2日委托乙公司加工一批铅蓄电池，甲公司提供的原材料成本为60 000元，乙公司代垫部分辅助材料500元并收取加工费5 000元。铅蓄电池适用4％的消费税税率，乙公司没有同类产品销售价格。当月26日，甲公司将蓄电池收回后全部对外销售出去，取得含税销售价款85 000元。计算甲公司应缴纳的消费税税额。

解析：甲公司收回蓄电池后以高于乙公司的计税价对外出售，销售环节需补充缴纳消费税。

组成计税价格＝（60 000＋500＋5 000）÷（1－4％）＝68 229.17（元）
委托加工收回后甲公司的对外售价＝85 000÷（1＋3％）＝82 524.27（元）
乙公司应代收代缴的消费税＝68 229.17×4％＝2 729.17（元）
甲公司对外销售环节应补缴的消费税税额＝82 524.27×4％－2 729.17＝571.80（元）

（2）委托加工应税消费品收回后用于连续生产应税消费品。

委托加工的应税消费品因为已由受托方代收代缴消费税，因此，委托方收回后用于连续生产应税消费品的，可以从连续生产的应税消费品消费税应纳税额中，扣除当期准予扣除的委托加工应税消费品已纳税款。需要强调的是，准予扣除的收回应税消费品已纳税额，不是受托方当期代收代缴的消费税全额，而要按当期实际移送使用额计算准予扣除的委托加工应税消费品已纳税款，具体计算公式为：

本期消费税应纳税额＝当期销售额×消费税率－当期准予扣除的委托加工应税消费品已纳税款

当期准予扣除的委托加工应税消费品已纳税款＝期初库存的委托加工应税消费品已纳税款＋当期收回的委托加工应税消费品已纳税款－期末库存的委托加工应税消费品已纳税款

【例4-7】 美好公司是一家化妆品生产企业，2020年8月委托甲公司加工一款高档化妆品，委托乙公司加工另一款高档化妆品，当月收回时，甲公司代收代缴消费税5 000元，乙公司代收代缴消费税7 000元。美好公司将两款化妆品收回后继续加工为美白系列高档化妆品出售，当月销售额为500 000元。已知8月初美好公司库存的委托加工化妆品已纳消费税税额为3 000元，月末库存的委托加工化妆品已纳消费税税额为3 200元。计算美好公司当年8月消费税应纳税额。

解析：
当月准予扣除的委托加工应税化妆品已纳税款＝3 000＋（5 000＋7 000）－3 200＝11 800（元）
本月消费税应纳税额＝500 000×15％－11 800＝63 200（元）

4）进口应税消费品应纳税额的计算

纳税人进口应税消费品，应于报关进口时缴纳消费税，按照组成计税价格和规定的税率计算应纳税额，并由海关代征，计算方法如下。

（1）实行从价定率办法计算纳税的应税消费品，其应纳税额的计算公式：
组成计税价格＝（关税完税价格＋关税）÷（1－消费税比例税率）
消费税应纳税额＝组成计税价格×消费税比例税率

（2）实行从价定率和从量定额复合计税办法计算纳税的应税消费品，按照组成计税价格和进口数量计算应纳税额，其计算公式为：
组成计税价格＝（关税完税价格＋关税＋进口数量×消费税定额税率）÷（1－消费税比例税率）
消费税应纳税额＝组成计税价格×比例税率＋应税消费品数量×消费税定额税率

上述公式中的"关税完税价格"是指海关核定的关税计税价格。

【例4-8】 某公司2020年3月从国外进口一批小轿车，已知该批小轿车的关税完税价格为300万元，关税税率为15％，消费税税率为5％，计算该公司进口环节应缴纳的消费税。

解析：

组成计税价格＝(300＋300×15％)÷(1－5％)＝363.16(万元)

消费税应纳税额＝363.16×5％＝18.16(万元)

5) 包装物及其押金的消费税计算

应税消费品连同包装物销售的，无论包装物是否单独计价以及在会计上如何核算，均应并入应税消费品的销售额中缴纳消费税。一般纳税人向购买方收取的价外费用和逾期包装物押金，应视为含税收入，在计税时换算为不含税收入并入销售额计算缴纳增值税、消费税。

如果包装物不作价随同产品销售，而是收取押金，则该押金不应并入应税消费品的销售额中征税，但对因逾期未收回的包装物不再退还的或者已收取的时间超过12个月的押金，应并入应税消费品的销售额，按照应税消费品的适用税率计算缴纳消费税。

对既作价随同应税消费品销售，又另外收取押金的包装物，押金暂不并入销售额计税，只对作价销售的包装物征收消费税，但纳税人在规定的期限内没有退还的，则应并入应税消费品的销售额，按照应税消费品的适用税率缴纳消费税。

【例4-9】 某公司为生产摩托车的一般纳税人，2021年5月向甲商场销售摩托车(气缸容量250毫升以上)一批，价款共计50 000元，同时收取包装物租金6 000元，另外还收取包装物押金2 000元，摩托车消费税税率为10％。计算该公司应缴纳的消费税。

解析：

如果甲商场在12个月内退还押金给该公司，则：

该公司应纳消费税＝[50 000＋6 000÷(1＋13％)]×10％＝5 530.97(元)

如果甲商场在12个月内未退还押金给该公司，则：

该公司应纳消费税＝[50 000＋(6 000＋2 000)÷(1＋13％)]×10％＝5 707.96(元)

4.1.3 消费税的纳税申报

1. 纳税地点

消费税的纳税地点具体包括：

(1) 纳税人销售的应税消费品，以及自产自用的应税消费品，除国务院财政、税务主管部门另有规定外，应当向纳税人机构所在地或者居住地的主管税务机关申报纳税。

(2) 委托加工的应税消费品，除受托方为个人外，由受托方向机构所在地或者居住地的主管税务机关解缴消费税税款。

(3) 进口的应税消费品，由进口人或者其代理人向报关地海关申报纳税。

(4) 纳税人到外县(市)销售或者委托外县(市)代销自产应税消费品的，于应税消费品销售后，向机构所在地或者居住地主管税务机关申报纳税。

纳税人的总机构与分支机构不在同一县(市)，但在同一省(自治区、直辖市)范围内的，经省(自治区、直辖市)财政厅(局)、税务局审批同意，可以由总机构汇总向总机构所在地的主管税务机关申报缴纳消费税。

(5) 纳税人直接出口的应税消费品办理免税后，发生退关或者国外退货，复进口时已予以免税的，可暂不办理补税，待其转为国内销售的当月申报缴纳消费税。

2. 纳税申报

为规范消费税纳税申报资料,国家税务总局制定了"酒类应税消费品消费税纳税申报表"(表 4-2)、"其他应税消费品消费税纳税申报表"(表 4-3)、"消费税及附加税费申报表"(表 4-4)等不同种类的消费税纳税申报表。纳税人根据应税消费品所属税目,选择对应的申报表进行申报。

表 4-2 酒类应税消费品消费税纳税申报表

税款所属期: 　年　月　日 至 　年　月　日
纳税人名称(公章): 　　　　　　纳税人识别号:
填表日期: 　年　月　日　　　　金额单位:人民币元(列至角分)

应税消费品名称	适用税率		销售数量	销售额	应纳税额
	定额税率	比例税率			
粮食白酒	0.5 元/斤	20%	1 000 000	8 000 000	2 100 000
薯类白酒	0.5 元/斤	20%			
啤酒	250 元/吨	—	1 000		250 000
啤酒	220 元/吨	—			
黄酒	240 元/吨	—			
其他酒	—	10%			
合计	—	—			2 350 000

本期准予抵减税额:	**声　明** 此纳税申报表是根据国家税收法律的规定填报的,我确定它是真实的、可靠的、完整的。
本期减(免)税额:	
期初未缴税额:	经办人(签章): 财务负责人(签章): 联系电话:
本期缴纳前期应纳税额:	(如果你已委托代理人申报,请填写) 授权声明
本期预缴税额:	为代理一切税务事宜,现授权_____(地址)_____为本纳税人的代理申报人,任何与本申报表有关的往来文件,都可寄予此人。
本期应补(退)税额:	
期末未缴税额: 2 350 000	授权人签章:

以下由税务机关填写

受理人(签章):　　　受理日期:　年　月　日　　　受理税务机关(章):

表 4-3 其他应税消费品消费税纳税申报表

税款所属期：　　年　月　日至　　　年　月　日

纳税人名称(公章)：　　　　　　　　纳税人识别号：

填表日期：　年　月　日　　　　　　　　　　　　金额单位：元(列至角分)

项目 应税消费品名称	适用税率	销售数量	销售额	应纳税额
摩托车	10％	1 000	10 000 000	1 000 000
合计	—	—	—	1 000 000

本期准予扣除税额：	**声　明** 此纳税申报表是根据国家税收法律的规定填报的，我确定它是真实的、可靠的、完整的。
本期减(免)税额：	
期初未缴税额：	经办人(签章)： 财务负责人(签章)： 联系电话；
本期缴纳前期应纳税款：	(如果你已委托代理人申报.请填写) 　　　　　授权声明 　为代理一切税务事宜，现授权
本期预缴税额：	_____(地址)_____为本纳税人的代理申报人.任何与本申报表有关的 往来文件，都可寄予此人。
本期应补(退)税额：	
期末未缴税额： 1 000 000	授权人签章：

表 4-4　消费税及附加税费申报表

税款所属期：自　　年　月　日至　　年　月　日

纳税人识别号(统一社会信用代码)：

纳税人名称：　　　　　　　　　　　　　　　　　　　　　　　金额单位：元(列至角分)

项目 应税消费品名称	适用税率		计量单位	本期销售数量	本期销售额	本期应纳税额
	定额税率	比例税率				
	1	2	3	4	5	6＝1×4＋2×5
粮食白酒	0.5元/斤	20%	斤	1 000 000	8 000 000	2 100 000
啤酒	220元/吨		吨	1 000	6 000 000	250 000
合计	—	—	—	—	—	2 350 000
			栏次		本期税费额	
本期减(免)税额			7			
期初留抵税额			8			
本期准予扣除税额			9			
本期应扣除税额			10＝8＋9			
本期实际扣除税额			11[10＜(6－7)，则为10,否则为6－7]			
期末留抵税额			12＝10－11			
本期预缴税额			13			
本期应补(退)税额			14＝6－7－11－13			
城市维护建设税本期应补(退)税额			15		164 500	
教育费附加本期应补(退)费额			16		70 500	
地方教育附加本期应补(退)费额			17			

　　声明：此表是根据国家税收法律法规及相关规定填写的,本人(单位)对填报内容(及附带资料)的真实性、可靠性、完整性负责。

　　　　　　　　　　　　　　　　　　　　　　　　　　　　　纳税人(签章)：　年 月 日

经办人：	受理人：
经办人身份证号：	受理税务机关：
代理机构签章：	
代理机构统一社会信用代码：	受理日期：　　年 月 日

【纳税申报同步练习】

1. 酒类产品消费税纳税申报案例

　　A酒厂是增值税一般纳税人,2021年1月消费税业务情况如下：销售粮食白酒1 000 000斤,不含增值税销售额为8 000 000元；销售啤酒1 000吨,不含增值税销售额为6 000 000元。请填列A公司2021年1月的消费税纳税申报表、消费税及附加税费申报表(纳税识别号等表头信息略)。

解析：

本期应纳消费税计算：

粮食白酒应纳消费税＝1 000 000×0.5＋8 000 000×20％＝2 100 000(元)

啤酒应纳消费税＝1 000×250＝250 000(元)

本期应纳城市维护建设税＝(2 100 000＋250 000)×7％＝164 500(元)

本期应纳教育费附加＝(2 100 000＋250 000)×3％＝70 500(元)

解答： 具体栏次填列情况见表4-2、表4-4。

2. 其他应税消费品消费税纳税申报案例

B公司是生产销售摩托车的增值税一般纳税人，2021年1月增值税业务情况如下：销售气缸容量260毫升的摩托车1 000辆，不含税销售单价为10 000元/辆，适用的消费税税率为10％。请填列B公司2021年1月的消费税纳税申报表(纳税识别号等表头信息略)。

解析：

本期应纳消费税计算：

本期不含税销售额＝1 000×10 000＝10 000 000(元)

本期消费税应纳税额＝10 000 000×10％＝1 000 000(元)

本期应纳城市维护建设税＝1 000 000×7％＝70 000(元)

本期应纳教育费附加＝1 000 000×3％＝30 000(元)

解答： 具体栏次填列情况见表4-3，附加税费申报表填列参照表4-4，此处略。

4.2 消费税的会计处理

4.2.1 会计账户设置

消费税纳税人应在"应交税费"账户下设置"应交消费税"明细账户进行会计核算，"应交消费税"采用三栏式账户记账，借方核算实际缴纳的消费税或待扣的消费税，贷方核算按规定应缴纳的消费税；期末贷方余额表示尚未缴纳的消费税，借方余额则表示多缴纳的消费税。

对于委托加工业务代收代缴的消费税税额，为了更加清晰地进行核算，受托方可增设"代收代缴消费税"明细账户，借方反映受托方实际缴纳的代收代缴消费税税额，贷方反映受托方从委托方收取的代收代缴消费税税额。

对于待抵扣的消费税，借鉴增值税的账户设置，可增设"待抵扣消费税税额"明细账户，用于反映委托方收回委托加工或外购应税消费品已支付的消费税待抵扣及实际抵扣情况，借方反映待抵扣的消费税税额，贷方反映实际已抵扣的消费税税额。

由于消费税是价内税，企业计提的消费税一般应对应记入"税金及附加"账户借方，进而影响当期损益。需要注意的是，"税金及附加"账户是2016年5月1日全面"营改增"之后由原来的"营业税金及附加"账户调整而来的。但是由于自产自用、无偿捐赠等业务的存在，为体现会计信息分类的准确性，纳税人计提消费税时对应记入借方的账户也可能是"在建工程""应付职工薪酬""营业外支出"等账户，具体应依据业务实际情况进行专业判断。

4.2.2 应税消费品销售的会计处理

企业销售应税消费品计算出应交的消费税,借方记入"税金及附加"账户,并体现在当期损益中,通过销售收入实现价值补偿。

1. 直接销售

【例 4-10】 某化妆品公司为一般纳税人,2021 年 6 月采取直接收款方式销售高档化妆品 1 000 套,不含增值税售价为 800 元/套,成本为 500 元/套,已知高档化妆品适用消费税税率为 15%。对该化妆品公司上述业务进行会计处理。

解析:

增值税销项税额=800×1 000×13%=104 000(元)

应交消费税=800×1 000×15%=120 000(元)

会计分录如下:

借:银行存款	904 000
贷:主营业务收入	800 000
应交税费——应交增值税(销项税额)	104 000
借:税金及附加	120 000
贷:应交税费——应交消费税	120 000
借:主营业务成本	500 000
贷:库存商品	500 000

2. 应税消费品包装物应交消费税的会计处理

包装物随同产品销售而不单独计价时,因为其收入已并入主营业务收入,其应纳消费税与产品销售应纳消费税一并进行会计处理;包装物随同产品销售而单独计价时,因为其收入计入"其他业务收入",其应纳消费税相应计入"其他业务成本",以体现收支配比。

【例 4-11】 某酒厂是增值税一般纳税人,2021 年 2 月销售白酒 10 吨,单价 32 000 元/吨(不含税),随同产品销售的包装物单独计价,售价为 11 300 元(含税);另外收取包装物押金 3 390 元,约定 9 个月后退回包装物,否则没收押金。对该酒厂上述业务进行会计处理。

解析:

(1) 销售白酒时:

① 增值税销项税额=10×32 000×13%+11 300÷(1+13%)×13%=42 900(元)

会计分录如下:

借:银行存款	372 900
贷:主营业务收入	320 000
其他业务收入	10 000
应交税费——应交增值税(销项税额)	42 900

② 应交消费税=(10×32 000×20%+10×2 000×0.5)+11 300÷(1+13%)×20%
　　　　　　=74 000+2 000=76 000(元)

会计分录如下：
借：税金及附加　　　　　　　　　　　　　　　74 000
　　其他业务成本　　　　　　　　　　　　　　 2 000
　　贷：应交税费——应交消费税　　　　　　　　　　　76 000

(2) 收取押金时：
增值税销项税额=3 390÷(1+13%)×13%=390(元)
应交消费税=3 390÷(1+13%)×20%=600(元)
会计分录如下：
① 借：银行存款　　　　　　　　　　　　　　　3 390
　　　贷：其他应付款——存入保证金　　　　　　　　　3 390
② 借：其他应付款——存入保证金　　　　　　　390
　　　贷：应交税费——应交增值税(销项税额)　　　　 390
③ 借：税金及附加/其他业务成本　　　　　　　600
　　　贷：应交税费——应交消费税　　　　　　　　　　600

说明：上面最后一笔分录借方账户的选择需要运用专业判断，看押金最后是否返还，如果押金被没收，会计处理时转作"其他业务收入"，押金对应的消费税理应计入"其他业务成本"账户，以使收入、支出相互配比。

(3) 如果9个月后客户如期退回包装物，该酒厂返还押金：
会计分录如下：
① 借：其他应付款——存入保证金　　　　　　　3 000
　　　贷：银行存款　　　　　　　　　　　　　　　　　3 000

如果9个月后逾期不能退回包装物，没收押金：
会计分录如下：
② 借：其他应付款——存入保证金　　　　　　　3 000
　　　贷：其他业务收入　　　　　　　　　　　　　　　3 000

这种情况下，因为押金转作"其他业务收入"，所以，没收押金对应的消费税应计入"其他业务成本"账户。

3. 视同销售业务的会计处理

消费税的视同销售行为范围除与增值税有相同之处外，还包括纳税人以自产应税消费品连续生产非应税消费品的行为。

1) 纳税人生产的应税消费品用于对外投资

纳税人将自产的应税消费品作为对外投资，按税法规定应在投资货物移送时视同销售纳税。以纳税人同类应税消费品的最高销售价格作为计税依据征收消费税，借方记入"税金及附加"账户，贷方记入"应交税费——应交消费税"账户。

【例4-12】 甲汽车制造厂是增值税一般纳税人，2021年8月用自己生产的小轿车10辆投资乙公司，该批汽车的成本为每辆100 000元，不含增值税售价为每辆120 000元，投资后,甲汽车制造厂享有乙公司15%的股份,这批小轿车适用的消费税税率为12%。对甲汽车制造厂上述业务进行会计处理。

解析:
增值税销项税额=120 000×13%×10=156 000(元)
应交消费税=120 000×12%×10=144 000(元)
会计分录如下:
① 借:长期股权投资　　　　　　　　　　　　1 356 000
　　　贷:主营业务收入　　　　　　　　　　　　　　1 200 000
　　　　　应交税费——应交增值税(销项税额)　　　　156 000
② 借:税金及附加　　　　　　　　　　　　　　144 000
　　　贷:应交税费——应交消费税　　　　　　　　　144 000
③ 借:主营业务成本　　　　　　　　　　　　　1 000 000
　　　贷:库存商品　　　　　　　　　　　　　　　　1 000 000

2) 纳税人生产的应税消费品用于换取生产资料或消费资料

纳税人生产的应税消费品用于换取生产资料、消费资料的,在税法上应视同销售征税。以纳税人同类应税消费品的最高销售价格作为计税依据征收消费税,计算提取消费税税额时,借方记入"税金及附加"账户,贷方记入"应交税费——应交消费税"账户。

【例4-13】 2021年2月,甲公司将自己生产的一辆小轿车(同类小轿车当月最低售价为280 000元,最高售价为320 000元、平均售价为300 000元)换取乙公司账面价值为280 000元的汽车配件一批作为原材料使用,该批汽车配件的公允价值为290 000元,并取得对方开具的增值税发票。已知小轿车消费税税率为12%,该项行为具有商业实质、公允价值能够可靠计量。对甲公司上述业务进行会计处理。

解析:
甲公司分别做材料采购及产品销售处理,增值税销项税计税依据采用当月平均价,消费税计税依据用当月最高价。
增值税销项税额=300 000×13%=39 000(元)
增值税进项税额=290 000×13%=37 700(元)
应交消费税=320 000×12%=38 400(元)
会计分录如下:
① 借:原材料　　　　　　　　　　　　　　　　290 000
　　　应交税费——应交增值税(进项税额)　　　　37 700
　　　营业外支出　　　　　　　　　　　　　　　11 300
　　　贷:主营业务收入　　　　　　　　　　　　　　300 000
　　　　　应交税费——应交增值税(销项税额)　　　　39 000
② 借:税金及附加　　　　　　　　　　　　　　38 400
　　　贷:应交税费——应交消费税　　　　　　　　　38 400

3) 纳税人生产的应税消费品用于抵偿债务

纳税人生产的应税消费品用于抵偿债务的,在税法上应视同销售征税。以纳税人同类应税消费品的最高销售价格作为计税依据征收消费税,计算提取消费税税额时,借方记入

"税金及附加"账户,贷方记入"应交税费——应交消费税"账户。

【例4-14】 甲汽车制造厂是增值税一般纳税人,2021年7月以自产的小轿车一辆抵偿所欠乙公司的货款108 000元。这种小轿车当月最低售价为90 000元,最高售价为100 000元,平均售价为95 000元,增值税税率为13%,消费税税率为12%。对甲公司上述业务进行会计处理。

解析:将自产小轿车用于抵债属于视同销售行为,应计算缴纳增值税与消费税。

增值税销项税额=95 000×13%=12 350(元)

应交消费税=100 000×12%=12 000(元)

会计分录如下:

① 借:应付账款——乙公司　　　　　　　　　　　108 000
　　　贷:主营业务收入　　　　　　　　　　　　　95 000
　　　　　应交税费——应交增值税(销项税额)　　12 350
　　　　　营业外收入　　　　　　　　　　　　　　650

② 借:税金及附加　　　　　　　　　　　　　　　12 000
　　　贷:应交税费——应交消费税　　　　　　　12 000

4) 纳税人生产的应税消费品用于连续生产非应税消费品

纳税人生产的应税消费品用于连续生产非应税消费品,属于视同销售行为,应在移送使用时计算缴纳消费税。借方记入"生产成本""制造费用"等账户,贷方记入"应交税费——应交消费税"账户。

【例4-15】 某公司为生产日化产品的一般纳税人,2020年3月领用自产的库存香水精用于生产除菌香皂。香水精的实际成本为20 000元,当月市场无同类产品销售价,成本利润率为5%,消费税税率为15%。对该公司上述业务消费税进行会计处理。

解析:

香水精归属消费税"高档化妆品"税目中的"美容、修饰类化妆品"子税目,除菌香皂不属于消费税应税产品。香水精应于移送使用时计算缴纳消费税。

应交消费税=20 000×(1+5%)÷(1−15%)×15%=3 705.88(元)

借:生产成本——除菌香皂　　　　　　　　　　　23 705.88
　　贷:库存商品——香水精　　　　　　　　　　20 000
　　　　应交税费——应交消费税　　　　　　　　3 705.88

5) 纳税人生产的应税消费品用于职工福利

纳税人生产的应税消费品用于职工福利属于视同销售行为,应在移送时按销售价格或组成计税价格计算缴纳消费税,借方记入"应付职工薪酬"账户,同时确认收入,贷方记入"主营业务收入""应交税费"等账户。

【例4-16】 某啤酒厂是一般纳税人,2020年10月将自产的某款啤酒30吨发给员工作为中秋节福利,这批啤酒成本为2 800元/吨,出厂价格为3 200元/吨,消费税税率为250元/吨。对该啤酒厂上述业务增值税、消费税进行会计处理。

解析:将自产啤酒发给员工当作福利,属视同销售行为,应计算缴纳消费税。

增值税销项税额=3 200×30×13%=12 480(元)

应交消费税=250×30=7 500(元)

会计分录如下:

① 借:应付职工薪酬　　　　　　　　　　　　108 480
　　　贷:主营业务收入　　　　　　　　　　　　 96 000
　　　　　应交税费——应交增值税(销项税额)　 12 480

② 借:税金及附加　　　　　　　　　　　　　　 7 500
　　　贷:应交税费——应交消费税　　　　　　　 7 500

③ 借:主营业务成本　　　　　　　　　　　　　 84 000
　　　贷:库存商品　　　　　　　　　　　　　　 84 000

【扩展阅读 4.2】　增值税视同销售和消费税视同销售计税基础确认的差异

扫描此码

深度学习

4.2.3　委托加工收回应税消费品的会计处理

纳税人委托加工的应税消费品由受托方在向委托方交货时代收代缴消费税。委托方收回应税消费品后,应依据后续的不同使用去向处理消费税涉税事项。

第一种情况是委托方收回应税消费品后直接对外销售的,如果销售价格不高于受托方计税价格,则在销售环节不再缴纳消费税;如果销售价格高于受托方计税价格,需要按规定申报缴纳消费税,在计税时准予扣除受托方代收代缴的消费税。

第二种情况是委托方收回应税消费品后用于连续生产应税消费品的,其已纳消费税税额准予按照规定从连续生产的应税消费品消费税税额中抵扣,委托方应按受托方代缴的消费税税额,借方记入"应交税费——待抵扣消费税税额"账户,贷方记入"银行存款"等账户。

1. 收回后直接对外销售

【例 4-17】　2020 年 5 月,甲卷烟厂委托乙卷烟厂加工烟丝,甲卷烟厂提供烟叶等原材料 70 000 元,乙卷烟厂收取加工费 30 000 元(不含税),并代收代缴委托加工环节消费税。甲卷烟厂收回烟丝后直接按乙卷烟厂的计税价销售。甲、乙卷烟厂均为增值税一般纳税人。对甲卷烟厂上述业务增值税、消费税进行会计处理。

解析:

① 发出材料时:
　借:委托加工物资　　　　　　　　　　　　　 70 000
　　　贷:原材料　　　　　　　　　　　　　　　 70 000

② 支付加工费时:
　借:委托加工物资　　　　　　　　　　　　　 30 000

应交税费——应交增值税(进项税额)　　　　3 900
　　贷：银行存款　　　　　　　　　　　　　　　　　33 900
③ 支付代收代缴的消费税时：
乙卷烟厂代收消费税＝(70 000＋30 000)÷(1－30％)×30％
　　　　　　　　 ＝142 857.14×30％＝42 857.14(元)
借：委托加工物资　　　　　　　　　　　　42 857.14
　　贷：银行存款　　　　　　　　　　　　　　　　　42 857.14
④ 收回加工完成的烟丝入库时：
借：原材料　　　　　　　　　　　　　　　142 857.14
　　贷：委托加工物资　　　　　　　　　　　　　　　142 857.14

如果甲卷烟厂直接按收回的入库价(乙卷烟厂的消费税计税价)对外销售,销售环节不再缴纳消费税；如果甲卷烟厂对该批收回的烟丝加价(高于乙卷烟厂的消费税计税价)出售,则销售环节需要计算补充缴纳消费税,具体会计处理同【例 4-18】中的⑤。

2．收回后连续生产应税消费品

委托加工应税消费品收回后连续生产应税消费品的,已纳消费税款准予抵扣。但是,由于现行消费税税收法规已将"收回扣税法"改为"生产实耗扣税法",故委托方支付给受托方代收代缴的消费税,应记入"应交税费——待抵扣消费税税额"账户借方,而改变了以往直接记入"应交税费——应交消费税"账户借方的处理方式。

【例 4-18】 沿用【例 4-17】的资料,并假设烟丝收回后继续加工成卷烟。对甲、乙卷烟厂上述业务增值税、消费税进行会计处理。

解析：
(1) 委托方甲卷烟厂的会计处理。
会计分录如下：
① 发出材料时：
会计分录同前。
② 支付加工费时：
会计分录同前。
③ 支付代收代缴的消费税时：
借：应交税费——待抵扣消费税税额　　　　42 857.14
　　贷：银行存款　　　　　　　　　　　　　　　　　42 875.14
④ 收回加工完成的烟丝入库时：
借：原材料　　　　　　　　　　　　　　　100 000
　　贷：委托加工物资　　　　　　　　　　　　　　　100 000
⑤ 上述烟丝加工成卷烟再出售时：
假设当月销售卷烟 5 个标准箱,每标准条的调拨价为 80 元,月初库存委托加工收回烟丝已纳消费税 3 000 元,月末库存委托加工收回烟丝已纳消费税 31 000 元。会计处理如下：

① 销售卷烟时：

主营业务收入＝5×250×80＝100 000（元）

借：银行存款　　　　　　　　　　　　　　　　113 000
　　贷：主营业务收入　　　　　　　　　　　　　　　100 000
　　　　应交税费——应交增值税（销项税额）　　　　 13 000

② 计提消费税时：

应交消费税＝5×150＋100 000×56％＝56 750（元）

借：税金及附加　　　　　　　　　　　　　　　　56 750
　　贷：应交税费——应交消费税　　　　　　　　　　56 750

③ 抵扣消费税时：

准予抵扣的消费税＝3 000＋42 857.14－31 000＝14 857.14（元）

借：应交税费——应交消费税　　　　　　　　　　56 750
　　贷：应交税费——待抵扣消费税税额　　　　　 14 857.14
　　　　银行存款　　　　　　　　　　　　　　　 41 892.86

（2）受托方乙公司的会计处理。

受托方可设立"应交税费——应交代收消费税"明细账户，用以核算代收代缴的消费税，以与本企业自行承担的消费税分开核算。

仍沿用【例4-17】的资料，乙卷烟厂的会计分录如下。

① 收到加工费时：

借：银行存款　　　　　　　　　　　　　　　　 33 900
　　贷：其他业务收入　　　　　　　　　　　　　　　30 000
　　　　应交税费——应交增值税（销项税额）　　　　 3 900

② 收到代收代缴的税金时：

借：银行存款　　　　　　　　　　　　　　　　 42 857.14
　　贷：应交税费——应交代收消费税　　　　　　　42 857.14

③ 上缴代收代缴的消费税时：

借：应交税费——应交代收消费税　　　　　　　42 857.14
　　贷：银行存款　　　　　　　　　　　　　　　　42 857.14

4.2.4　进口应税消费品的会计处理

进口的应税消费品，应将缴纳的消费税直接计入进口应税消费品的成本，借方记入"固定资产""库存商品""在途物资""原材料"等账户，按支付允许抵扣的增值税税额借方记入"应交税费——应交增值税（进项税额）"账户，由于进口货物向海关缴税与提货联系在一起，缴税后才能提货，所以，关税、增值税、消费税等也可以不通过"应交税费"账户核算，直接贷方记入"银行存款"账户。

【例4-19】　某公司为增值税一般纳税人，2020年11月从国外进口一批高档化妆品，CIF价格为400 000元，货款未付，关税税率为20％，增值税税率为13％，消费税税率为15％。对该公司上述业务的增值税、消费税进行会计处理。

解析：

应纳关税＝400 000×20％＝80 000（元）

组成计税价格＝(400 000＋80 000)÷(1－15％)＝564 705.88（元）

应纳增值税＝564 705.88×13％＝73 411.76（元）

应纳消费税＝564 705.88×15％＝84 705.88（元）

会计分录如下：

借：库存商品	564 705.88
应交税费——应交增值税（进项税额）	73 411.76
贷：应付账款	400 000
银行存款	238 117.64

4.2.5 消费税出口退（免）税的会计处理

生产企业直接出口或委托外贸企业出口自产的应税消费品时，按规定直接免税，不计算应纳消费税。

外贸企业从生产企业购入应税消费品自营出口的，采用"先征后退"的办法进行核算。即外贸企业从生产企业购入应税消费品时，由生产企业先缴纳消费税，在产品报关出口后，再申请出口退税。

生产企业销售给外贸企业应税消费品时，借方记入"税金及附加"账户，贷方记入"应交税费——应交消费税"账户；外贸企业申请退税时，借方记入"应收出口退税款——消费税"账户，贷方记入"主营业务成本"账户冲减成本；实际收到退税款时，借方记入"银行存款"账户，贷方记入"应收出口退税款——消费税"账户冲销应收出口退税款项。

【例4-20】 甲公司是从事外贸业务的一般纳税人，2020年6月向从事化妆品生产的乙公司购入高档化妆品一批，甲公司取得乙公司开具的增值税专用发票，注明价款为1 000 000元（乙公司实际生产成本为800 000元），增值税税额为130 000元，甲公司于当月对增值税专用发票进行了认证。这批产品于当月被销往国外，离岸价为700 000美元（当日汇率为1美元兑6.5元人民币），并按规定申报办理了消费税退税。高档化妆品的消费税税率为15％，消费税退税率为15％，增值税退税率为10％。上述款项均已收付。对甲、乙两公司上述业务增值税、消费税进行会计处理。

解析：

应退消费税＝1 000 000×15％＝150 000（元）

应退增值税＝1 000 000×10％＝100 000（元）

(1) 甲公司的会计分录如下。

① 购入化妆品时：

借：库存商品	1 000 000
应交税费——应交增值税（进项税额）	130 000
贷：银行存款	1 130 000

② 出口报关时：

借：银行存款	4 550 000
贷：主营业务收入	4 550 000

③ 结转销售成本时：

借：主营业务成本　　　　　　　　　　　　　1 000 000
　　　贷：库存商品　　　　　　　　　　　　　　　　　　1 000 000

④ 不予退还增值税做进项税额转出时：

主营业务成本＝1 000 000×(13％－10％)＝30 000(元)

借：主营业务成本　　　　　　　　　　　　　　　30 000
　　　贷：应交税费——应交增值税(进项税额转出)　　　　　30 000

⑤ 申请退税时：

借：应收出口退税款——增值税　　　　　　　　100 000
　　　　　　　　　　——消费税　　　　　　　　150 000
　　　贷：应交税费——应交增值税(出口退税)　　　　　　100 000
　　　　　　主营业务成本　　　　　　　　　　　　　　　　150 000

⑥ 收到出口退税款时：

借：银行存款　　　　　　　　　　　　　　　　250 000
　　　贷：应收出口退税款——增值税　　　　　　　　　　100 000
　　　　　　　　　　　　——消费税　　　　　　　　　　150 000

(2) 乙公司的会计分录如下。

① 确认收入时：

借：银行存款　　　　　　　　　　　　　　　1 130 000
　　　贷：主营业务收入　　　　　　　　　　　　　　　1 000 000
　　　　　　应交税费——应交增值税(销项税额)　　　　　130 000

② 结转成本时：

借：主营业务成本　　　　　　　　　　　　　　800 000
　　　贷：库存商品　　　　　　　　　　　　　　　　　　800 000

③ 计提消费税时：

借：税金及附加　　　　　　　　　　　　　　　150 000
　　　贷：应交税费——应交消费税　　　　　　　　　　　150 000

4.3　消费税税收筹划技巧与实务

消费税虽然与增值税一样都属于流转税，但是消费税是价内税，应纳消费税的金额一方面直接并入售价，另一方面通过计入"税金及附加"等账户直接影响当期损益，所以，对消费税的税收筹划，除从消费税自身税负大小进行考察外，还应从会计期间对净损益产生的影响这一角度来构思税收筹划方案。

4.3.1　应税消费品定价的税收筹划

1. 价格临界点的税收筹划

消费税具有利用价格来调节消费行为的特征。为此，部分应税消费品会有一个征收消费税的价格临界点,高于这个点就要交消费税或者按照比较高的税率计算缴纳消费税,低于这个点则不交消费税或者按更低的税率计算缴纳消费税。化妆品、乘用车和中轻型商用客车、卷烟、啤酒等应税消费品都属于这种情况:化妆品不含增值税价格在10元/毫升[或15元/片(张)]及以上时,属于高档化妆品,需要征收消费税,低于这个价格则不征收消费税;不含增值税零售价格在1 300 000元及以上的乘用车和中轻型商用客车,在零售环节加征消费税,低于这个价格的乘用车和中轻型商用客车则只在生产环节征消费税,零售环节不征消费税;每标准条卷烟不含增值税价款高于70元时,生产环节消费税应纳税额按56%的比例税率加定额税率计算,低于70元时,生产环节应纳消费税则只按36%的比例税率加定额税率计算;每吨啤酒不含增值税出厂价达到3 000元以上时,消费税按每吨250元征收,每吨啤酒不含增值税出厂价小于3 000元时,消费税则只按每吨220元征收。基于对上述相关规定的深刻认识,纳税人在定价时可以进行合理筹划,因为提高定价不仅可能导致销量减少,还可能使税负增加。适当降低单位定价反而可能会获得更大的税收筹划收益。

【例4-21】 某啤酒厂位于市区,2020年生产销售某品牌啤酒,每吨不含税出厂价格为3 008元,与此相关的成本费用为2 500元。该啤酒厂应如何进行税务筹划?

解析:

方案一:若啤酒的价格仍然定为3 008元/吨,则每吨啤酒:

应纳消费税＝250(元)

应纳城市维护建设税和教育费附加＝250×(7%＋3%)＝25(元)

每吨啤酒的所得税税前利润＝3 008－2 500－250－25＝233(元)

方案二:将啤酒的价格降至2 995(元)/吨,则每吨啤酒:

应纳消费税＝220(元)

应纳城市维护建设税和教育费附加＝220×(7%＋3%)＝22(元)

每吨啤酒的所得税税前利润＝2 995－2 500－220－22＝253(元)

结论:方案二比方案一每吨啤酒少缴纳消费税30元,少缴纳城市维护建设税和教育费附加3元,多获所得税税前利润20元。同时,降价还可以增强价格竞争力,进而提高市场占有率。

2. 转让定价的税收筹划

虽然消费税只针对特定环节征收一道,但是消费品的流通还存在着批发、零售等若干个流转环节,这为纳税人选择一定方式的转让定价进行税收筹划提供了可能。企业可以采用分设独立核算的销售公司这一方法,降低生产环节的销售价格,以此价格向销售公司供货,销售公司再以较高的正常价格对外销售,由于消费税主要在生产销售环节计算征缴,这样通过降低计税基础可以减轻纳税人的税负。

【例4-22】 某汽车制造公司生产的小轿车正常出厂价为200 000元/辆,适用消费税税率为5%。该公司消费税是否有税收筹划的空间?

解析:

方案一:若维持原有状况,公司直接对外销售,则每辆小轿车:

应纳消费税、城市维护建设税及教育费附加等流转税费＝200 000×5%×(1＋10%)

＝11 000(元)

方案二：若成立独立的销售公司，以 170 000 元/辆的价格向销售公司出售，销售公司再按 200 000 元/辆的市场价格对外销售，则每辆小轿车：

应纳消费税、城市维护建设税及教育费附加等流转税费＝170 000×5％×(1＋10％)
＝9 350(元)

结论：方案二相比方案一，公司每辆小轿车少纳消费税、城市维护建设税及教育费附加等流转税费 1 650(11 000－9 350)元。

这种税收筹划方法在生产销售酒类、摩托车、小轿车等行业的企业运用得比较普遍。但要注意的是，对销售公司的定价不能过低，否则税务机关有可能认定其价格明显不合理进而予以调整。

4.3.2 降低计税依据的税收筹划

纳税人用应税消费品换取货物或者投资入股时，一般是按照双方的协议价或评估价计价的，协议价往往是市场的平均价，但是消费税按照视同销售行为以同类消费品的最高售价为计税基础，这显然会加重纳税人的负担。税收筹划时，可以考虑采取与对方签订销售合同，通过先销售后入股(易物、抵债)的方式降低计税基础，从而达到减轻税负的目的。

【例 4-23】 甲公司是小轿车生产企业，2021 年 3 月对外销售同型号的小轿车时共有 3 种价格：以 15 万元的单价销售 50 辆，以 15.5 万元的单价销售 20 辆，以 16 万元的单价销售 10 辆，当月甲公司以 30 辆该型号的小轿车用于抵偿欠乙公司的货款。双方约定按当月的加权平均销售价格确定抵债的价格，此类小汽车消费税税率为 5％。甲公司应该如何进行税收筹划？

解析：

方案一：按税法规定，视同销售行为按当期最高售价作为计税基础，为此：

甲公司应纳消费税＝16×30×5％＝24(万元)

方案二：经过税收筹划，将这 30 辆小轿车按当月加权平均价销售给乙公司后，再以收到的货币资金偿还乙公司债务，为此：

甲公司应纳消费税＝(15×50＋15.5×20＋16×10)÷(50＋20＋10)×30×5％
＝22.875(万元)

结论：方案二比方案一少交消费税 1.125(24－22.875)万元，具有明显的节税效应。

因此，通过先销售再偿债的方式，虽然多了一道业务环节，但是规避了消费税视同销售按当月最高售价计税的规定，通过降低计税基础，进而达到节税的目的。

4.3.3 兼营或成套销售应税消费品的税收筹划

消费税法规规定，纳税人兼营多种不同税率的应税消费品时，应当分别核算不同税率应税消费品的销售金额或销售数量，如果没有分别核算销售金额、销售数量，或者将不同税率的应税消费品组成成套消费品销售的，则应按最高税率进行征税。因此，在兼营多种不同税率的应税消费品的情况下，应当分别核算不同税率应税消费品的销售额和销售数量；而对于多种应税消费品成套销售的问题，首先应看是否有必要组成成套消费品，对于确有必要组成成套消费品的情况,可以采用变"先包装后销售"为"先销售后包装"的方式,这样可以较大程度地降低消费税税负。

【例4-24】 甲公司为扩大销售市场,采用多样化的营销手段,2020年12月,将生产的粮食白酒与药酒组成礼品套装进行销售,共对外销售了1 000套套装酒,单价为200元/套,其中,粮食白酒、药酒各1瓶,均为1斤装(若各自单独销售,粮食白酒为60元/瓶,药酒为140元/瓶)。假设包装费忽略不计,已知粮食白酒的比例税率为20%,定额税率为0.5元/斤;药酒的比例税率为10%,无定额税率。甲公司应如何进行税收筹划?

解析:

方案一:若采取"先包装后销售"的方式。

在这种情况下,药酒不仅要从高按20%的税率从价计税,而且还要按0.5元/斤的定额税率从量计税。如此,甲公司消费税应纳税额为:

消费税税额=(60+140)×1 000×20%+1 000×1×2×0.5=41 000(元)

方案二:若采取"先销售后包装"的方式。

甲公司先将上述粮食白酒和药酒分别销售给零售商,在此销售环节,粮食白酒和药酒分别开具发票,进行账务处理时,对两种酒分别核算销售收入。然后再由零售商包装成套装消费品后对外销售。在这种情况下,药酒不仅只需要按10%的比例税率从价计税,而且不必按0.5元/斤的定额税率从量计税。该方案下,甲公司消费税应纳税额为:

消费税税额=60×1 000×20%+1 000×0.5+140×1 000×10%=26 500(元)

结论:方案二比方案一少纳消费税14 500元,节税效果明显。

4.3.4　委托加工应税消费品收回后出售的税收筹划

消费税法规规定,委托方将收回的应税消费品,以不高于受托方计税价格直接出售的,不再缴纳消费税;委托方以高于受托方计税价格出售的,则需按照规定申报缴纳消费税,只是在计税时准予扣除受托方已代收代缴的消费税。可见,委托方收回应税消费品对外出售时是否需要补缴消费税,取决于销售价格的高低。税收筹划时,企业可以按不高于受托方计税价格的售价先出售给自己的关联公司(如独立设立的销售子公司),这个销售环节按规定不需要缴纳消费税;之后再由该关联公司以正常价格对外出售,此销售环节对外售价尽管高于受托方计税价格,但因为消费税只征收一道,因而依然不用再计算缴纳消费税。

【例4-25】 2021年2月是市场需求旺季,甲公司因自身产能临时受限,需要把一批价值200万元的木材委托乙公司加工成实木地板,需支付不含增值税的加工费及辅料费160万元,乙公司没有同类实木地板出售。这批木材完工收回后直接用于对外出售,不含增值税的市场正常售价为600万元,消费税税率5%。甲公司应如何进行税收筹划?

解析:

方案一:若甲公司收回实木地板后按正常市场售价直接对外出售,则:

乙公司代收代缴消费税的组成计税价格=(200+160)÷(1-5%)=378.95(万元)

乙公司代收代缴的消费税=378.95×5%=18.95(万元)

甲公司按600万元的售价对外销售所收回的实木地板,价格高于受托方乙公司的消费税计税价格378.95万元,为此,甲公司在实木地板销售环节还要补缴消费税。

甲公司对外销售实木地板应补缴的消费税＝600×5％－18.95＝11.05(万元)

甲公司合计应纳的消费税＝18.95＋11.05＝30(万元)

方案二：甲公司收回实木地板后，先按乙公司的计税价格378.95万元销售给甲公司设立的销售子公司，再由销售子公司以600万元的市场价对外销售。

乙公司代收代缴消费税的组成计税价格和方案一相同，也是378.95万元。

乙公司代收代缴的消费税＝378.95×5％＝18.95(万元)

由于甲公司按378.95万元的价格将收回的实木地板销售给销售子公司，售价没有高于乙公司的组成计税价格，因而甲公司销售实木地板环节不需要再补缴消费税。

因为消费税只征收一道，所以甲公司的销售子公司后续再以600万元的市场价对外销售实木地板时，该环节也不再缴纳消费税。

甲公司合计应纳的消费税＝18.95＋0＝18.95(万元)

结论：方案二比方案一减轻消费税税负11.05(30－18.95)万元，节税效果明显。

4.3.5 应税消费品加工方式选择的税收筹划

有些情况下，由于产能限制、旺季订单增加等原因，企业需要在委托加工与自行加工之间进行选择。从税收筹划的角度看，委托加工和自行加工究竟何种方式税负更轻，不存在绝对的结论，主要应视收回委托加工的应税消费品去向而定：收回后继续生产应税消费品的，因为委托加工收回再生产与自行生产的消费税计税依据是一样的，都是最终产品销售环节的售价，所以即便委托加工收回再生产方式可以扣除受托方代扣代缴的消费税，两种方式总的消费税仍是一样的；如果委托收回后以不高于受托方计税价格出售的，为直接出售，不再缴纳消费税；如果委托加工收回后以高于受托方计税价格出售的，不属于直接出售，需按规定申报缴纳消费税，在计税时允许扣除受托方已代收代缴的消费税。为此，就上述最后一种情况而言，不同加工方式下的加工费成为影响加工方式选择的决定性因素。

【例4-26】 甲卷烟厂2020年10月接到一笔1 000万元的甲类卷烟订单，因公司当月产能比较紧张，初步提出了三种加工方案(烟丝消费税税率为30％，甲类卷烟消费税比例税率为56％，定额税率为150元/箱)。

方案一：甲卷烟厂将上月购进的一批价值110万元的烟叶，委托乙卷烟厂加工成烟丝，支付加工费80万元。烟丝收回后由甲公司继续加工成卷烟，加工成本、分摊费用共计100万元。出售数量为0.5万箱，该批卷烟售价为1 000万元。

方案二：甲卷烟厂委托乙卷烟厂将上月购进的价值110万元的烟叶加工成甲类卷烟，加工费用为150万元。加工完成后，运回甲公司，甲公司以1 000万元售价对外销售。

方案三：甲卷烟厂将上月购进的价值110万元的烟叶自行加工成甲类卷烟，加工成本、分摊费用共计180万元，对外售价为1 000万元。

甲公司应选择哪个方案以获得合理的税收筹划收益？

解析：

方案一：

乙卷烟厂代收代缴的消费税、城市维护建设税、教育费附加类流转税费
＝(110＋80)÷(1－30％)×30％×(1＋10％)＝89.57(万元)

甲卷烟厂销售卷烟时应纳消费税、城市维护建设税、教育费附加类流转税费
＝[1 000×56％＋150×0.5－(110＋80)÷(1－30％)×30％]×(1＋10％)
＝608.93(万元)

甲卷烟厂的所得税税前利润＝1 000－110－80－89.57－100－608.93＝11.5(万元)

方案二：

乙卷烟厂代收代缴的消费税
＝(100＋150＋150×0.5)÷(1－56％)×56％＋150×0.5＝488.64(万元)

甲卷烟厂收回卷烟再销售时应纳消费税
＝1 000×56％＋150×0.5－488.64＝146.36(万元)

甲卷烟厂缴纳的城市维护建设税和教育费附加
＝(488.64＋146.36)×(7％＋3％)＝63.5(万元)

甲卷烟厂的所得税税前利润
＝1 000－110－150－488.64－146.36－63.5＝41.5(万元)

方案三：

甲卷烟厂销售卷烟时的应纳消费税、城市维护建设税、教育费附加类流转税费
＝(1 000×56％＋150×0.5)×(1＋10％)＝698.5(万元)

甲卷烟厂的所得税税前利润＝1 000－110－180－698.5＝11.5(万元)

结论：比较三种方案的所得税税前利润可知，方案二最优；方案一和方案三的所得税税前利润相同，原因在于一、三两种方案全过程的加工费是一样的，导致这两种方案的结果无区别。

4.3.6 课税环节的税收筹划

消费税是在增值税每个环节普遍课税的基础上，选择少数特殊消费品在某一环节再课征一道消费税，由于应税消费品会在进口、生产销售、自产自用、对外投资、捐赠、个人消费、批发、零售等流转环节流通，不同环节的计税基础存在差异，为此，纳税人应充分利用课税环节的差异进行税收筹划以获得合理的筹划收益。

【例4-27】 某酒厂生产的粮食白酒主要销售给全国各地的批发商，同时，本地的一些小批发商、酒店、超市、消费者也会直接到酒厂购买白酒，根据历年销量数据统计，这类本地客户的销售量每年约为10 000箱(每箱20瓶，每瓶500克)。为了方便当地各类中小型批发商及零散客户，该厂在市区设立了一个非独立核算的门市部，酒厂按同类白酒批发价1 000元/箱与门市部结算。门市部再按1 100元/箱对外销售。粮食白酒消费税适用比例税率为20％，定额税率为每斤(500克)0.5元。该酒厂应如何进行税收筹划？

解析：

方案一：如果维持现状，本地销售白酒应纳消费税为：

应纳消费税＝10 000×1 100×20％＋10 000×20×0.5＝2 300 000(元)

方案二：考虑将非独立核算的门市部改为独立核算的销售公司，课税环节前移到调拨出厂这一环节，通过降低计税基数进而取得节税效果。变更后，本地销售白酒应纳消费税为：

应纳消费税＝10 000×1 000×20％＋10 000×20×0.5＝2 100 000(元)

结论：方案二比方案一节税 200 000(2 300 000－2 100 000)元。

需要注意的是，方案二中酒厂和独立核算的销售公司具有关联关系，因此，两者之间的交易价格应当控制在相对合理的范围，否则主管税务机关有可能对计税价格进行调整。如国家税务总局发布的《白酒消费税最低计税价格核定管理办法(试行)》中明确规定，"白酒生产企业销售给销售单位的白酒，生产企业消费税计税价格低于销售单位对外销售价格(不含增值税)70％以下的，税务机关应核定消费税最低计税价格"。

4.3.7 买赠促销的税收筹划

消费税的法规规定，企业以买一赠一等方式组合销售本企业商品，开具发票时，销售额和折扣额在同一张发票上的"金额"栏分别注明的，不属于捐赠，应将总的销售金额按各项商品的公允价值的比例来分摊确认各项的销售收入；未在同一张发票"金额"栏注明折扣额，而仅在发票的"备注"栏注明折扣额的，折扣额不得从销售额中减除。为此，进行税收筹划时，货物与赠品的销售额和折扣额在同一张发票上分别注明的，可以降低应税销售额，以达到节税的目的。

【例 4-28】 2021 年 2 月，某首饰店开展促销活动，活动期间每购买一个价值 3 000 元的金首饰赠送价值 125 元的银吊坠一个，活动期间共售出金首饰 100 个，赠送银吊坠 100 个，金银首饰适用消费税税率为 5％。该首饰店应如何进行税务筹划？

解析：

方案一：只按销售数量开具发票，不在"金额"栏分别注明金额的，所赠送银吊坠视同销售。

应纳消费税＝3 000×100×5％＋125×100×5％＝15 625(元)

方案二：销售额和折扣额在同一张发票上的"金额"栏分别注明的，作为折扣销售方式。

金首饰占公允价值比例＝3 000÷(3 000＋125)＝96％

银吊坠占公允价值比例＝125÷(3 000＋125)＝4％

金首饰分摊确认收入＝3 000×100×96％＝288 000(元)

金首饰应分摊的折扣额＝3 000×100－288 000＝12 000(元)

银吊坠分摊确认收入＝3 000×100×4％＝12 000(元)

银吊坠应分摊的折扣额＝125×100－12 000＝500(元)

应纳消费税＝(288 000＋12 000)×5％＝15 000(元)

结论：方案二比方案一少纳消费税 625(15 625－15 000)元，选择方案二可获得合理的节税效果。

4.3.8 利用起征点的税收筹划

在涉及消费税应税起征点的情况时，巧妙运用起征点的规定，适当降低产品价格，不仅可以规避消费税纳税义务，而且能增加所得税税前利润。

【例 4-29】 某公司是一家中高档手表生产企业，2020 年生产并销售某一款中高档手表,每只手表出厂时若不含增值税售价为 10 300 元,与此相关的成本费用为 6 000 元,该公司应如何进行税收筹划?

解析:消费税的法规规定,高档手表是消费税应税项目,对高档手表的界定是每只不含增值税价格在 10 000 元(含)以上的手表为高档手表,消费税税率为 20%。

方案一:按目前不含增值税 10 300 元/只的价格销售,需要依照 20% 的消费税税率计税。每销售一只该手表:

应纳消费税以及以消费税为计税基础的城市维护建设税、教育费附加类流转税费
$= 10\ 300 \times 20\% \times (1 + 10\%) = 2\ 266$(元)

所得税税前利润 $= 10\ 300 - 6\ 000 - 2\ 266 = 2\ 034$(元)

方案二:将手表的定价降为 9 980 元/只,按消费税税收法规,不被认定为高档手表,免征消费税。每销售一只该手表:

应纳消费税以及以消费税为计税基础的城市维护建设税、教育费附加类流转税费 $= 0$

所得税税前利润 $= 9\ 980 - 6\ 000 = 3\ 980$(元)

结论:方案二比方案一少交消费税、城市维护建设税、教育费附加类流转税费 2 266(2 266 - 0)元,相应多获得所得税税前利润 1 946(3 980 - 2 034)元。

单只手表若不含增值税定价大于 10 000 元时,可设其定价为 X,则在免税价格平衡点下有:$X - X \times 20\% \times (1 + 7\% + 3\%) = 10\ 000$,求得:$X = 12\ 820.51$ 元。也就是说,进行定价(不含增值税)时,要么定价低于 10 000 元,以获取免税待遇;要么定价高于 12 820.51 元,才能使增加的收入可以弥补多缴纳的流转税费。

4.3.9 纳税义务发生时间的税收筹划

纳税人销售应税消费品时,采用赊销和分期收款、预收货款、托收承付和委托银行收款等不同的结算方式,纳税义务发生的确认时间是不同的;另外,涉及应税消费品自产自用、委托加工、进口等业务发生的消费税纳税义务确认时间也各有规定。纳税人应在熟悉这些法规规定的情况下,对纳税义务发生时间进行筹划,通过延期纳税获得资金的使用价值。

【例 4-30】 某小汽车制造公司是一般纳税人。2020 年 8 月,该公司采取直接收款销售方式发生销售业务 3 笔,共计货款 5 000 万元(不含税)。其中有 2 笔销售额共计 3 000 万元,钱货两清;另一笔销售额为 2 000 万元:半年后付 500 万元,一年后再付 700 万元,余款 800 万元两年后结清。该小汽车制造公司应如何进行税收筹划?

解析:

方案一:若该公司采用直接收款销售方式,按规定收讫货款或取得索取销售款凭证时就需要确认消费税(增值税)的纳税义务。为此,尽管 2020 年 8 月只有 2 笔业务产生的 3 000 万元(不含税)现金流入,另外一笔业务的现金流入完全实现要在两年之后,但是要将 3 笔业务总计 5 000 万元的销售额均作为计税基础,这对该公司而言是不利的。

方案二:该公司可以考虑对 2 000 万元那笔业务采用分期收款的方式,在正式销售合同中约定分期收款时间,这样这笔 2 000 万元的款项就不列入 2020 年 8 月的计税基础,其纳税义务时间依据每次约定的收款时间逐步分次确认,这样可以获得这部分款项相应应纳税额资金的时间价值,进而获得合理的筹划收益。

【导入案例讨论】

经过本章的学习,我们对于消费税涉税业务会计处理及税收筹划思路有了全面深刻的认识。最后,让我们来逐一回答本章开始"导入案例"中提出的问题。

问题1:红叶卷烟厂上述消费税相关业务会计处理是否正确?

解答:红叶卷烟厂消费税相关业务的会计处理是错误的。该厂将支付给A卷烟厂代收代缴的消费税108 000元全部记入了"应交税费——应交消费税"账户的借方,反映了将这108 000元全部在2020年12月进行抵扣的处理思路。消费税法对委托加工应税消费品收回后连续生产应税消费品的,虽然允许对已纳消费税款进行抵扣。但是,实际抵扣时已经将"收回扣税法"改为"生产实耗扣税法",故红叶卷烟厂支付给A卷烟厂代收代缴的消费税,应记入"应交税费——待抵扣消费税税额"账户借方,计算本月实际可抵扣的消费税后,再从贷方据实冲减"应交税费——待抵扣消费税税额"。

为此,正确的会计处理是:

① 向A卷烟厂支付代收代缴的消费税时:

借:应交税费——待抵扣消费税税额　　　　　　　108 000
　　贷:银行存款　　　　　　　　　　　　　　　　　　108 000

② 计算出甲类卷烟销售环节应纳的消费税:

借:税金及附加　　　　　　　　　　　　　　　　227 000
　　贷:应交税费——应交消费税　　　　　　　　　　227 000

③ 填报纳税申报表及实际缴纳消费税:

借:应交税费——应交消费税　　　　　　　　　　227 000
　　贷:应交税费——待抵扣消费税税额　　　　　　　 90 000
　　　　银行存款　　　　　　　　　　　　　　　　　137 000

准予抵扣的消费税=120 000×30%+360 000×30%-180 000×30%=90 000(元)

问题2:若红叶卷烟厂收回该批委托加工烟丝后,加价直接对外销售,该环节的消费税是否存在税收筹划空间?

解答:若红叶卷烟厂收回该批委托加工烟丝后加价出售,存在税收筹划空间。具体思路是:可以等于或略高于受托方A卷烟厂消费税计税价格的售价将烟丝出售给红叶卷烟厂设立的销售公司,再由销售公司以较高的市场价格对外销售。由于烟丝只征收一道消费税,销售公司对外销售烟丝环节不再征收消费税。这样处理后,红叶卷烟厂销售烟丝给销售公司的环节,可以不征收或者只补征较少的消费税,进而获得减轻税负的筹划收益。

扫描此码

即测即练题

复习思考题

1. 消费税和增值税都是流转税,其主要区别在哪些方面?
2. 应税消费品销售时收取的包装物押金,有哪几种会计处理方式?
3. 消费税视同销售行为和增值税视同销售行为有何细微区别?
4. 委托加工收回的应税消费品在什么情况下还要继续缴纳消费税?
5. 委托加工收回的应税消费品在委托加工环节已缴纳的消费税采用什么方法进行抵扣?
6. 应税消费品在进口环节的增值税组成计税价格和消费税组成计税价格是否相同?
7. 运用价格临界点对消费税进行税收筹划的原理是什么?
8. 运用转让定价方法对消费税进行税收筹划的原理是什么?
9. 通过降低计税依据对消费税进行税收筹划的思路有哪些?
10. 委托加工应税消费品有哪些常见的税收筹划思路?
11. 运用消费税课税环节进行税收筹划的思路是什么?

第5章 关税会计与税收筹划

【学习目标】
1. 理解关税的纳税人和征税范围。
2. 掌握关税完税价格的确认及应纳税额的计算。
3. 掌握进出口关税涉税业务的会计处理方法。
4. 熟悉关税的税收优惠政策。
5. 掌握关税税收筹划的基本原理和方法。
6. 深刻理解关税的税收筹划原理,并能够灵活选取合适的方法运用于税收筹划实践,对企业关税涉税业务进行筹划获得筹划收益。

【导入案例】
某企业拟从境外购进机床生产线,可选择从 A 国或 B 国进口,生产性能没有差异。若从 A 国进口,离岸价格(FOB)为 2 000 万元。该生产线运抵我国输入地起卸前的运费为 80 万元、保险费为 30 万元,另支付由买方负担的包装费、与生产线有关的境外开发设计费分别为 40 万元、60 万元;若从 B 国进口,离岸价格(FOB)为 1 900 万元。该生产线运抵我国输入地起卸前的运费为 120 万元、保险费为 50 万元,另支付由买方负担的包装费、与生产线有关的境外开发设计费分别为 80 万元、120 万元。境外采购相关款项暂未支付,关税税率为 30%。

请思考:
1. 计算该企业应缴纳的关税税额。
2. 对关税涉税业务进行会计处理。
3. 该关税涉税业务是否有税收筹划的空间?

5.1 关税的确认、计量与纳税申报

5.1.1 关税概述

1. 关税的概念

关税是海关代表国家依法对进出境货物、物品征收的一种流转税。所谓"境"指关境,

又称"海关境域"或"关税领域",是《中华人民共和国海关法》全面实施的领域。通常情况下,一国关境与国境是一致的,包括国家全部的领土、领海、领空。但当一个国家在国境内设立了自由港或自由贸易区时,这些区域就处在关境之外,这时,该国的关境就小于其国境。如我国根据《中华人民共和国香港特别行政区基本法》和《中华人民共和国澳门特别行政区基本法》,香港和澳门保持自由港地位,为我国单独的关税地区,即单独关境区。单独关境区是不完全适用该国海关法律、法规或实施单独海关管理制度的区域。

关税的征税对象是准许进出我国国境的货物和物品。货物是指贸易性商品;物品指入境旅客随身携带的行李物品、个人邮递物品、各种运输工具上的服务人员携带进口的自用物品、馈赠物品以及其他方式进境的个人物品。

【扩展阅读5.1】 自由贸易港、自由贸易区

扫描此码

深度学习

2. 纳税义务人

进口货物的收货人、出口货物的发货人以及进境物品的所有人,是关税的纳税义务人。进出口货物的收、发货人是依法取得对外贸易经营权,并进口或者出口货物的法人或者其他社会团体。进出口物品的所有人包括该物品的所有人和推定的所有人。一般情况下,对于携带出境的物品,推定其携带人为所有人;对分离运输的行李,推定相应的进出境旅客为所有人;对以邮递方式进境的物品,推定其收件人为所有人;以邮递或其他运输方式出境的物品,推定其寄件人或托运人为所有人。

3. 税则、税目与税率

1) 税则、税目

进出口税则是一国政府根据国家关税政策和经济政策,通过一定的立法程序制定公布实施的进出口货物和物品应税的关税税率表。进出口税则以税率表为主体,通常还包括实施税则的法令、使用税则的有关说明和附录等。《中华人民共和国海关进出口税则》是我国海关凭以征收关税的法律依据,也是我国关税政策的具体体现。

税率表作为税则主体,包括税则商品分类目录和税率两大部分。税则商品分类目录是把种类繁多的商品加以综合,按照其不同特点分门别类地简化成数量有限的商品类目,分别编号按序排列,称为税则号列,并逐号列出该号中应列入的商品名称;税率是按商品分类目录逐项定出的税率栏目。我国现行进口税则为四栏税率,出口税则为一栏税率。

2) 税率

改革开放以来,随着我国融入世界经济发展的程度不断深化,关税税率整体呈明显下降趋势,已经从1992年年初的44.4%(按算数平均计算,下同)降至2015年的9.8%。目前,我国的关税税率分为以下几类。

(1) 进口关税税率。

① 最惠国税率：适用原产于共同适用最惠国待遇条款的世界贸易组织成员的进口货物，或原产于与我国签订含有相互给予最惠国待遇条款的双边贸易协定的国家或地区进口的货物，以及原产于我国境内的进口货物。

② 协定税率：适用原产于与我国签订含有关税优惠条款的区域性贸易协定的国家或者地区的进口货物。

③ 特惠税率：适用原产于与我国签订含有特殊关税优惠条款的贸易协定的国家或者地区的进口货物。

④ 普通税率：适用原产于除适用上述税率国家或地区以外的国家或者地区的进口货物，以及原产地不明的进口货物。

⑤ 配额税率：对一部分实行关税配额的货物，按低于配额外税率的进口税率征收关税。按照国家规定实行关税配额管理的进口货物，关税配额内的，适用关税配额税率；关税配额外的，其税率的适用按照前述税率的规定执行。

⑥ 暂定税率：指暂时性制定实施的关税税率。适用最惠国税率的进口货物有暂定税率的，应当适用暂定税率；适用协定税率、特惠税率的进口货物有暂定税率的，应当从低适用税率；适用普通税率的进口货物，不适用暂定税率。

(2) 出口关税税率。

我国出口税则为一栏税率，即出口税率，仅对少数资源性产品及易于竞相杀价、盲目进口、需要规范出口秩序的半制成品征收出口关税。具体征收的税目和税率调整，由国务院关税税则委员会审定。

(3) 税率的适用。

① 进出口货物，应当适用海关接受该货物申报进口或者出口之日实施的税率。

② 进口货物到达前，经海关核准先行申报的，应当适用装卸该货物的运输工具申报进境之日实施的税率。

③ 进口转关运输货物，应当适用指运地海关接受该货物申报进口之日实施的税率；货物运抵指运地前，经海关核准先行申报的，应当适用装卸该货物的运输工具抵达指运地之日实施的税率。

④ 出口转关运输货物，应当适用启运地海关接受该货物申报出口之日实施的税率。

⑤ 经海关批准，实施集中申报的进出口货物，应当适用每次货物进出口海关接受该货物申报之日实施的税率。

⑥ 因超过规定期限未申报而由海关依法变卖的进口货物，其税额计征应当适用装卸该货物的运输工具申报进境之日实施的税率。

⑦ 因纳税义务人违反规定需要追征税款的进出口货物，应当适用违反规定的行为发生之日实施的税率；行为发生之日不能确定的，适用海关发现该行为之日实施的税率。

⑧ 已申报进境并放行的报税货物、减免税货物、租赁货物或者已申报进出境并放行的暂时进出境货物，有下列情形之一需缴纳税款的，应当适用海关接受纳税义务人再次填写报关单申报办理纳税及有关手续之日实施的税率：

——保税货物经批准不复运出境的。

——保税仓库货物转入国内市场销售的。
——减免税货物经批准转让或者移作他用的。
——可暂不缴纳税款的暂时进出境货物，经批准不复运出境或者进境的。
——租赁进口货物，分期缴纳税款的。
⑨ 补征和退还进出口货物关税，应当按照前述规定确定适用的税率。

4. 纳税期限

进口货物的纳税义务人应当自运输工具申报进境之日起 14 日内，出口货物的纳税义务人除海关特准的外，应当在货物运抵海关监管区后、卸货的 24 小时以前，向货物的进出境地海关申报，海关据以计算应纳关税和进口环节代征税并填发税款缴纳书。纳税义务人应当自海关填发税款缴纳书之日起 15 日内，向指定银行缴纳税款。

关税纳税义务人因不可抗力或者在国家税收政策调整的情形下，不能按期缴纳税款的，经依法提供税款担保后，可以延期缴纳税款，但最长不得超过 6 个月。

5. 关税减免

1）法定减免税

(1) 关税税额在人民币 50 元以下的一票货物。
(2) 无商业价值的广告品和货样。
(3) 外国政府、国际组织无偿赠送的物资。
(4) 进出境运输工具装载的途中必需的燃料、物料和饮食用品。
(5) 在海关放行前损失的货物。
(6) 在海关放行前遭受损坏的货物，可根据海关认定的受损程度减征关税。
(7) 我国缔结或参加的国际条约规定减征、免征关税的货物、物品，按照规定予以减免关税。
(8) 法律规定减征、免征关税的其他货物、物品。

2）特定减免税

(1) 科教用品。
(2) 残疾人专用品。
(3) 慈善捐赠物资。
(4) 重大技术装备。

3）暂时免税

经海关批准暂时进境或者暂时出境的下列货物，在进境或者出境时纳税义务人向海关缴纳相当于应纳税款的保证金或者提供其他担保的，可以暂不缴纳关税，并应当自进境或者出境之日起 6 个月内复运出境或者复运进境。具体包括：

(1) 在展览会、交易会、会议及类似活动中展示或者使用的货物。
(2) 文化、体育交流活动中使用的表演、比赛用品。
(3) 进行新闻报道或者摄制电影、电视节目使用的仪器、设备及用品。
(4) 开展科研、教学、医疗活动使用的仪器、设备及用品。
(5) 在第(1)项至第(4)项所列活动中使用的交通工具及特种车辆。

(6) 货样。

(7) 供安装、调试、检测设备时使用的仪器、工具。

(8) 盛装货物的容器。

(9) 其他用于非商业目的的货物。

4) 临时减免税

临时减免税是指以上法定和特定减免税以外的其他减免税,由国务院依据特殊情况给予特别照顾,一案一批,专文下达的减免税。

5.1.2 关税的确认与计量

1. 关税完税价格的确认

完税价格是海关在计征关税时采用的计税价格,它是海关征收关税的依据。海关以进出口货物的实际成交价格为基础审定完税价格,实际成交价格是一般贸易项下进口或出口货物的买方为购买该项货物向卖方实际支付或应当支付的价格。在关税计算中,除从量计征方式外,其余计税方式均涉及"完税价格"。

1) 进口货物完税价格的确认

进口货物的完税价格是海关以进口货物实际成交价格为基础审定到达到岸价格,包括货物的货价和货物运抵我国境内输入地点起卸前的相关费用、运费、保险费。进口货物完税价格的确定方法大致可以划分为两类:一类是以进口货物的成交价格为基础进行调整,从而确定进口货物完税价格的估价方法(成交价格估价方法);另一类则是在进口货物的成交价格不符合规定条件或者成交价格不能确定的情况下,海关用以审查确定进口货物完税价格的估价方法(海关估价方法)。

(1) 成交价格估价方法。

进口货物的成交价格,是指卖方向我国境内销售该货物时买方为进口该货物向卖方实付、应付的,并且按照《中华人民共和国海关审定进出口货物完税价格办法》有关规定调整后的价款总额,包括直接支付的价款和间接支付的价款。进口货物的成交价格应当符合下列条件:

① 买方对进口货物的处置或者使用不受限制,但法律、行政法规规定实施的限制、对货物转售地域的限制和对货物价格无实质性影响的限制除外。

② 进口货物的价格不得受到使该货物成交价格无法确定的条件或者因素的影响。

③ 卖方不得直接或者间接获得因买方转售、处置或者使用进口货物而产生的任何收益,除非能够按照相关规定作出调整。

④ 买卖双方没有特殊关系,或者虽有特殊关系但未对成交价格产生影响。

另外,在进口货物时,未包括在该货物实付、应付价格中的下列费用应当计入完税价格:

① 由买方负担的除购货佣金以外的佣金和经纪费。

② 由买方负担的在审查确定完税价格时与该货物视为一体的容器的费用。

③ 由买方负担的包装材料费用和包装劳务费用。

④ 与该货物的生产和向中华人民共和国境内销售有关的,由买方以免费或者以低于成

本价方式销售给卖方或相关方的、可以按适当比例分摊的料件、工具、模具、消耗材料及类似货物的价款,以及在境外进行的与生产该货物有关的技术研发、设计等相关服务的费用。

⑤ 作为该货物向中华人民共和国境内销售的条件,买方必须支付的、与该货物有关的特许权使用费。

⑥ 卖方直接或者间接从买方对该货物进口后转售、处置或者使用所得中获得的收益。

除上述规定外,进口货物的价款中单独列明的下列税收、费用,不计入该货物的完税价格:

① 厂房、机械、设备等货物进口后的基建、安装、装配、维修和技术服务的费用。

② 进口货物运抵境内输入地点起卸后的运输及其相关费用、保险费。

③ 进口关税及国内税收。

④ 为在境内复制进口货物而支付的费用。

⑤ 境内外技术培训及境外考察费用。

⑥ 同时符合特定条件的利息费用:利息费用是买方为购买进口货物而融资产生的,有书面融资协议;利息费用单独列明;利率不高于融资当时当地此类交易通常应当具有的利率水平,且没有融资安排的相同或类似进口货物价格与进口货物的应付、实付价格非常接近。

(2) 海关估价方法。

进口货物的成交价格不符合规定条件或者成交价格不能确定的,海关经了解有关情况并与纳税义务人进行价格磋商后,依次以相同货物成交价格方法、类似货物成交价格方法、倒扣价格方法、计算价格方法,以及其他合理方法审查确定该货物的完税价格。

① 相同货物成交价格方法。即以与被估的进口货物同时或者大约同时进口的相同或类似货物的成交价为基础估定完税价格。

② 类似货物成交价格方法。即以与被估的进口货物同时或者大约同时进口的类似货物的成交价为基础估定完税价格。"类似货物"应具有相似的特征、相似的组成材料、同样的功能,并且可以在商业中互换。

③ 倒扣价格估价方法。即以被估的进口货物在境内销售的价格为基础,扣除境内发生的有关费用后,估定完税价格。

④ 计算价格方法。即按照下列各项的总和估定完税价格:生产该货物使用的原材料价值和进口装配或其他加工费用;与向境内出口销售同等级或者同种类货物的利润、一般费用相符的利润和一般费用;货物运抵境内输入地点起卸前的运输、保险费及其相关费用。

⑤ 其他合理的方法。是指当海关使用上述任何一种估价方法都无法确定海关估价时,遵循客观、公平、统一的原则,以客观量化的数据资料为基础审查确定进口货物完税价格的估价方法。

【例 5-1】 2020 年 8 月,某公司从境外引进生产设备一套,离岸价格(FOB)为 2 000 万元,该生产线运抵我国输入地点起卸前的运费和保险费为 200 万元,境内运输费用为 20 万元。另支付由买方负担的境外经纪费 15 万元,买方负担的包装材料和包装劳务费 30 万元,与生产设备有关的境外开发设计费用 60 万元,生产设备进口后的技术培训指导费用 120 万元。该公司已取得海关开具的完税凭证及国内运输部门开具的合法发票,计算该生产设备的关税完税价格。

解析：

根据成交价格估价方法：

该生产设备的关税完税价格＝2 000＋200＋15＋30＋60＝2 305(万元)

2) 出口货物完税价格的确认

(1) 以成交价格为基础的完税价格。

由海关以该货物向境外销售的成交价格为基础审查确定,并且应当包括货物运至我国境内输出地点装卸前的运输及其相关费用、保险费。

出口货物的成交价格是指该货物出口销售到境外时,卖方向买方直接收取和间接收取的价款总额。下列税收、费用不计入出口货物的完税价格：

① 出口关税税额。

② 在货物价款中单独列明的货物运至我国境内输出地点装卸后的运输及相关费用、保险费。

为此,依据出口货物以我国口岸离岸价格(FOB)或国外口岸到岸价格(CIF)成交方式的不同,完税价格的计算公式分别为：

完税价格＝离岸价格÷(1＋出口关税税率)

(上式中的离岸价格如果包含支付给境外的佣金等费用,对这部分费用应先予以扣除。)

完税价格＝(到岸价格－保险费－运费)÷(1＋出口关税税率)

(2) 出口货物海关估价方法。

出口货物的成交价格不能确定时,海关经了解有关情况并与纳税义务人进行价格磋商后,依次使用下列方法审查确定该货物的完税价格。

① 同时或大约同时向同一国家或地区出口的相同货物的成交价格。

② 同时或大约同时向同一国家或地区出口的类似货物的成交价格。

③ 根据境内生产相同或类似货物的成本、利润和一般费用、境内发生的运输及其相关费用、保险费计算所得的价格。

④ 按照合理方法估定的价格。

【例 5-2】 2021 年 1 月,某进出口公司将 2 000 吨磷出口到境外,每吨离岸宁波之后的成交价格为 606 美元,佣金为离岸价格的 1%,磷的出口关税税率为 10%,计税日外汇牌价为 1 美元兑换 6.5 元人民币。计算该批磷的关税完税价格。

解析：

不含佣金离岸价格＝606×2 000÷(1＋1%)＝1 200 000(美元)

关税完税价格＝1 200 000÷(1＋10%)＝1 090 909(美元)

＝1 090 909×6.5＝7 090 909(元)

【例 5-3】 2021 年 2 月,某进出口公司将一批钨砂出口到境外,到岸新加坡之后的成交价格为 5 000 美元,其中包括运费 500 美元、保险费 60 美元,钨砂出口关税税率为 20%。计税日外汇牌价为 1 美元兑换 6.5 元人民币。计算该批钨砂的关税完税价格。

解析：

关税完税价格＝(5 000－500－70)÷(1＋20%)＝3 691.67(美元)

＝3 691.67×6.5＝23 995.86(元)

2. 应纳税额的计算

我国目前采用从价计税、从量计税、复合计税和滑准计税四种计税方法计算应纳关税。

1）从价计税

从价关税是以进出口货物的价格作为计税标准来计征关税。它具有税负公平、明确、易于实施、计征简便等优点,我国进出口商品目前主要采用从价计税的方法计征关税。其计算公式为:

应纳关税税额＝进(出)口应税货物的数量×单位完税价格×适用税率

2）从量计税

从量关税是以货物数量、重量、面积、容量、长度等计量单位作为计税标准,以每一计量单位应纳的关税金额来计缴关税。我国对原油、啤酒、胶卷等进出口商品采用从量计税的方法计征关税。其计算公式为:

应纳关税税额＝应税进(出)口货物数量×单位货物税额

3）复合计税

复合计税又称"混合计税",它是对进出口商品既征从量税又征从价税的一种办法。一般以从量税为主,再另外加征从价税。我国对录像机、放像机、摄像机、摄录一体机和部分数字相机实行复合计税。其计算公式为:

应纳关税税额＝应税进(出)口货物数量×单位货物税额＋应税进(出)口货物数量×单位完税价格×税率

4）滑准计税

滑准税是依据货物的不同价格适用不同税率的一类特殊从价关税。关税税率随着进出口货物价格由高至低而由低至高设置。简单地说,就是货物价格与税率呈反向变动关系,价格越高税率越低,价格越低税率越高。其计算公式为:

应纳关税税额＝进(出)口应税货物的数量×单位完税价格×滑准税税率

【例 5-4】 承【例 5-1】的资料,假设关税税率为 9％,计算该公司应纳的进口关税税额。

解析:

应纳进口关税税额＝2 305×9％＝207.45(万元)

【例 5-5】 承【例 5-2】的资料,计算该公司应纳的出口关税税额。

解析:

应纳出口关税税额＝7 090 909×10％＝709 090.9(元)

【例 5-6】 承【例 5-3】的资料,计算该公司应纳的出口关税税额。

解析:

应纳出口关税税额＝23 995.83×20％＝4 799.17(元)

5.1.3 关税的纳税申报

海关征收关税时,根据纳税人的申请及进出口货物的具体情况,既可以选择在关境地缴税,也可以在主管地缴税。其中,关境地缴税即报关口岸纳税,不管纳税人的住址在哪里,只要进出口货品在哪里通关,即在哪里缴纳税,这是一种常见的方法;主管地缴税是指纳税人缴纳关税时,经海关办理有关手续,可由纳税人住址所在地的海关(主管地海关)监管其通关,并在住址所在地(主管地)缴纳关税。

纳税人缴纳关税时,需携带有关单证并填写"海关进(出)口关税专用缴款书"(见表5-1)。

表 5-1　海关进(出)口关税专用缴款书

收入系统：　　　　　　　　　填发日期：　　　年　月　日　　　　NO.

收款单位	收入机关		中央金库		缴款单位（人）	名　称	
	科　目		预算级次			账　号	
	收款国库					开户银行	
税号	货物名称		数量	单位	完税价格(¥)	税率(%)	税款金额(¥)
(略)	高档化妆品		2	箱	268 240	20	53 648
金额人民币(大写)：伍万叁仟陆佰肆拾捌元整					合计(¥)		53 648
申请单位编号			报关单编号		填制单位		收款国库(银行)
合同(批文)号			运输工具(号)				
缴款期限		年　月　日	提/装货单号		制单人 复核人 单证专用章		业务公章
备注：							

【纳税申报同步练习】

某公司自营进口业务,2021年1月关税业务情况如下：进口高档化妆品2箱,关税完税价格为268 240元,关税税率为20%。请填列该公司2021年1月的关税专用缴款书(纳税识别号等表头信息略)。

本期应纳关税=268 240×20%=53 648(元)

解答：具体栏次填列情况见表5-1。

5.2　关税的会计处理

企业在进出口商品时,国外采购成本一般以到岸价格为基础进行相应调整,出口商品销售收入的入账金额一般以离岸价格为基础进行相应调整。为正确反映和核算关税的有关涉税事项,应在"应交税费"账户下设置"应交关税"二级账户,也可以分别设置"应交进口关税""应交出口关税"两个二级账户。制造企业也可以不设置"应交税费——应交关税"账户,而是在实际缴纳税款时,直接贷方记入"银行存款"账户。

5.2.1　制造企业进出口业务关税的会计处理

1. 进口业务关税的会计处理

制造企业直接或通过外贸企业代理从国外进口原材料时,应缴纳的进口关税直接通过借方计入进口原材料的采购成本,贷方可不通过"应交税费"账户进行核算,而是直接贷方记入"银行存款""应付账款"等账户;如果是从国外进口引进设备,缴纳的关税可通过借方记入"在建工程""固定资产"等账户,贷方记入"银行存款"账户。

【例5-7】 2021年3月,某汽车制造公司进口特种钢材一批,关税完税价格折合人民币1 000 000元,款项未付。进口关税为60 000元,代征增值税税率为13%,材料已验收入库,采用实际成本法计价。对该汽车制造公司上述进口业务进行会计处理。

解析:

特种钢材采购成本=1 000 000+60 000=1 060 000(元)

应纳进口关税=60 000(元)

进口环节应纳增值税=1 060 000×13%=137 800(元)

会计分录如下。

材料采购、缴纳税款时。

借:在途物资——特种钢材　　　　　　　　　　1 060 000

　　应交税费——应交增值税(进项税额)　　　　137 800

　　贷:应付账款——国外供应商　　　　　　　　　　1 000 000

　　　　银行存款　　　　　　　　　　　　　　　　　197 800

特种钢材验收入库时。

借:原材料——特种钢材　　　　　　　　　　　1 060 000

　　贷:在途物资——特种钢材　　　　　　　　　　　1 060 000

【例5-8】 2021年5月,某数控机床制造公司进口一条需要安装的生产线,关税完税价格为20 000 000元,款项未付。关税税率为6%,代征增值税税率为13%。对该公司上述进口业务进行会计处理。

解析:

生产线成本计价=20 000 000×(1+6%)=21 200 000(元)

应纳进口关税=20 000 000×6%=1 200 000(元)

进口环节应纳增值税=21 200 000×13%=2 756 000(元)

会计分录如下。

购入生产线时:

借:在建工程　　　　　　　　　　　　　　　　20 000 000

　　贷:应付账款——国外供应商　　　　　　　　　　20 000 000

缴纳税款时:

借:在建工程　　　　　　　　　　　　　　　　1 200 000

　　应交税费——应交增值税(进项税额)　　　　2 756 000

　　贷:银行存款　　　　　　　　　　　　　　　　　3 956 000

2. 出口业务关税的会计处理

制造企业出口产品应缴纳的出口关税,缴纳时可借方记入"税金及附加"账户,贷方记入"银行存款""应付账款"等账户。

【例5-9】 2021年7月,某合金制造厂出口铬铁一批,国内天津港离岸价格折合人民币为 1 400 000 元,铬铁的出口税率为 40%,关税通过银行转账支付。对该公司上述出口业务进行会计处理。

解析:
应纳出口关税＝1 400 000÷(1＋40%)×40%＝400 000(元)
会计分录如下。
计算并缴纳关税时:
借:税金及附加　　　　　　　　　　　　　　　400 000
　　贷:银行存款　　　　　　　　　　　　　　　　400 000

5.2.2　商品流通企业进出口业务关税的会计处理

有进出口经营权的商品流通企业,按经营方式的不同,其进出口业务可以分为自营和代理两大类。不同经营方式下的进出口关税涉税业务的会计处理方法也不一样。

1. 自营进出口业务关税的会计处理

1) 自营进口关税的会计处理

企业自营进口商品计缴关税时,应将进口关税计入采购成本,借方记入"物资采购"等账户,贷方记入"应交税费——应交进口关税"账户,实际缴纳时,借方记入"应交税费——应交进口关税"账户,贷方记入"银行存款"账户。企业也可不通过"应交税费——应交进口关税"账户核算,待实际缴纳关税时,直接借方记入"物资采购"等账户,贷方记入"银行存款"账户。

【例 5-10】 2021 年 8 月,某外贸进出口公司从国外自营进口高档化妆品一批,进口关税完税价为 200 000 元,款项未付。进口关税税率为 150%,消费税税率为 15%,增值税税率为 13%,根据海关开出的税款缴纳凭证,通过银行转账支付了税款。对该公司上述进口业务进行会计处理。

解析:
应纳进口关税＝200 000×150%＝300 000(元)
应纳消费税＝(200 000＋300 000)÷(1－15%)×15%＝88 235.29(元)
应纳增值税＝(200 000＋300 000)÷(1－15%)×13%＝76 470.59(元)
会计分录如下。
① 购买国外化妆品时:
借:物资采购　　　　　　　　　　　　　　　　200 000
　　贷:应付账款——国外供应商　　　　　　　　200 000
② 计入采购成本的税费:
借:物资采购　　　　　　　　　　　　　　　　388 235.29
　　贷:应交税费——应交进口关税　　　　　　　300 000
　　　　　　　　——应交消费税　　　　　　　　88 235.29
③ 缴纳税费时:
借:应交税费——应交进口关税　　　　　　　　300 000
　　　　　　——应交消费税　　　　　　　　　88 235.29

——应交增值税（进项税额）	76 470.59	
贷：银行存款		464 705.88

④ 支付货款时：
借：应付账款——国外供应商　　　　　　　200 000
　　贷：银行存款　　　　　　　　　　　　　　　　200 000

⑤ 商品入库时：
借：库存商品　　　　　　　　　　　　　　588 235.29
　　贷：物资采购　　　　　　　　　　　　　　　588 235.29

2）自营出口关税的会计处理

企业自营出口商品需缴纳关税时，借记"税金及附加"，贷记"应交税费——应交出口关税"账户，实际缴纳时，借记"应交税费——应交出口关税"账户，贷记"银行存款"账户。企业也可不通过"应交税费——应交出口关税"账户进行核算，待实际缴纳关税时，直接借记"税金及附加"账户，贷记"银行存款"账户。

【例 5-11】 2021 年 6 月，某进出口公司自营出口商品一批，该批商品离岸价格（FOB）折合人民币为 120 000 元，货款尚未收到，出口关税税率为 20%。根据海关开出的税款缴纳凭证，通过银行转账支票支付了税款。对该公司上述出口业务进行会计处理。

解析：

关税完税价格 = 120 000 ÷ (1 + 20%) = 100 000（元）

应纳出口关税 = 100 000 × 20% = 20 000（元）

会计分录如下。

① 出口商品时：
借：应收账款——国外采购商　　　　　　　120 000
　　贷：主营业务收入　　　　　　　　　　　　　120 000

② 计算关税时：
借：税金及附加　　　　　　　　　　　　　　20 000
　　贷：应交税费——应交出口关税　　　　　　　20 000

③ 缴纳关税时：
借：应交税费——应交出口关税　　　　　　　20 000
　　贷：银行存款　　　　　　　　　　　　　　　　20 000

2. 代理进出口业务关税的会计处理

代理进出口业务多以成交价的一定比例收取劳务费作为其收入。进出口商品计算缴纳的关税应由委托单位承担，受托单位向海关缴纳的关税是代垫或代付性质，需要与委托方结算。代理进出口业务计缴的关税，在会计处理上也是通过设置"应交税费"账户反映的，其对应账户包括"应付账款""应收账款""银行存款"等账户。

1）代理进口业务关税的会计处理

【例 5-12】 2020 年 8 月，甲进出口公司受乙公司委托代理进口一批商品，进口货款 740 000 元已汇入甲公司账户，该进口商品在我国口岸的完税价格折合人民币为 600 000 元，进口关税税率为 20%，代理手续费按货价 2% 收取。该批商品已运达指定口岸，甲公司与乙公司办理有关结算。对甲公司上述受托进口业务进行会计处理。

解析：

应纳进口关税＝600 000×20％＝120 000（元）

代理手续费＝600 000×2％＝12 000（元）

会计分录如下。

① 收到委托方划来货款时：

借：银行存款　　　　　　　　　　　　　　　　　740 000
　　贷：应付账款——乙公司　　　　　　　　　　　　　740 000

② 对外付汇进口商品时：

借：应收账款——国外供应商　　　　　　　　　　600 000
　　贷：银行存款　　　　　　　　　　　　　　　　　　600 000

③ 关税结算与缴纳时：

借：应付账款——乙公司　　　　　　　　　　　　120 000
　　贷：应交税费——应交进口关税　　　　　　　　　　120 000

借：应交税费——应交进口关税　　　　　　　　　120 000
　　贷：银行存款　　　　　　　　　　　　　　　　　　120 000

④ 将商品交付乙方公司并收取手续费时：

借：应付账款——乙公司　　　　　　　　　　　　612 000
　　贷：主营业务收入　　　　　　　　　　　　　　　　 12 000
　　　　应收账款——国外供应商　　　　　　　　　　　600 000

⑤ 向乙公司退回多余的货款时：

借：应付账款——乙公司　　　　　　　　　　　　　8 000
　　贷：银行存款　　　　　　　　　　　　　　　　　　　8 000

2）代理出口业务关税的会计处理

【例5-13】 2021年9月，甲进出口公司代理乙工厂出口商品一批，我国口岸离岸价格（FOB）折合人民币为600 000元，出口关税税率为20％，手续费为15 000元。根据海关开出的税款缴纳凭证，通过银行转账支票支付了税款。对甲公司上述代理出口业务进行会计处理。

解析：

应纳出口关税＝600 000÷(1＋20％)×20％＝100 000（元）

会计分录如下。

① 计算出应交出口关税：

借：应收账款——乙工厂　　　　　　　　　　　　100 000
　　贷：应交税费——应交出口关税　　　　　　　　　　100 000

② 缴纳出口关税：

借：应交税费——应交出口关税　　　　　　　　　100 000
　　贷：银行存款　　　　　　　　　　　　　　　　　　100 000

③ 应收手续费：

借：应收账款——乙工厂　　　　　　　　　　　　 15 000
　　贷：主营业务收入　　　　　　　　　　　　　　　　 15 000

④ 和乙工厂结算税款及手续费：
借：银行存款　　　　　　　　　　　　　　　115 000
　　贷：应收账款——乙工厂　　　　　　　　　　　115 000

5.3　关税税收筹划技巧与实务

关税税收筹划主要可以从关税完税价格、税率等方面进行考虑，基本思路是选择被海关确定为更低的关税完税价格或适应较低的关税税率的方法。

5.3.1　进口货物关税完税价格的税收筹划

1. 依据成交价格估价法及海关估价法进行税收筹划

进口货物完税价格的确定方法大致可以划分为两类：第一类是以进口货物的成交价格为基础进行调整，从而确定进口货物完税价格的估价方法（成交价格估价方法）；第二类则是在进口货物的成交价格不符合规定条件或者成交价格不能确定的情况下，海关用以审查确定进口货物完税价格的估价方法（海关估价方法）。

为此，在第一类方法下，应就不同渠道进口货物成交价及构成调整项目的运费、保险费、买方负担的经纪费、包装材料和包装劳务费、境外开发设计费等进行综合比较，选取完税价格更低的渠道进口货物；在第二类方法下，由于进口货物的成交价格不符合规定条件或者成交价格不能确定的，要由海关与纳税义务人进行价格磋商后，依次以相同货物成交价格估价方法、类似货物成交价格估价方法、倒扣价格估价方法、计算价格估价方法，以及其他合理方法审查确定该货物的完税价格。这为高新技术、特种资源、新产品等缺乏市场参考价格的稀缺商品留下了较大的税收筹划空间。

【例5-14】　2020年8月，某公司拟从境外引进一条数控机床生产线，可选择从A国或B国进口。若从A国进口，离岸价格（FOB）为2 000万元，该生产线运抵我国输入地点起卸前的运费和保险费为200万元。另外支付由买方负担的经纪费20万元、包装材料和包装劳务费30万元、与生产线有关的境外开发设计费用40万元。若从B国进口，离岸价格（FOB）为1 900万元，该生产线运抵我国输入地点起卸前的运费和保险费为210万元。另外支付由买方负担的经纪费30万元、包装材料和包装劳务费40万元、与生产线有关的境外开发设计费用50万元。关税税率均为30%，增值税税率均为13%，该公司应如何进行税收筹划？

解析：

方案一：选择从A国进口生产线。

关税完税价格＝2 000＋200＋20＋30＋40＝2 290（万元）

应纳进口关税＝2 290×30%＝687（万元）

应纳增值税＝2290×(1＋30%)×13%＝387.01（万元）

方案二：选项从B国进口生产线。

关税完税价格＝1 900＋210＋30＋40＋50＝2 230(万元)
应纳进口关税＝2 230×30%＝669(万元)
应纳增值税＝2230×(1＋30%)×13%＝376.87(万元)

结论：进口数控机床生产线选择 B 国相比选择 A 国，关税完税价格降低 60(2 290－2 230)万元，进而减轻关税税负 18(687－669)万元，减轻增值税税负 10.14(387.01－376.87)万元，合计减轻税负 28.14(18＋10.14)万元，取得了较好的税收筹划收益。

【例 5-15】 2021 年 1 月，甲公司获悉国外某企业研发出一种高新技术产品，该产品刚刚走出实验室进行试产，确切的市场价格尚未形成。该产品可为甲公司产品结构换代升级提供很大助益，且预期未来售价将远高于目前国内市场类似产品的价格：国内类似产品市场价格为 500 万元，预计该产品在国内市场售价可达 800 万元。甲公司拟进口该产品，应如何进行税收筹划？

解析：因该产品是新研发出来的，成交价格尚不能确定，要由海关与甲公司进行价格磋商后，以类似货物成交价格进行估价。

方案一：甲公司以略低于类似产品价格的估价向海关申报，如 490 万元，海关与公司磋商后认为可行，照此征税后通关放行。这种情况下关税完税价格为 490 万元。

方案二：海关可能认为 490 万元的申报价格不合理，经磋商后依国内类似产品市场价格估定申报价格为 500 万元，征税后通关放行。这种情况下关税完税价格为 500 万元。

结论：总之，无论是方案一还是方案二，进口产品关税完税价格在 490 万元至 500 万元之间，远低于预计的国内售价 800 万元，由于计税基础大幅降低，这对进口环节增值税、关税等流转税的节税效应是非常明显的。

2. 单独列明相关税费项目降低计税基础

我国相关税收法规规定，进出口货物的价款中单独列明的部分税费项目，不计入该货物的完税价格。

在进口环节，依据《中华人民共和国海关审定进出口货物完税价格办法》第五条规定，也即本章第一节第二部分阐述"进口货物完税价格的确认"下的"成交价格估价方法"中列示的：①厂房、机械、设备等货物进口后的基建、安装、装配、维修和技术服务的费用；②进口货物运抵境内输入地点之后的运输费用；③进口关税及其他国内税；④为在境内复制进口货物而支付的费用；⑤境内外技术培训及境外考察费用；⑥同时符合特定条件的利息费用。

在出口环节，依据《中华人民共和国海关审定进出口货物完税价格办法》第二十一条规定，也即本章第一节第二部分阐述"出口货物完税价格的确认"下的"以成交价格为基础的完税价格"中列示的：①出口关税税额；②在货物价款中单独列明的货物运至我境内输出地点装卸后的运输及相关费用、保险费。

当进出口业务发生上述规定中涉及的相关税费项目时，纳税人应尽可能在货物价格中单独列明具体项目明细，这样可以不将这些项目计入关税完税价格，通过降低计税基础从而减轻关税税负。

5.3.2 关税税率的筹划

1. 零部件与成品关税的税收筹划

对关税税则进行分析可以发现,原材料、零部件与成品三者的关税税率相比,原材料和零部件的关税税率最低,半成品次之,产成品的税率最高。因此,在产能可行的情况下,进口原材料、零部件进行加工生产,比直接进口成品能够降低税负。

【例 5-16】 甲公司是国内的汽车制造商,每年需向 A 国汽车制造商进口 1 万辆小汽车满足国内市场需求。每辆小汽车的关税完税价格为 30 万元,进口环节关税税率为 25%,消费税税率为 5%,增值税税率为 13%。因为该进口车型市场需求较大,若进行税收筹划,甲公司也可在国内设立乙公司作为子公司从事汽车组装兼销售,进口环节由原来从 A 国进口整车改为进口散装汽车零部件,每辆汽车的全套零部件按 24 万元的价格转让给乙公司,散装汽车零部件进口环节的关税税率为 10%,且免纳消费税。比较以下两种方案哪种可以获得合理的税收筹划收益。

解析:

方案一:选择进口整车,则:

应纳进口关税 $=30\times10\,000\times25\%=75\,000$(万元)

应纳消费税 $=(30\times10\,000+75\,000)\div(1-5\%)\times5\%=19\,736.84$(万元)

应纳增值税 $=(30\times10\,000+75\,000)\div(1-5\%)\times13\%=51\,315.79$(万元)

进口环节应纳税额合计 $=75\,000+19\,736.84+51\,315.79=146\,052.63$(万元)

方案二:选择进口汽车零部件,则:

应纳进口关税 $=30\times10\,000\times10\%=30\,000$(万元)

应纳增值税 $=(30\times10\,000+30\,000)\times13\%=42\,900$(万元)

进口环节应纳税额合计 $=30\,000+42\,900=72\,900$(万元)

结论:进口环节选择方案二比选择方案一少缴纳流转税 73 152.63(146 052.63-72 900)万元,其中,少缴纳关税 45 000(75 000-30 000)万元。选择方案二大幅减轻了甲公司的税负。虽然消费税和增值税的一部分在以后的生产销售环节需要补缴,但这样延缓了纳税时间,充分利用了资金的时间价值,同样可以获得可观的税收筹划收益。

2. 原产地的税收筹划

关税条例规定,进口税率分为普通税率和优惠税率(最惠国税率、协定税率、特惠税率),具体适用哪种类型的税率主要取决于货物的原产地。对于原产地是与我国未签订关税互惠协议的国家或地区的进口货物,按普通税率征税;对于原产地是与我国签订有关税互惠的协议或地区的进口货物,按优惠利率征税。因此,原产地税收筹划的思路是:尽量使进口环节适用优惠税率而避免适用普通税率。关于原产地的确认,我国基本上采用了"全部产地生产标准"和"实质性加工标准"两种国际上通用的原产地标准。前者是指完全在一个国家内生产或制造的进口货物,其生产或制造国就是该货物的原产国;后者是指几个国家参与加工、制造的进口货物,将对货物进行实质性加工的国家作为有关货物的原产地。实质性加工是指产品经过加工后,在进出口税则中四位数税号一级的税目归类已经有了改变,或者其加工增值部分占新产品总值的比例已经超过30%。

对于全部产地生产标准,进行税收筹划的可能性很小,但是实质性加工标准则为税收筹划提供了很大空间。就实质性标准中的税目税率的改变而言,经济全球化进程中供应链、价值链的国际化分工趋向为利用这一点进行税收筹划提供了便利,如制造业领域的小汽车制造供应链就具有明显的国际分工特点:发动机可能由法国生产制造,底盘悬挂系统可能由德国生产制造,车载电子设备可能由美国生产制造,橡胶轮胎的生产可能由马来西亚等东南亚国家承担,钢化玻璃可能由韩国提供。那么,整车总装配基地应该选择在何地设立才能使进口的关税税负较低,需要科学地论证抉择。首先要了解这些国家或地区是否与中国签订了关税互惠协议,并认真比较与中国签订了关税互惠协定的国家或地区中,哪一个最优惠,哪一个在经济成本上更为可行,从而做出抉择。当然,除了考虑关税因素外,还要同时考虑这些国家或地区的外汇管制制度、出口配额控制、政治经济形势,以及关键技术领域"卡脖子"问题可能引起的供应链断供风险。就实质性标准中加工增值部分占新产品总值的比例超过30%而言,即便纳税人选择了一个非常有利于节税的国家或地区建立总装配基地,如果总装配环节的加工增值部分由于技术含量及价值创造低而达不到30%,也可以运用降低其他国家或地区的零部件价格等转让定价方法加大总装配环节的价值增值比例,使之达到或超过30%以符合实质性加工的条件要求。

【导入案例讨论】

经过本章的学习,我们对于关税涉税业务的会计处理及税收筹划思路有了全面深刻的认识。最后,让我们来逐一回答本章开始"导入案例"中提出的问题。

问题1:计算该企业应缴纳的关税税额。

解答:

从A国进口生产线的关税完税价格=2 000+80+30+40+60=2 210(万元)

从B国进口生产线的关税完税价格=1 900+120+50+80+120=2 270(万元)

从A国进口生产线的应纳关税税额=2 210×30%=663(万元)

从B国进口生产线的应纳关税税额=2 270×30%=681(万元)

问题2:对关税涉税业务进行会计处理。

若从A国进口,会计分录如下:

借:在建工程　　　　　　　　　　　　　　　　　28 730 000
　　贷:应付账款　　　　　　　　　　　　　　　22 100 000
　　　　应交税费——应交关税(银行存款)　　　　6 630 000

若从B国进口,会计分录如下:

借:在建工程　　　　　　　　　　　　　　　　　29 510 000
　　贷:应付账款　　　　　　　　　　　　　　　22 700 000
　　　　应交税费——应交关税(银行存款)　　　　6 810 000

问题3:该关税涉税业务是否有税收筹划的空间。

解答:就采购生产线的离岸价格(FOB)而言,尽管从A国进口要比从B国进口高100(2 000-1 900)万元,但是综合考虑生产线运抵我国输入地起卸前的运费、保险费、由买方负担的包装费、与生产线有关的境外开发设计费等计入关税完税价格的费用后,从A国采购的关税完税价格比从B国采购的关税完税价格反而降低60(2 270－2 210)万元,进而可降低关税税负18(681－663)万元。此外,增值税等流转税税负也相应得以减轻。为此,从A国进口可以获得一定的税收筹划收益。

扫描此码

即测即练题

复习思考题

1. 进口货物关税完税价格的确认方法有哪几种？
2. 进口环节应纳的关税、增值税、消费税在账务处理时有什么异同？
3. 进口货物关税完税价格的税收筹划思路有哪些？
4. 关税税率的筹划思路有哪些？

第6章

土地增值税会计与税收筹划

【学习目标】
1. 掌握土地增值税的纳税人和征税范围。
2. 掌握土地增值税应纳税额的计算和申报方法。
3. 掌握土地增值税涉税业务的会计处理方法。
4. 熟悉土地增值税的税收优惠政策。
5. 掌握土地增值税税收筹划的基本原理和方法,能够选取合适方法灵活运用于税收筹划实践,对企业土地增值税涉税业务进行筹划获得税收筹划收益。

【导入案例】
2021年年初,某房地产开发公司在编制年度财务预算时,估计到当年钢筋、水泥、砂石等主要原材料面临价格上涨压力,大致有10%左右的上涨幅度。但是受"房住不炒"以及严控信贷资金违规流入房市等调控政策的影响,需求端相对下滑,全年销售收入环比增长的可能性很小,预计大致只能与2020年持平。该公司在安排涉税资金预算时,应对这一预计情况进行充分考虑。

请思考:
1. 该公司当年增值税税负及土地增值税税负增减趋势是否一致?
2. 进行税收筹划时,应如何对增值税、土地增值税、企业所得税等主要税种进行综合考虑?

6.1 土地增值税的确认、计量与纳税申报

6.1.1 土地增值税概述

1. 土地增值税的概念

土地增值税是对有偿转让国有土地使用权、地上建筑物和其他附着物产权,取得增值收入的单位和个人征收的一种税。征收土地增值税增强了政府对房地产开发和交易市场的调

控,有利于抑制炒买炒卖土地获取暴利的行为,也增加了国家财政收入。现行土地增值税的基本法律规范是1993年12月13日国务院颁布的《中华人民共和国土地增值税暂行条例》。为贯彻税收法定的原则,2019年7月,财政部会同国家税务总局发布了《中华人民共和国土地增值税法(征求意见稿)》,向全社会公开征求意见,但是具体实施日期尚未确定。

2. 纳税义务人

土地增值税的纳税人为有偿转让国有土地使用权、地上建筑物及其附着物(以下简称"房地产")产权,并取得收入的单位和个人。单位包括各类企业单位、事业单位、国家机关、社会团体及其他组织;个人包括个体经营者和其他个人。

归纳起来看,税收法规对纳税义务人的规定有以下四个特点:

(1) 不论法人与自然人。即不论是企业、事业单位、国家机关、社会团体及其他组织,还是个人,只要有偿转让房地产,都是土地增值税的纳税人。

(2) 不论经济性质。即不论是全民所有制企业、集体企业、私营企业、个体经营者,还是联营企业、合资企业、外商独资企业等,只要有偿转让房地产,都是土地增值税的纳税人。

(3) 不论内资与外资企业、中国公民与外籍个人。即不论是内资企业还是外商投资企业、外国驻华机构,也不论是中国公民、港澳台同胞、海外华侨,还是外国公民,只要有偿转让房地产,都是土地增值税的纳税人。

(4) 不论行业与部门。即不论是工业、农业、商业、学校、医院、机关等,只要有偿转让房地产,都是土地增值税的纳税人。

3. 征税范围

1) 基本征税范围

土地增值税是对转让国有土地使用权及其地上建筑物和附着物的行为征税,不包括国有土地使用权出让取得的收入。国有土地使用权出让是指国家以土地所有者的身份将土地使用权在一定年限内让与土地使用者,并由土地使用者向国家支付土地使用权出让金的行为,属于土地买卖的一级市场,出让方是国家,出让目的是实行国有土地有偿使用制度,因此,土地使用权出让不属于土地增值税的征税范围。

土地使用权转让,是指土地使用者通过出让等形式取得土地使用权后,将土地使用权再转让的行为,包括出售、交换和赠予,这类行为属于土地买卖的二级市场。土地使用权转让,其地上建筑物、其他附着物的所有权随之转让。土地使用权的转让属于土地增值税的征税范围。

土地增值税的基本征税范围包括:

(1) 转让国有土地使用权。

(2) 地上建筑物及其附着物连同国有土地使用权一并转让。

(3) 存量房地产的买卖。

2) 特殊征税范围

(1) 房地产的继承。指房产的原产权所有人、依照法规取得土地使用权的土地使用人死亡以后,由其继承人依法承受死者房产产权和土地使用权的民事法律行为。这种行为虽然发生了房地产权属的变更,但作为房产产权、土地使用权的原所有人(被继承人)并没有因为权属变更而取得任何收入。因此,这种房地产的继承不属于土地增值税的征税范围。

(2) 房地产的赠予。指房产所有人、土地使用权所有人将自己拥有的房地产无偿交给其他人的民事法律行为。这里的赠予仅指：赠予直系亲属或直接赡养义务承担人；通过境内非营利的社会团体、国家机关赠予教育、民政和其他社会福利、公益事业的情形。房地产的赠予虽然发生了房地产的权属变更，但原所有人并没有因为权属转让而取得任何收入。因此，房地产的赠予不属于土地增值税的征收范围。

(3) 房地产的出租。指房产的原产权所有人、依照法规取得土地使用权的土地使用人，将房产、土地使用权租赁给承租人使用，由承租人向出租人支付租金的行为。房地产的出租人虽取得了收入，但没有发生房产产权、土地使用权的转让，因此，不属于土地增值税的征税范围。

(4) 房地产的抵押。指房产的原产权所有人、依照法规取得土地使用权的土地使用人，作为债务人或第三人向债权人提供不动产作为清偿债务的担保而不转移权属的法律行为。这种情况下由于没有发生权属的转移，因此，在抵押权内不属于土地增值税的征税范围。但是，抵押期满后，应视该房地产是否转移占有而确定是否征收土地增值税。

(5) 房地产的交换。指一方以房地产与另一方的房地产进行交换的行为。由于这种行为既发生了房产产权、土地使用权的转移，交换双方又取得了实物形态的收入，因此属于土地增值税的征税范围。但对个人之间互换自有居住用房地产的，经当地税务机关核实，可以免征土地增值税。

(6) 合作建房。对于一方出地，一方出资金，双方合作建房，建成后按比例分房自用的，暂免征收土地增值税；建成后转让的，应征收土地增值税。

(7) 房地产的代建行为。指房地产开发公司代客户进行房地产的开发，开发完成后向客户收取代建收入的行为。对于房地产开发公司而言，虽然取得了收入，但没有发生房地产权属的转移，其收入属于劳务收入性质，故不属于土地增值税的征收范围。

(8) 房地产的重新评估。主要是指国有企业在清产核资时对房地产进行重新评估而使其升值的情况。这种情况下，房地产虽然有增值，但其既没有发生房地产权属的转移，房产产权、土地使用权人也未取得收入，所以不属于土地增值税的征收范围。

4. 税率

土地增值税实行四级超率累进税率：
(1) 增值额未超过扣除项目金额50%的部分，税率为30%。
(2) 增值额超过扣除项目金额50%、未超过扣除项目金额100%的部分，税率为40%。
(3) 增值额超过扣除项目金额100%、未超过扣除项目金额200%的部分，税率为50%。
(4) 增值额超过扣除项目金额200%的部分，税率为60%。
超率累进税率如表6-1所示。

表6-1 土地增值税四级超率累进税率表

级次	增值额占扣除项目金额的比例	税率(%)	速算扣除率(%)
1	50%(含)以下	30	0
2	50%~100%(含)	40	5
3	100%~200%(含)	50	15
4	200%以上	60	35

【扩展阅读6.1】 土地增值税预征与增值税预征的计税基础差异

扫描此码
深度学习

5. 预征管理

由于房地产开发与转让周期较长,造成土地增值税征管难度大,根据《中华人民共和国土地增值税暂行条例实施细则》的规定,我国对纳税人在项目竣工结算前转让房地产取得的收入,可以预征土地增值税。除保障性住房外,东部地区省份预征率不得低于2%,中部和东北地区省份不得低于1.5%,西部地区省份不得低于1%。具体预征率由各省、自治区、直辖市税务局根据当地情况确定。

土地增值税的纳税人应在转让房地产合同签订后的7日内,到房地产所在地主管税务机关办理纳税申报。

6. 土地增值税清算

土地增值税清算是指纳税人在符合土地增值税清算条件后,依照税收法律、法规及土地增值税有关政策的规定,计算房地产开发项目应缴纳的土地增值税税额,并填写"土地增值税清算申报表",向主管税务机关提供有关资料,办理土地增值税清算手续,结清该房地产项目应缴纳土地增值税税款的行为。

土地增值税以国家有关部门审批通过的房地产开发项目为单位进行清算,对于分期开发的项目,以分期项目为清算单位。开发项目中同时包含普通住宅和非普通住宅的,应分别计算增值额。

7. 纳税期限

纳税人应在转让房地产合同签订后的7日内进行纳税申报,并向税务机关提交房屋及建筑物产权、土地使用权证书,土地转让、房产买卖合同,房地产评估报告及其他与转让房地产有关的资料。

纳税人因经常发生房地产转让而难以在每次转让后申报的,经税务机关审核同意后,可以定期进行纳税申报,具体期限由税务机关根据相关规定确定。

上述"纳税人因经常发生房地产转让而难以在每次转让后申报",是指房地产开发企业开发建造房地产,因分次转让而频繁发生纳税义务,难以在每次转让后申报纳税的情况,土地增值税可以按月或按各省、自治区、直辖市和计划单列市税务局规定的期限申报缴纳。纳税人选择定期申报方式的,应向纳税所在地的税务机关备案。定期申报方式确定后,一年之内不得变更。

8. 土地增值税减免

(1) 纳税人建造普通标准住宅出售,增值额未超过扣除项目金额20%的,免征土地增值税；增值额超过扣除项目金额20%的,应就其全部增值额按规定计税。

对纳税人既建造普通标准住宅,又建造其他房地产开发的,应分别核算增值额。不分别核算增值额或不能准确核算增值额的,其建造的普通标准住宅不能适用免税规定。

(2) 因国家建设需要依法征用、收回的房地产,免征土地增值税。

(3) 因城市规划、国家建设需要而搬迁,由纳税人自行转让原房地产的,免征土地增值税。

(4) 企事业单位、社会团体以及其他组织转让旧房作为改造安置住房或公共租赁住房房源,且增值额未超过扣除项目金额20%的,免征土地增值税。

(5) 个人销售住房减免。自2008年11月1日,对个人销售住房暂免征收土地增值税。

6.1.2　土地增值税的确认与计量

1. 转让收入的确认

纳税人转让房地产取得的应税收入是扣除增值税后的收入,即不含增值税收入,包括转让房地产的全部价款和有关经济利益。其收入形式包括:

(1) 货币收入。纳税人转让国有土地使用权、地上建筑物及其附着物产权而取得的现金、银行存款、支票、银行本票、汇票等各种信用票据和国库券、金融债券、企业债券、股票等有价证券。

(2) 实物收入。纳税人转让国有土地使用权、地上的建筑物及其附着物产权而取得的各种实物形态的收入,如钢材、水泥等建材,房屋、土地等不动产,一般要对这些实物形态的财产进行估价,按取得收入时的市场价格折算成货币收入。

(3) 其他收入。纳税人转让国有土地使用权、地上的建筑物及其附着物而取得的无形资产收入或具有财产价值的权利,如专利权、商标权、著作权、专有技术使用权、土地使用权、商誉权等,这种类型的收入比较少见,其价值需要进行专门的评估。

2. 扣除项目及金额的确认

1) 新建房扣除项目及金额

(1) 取得土地使用权所支付的金额。

① 纳税人为取得土地使用权所支付的地价款；

② 纳税人在取得土地使用权时按国家统一规定缴纳的有关登记、过户手续费和契税等税费。

(2) 房地产开发成本。

房地产开发成本是指纳税人开发房地产项目实际发生的成本,包括土地征用及拆迁补偿费、前期工程费、建筑安装工程费、基础设施费、公共配套设施费、开发间接费用等。

(3) 房地产开发费用。

房地产开发费用是指与房地产开发项目有关的销售费用、管理费用和财务费用,但在计算土地增值税时,房地产开发费用并不是按照纳税人实际发生额进行扣除,而应分别按以下两种情况扣除:

① 财务费用中的利息支出,凡能够按转让房地产项目计算分摊并提供金融机构证明

的,允许据实扣除,但最高不能超过按商业银行同类同期贷款利率计算的金额。其他房地产开发费用,按"取得土地使用权所支付的金额和房地产开发成本"之和的5%以内计算扣除。

② 财务费用中的利息支出,凡不能按转让房地产项目计算分摊利息支出或者不能提供金融机构证明的,房地产开发费用按"取得土地使用权所支付的金额和房地产开发成本"之和的10%以内计算扣除。

全部使用自有资金,没有利息支出的,按照以上方法扣除。上述具体适用的扣除比例由各省、自治区、直辖市人民政府规定。

(4) 与转让房地产有关的税金。

与转让房地产有关的税金是指在转让房地产时缴纳的城市维护建设税、印花税。因转让房地产缴纳的教育费附加,也可以视同税金予以扣除。

需要明确的是,房地产开发企业按照《施工、房地产开发企业财务制度》的有关规定,其缴纳的印花税已列入管理费用中,故不允许再次扣除。其他纳税人缴纳的印花税(按产权转移书据所载金额的0.5‰贴花)允许在此扣除。

(5) 国务院规定的其他扣除项目。

对从事房地产开发的纳税人,可按"取得土地使用权所支付的金额和房地产开发成本"之和,加计20%扣除。此规定只适用于从事房地产开发的纳税人,除此之外的其他纳税人不适用,并且只有在销售"新建商品房"时才适用此规定。

2) 旧房及建筑物扣除项目及金额

纳税人转让旧房的,应将房屋及建筑物的评估价格、取得土地使用权所支付的地价款或出让金、按国家规定统一缴纳的有关费用和转让环节缴纳的税金作为扣除项目金额来计征土地增值税。对取得土地使用权时未支付地价款或不能提供已支付的地价款凭据的,在计征土地增值税时不允许扣除。

3. 应纳税额的计算

土地增值税是以纳税人转让房地产取得的增值额为计税依据,它是纳税人转让房地产取得的收入减去规定扣除项目金额后的余额。

1) 增值额的确定

确定增值额是计算土地增值税的基础,准确核算增值额,需要有准确的房地产转让收入额和扣除项目金额。在实际房地产经营活动中,有些纳税人由于不能准确提供房地产转让价格或扣除项目金额,致使增值额不准确,直接影响到应纳税额的计算和缴纳。依据《中华人民共和国土地增值税暂行条例》第九条规定,纳税人有下列情形之一的,按照房地产评估价格计算征收。

(1) 隐瞒、虚报房地产成交价格的。

(2) 提供扣除项目金额不实的。

(3) 转让房地产的成交价格低于房地产评估价格,又无正当理由的。

2) 应纳税额的计算方法

土地增值税按照纳税人转让房地产取得的增值额和规定的税率计算征收,适用超率累进税率,其计算公式为:

$$\text{土地增值税应纳税额} = \sum (\text{每级距的土地增值额} \times \text{适用税率})$$

但是实际工作中,因为分步计算比较烦琐,所以一般采用速算扣除法计算。具体计算公式如下:

应纳税额＝土地增值额×适用税率－扣除项目金额×速算扣除系数

【例 6-1】 某房地产开发公司 2020 年 12 月清盘转让商品房现房一栋,取得含税收入总额为 6 000 万元,与转让房地产相关的城市维护建设税和教育费附加 20 万元,缴纳印花税 3 万元;公司为取得土地使用权而支付的地价款及有关费用为 2 000 万元;房地产开发成本为 1 000 万元;房地产开发费用中的利息支出为 310 万元(不能按转让房地产项目计算分摊利息支出,也不能提供金融机构证明)。该省房地产开发费用扣除比例按最高比例。计算该房地产开发公司应缴纳的土地增值税。

解析:

(1) 房地产转让收入＝6 000－(6 000－2 000)÷(1＋9％)×9％＝5 669.724 8(万元)

(2) 扣除项目金额:

① 取得土地使用权支付的金额＝2 000(万元)

② 房地产开发成本＝1 000(万元)

③ 房地产开发费用＝(2 000＋1 000)×10％＝300(万元)

④ 与转让房地产有关的税金＝20(万元)

⑤ 从事房地产开发的加计扣除＝(2 000＋1 000)×20％＝600(万元)

扣除项目金额合计＝2 000＋1 000＋300＋20＋600＝3 920(万元)

(3) 增值额＝5 669.724 8－3 920＝1 749.724 8(万元)

(4) 增税率＝1 749.724 8÷3 920×100％＝44.64％

(5) 土地增值税应纳税额＝1 749.724 8×30％－3 920×0％＝524.917 4(万元)

6.1.3 土地增值税的纳税申报

1. 纳税地点

土地增值税的纳税人应向房地产所在地主管税务机关办理纳税申报,房地产所在地是指房地产的坐落地。纳税人转让的房地产坐落在两个或两个以上地区的,应按房地产所在地分别申报纳税。实际纳税申报工作中,纳税地点的确定可以分为以下两种情形:

(1) 纳税人是法人的。当转让的房地产坐落地与其机构所在地或经营所在地一致时,则在办理税务登记的税务机关申报纳税即可;如果转让的房地产坐落地与其机构所在地或经营所在地不一致时,则应在房地产坐落地的税务机关申报纳税。

(2) 纳税人是自然人的。当转让的房地产坐落地与其居住地一致时,则在居住地税务机关申报纳税;当转让的房地产坐落地与其居住地不一致时,则在房地产坐落地的税务机关申报纳税。

2. 纳税申报

国家税务总局制定下发的《土地增值税纳税申报表》包括从事房地产开发的纳税人预征土地增值税适用的《土地增值税纳税申报表(一)》(见表 6-2),以及从事房地产开发的纳税人清算土地增值税适用的"土地增值税纳税申报表(二)"(见表 6-3)。

表6-2 土地增值税纳税申报表（一）

（从事房地产开发的纳税人预征适用）

税款所属时间： 年 月 日 至 年 月 日　　填表日期： 年 月 日

项目名称：

纳税人识别号：

金额单位：元（列至角分）；面积单位：平方米

房产类型	房产类型子目	收入				预征率（%）	应纳税额	税款缴纳	
		应税收入	货币收入	实物收入及其他收入	视同销售收入			本期已缴税额	本期应缴税额计算
	1	2=3+4+5	3	4	5	6	7=2×6	8	9=7−8
普通住宅	74 200 000	74 200 000				1.5%	1 113 000		1 113 000
非普通住宅									
其他类型房地产									
合计	—	74 200 000				—	1 113 000		1 113 000

以下由纳税人填写：

纳税人声明： 此纳税申报表是根据《中华人民共和国土地增值税暂行条例》及其实施细则和国家有关税收规定填报的，是真实的、可靠的、完整的。

纳税人签章　　　　　　　　　　　代理人签章

　　　　　　　　　　　　　　　　代理人身份证号

以下由税务机关填写：

受理人	受理日期 年 月 日	受理税务机关签章

表 6-3　土地增值税纳税申报表（二）
（从事房地产开发的纳税人清算适用）

税款所属时间：　　　　　　　　　　　　　　　　　　　　　　　　　金额单位：元（列至角分）
纳税人识别号：　　　　　　　　填报日期：　　　　　　　　　　　　　面积单位：平方米

纳税人名称		项目名称		项目编号		项目地址	
所属行业		经济性质		纳税人地址		邮政编码	
开户银行		银行账号		主管部门		电　话	
总可售面积				自用和出租面积			
已售面积		其中：普通住宅已售面积		其中：非普通住宅已售面积		其中：其他类型房地产已售面积	

项　　目	行次	普通住宅	非普通住宅	其他类型房地产	合计
一、转让房地产收入总额 1＝2＋3＋4	1	83 807 339			83 807 339
其中　货币收入	2	83 807 339			83 807 339
实物收入及其他收入	3				
视同销售收入	4				
二、扣除项目金额合计 5＝6＋7＋14＋＋17＋21＋22	5	48 820 045.5			48 820 045.5
1. 取得土地使用权所支付的金额	6	15 000 000			15 000 000
2. 房地产开发成本 7＝8＋9＋10＋11＋12＋13	7	22 286 271			22 286 271
其中　土地征用及拆迁补偿费	8				
前期工程费	9				
建筑安装工程费	10	22 286 271			22 286 271
基础设施费	11				
公共配套设施费	12				
开发间接费用	13				
3. 房地产开发费用 14＝15＋16	14	3 728 627.1			3 728 627.1
其中　利息支出	15				
其他房地产开发费用	16				
4. 与转让房地产有关的税金等 17＝18＋19＋20	17	347 893.2			347 893.2
其中　营业税	18				
城市维护建设税	19	243 525.24			243 525.24
教育费附加(含地方教育附加、堤围防护费、城建金)	20	104 367.96			104 367.96
5. 财政部规定的其他扣除项目	21				
6. 代收费用	22				
三、增值额 23＝1－5	23	34 987 293.5			34 987 293.5
四、增值额与扣除项目金额之比(%) 24＝23÷5	24	71.67			71.67
五、适用税率(%)	25	40			40

续表

项　　目	行次	普通住宅	非普通住宅	其他类型房地产	合计
六、速算扣除系数(%)	26	5			5
七、应缴土地增值税税额 27＝23×25－5×26	27	11 553 915.12			11 553 915.12
八、减免税额 28＝30＋32＋34	28				
其中	减免税(1)	减免性质代码(1)	29				
		减免税额(1)	30				
	减免税(2)	减免性质代码(2)	31				
		减免税额(2)	32				
	减免税(3)	减免性质代码(3)	33				
		减免税额(3)	34				
九、已缴土地增值税税额	35	1 113 000			1 113 000
十、应补(退)土地增值税税额 36＝27－28－35	36	10 440 915.12			10 440 915.12

以下由纳税人填写：

纳税人声明	此纳税申报表是根据《中华人民共和国土地增值税暂行条例》及其实施细则和国家有关税收规定填报的,是真实的、可靠的、完整的。		
纳税人签章		代理人签章	代理人身份证号

以下税务机关填写：

受理人		受理日期	年　月　日	受理税务机关签章	

【纳税申报同步练习】

1. 从事房地产开发的纳税人预征土地增值税申报案例

某中部省份房地产开发公司开发销售普通住宅,具体情况见【例6-2】资料。请填列该公司2020年9月的预征土地增值税的纳税申报表(纳税识别号等表头信息略)。

解答：具体栏次填列情况见表6-2。

2. 从事房地产开发的纳税人清算土地增值税申报案例

接同步练习1,该房地产开发公司2021年1月项目已经清盘,进行清算时土地增值税业务情况如下：取得的含税收入为90 000 000元；支付土地出让金15 000 000元,房地产开发成本均为建筑安装工程费,包括购买建筑材料费用20 000 000元(含增值税,税率13%)、支付给建筑公司建设工程款5 000 000元(含增值税,税率9%),房地产开发费用中的利息支出为6 000 000元(不能按转让房地产项目计算分摊利息支出,也不能提供金融机构证明),房地产开发费用计算扣除比例为10%。该房地产开发公司已预征土地增值税(见练习1),请填列该公司清算土地增值税的纳税申报表(纳税识别号等表头信息略)。

解析：

计算土地增值税应纳税额：

应纳增值税＝(90 000 000－15 000 000)÷(1＋9％)×9％－[20 000 000÷(1＋13％)×13％＋5 000 000÷(1＋9％)×9％]＝3 478 932(元)

计算土地增值税的转让房地产的收入(不含增值税)＝90 000 000－(90 000 000－15 000 000)÷(1＋9％)×9％＝83 807 339(元)

土地价款＝15 000 000(元)

房地产开发成本＝20 000 000÷(1＋13％)＋5 000 000÷(1＋9％)＝22 286 271(元)

房地产开发费用＝(15 000 000＋22 286 271)×10％＝3 728 627.1(元)

与转让房地产有关的税金＝3 478 932×7％＋3 478 932×3％＝243 525.24＋104 367.96＝347 893.2(元)

加计扣除 20％＝(15 000 000＋22 286 271)×20％＝7 457 254.2(元)

扣除项目金额合计＝15 000 000＋22 286 271＋3 728 627.1＋347 893.2＋7 457 254.2＝48 820 045.5(元)

增值额＝83 807 339－48 820 045.5＝34 987 293.5(元)

增值率＝34 987 293.5÷48 820 045.5×100％＝71.67％

土地增值税应纳税额＝34 987 293.5×40％－48 820 045.5×5％＝11 553 915.12(元)

解答： 具体栏次填列情况见表 6-3。

6.2 土地增值税的会计处理

6.2.1 主营房地产业务的企业土地增值税的会计处理

对于主营房地产业务的企业，由于土地增值税是在转让房地产的流转环节纳税，并且是为了取得当期收入而支付的费用，因此，计算缴纳土地增值税时，一般借方记入"税金及附加"账户，贷方记入"应交税费——应交土地增值税"账户。实际缴纳土地增值税时，借方记入"应交税费——应交土地增值税"账户，贷方记入"银行存款"账户。

1. 预交土地增值税的会计处理

按照《中华人民共和国城市房地产管理法》的规定，商品房符合一定条件时可以预售，实际业务中房地产预售行为是非常普遍的。在商品房预售的情况下，商品房交付使用前采取一次性收款或分次收款的，收到购买房款时，借方记入"银行存款"账户，贷方记入"预收账款"账户；按规定预交土地增值税时，借方记入"应交税费——应交土地增值税"账户，贷方记入"银行存款"等账户；待该商品房开具发票交付使用确认收入后，从借方冲"预收账款"，贷方记入"主营业务收入"等账户。同时，计算已实现的销售收入负担的土地增值税，借方记入"税金及附加"账户，贷方记入"应交税费——应交土地增值税"账户；项目竣工、办理决算后进行清算，企业收到退回多缴的土地增值税，借方记入"银行存款"等账户，贷方记入"应交税费——应交土地增值税"账户。若补缴土地增值税，则做相反的会计分录。

【例 6-2】 某中部省份房地产开发公司 2020 年 9 月开盘预售一栋商品房,取得普通住宅预收款 76 300 000 元,该房地产项目适用增值税一般计税方法,增值税预缴比例为 3%,本省规定的土地增值税预征率为 1.5%。对该公司上述业务进行会计处理。

解析:
房地产开发企业预交增值税时,预收款(不含增值税)不做任何扣除,直接作为计税基础;预交土地增值税时,预收款(含增值税)扣除预缴的增值税后作为计税基础。

预交增值税=76 300 000÷(1+9%)×3%=2 100 000(元)

预交土地增值税=(76 300 000-2 100 000)×1.5%=74 200 000×1.5%=1 113 000(元)

会计分录如下。

(1) 收到预收款时:

借:银行存款　　　　　　　　　　　　　　　　76 300 000
　　贷:预收账款　　　　　　　　　　　　　　　　76 300 000

(2) 次月上缴增值税时:

借:应交税费——预交增值税　　　　　　　　　　2 100 000
　　贷:银行存款　　　　　　　　　　　　　　　　2 100 000

(3) 预缴土地增值税时:

借:应交税费——应交土地增值税　　　　　　　　1 113 000
　　贷:银行存款　　　　　　　　　　　　　　　　1 113 000

2. 现货房地产销售的会计处理

在现货房地产销售的情况下,采取一次性收款并开具发票的方式,房地产移交使用权属发生变更,所收购房款是已经实现的销售收入,应借方记入"银行存款"账户,贷方记入"主营业务收入"账户。同时,借方记入"税金及附加"账户,贷方记入"应交税费——应交土地增值税"账户。

【例 6-3】 承【例 6-1】的资料,对该公司业务进行会计处理。

解析:

(1) 实现收入时:

主营业务收入=60 000 000÷1.09=55 045 872(元)

借:银行存款　　　　　　　　　　　　　　　　60 000 000
　　贷:主营业务收入　　　　　　　　　　　　　　55 045 872
　　　　应交税费——应交增值税(销项税额)　　　 4 954 128

(2) 计算出土地增值税时:

借:税金及附加　　　　　　　　　　　　　　　　6 360 000
　　贷:应交税费——应交土地增值税　　　　　　　6 360 000

(3) 实际上缴土地增值税时:

借:应交税费——应交土地增值税　　　　　　　　6 360 000
　　贷:银行存款　　　　　　　　　　　　　　　　6 360 000

6.2.2 兼营房地产业务的企业土地增值税的会计处理

兼营房地产业务的企业转让房地产应缴的土地增值税,在计算出来时贷方记入"应交税费——应交土地增值税"账户,但是借方记入哪个账户则应进行判断:有的观点认为应记入"税金及附加"账户,但是由于兼营房地产业务的企业其房地产销售收入确认为"其他业务收入",为此,从成本、费用与收入配比原则,以及财务报告披露时项目分类准确性的角度看,记入"其他业务成本"更为适宜,尤其当兼营的房地产业务不是偶发、零散的情况下更应如此处理。

【例 6-4】 某投资公司兼营房地产业务,2019 年 12 月以 30 000 000 元的价格购入房产一栋,在未对该房产进行开发的情况下经过一段时间售出,获得不含税转让收入 40 000 000 元,缴纳城市维护建设税、教育费附加等流转税费 2 200 000 元。该公司既不能按转让房地产项目计算分摊利息支出,也不能提供金融机构证明。对该公司土地增值税涉税业务进行会计处理。

解析:

(1) 计算应交土地增值税税额:

扣除项目金额 = 30 000 000 × (1+10%) + 2 200 000 = 35 200 000(元)

增值额 = 40 000 000 − 35 200 000 = 4 800 000(元)

增值率 = 4 800 000 ÷ 35 200 000 × 100% = 13.64%

应交土地增值税 = 4 800 000 × 30% − 35 200 000 × 0% = 1 440 000(元)

(2) 会计分录如下:

① 计算应缴纳的土地增值税时:

借:其他业务成本　　　　　　　　　　　　　　1 440 000
　　贷:应交税费——应交土地增值税　　　　　　　　　1 440 000

② 实际缴纳土地增值税时:

借:应交税费——应交土地增值税　　　　　　　1 440 000
　　贷:银行存款　　　　　　　　　　　　　　　　　　1 440 000

6.2.3 非房地产企业转让房地产的土地增值税的会计处理

非房地产企业转让房地产属于固定资产清理业务,应通过"固定资产清理"账户核算清理过程中的相关收支。取得的转让收入记入"固定资产清理"账户的贷方,应缴纳的土地增值税借记"固定资产清理"账户,贷记"应交税费——应交土地增值税"账户,最后结转清理损益。

【例 6-5】 某汽车制造公司有一栋"营改增"之前购入的多余办公用房,购进价为 6 000 000 元,已提累计折旧 900 000 元,税务机关认定的重置评估价为 6 200 000 元。公司现将其转让并取得转让收入 6 600 000 元(市场公允价),假设可计入扣除项目的城市维护建设税、教育费附加等流转税费为 3 000 元,公司选择按简易计税办法适用 5% 的增值税征收率。对该公司上述业务进行会计处理。

解析：

(1) 计算土地增值税应纳税额：

应纳增值税＝(6 600 000－6 000 000)÷(1＋5％)×5％＝28 571(元)

增值额＝(6 600 000－28 571)－(6 200 000＋3 000)＝368 429(元)

增值率＝368 429÷(6 200 000＋3 000)×100％＝5.94％

土地增值税应纳税额＝368 429×30％－(6 200 000＋3 000)×0％＝110 529(元)

(2) 会计分录如下。

① 转让办公用房时：

借：固定资产清理	5 100 000
累计折旧	900 000
贷：固定资产	6 000 000

② 收到转让款项时：

借：银行存款	6 600 000
贷：固定资产清理	6 571 429
应交税费——简易计税	28 571

③ 计算出土地增值税应纳税额时：

借：固定资产清理	110 529
贷：应交税费——应交土地增值税	110 529

④ 结转清理损益时：

借：固定资产清理	1 360 900
贷：资产处置损益	1 360 900

【扩展阅读6.2】 土地增值税应纳税额对应账户选用的专业判断

扫描此码

深度学习

6.3 土地增值税税收筹划技巧与实务

土地增值税本质上是对转让房地产取得的增值收入征税，而且采取的是超率累进税率，所以在进行税收筹划时，应该最大限度地控制增值额(率)，从而获得低税率及税收减免方面的税收筹划收益。

6.3.1 计税依据和税率的筹划

1. 销售收入的筹划

1) 适当降低房地产售价

增值额等于销售收入减去扣除项目,所以,合理确定房地产的销售收入(定价)是进行税收筹划的重要视角之一。实务中,房地产转让环节的定价并非越高越好,定价高不仅可能导致销售量下滑,而且会加大土地增值税税负。为此,合理确定房地产转让价格,有效控制增值额(率),可以获得税收筹划收益。

【例6-6】 2020年,某房地产开发公司开发一批普通标准住宅,初拟的销售价格总额为6 100万元(不含税),依据税法规定计算的可扣除项目金额为5 000万元,增值税适用一般计税方法,请对其进行税务筹划。

解析:

房地产开发企业开发普通标准住宅,增值率未超过20%的,可免征土地增值税。

方案一:按照初拟定价计算。

增值额=6 100−5 000=1 100(万元)

增值率=1 100÷5 000×100%=22%

土地增值税应纳税额=1 100×30%−5 000×0%=330(万元)

方案二:销售价格降低至5 990万元。

增值额=5 990−5 000=990(万元)

增值率=990÷5 000×100%=19.8%

土地增值税应纳税额=0

结论:方案二相比方案一少纳土地增值税330(330−0)万元。虽然降价导致销售收入减少了110(6 100−5 990)万元,但是考虑到企业所得税对税后净利润产生的挡板效应(假设企业所得税税率为25%),实际110万元的所得税前收入减项本身对税后净利润减少的影响只有82.5(110×75%)万元。为此,选用方案二可以获得明显的税收筹划收益。

2) 分立销售合同,分散销售收入

有些销售业务中,为降低增值额(率),对能够分开单独处理的部分,可以另外签订销售合同,以获取税收筹划收益。例如,房地产企业在销售带精装修的商品房时,可以分开签订房地产转让合同,设备安装及装饰、装潢合同两份合同,前者所载业务是土地增值税征税范围,后者所载业务不是土地增值税征税范围,通过分散收入从而达到节税的目的。

【例6-7】 2021年,某房地产开发公司销售精装修商品房一栋,总销售收入(不含税)为9 000万元(其中包括1 000万元装修款),依据税法计算土地增值税可扣除的项目金额为4 300万元,该公司增值税采用一般计税方法。假设不考虑城市维护建设税、教育费附加等附加税费,该房地产开发公司应如何进行税收筹划。

解析:

方案一:不筹划。

增值额=9 000−4 300=4 700(万元)

增值率=4 700÷4 300×100%=109%

土地增值税应纳税额＝4 700×50%－4 300×15%＝1 705(万元)

方案二：将商品房销售合同价格定为 8 000 万元，另外签订一份标的为 1 000 万元的房屋装修合同。

增值额＝8 000－4 300＝3 700(万元)

增值率＝3 700÷4 300×100%＝86.05%

土地增值税应纳税额＝3 700×40%－4 300×5%＝1 265(万元)

结论：经过筹划，方案二比方案一少纳土地增值税 440(1 705－1 265)万元，极大地减轻了土地增值税税负。

2．扣除项目的筹划

1) 利息支出的筹划

扣除项目中"房地产开发费用"项目下的财务费用中所列利息支出有两种不同的扣除方法，这两种方法下"取得土地使用权所支付的金额与房地产开发成本"两项扣除金额之和所乘以的扣除比，最高分别为 5% 和 10%，假设第一种方法可扣除比例为 R，第二种方法可扣除比为 Q，则利息支出平衡点为 $(Q-R)\times$(取得土地使用权所支付的金额＋房地产开发成本)。当预计的利息支出大于该平衡点时，采用第一种方法有利；当预计的利息支出小于该平衡点时，采用第二种方法有利。

【例 6-8】 2020 年，某房地产开发公司开发一栋商品房，支付地价款 3 000 万元，开发成本 5 000 万元，当地政府规定房地产开发费用的两类扣除比例分别为 5% 和 10%。公司为开发该项目向银行借入了贷款并支付了相关利息费用，该公司应如何就利息支出进行税收筹划？

解析：

利息支出平衡点＝(10%－5%)×(3 000＋5 000)＝400(万元)

为此，若实际利息支出小于 400 万元，应选择第二种方法；若实际利息支出大于 400 万元，应选择第一种方法。

验证：

① 假设实际利息支出为 500 万元。

方法一：纳税人清晰分摊利息支出费用，并提供金融机构利息支出证明。

允许扣除的房地产开发费用＝500＋(3 000＋5 000)×5%＝900(万元)

方法二：纳税人不将利息支出清晰分摊，不提供金融机构证明。

允许扣除的房地产开发费用＝(3 000＋5 000)×10%＝800(万元)

结论：方法一相比方法二，允许扣除的费用多 100(900－800)万元，方法一优于方法二。

② 假设实际利息支出为 350 万元。

方法一：纳税人清晰分摊利息支出费用，并提供金融机构利息支出证明。

允许扣除的房地产开发费用＝350＋(3 000＋5 000)×5%＝750(万元)

方法二：纳税人不将利息支出清晰分摊，不提供金融机构证明。

允许扣除的房地产开发费用＝(3 000＋5 000)×10%＝800(万元)

③ 结论：方法二相比方法一，允许扣除的费用多 50(800－750)万元，方法二优于方法一。

2）分摊成本费用的筹划

房地产开发公司开发楼盘时，由于建设周期比较长，往往会对某一地块进行分期开发，而税法规定，分期开发的项目应以分期项目为清算单位，由于容积率、材料、人工等具体条件的差异会导致分期开发的各个项目出现有的增值率比较高，而有的增值率比较低的不均匀状态，这种不均匀状态对税负有很大的影响。大量实践证明，如果纳税人是长期从事房地产开发业务，那么将周期内发生的各项开发成本费用合理分摊是将增值额进行最大限度平均从而抵消某些项目增值率过高的不错选择，这样可以获得明显的税收筹划收益。

【例 6-9】 某房地产开发公司在 A 市开发房地产项目，分三期开发，包括普通高层住宅、普通洋房住宅、豪华洋房住宅三类商品房。三类房产均已售罄，销售面积及具体售价情况如表 6-4 所示。

表 6-4 销售情况明细表

类型		占地面积（平方米）	可售面积（平方米）	不含税销售收入（万元）	销售均价（万元）
普通高层住宅		60 000	180 000	180 000	1
洋房住宅	普通	30 000	60 000	120 000	2
	豪华	10 000	10 000	22 000	2.2
合计		100 000	250 000	322 000	1.288

已知，扣除项目金额合计为 300 000 万元，其中：土地成本 100 000 万元，开发成本 80 000 万元，开发费用 20 000 万元，税金 10 000 万元，加计扣除 36 000 万元。计算缴纳土地增值税时扣除项目成本费用分摊有两种方案：

方案一：与税务机关沟通，将普通洋房住宅和普通高层住宅均归于普通住宅这一类别，豪华洋房住宅归于非普通住宅类别，土地成本按占地面积分摊，其他成本费用按可售面积分摊。

方案二：普通高层住宅归于普通住宅这一类别，普通洋房住宅和豪华洋房住宅归于洋房住宅类别，土地成本按占地面积分摊，其他成本费用按可售面积分摊。

分析上述两种方案中哪种方案可以获得税收筹划收益。

解析：

方案一：

（1）土地成本：

① 普通住宅土地成本 = 100 000 × (90 000 ÷ 100 000) = 90 000（万元）

② 豪华住宅土地成本 = 100 000 × (10 000 ÷ 100 000) = 10 000（万元）

（2）开发成本：

① 普通住宅开发成本 = 80 000 × (240 000 ÷ 250 000) = 76 800（万元）

② 豪华住宅开发成本 = 80 000 × (10 000 ÷ 250 000) = 3 200（万元）

（3）开发费用：

① 普通住宅开发费用 = 20 000 × (240 000 ÷ 250 000) = 19 200（万元）

② 豪华住宅开发费用 = 20 000 × (10 000 ÷ 250 000) = 800（万元）

（4）税金：

① 普通住宅税金 = 10 000 × (240 000 ÷ 250 000) = 9 600（万元）

② 豪华住宅税金＝10 000×(10 000÷250 000)＝400(万元)

(5) 加计扣除 20%：

① 普通住宅加计扣除＝(90 000＋76 800)×20%＝33 360(万元)

② 豪华住宅加计扣除＝(10 000＋3 200)×20%＝2 640(万元)

(6) 增值额：

① 普通住宅增值额＝(180 000＋120 000)－(90 000＋76 800＋19 200＋9 600＋33 360)

＝300 000－228 960＝71 040(万元)

普通住宅增值率＝71 040÷228 960×100%＝31.03%

② 豪华住宅增值额＝(10 000＋3 200)－(10 000＋3 200＋80＋400＋2 640)

＝13 200－16 320＝－3 120(万元)

豪华住宅增值率＝－3120÷16 320×100%＝－19.12%

(7) 土地增值税应纳税额：

普通住宅转让需要缴纳土地增值税，豪华住宅转让免缴土地增值税。

土地增值税应纳税额＝71 040×30%－228 960×0%＝21 312(万元)

方案二：

(1) 土地成本：

① 普通住宅土地成本＝100 000×(60 000÷100 000)＝60 000(万元)

② 豪华住宅土地成本＝100 000×(40 000÷100 000)＝40 000(万元)

(2) 开发成本：

① 普通住宅开发成本＝80 000×(180 000÷250 000)＝57 600(万元)

② 豪华住宅开发成本＝80 000×(70 000÷250 000)＝22 400(万元)

(3) 开发费用：

① 普通住宅开发费用＝20 000×(180 000÷250 000)＝14 400(万元)

② 豪华住宅开发费用＝20 000×(70 000÷250 000)＝5 600(万元)

(4) 税金：

① 普通住宅税金＝10 000×(180 000÷250 000)＝7 200(万元)

② 豪华住宅税金＝10 000×(70 000÷250 000)＝2 800(万元)

(5) 加计扣除 20%：

① 普通住宅加计扣除＝(60 000＋57 600)×20%＝23 520(万元)

② 豪华住宅加计扣除＝(40 000＋22 400)×20%＝12 480(万元)

(6) 增值额：

① 普通住宅增值额＝180 000－(60 000＋57 600＋14 400＋7 200＋23 520)

＝180 000－162 720＝17 280(万元)

普通住宅增值率＝17 280÷162 720×100%＝10.62%

② 豪华住宅增值额＝(120 000＋22 000)－(40 000＋22 400＋5 600＋2 800＋12 480)

＝142 000－83 280＝58 720(万元)

豪华住宅增值率＝58 720÷83 280×100%＝70.51%

(7) 土地增值税应纳税额：

普通住宅和豪华住宅两类房地产转让都需要缴纳土地增值税。

土地增值税应纳税额＝(17 280×30％－162 720×0％)＋(58 720×40％－83 280×5％)＝24 508(万元)

结论：方案一比方案二少纳土地增值税 3 196(24 508－21 312)万元，原因在于目前房地产行业在投资开发时，土地购置成本相对较高，洋房住宅由于容积率低等原因使可售面积不大，导致增值率较低；而普通高层住宅由于楼层多、容积率高等原因使可售面积大，导致增值率反而高。为此，将普通洋房住宅的开发成本费用适当平摊进入普通住宅项目，可以抵消普通住宅项目增值率高的影响，进而获得较好的税收筹划收益。

6.3.2 增加房地产转让环节的筹划

有些情况下，纳税人转让房地产项目的增值率很高，针对这种情形，可以考虑增加房地产转让环节，将转让次数由一次增加到多次，筹划后每次转让的增值率都相对比较低，从而达到降低税负的目的。

【例 6-10】 甲房地产公司有一块购进的土地位于市中心，因为特殊原因不再由本公司自行开发，拟转让给乙房地产公司。该土地原购入成本为 2 000 万元，转让给乙公司的不含税售价为 3 800 万元，假设每次转让可扣除的城市维护建设税、教育费附加等流转税费约为售价的 0.5％。甲公司应如何进行税收筹划？

解析：

方案一：不筹划直接销售：

增值额＝3 800－(2 000＋3 800×0.5％)＝3 800－2 019＝1 781(万元)

增值率＝1 781÷2 019×100％＝88.21％

土地增值税应纳税额＝1 781×40％－2 019×5％＝611.45(万元)

方案二：增加转让次数：

先由甲房地产公司将土地销售给自己的子公司 A 公司，售价为 2 800 万元。再由 A 公司将土地作价 3 800 万元转让给乙房地产公司。

甲房地产公司转让环节：

增值额＝2 800－(2 000＋2 800×0.5％)＝2 800－2 014＝786(万元)

增值率＝786÷2 014×100％＝39.03％

土地增值税应纳税额＝786×30％－2 014×0％＝235.8(万元)

子公司 A 公司转让环节：

增值额＝3 800－(2 800＋3 800×0.5％)＝3 800－2 819＝981(万元)

增值率＝981÷2 819×100％＝34.80％

土地增值税应纳税额＝981×30％－2 819×0％＝294.3(万元)

甲房地产公司与子公司 A 公司合计土地增值税应纳税额＝235.8＋294.3＝530.1(万元)

结论：方案二比方案一少缴纳土地增值税 81.35(611.45－530.1)万元，获得了较好的税收筹划收益。

【导入案例讨论】

经过本章的学习，我们对于土地增值税涉税业务会计处理及税收筹划思路有了全面深刻的认识。最后，让我们来逐一回答本章开始"导入案例"中提出的问题。

问题1:该公司当年增值税及土地增值税税负增减趋势是否一致。

解答:

(1) 该公司 2021 年增值税税负呈下降趋势。原因在于 2021 年销售收入与 2020 年基本持平,进而销项税额也基本保持不变,但是 2021 年主要原材料价格上涨,相应会增加当年增值税进项税的额度。由于 2021 年度销项税额不变,进项税额变大,为此增值税税负呈下降趋势。

(2) 该公司 2021 年度土地增值税税负增减趋势需要测算。原因在于主要原材料采购成本加大,虽然会在计算扣除项目金额时加大"房地产开发成本"这一项目的金额,但是增值税税负下降会相应降低城市维护建设税及教育费附加等税费负担,也即在计算扣除项目金额时会减少"与转让房地产有关的税金"这一项目的金额。扣除项目金额此增彼减,且土地增值税采用的是超率累进税率,在销售收入不变的情况下,扣除项目金额变动幅度决定了增值率大小,如果增值率大小逾越了临界点,则适用税率可能上升或下降。所以,该公司 2021 年度土地增值税税负增减趋势需要依据具体财务数据进行测算,不能脱离数据分析直接下定论。

(3) 结论:该公司当年增值税税负及土地增值税税负增减趋势不一定一致,具体需要结合财务数据进行测算。

问题2:进行税收筹划时,应如何对增值税、土地增值税、企业所得税等主要税种进行综合考虑?

解答:

增值税是价外税,对当期损益不产生直接影响,也即对当期企业所得税税负不产生直接影响,但是影响当年的现金流量;土地增值税因为记入"税金及附加"账户,直接影响当期损益,其增减变动会影响利润总额或者说企业所得税应纳税所得额,也即土地增值税在所得税税前列支会对企业所得税产生税收挡板效应,其对企业所得税税负的影响是直接的。公司在进行税收筹划时,应在三个主要税种的税负之间进行综合权衡,在降低总体税负及合理安排现金流量之间达到最佳平衡效果。

扫描此码

即测即练题

复习思考题

1. 预征土地增值税的预征率和计税基础是如何规定的?
2. 计算缴纳土地增值税时,扣除项目金额中的"房地产开发费用"是如何确定的?
3. 计算出应缴纳的土地增值税后,记入的借方账户存在哪几种可能?
4. 对土地增值税进行税收筹划时,销售收入的筹划思路主要有哪些?
5. 对土地增值税进行税收筹划时,扣除项目的筹划思路主要有哪些?
6. 对土地增值税进行税收筹划时,增加房地产转让环节的税收筹划原理是什么?

第7章
企业所得税会计与税收筹划

【学习目标】

1. 掌握企业所得税的纳税人和征税范围。
2. 掌握企业所得税应纳税额的计算和申报方法。
3. 掌握企业所得税涉税业务的会计处理方法。
4. 熟悉企业所得税的税收优惠政策。
5. 掌握企业所得税税收筹划的基本原理和方法。
6. 深刻理解税收筹划原理并选取合适方法灵活运用于税收筹划实践,对企业所得税涉税业务进行筹划以获得税收筹划收益。

【导入案例】

某软件公司成立于2017年,并于2018年被认定为高新技术企业。该企业2017年至2021年这5年的税前会计利润总额分别为-10万元、4 300万元、5 800万元、7 000万元、8 100万元。但是,公司直到2021年才符合《关于软件和集成电路产业企业所得税优惠政策有关问题的通知》(财税〔2016〕49号)中规定的享受企业所得税"两免三减半"优惠政策的软件企业条件,即:年度研究开发费用总额占企业销售(营业)收入总额的比例不低于6%,年度软件产品开发销售(营业)收入占企业收入总额的比例不低于50%,年度研究开发人员占企业月平均总人数的比例不低于20%,主营业务拥有自主知识产权等所有条件。

请思考:

1. 该公司应将哪年作为"两免三减半"的起始计算年?
2. 对2021年度所得税进行汇算清缴时,适用的企业所得税税率是多少?
3. 该公司对企业所得税的税收筹划存在哪些不足?

7.1 企业所得税的确认、计量与纳税申报

7.1.1 企业所得税概述

1. 企业所得税的概念

企业所得税是对我国境内的企业和其他取得收入的组织的生产经营所得和其他所得征

收的一种税。企业所得税的作用：促进企业改善经营管理活动，提升企业的盈利能力；调节产业结构，促进经济发展；为国家建设筹集财政资金；等等。现行企业所得税的基本法律规范是2007年3月16日第十届全国人民代表大会第五次会议通过的《中华人民共和国企业所得税法》(以下简称《企业所得税法》)和2007年11月28日国务院第197次常务会议通过的《中华人民共和国企业所得税法实施条例》(以下简称《实施条例》)。

【扩展阅读7.1】 我国企业所得税立法的演进历程

扫描此码

深度学习

2. 纳税义务人

企业所得税的纳税义务人，是指在中华人民共和国境内的企业和其他取得收入的组织。《企业所得税法》规定，除个人独资企业、合伙企业不适用《企业所得税法》外，凡在我国境内，企业和其他取得收入的组织（以下统称"企业"）为企业所得税的纳税人，依照《企业所得税法》规定缴纳企业所得税。

企业纳税人分为居民企业和非居民企业两类，这是根据企业纳税义务范围的宽窄进行的分类，不同的企业在向中国政府缴纳所得税时，纳税义务不同。

1）居民企业

居民企业即依法在中国境内成立，或者依照外国（地区）法律成立但实际管理机构在中国境内的企业。这里的企业包括国有企业、集体企业、私营企业、联营企业、股份制企业、外商投资企业、外国企业以及有生产、经营所得和其他所得的其他组织。其中，有生产、经营所得和其他所得的其他组织是指经国家有关部门批准，依法注册、登记的事业单位、社团组织等组织。

2）非居民企业

非居民企业即依照外国（地区）法律成立且实际管理机构不在中国境内，但在中国境内设立机构、场所的，或者在中国境内未设立机构、场所，但有来源于中国境内所得的企业。上述所称的机构、场所，是指在中国境内从事生产经营活动的机构、场所，包括：管理机构、营业机构、办事机构；工厂、农场、开采自然资源的场所；提供劳务的场所；从事建筑、安装、装配、修理、勘探等工程作业的场所；其他从事生产经营活动的机构、场所。

3）扣缴义务人

在中国境内未设立机构、场所的非居民企业，或者虽然设立机构、场所但取得的所得与其所设机构、场所没有实际联系的非居民企业，就其来源于中国境内的所得缴纳企业所得税时，实行源泉扣缴，即以支付人为扣缴义务人。对非居民企业在中国境内取得工程作业和劳务所得应缴纳的所得税，税务机关可以指定工程价款或者劳务费的支付人为扣缴义务人。

3. 征税对象

企业所得税的征税对象包括企业的生产经营所得、其他所得和清算所得。

1) 居民企业的征税对象

居民企业应将来源于中国境内、境外的所得作为征税对象。所得包括销售货物所得，提供劳务所得，转让财产所得，股息、红利等权益性投资所得，利息所得，租金所得，特许权使用费所得，接受捐赠所得和其他所得。

2) 非居民企业的征税对象

非居民企业在中国境内设立机构、场所的，应当就其所设机构、场所取得的来源于中国境内的所得，以及发生在中国境外但与其所设机构、场所有实际联系的所得缴纳企业所得税。非居民企业在中国境内未设立机构、场所的，或者虽设立机构、场所，但取得的所得与其所设机构、场所没有实际联系的，应当就其来源于中国境内的所得缴纳企业所得税。非居民企业纳税人承担有限纳税义务，仅就其来源于中国境内的所得缴纳企业所得税。

3) 所得来源的确定

(1) 销售货物所得，按照交易活动发生地确定。

(2) 提供劳务所得，按照劳务发生地确定。

(3) 转让财产所得：不动产转让所得按照不动产所在地确定；动产转让所得按照转让动产的企业或者机构、场所所在地确定；权益性投资资产转让所得按照被投资企业所在地确定。

(4) 股息、红利等权益性投资所得，按照分配所得的企业所在地确定。

(5) 利息所得、租金所得、特许权使用费所得，按照负担、支付所得的企业或者机构、场所所在地或者个人的住所地确定。

(6) 其他所得，由国务院财政、税务主管部门确定。

4．税率

企业所得税实行比例税率。

1) 基本税率

企业所得税的基本税率为25%，主要适用于：

(1) 居民企业。

(2) 在中国境内设立机构、场所且取得的所得与设立的机构场所有实际联系的非居民企业。

2) 优惠税率

(1) 减按20%的税率，适用于符合条件的小型微利企业。

符合条件的小型微利企业，是指从事国家非限制和禁止行业，并同时符合下列条件的企业：年度应纳税所得额不超过300万元、从业人数不超过300人、资产总额不超过5 000万元。

(2) 减按15%的税率，适用于国家重点扶持的高新技术企业、技术先进型服务企业。

3) 低税率

税率减按10%，适用于在中国境内未设立机构、场所，或者虽然设立场所但取得的所得与该场所没有实际联系的非居民企业。

5．纳税期限

企业所得税按年计征，分月或分季度预缴，年终汇算清缴，多退少补。

企业所得税的纳税年度,自公历1月1日起至12月31日止。企业在一个纳税年度的中间开业,或者由于合并、关闭等原因终止经营活动,使该纳税年度的实际经营期不足12个月的,应当以实际经营期为1个纳税年度。企业清算时,应当以清算期间作为1个纳税年度。

企业可自年度终了之日起5个月内,向税务机关报送年度企业所得税纳税申报表,并汇算清缴,结清应缴应退税款。

企业在年度中间终止经营活动的,应当自实际经营终止之日起60日内,向税务机关办理当期企业所得税汇算清缴。

6. 企业所得税的税收优惠

1) 免税收入

(1) 国债利息收入。

(2) 符合条件的居民企业之间股息、红利等权益性投资收益,指居民企业直接投资于其他居民企业取得的投资收益。鉴于股息、红利是税后利润分配形成的,对居民企业之间的股息、红利收入免征企业所得税是消除法律性重复征税的国际通行做法。

(3) 在中国境内设立机构、场所的非居民企业从居民企业取得与该机构、场所有实际联系的股息、红利等权益性投资收益。

上述股息、红利等权益性投资收益,不包括连续持有居民企业公开发行并上市流通的股票不足12个月取得的投资收益。

(4) 符合条件的非营利组织取得的收入。具体包括:接受其他单位或个人捐赠的收入;除《企业所得税法》第七条规定的财政拨款外的其他政府补助收入,但不包括因政府购买服务取得的收入;按照省级以上民政、财政部门规定收取的会费;不征税收入和免税收入产生的银行存款利息收入;财政部、国家税务总局规定的其他收入。

2) 免征与减征优惠

企业的下列所得,可以免征或减征企业所得税。企业如果从事国家限制和禁止发展的项目,不得享受企业所得税优惠。

(1) 企业从事下列项目的所得,免征企业所得税。

① 蔬菜、谷物、薯类、油料、豆类、棉花、麻类、糖料、水果、坚果的种植。

② 农作物新品种的选育。

③ 中药材的种植。

④ 林木的培育和种植。

⑤ 牲畜、家禽的饲养。

⑥ 林产品的采集。

⑦ 灌溉、农产品初加工、兽医、农技推广、农机作业和维修等农、林、牧、渔服务业项目。

⑧ 远洋捕捞。

(2) 企业从事下列项目的所得,减半征收企业所得税。

① 花卉、茶以及其他饮料作物和香料作物的种植。

② 海水养殖、内陆养殖。

(3) 所得税"三免三减半"政策。

① 企业从事国家重点扶持的公共基础设施项目的投资经营所得。国家重点扶持的公

共基础设施项目,是指《公共基础设施项目企业所得税优惠目录》规定的港口码头、机场、铁路、公路、电力、水利等项目。企业从事国家重点扶持的公共基础设施项目的投资经营所得,自项目取得第一笔生产经营收入所属纳税年度起,第 1 年至第 3 年免征企业所得税,第 4 年至第 6 年减半征收企业所得税。但是,企业承包经营、承包建设和内部自建自用上述项目的,不得享受上述企业所得税优惠。

② 从事符合条件的环境保护、节能节水项目的所得。企业从事符合条件的环境保护、节能节水项目的所得,自项目取得第一笔生产经营收入所属纳税年度起,第 1 年至第 3 年免征企业所得税,第 4 年至第 6 年减半征收企业所得税。符合条件的环境保护、节能节水项目具体包括公共污水处理、公共垃圾处理、沼气综合开发利用、节能减排技术改造、海水淡化等,项目的具体条件和范围由国务院财政、税务主管部门等有关部门制定,报国务院批准后公布实施。

(4) 所得税免征加减半政策。

该政策主要针对符合条件的技术转让所得,具体包括:

① 在一个纳税年度内,符合法定条件的居民企业技术转让所得不超过 500 万元的部分,免征企业所得税;超过 500 万元的部分,减半征收企业所得税。技术包括专利(发明、实用新型、外观设计)、计算机软件著作权、集成电路布图设计专有权、植物新品种权、生物医药新品种,以及财政部和国家税务总局确定的其他技术。

② 自 2015 年 10 月 1 日起,全国范围内的居民企业转让 5 年(含)以上非独占许可使用权取得的技术转让所得,纳入享受企业所得税优惠的技术转让所得范围。居民企业的年度技术转让所得不超过 500 万元的部分,免征企业所得税;超过 500 万元的部分,减半征收企业所得税。

【例 7-1】 境内某居民企业 2021 年转让一项专利,取得专利转让收入 800 万元,与该项专利转让有关的成本、税费合计 200 万元。该企业适用 25% 的企业所得税税率,计算该企业专利转让企业应纳税所得额。

解析:

技术转让所得 = 800 - 200 = 600(万元)

转让所得 500 万元以内的部分,免征企业所得税;超过 500 万元的部分,减半征收企业所得税。

企业应纳税所得额 = (600 - 500) × 25% × 50% = 12.5(万元)

3) 非居民企业税收优惠

符合条件的非居民企业可减按 10% 的税率征收企业所得税;另外,这类非居民企业取得的下列所得免征企业所得税:

(1) 外国政府向中国政府提供贷款取得的利息所得。

(2) 国际金融组织向中国政府和居民企业提供优惠贷款取得的利息所得。

(3) 经国务院批准的其他所得。

4) 扣除优惠

(1) 加计扣除。

企业的下列支出,可以在计算应纳税所得额时加计扣除:

① 研究开发费用。一般企业和科技型中小企业的研究开发费用均可以享受加计扣除

优惠,研究开发经费具体列支项目包括人员人工费用、直接投入费用、折旧费用、无形资产摊销费用、其他相关费用等。具体加计扣除标准是:研究开发经费未形成无形资产计入当期损益的,在按照规定据实扣除的基础上,允许再按其当年实际发生额的75%加计扣除;形成无形资产的,按照无形资产成本的175%在税前摊销。除法律另有规定外,摊销年限不得低于10年。

【例7-2】 某科技型企业2020年企业应纳税所得额为200万元(未考虑研究开发费用的加计扣除),当年已列支的研究开发费为20万元,计算该企业2020年度的企业应纳税所得额。

解析:
研究开发经费加计扣除=20×75%=15(万元)
2020年企业应纳税所得额=200-15=185(万元)

② 安置残疾人员所支付的工资。企业支付给残疾职工的工资,在企业所得税预缴申报时,允许据实扣除;在年度终了企业所得税年度申报和汇算清缴时,再按照支付给残疾职工工资的100%加计扣除。残疾人员的范围适用《中华人民共和国残疾人保障法》的有关规定。

(2)加速折旧。

企业的固定资产由于技术进步等原因,确需加速折旧的,可以缩短折旧年限或采取加速折旧的方法。此类固定资产具体包括:由于科技进步,产品更新换代较快的固定资产;常年处于强震动、高腐蚀状态的固定资产。采用缩短折旧年限方法的,最低年限不得低于税法规定最低折旧年限的60%;采取加速折旧方法的,可以采取双倍余额递减法或者年数总和法。

(3)投资抵扣。

① 创业投资企业采取股权投资方式投资于未上市的中小型高新技术企业2年以上的,可以按照其投资额的70%在股权持有满2年的当年抵扣该创业投资企业的应纳税所得额;当年不足抵扣的,可以在以后纳税年度结转抵扣。

② 有限合伙制创业投资企业采取股权投资方式投资于未上市的中小型高新技术企业满2年(24个月)的,其法人合伙人可按照对未上市的中小型高新技术企业投资额的70%,抵扣该法人合伙人从该有限合伙制创业投资企业分得的应纳税所得额,当年不足抵扣的,可以在以后纳税年度结转抵扣。

5)减计收入优惠

企业综合利用资源,生产符合国家产业政策规定的产品所取得的收入,可以在计算应纳税所得额时减计收入。综合利用资源,是指企业以《资源综合利用企业所得税优惠目录》规定的资源作为主要原材料,生产国家非限制和禁止并符合国家和行业相关标准的产品取得的收入,减按90%计入收入总额。

6)税额抵免优惠

税额抵免,是指企业购置并实际使用《环境保护专用设备企业所得税优惠目录(2017年版)》《节能节水专用设备企业所得税优惠目录(2017年版)》《安全生产专用设备企业所得税优惠目录》规定的环境保护、节能节水、安全生产等专用设备的,该专用设备投资额的10%可以从企业当年应纳税额中抵免;当年不足抵免的,可以在以后5个纳税年度结转抵免。

企业购置上述专用设备在5年内转让、出租的,应当停止享受该优惠,并补缴已经抵免的企业所得税税款。

7.1.2 企业所得税的确认与计量

1. 应纳税所得额的计算

1) 计算方法

在实际业务中,应纳税所得额的计算一般有两种方法,具体如下。

(1) 直接计算法。

采用直接计算法时,企业每一纳税年度的收入总额减除不征税收入、免税收入、各项扣除以及允许弥补的以前年度亏损后的余额为应纳税所得额。计算公式为:

应纳税所得额＝收入总额－不征税收入－免税收入－各项扣除金额－
允许弥补的以前年度亏损

(2) 间接计算法。

采用间接计算法时,会计利润总额加上或减去按照税法规定调整的项目金额后,即为应纳税所得额。计算公式为:

应纳税所得额＝会计利润总额＋纳税调整增加额－纳税调整减少额

纳税调整项目金额包括两方面的内容:一是税法规定范围与会计准则规定不一致的应予以调整的金额;二是税法规定扣除标准与会计准则规定不一致的应予以调整的金额。

必须理解的是,会计利润总额与应纳税所得额是两个不同计算口径的所得,一个是反映会计收益,另一个是反映税收收益,应纳企业所得税的计税基础是税收收益。但是,由于企业财务会计只设置一套账簿,税务会计并不需要在此之外单独设置一套账簿,为此,对于税法与会计准则不一致的地方,应当以会计利润总额为基础,并遵从税法规定进行调整,进而求得税法口径上的应纳税所得额。

2) 收入的确认

(1) 收入总额的确认。

企业的收入总额包括以货币形式和非货币形式从各种来源取得的收入。其中:货币形式收入包括现金、银行存款、应收账款、应收票据、准备持有至到期的债券投资以及债务的豁免等;非货币形式的收入包括固定资产、生物资产、无形资产、股权投资、存货、不准备持有至到期的债券投资、劳务,以及有关权益等。

依据税法规定,收入的具体构成为:

① 货物销售收入。指企业销售商品、产品、原材料、包装物、低值易耗品以及其他存货取得的收入。企业销售收入的确认,应遵从《企业会计准则》关于收入实现的基本确认条件,即:企业已将与商品所有权上的主要风险和报酬全部转移给购买方;企业既没有保留通常与所有权相联系的继续管理权,也没有对已售出商品实施控制;收入的金额能够可靠地计量;相关的经济利益很可能流入企业;相关已发生或将发生的成本能够可靠地计量。

② 提供劳务收入。指企业从事建筑安装、修理修配、交通运输、仓储租赁、金融保险、邮电通信、咨询经纪、文化体育、科学研究、技术服务、教育培训、餐饮住宿、中介代理、卫生保

健、社区服务、旅游、娱乐、加工以及其他劳务服务活动取得的收入。这类收入同样应遵从《企业会计准则》关于收入实现的基本确认条件。

③ 转让财产收入。指企业转让固定资产、生物资产、无形资产、股权、债权等财产取得的收入。转让财产收入应当按照从财产受让方已收或应收的合同或协议价款确认收入。

④ 股息、红利等权益性投资收益。指企业因权益性投资从被投资方取得的收入。

⑤ 利息收入。指企业将资金提供他人使用但不构成权益性投资，或者因他人占用本企业资金取得的收入，包括存款利息、贷款利息、债券利息、欠款利息等收入。

⑥ 租金收入。指企业提供固定资产、包装物或者其他有形资产的使用权取得的收入。

⑦ 特许权使用费收入。指企业提供专利权、非专利技术、商标权、著作权以及其他特许权的使用权取得的收入。

⑧ 接受捐赠收入。指企业接受的来自企业、组织或者个人无偿给予的货币性资产、非货币性资产。

⑨ 其他收入。指企业取得的除上述收入外的其他收入，包括企业资产溢余收入、逾期未退包装物押金收入、确实无法偿付的应付款项、已做坏账损失处理后又收回的应收款项、债务重组收入、补贴收入、违约金收入、汇兑收益等。

(2) 收入的确认时间。

① 股息、红利等权益性投资收益，除国务院财政、税务主管部门另有规定外，按照被投资方做出利润分配决定的日期确认收入的实现。

② 利息收入，按照合同约定的债务人应付利息的日期确认收入的实现。

③ 租金收入，按照合同约定的承租人应付租金的日期确认收入的实现。

④ 接受捐赠收入，按照实际收到捐赠资产的日期确认收入的实现。

⑤ 特许权使用费收入，按照合同约定的特许权使用人应付特许权使用费的日期确认收入的实现。

⑥ 可以分期确认收入实现的生产经营业务：以分期收款方式销售货物的，按照合同约定的收款日期确认收入的实现；企业委托加工制造大型机械设备、船舶、飞机，以及从事建筑、安装、装配工程业务或者提供其他劳务等，持续时间超过 12 个月的，按照纳税年度内完工进度或者完成的工作量确认收入的实现。

⑦ 采取产品分成方式取得收入的，按照企业分得产品的日期确认收入的实现。

⑧ 企业发生的非货币性资产交换，以及将货物、财产、劳务用于捐赠、偿债、赞助、集资、广告、样品、职工福利或者利润分配用途的，应当视同销售货物、转让财产或者提供劳务，但国务院财政、税务主管部门另有规定的除外。

(3) 不征税收入的范围。

收入总额中的下列收入为不征税收入：

① 财政拨款。指各级人民政府对纳入预算管理的事业单位、社会团体等组织拨付的财政性资金。企业取得的来源于政府及其有关部门的财政补助、补贴、贷款贴息，以及其他各类财政专项资金，包括直接减免和返还的各种税收。

② 依法取得并纳入财政管理的行政事业性收费、政府性基金。前者是指依照法律法规和国务院规定程序，在实施社会公共管理以及提供特定公共服务过程中，向特定对象收取并纳入财务管理的费用；后者是指依照法律法规代政府收取的具有专项用途的财政资金。

③ 国务院规定的其他不征税收入。一般是指由企业取得的，由国务院财政、税务主管部门规定专项用途并经国务院批准的财政性资金。

(4) 免税收入的范围。

免税收入包括：国债利息收入，符合条件的居民企业之间的股息、红利等权益性投资收益，符合条件的非居民企业从居民企业取得特定股息、红利等权益性投资收益，符合条件的非营利组织取得的收入等项目。具体见 7.1.1 节第 6 小部分"企业所得税的税收优惠"中"免税收入"的详细阐述。

3）税前扣除项目的确认

(1) 税前扣除项目的一般规定。

允许税前扣除项目指企业实际发生的与取得收入直接相关的、合理的支出，包括成本、费用、税金、损失和其他支出，准予在计算应纳税所得额时扣除。具体包括：

① 成本。指企业在生产经营活动中发生的主营业务成本、其他业务成本、相关业务支出以及其他耗费。

② 费用。指企业生产经营活动中发生的销售费用、管理费用、财务费用等不宜对象化的期间费用，已经计入成本的有关费用除外。

③ 税金。指企业发生的除企业所得税和允许抵扣的增值税以外的各项税金及其附加。

④ 损失。指企业在生产经营活动中发生的各类长、短期资产的盘亏、毁损、报废损失，转让财产损失，呆坏账损失，自然灾害等不可抗力因素造成的损失以及其他损失。

⑤ 其他支出。指除成本、费用、税金、损失外，企业在生产经营活动中发生的与生产经营活动有关的、合理的支出。

实际业务处理中应该注意明确区分资本性支出和收益性支出：收益性支出在发生当期直接扣除；资本性支出应当分期扣除或计入有关资产成本，不得在发生当期直接扣除。

此外，企业的不征税收入用于支出所形成的费用或资产，不得扣除或者计算对应的折旧、摊销扣除。

(2) 税前扣除项目的具体规定。

计算应纳税所得额时的具体扣除项目包括：

① 工资薪金的扣除。企业发生的合理的工资薪金支出，准予在税前扣除。

② 社会保险费的扣除。企业按照国务院有关主管部门或者省级人民政府规定的范围和标准为职工缴纳的基本养老保险费、基本医疗保险费、失业保险费、工伤保险费、生育保险费等基本社会保险费和住房公积金（五险一金），准予扣除；企业为投资者或者受雇的全体员工支付的补充养老保险费、补充医疗保险费，分别在不超过职工工资总额 5% 以内的部分，准予扣除。超过的部分，不予扣除；除企业依照国家有关规定为特殊工种职工支付的人身安全保险费和国务院财政、税务主管部门规定可以扣除的其他商业保险费外，企业为投资者或者职工支付的商业保险费，不得扣除；企业发生的合理的劳动保护支出，准予扣除。

③ 职工三费支出标准。企业发生的职工福利费支出，不超过工资薪金总额 14% 的部分，准予扣除；企业拨缴的工会经费，不超过工资薪金总额 2% 的部分，准予扣除；企业发生的职工教育经费支出，不超过工资薪金总额 8% 的部分，准予扣除。超过部分，准予在以后纳税年度结转扣除。

④ 业务招待费。企业发生的与生产经营活动有关的业务招待费支出，按照发生额的

60%扣除,但最高不得超过当年销售(营业)收入(含视同销售收入额)的5‰。

⑤ 广告费和业务宣传费。企业发生的符合条件的广告费和业务宣传费支出,除国务院财政、税务主管部门另有规定外,不超过当年销售收入15%的部分,准予扣除。超过部分,准予在以后纳税年度结转扣除。

⑥ 借款费用。企业在生产经营活动中发生的合理的不需要资本化的借款费用,准予扣除;企业为购置、建造固定资产、无形资产和经过12个月以上的建造才能达到预定可销售状态的存货发生借款的,在有关资产购置、建造期间发生的合理的借款费用,应当作为资本性支出计入有关资产的成本。

⑦ 环保专项资金。企业依照法律、行政法规有关规定提取的用于环境保护、生态恢复等方面的专项资金,准予扣除。上述专项资金提取后改变用途的,不得扣除。

⑧ 手续费、佣金支出。非保险企业发生的与生产经营有关的手续费及佣金支出,不超过服务协议或合同确认的收入金额的5%的部分,准予扣除;财产保险企业发生的与生产经营有关的手续费及佣金支出,不超过当年全部保费收入扣除退保金后余额的18%(含本数)的部分,在计算应纳税所得额时准予扣除。超过部分,允许结转以后年度扣除。

⑨ 租赁费。企业根据生产经营活动需要租入固定资产支付的租赁费,按照以下方法扣除:以经营租赁方式租入固定资产发生的租赁费支出,按照租赁期限均匀扣除;以融资租赁方式租入固定资产发生的租赁费支出,按照规定构成融资租入固定资产价值的部分应当提取折旧费用,分期扣除。

⑩ 税金。纳税人按照规定缴纳的消费税、资源税、土地增值税、关税、城市维护建设税、教育费附加,以及发生的房产税、车船税、城镇土地使用税、印花税等税金及附加,准予扣除。

企业缴纳的增值税属于价外税,故不在扣除之列。

房产税、车船税、城镇土地使用税、印花税等曾经在会计处理中记入"管理费用"账户,现在已改为记入"税金及附加"账户,故亦在税金扣除之列。

⑪ 各类损失。企业发生的损失,减除责任人赔偿和保险赔款后的余额,依照国务院财政、税务主管部门的规定扣除;企业已经作为损失处理的资产,在以后纳税年度又全部收回或者部分收回时,应当计入当期收入。

⑫ 公益性捐赠。企业通过公益性社会组织或者县级(含县级)以上人民政府及其组成部门和直属机构,用于慈善活动、公益事业的捐赠支出,在年度利润总额12%以内的部分,准予在计算应纳税所得额时扣除;超过年度利润总额12%的部分,准予结转以后三年内在计算应纳税所得额时扣除。

4) 不得税前扣除的项目

在计算企业应纳税所得额时,以下支出不得税前扣除:

(1) 向投资者支付的股息、红利等权益性投资收益款项。

(2) 缴纳的企业所得税。

(3) 缴纳的税收滞纳金。

(4) 缴纳的罚金、罚款和被没收财物的损失。纳税人按照经济合同规定支付的违约金(包括银行罚息)、罚款、赔偿金等,允许扣除。

(5) 年度利润总额12%以外的公益性捐赠支出。

(6) 企业发生的与生产经营活动无关的各种非广告性质的赞助支出。

(7) 未经核定的准备金支出。除财政部和国家税务总局核准计提的准备金可以税前扣除外,企业计提的其他各项资产减值准备、风险准备等准备金均不得税前扣除。

(8) 企业之间支付的管理费、企业内营业机构之间支付的租金和特许权使用费,以及非银行企业内营业机构之间支付的利息。

(9) 与取得收入无关的其他支出。

5) 亏损确认与弥补

(1) 亏损确认。亏损是企业年度收入总额减去不征税收入、免税收入和各项税前扣除额后的余额为负数。

(2) 亏损的弥补期限。企业纳税年度发生的亏损,可以用下一年度的所得弥补;下一年度的所得不足以弥补的,可以逐年延续弥补,但最长不得超过5年(连续计算,不得因亏损而顺延)。

但是,境外所得不得用于弥补境内亏损,境外亏损也不能由境内所得弥补,企业境外业务之间的盈亏可以互相弥补。

【例 7-3】 某公司 2013—2020 年的税前会计利润总额情况如表 7-1 所示,且无其他纳税调整事项。

表 7-1 某公司 2013—2020 年的税前会计利润总额情况 单位:万元

年份	2013	2014	2015	2016	2017	2018	2019	2020
税前会计利润	−300	100	220	−80	−60	50	90	200

假设该公司适用的企业所得税税率为 25%,计算该公司 2013—2020 年的企业所得税应纳税额。

解析:

2013 年:亏损,不需要缴纳企业所得税,可由以后年度应纳税所得弥补,最长弥补期限到 2018 年。

2014 年:全部用于弥补 2013 年的亏损,尚有 200 万元的亏损额没有弥补完,留待以后年度继续弥补。

2015 年:用于弥补 2013 年剩下的 200 万元亏损后,当年企业应纳税所得额还有 20 万元。应纳所得税额 5(20×25%)万元。

2016 年:发生亏损 80 万元,可由以后年度应税所得弥补,最长弥补期限到 2021 年。

2017 年:当年亏损 50 万元,可由以后年度应税所得弥补,最长弥补期限到 2022 年。累计亏损 130 万元。

2018 年:先弥补 2016 年的亏损 80 万元,没有弥补的 30 万元亏损,留待以后年份继续弥补。

2019 年:先弥补 2016 年未弥补完的亏损 30 万元,还有 60 万元应纳税所得额,再用于弥补 2017 年的−60 万元亏损,当年的应纳税所得额为 0,不需要缴纳企业所得税。

2020 年:以前年度的亏损已经全部弥补完,因此按 200 万元计算应纳企业所得税。

企业所得税应纳税额=200×25%=50(万元)

2. 资产的税务处理

企业进行所得税处理的各项资产主要包括固定资产、生物资产、无形资产、长期待摊费用、投资资产、存货等,除通过盘盈、捐赠、投资、非货币性资产交换、债务重组等方式取得的固定资产外,一般应以历史成本为计税基础。企业持有各项资产期间资产增值或减值,除国务院财政、税务主管部门规定可以确认损益外,不得调整资产的计税基础。对资本性支出以及无形资产受让,开办、开发费用,不允许作为成本、费用一次性在税前扣除,应按计提折旧费用、摊销费用方式分次扣除。

1) 固定资产的税务处理

纳税人的固定资产,是指企业为生产产品、提供劳务、出租或者经营管理而持有的、使用期限超过12个月的非货币性资产,包括房屋、建筑物、机械、运输工具,以及其他与生产经营有关的设备、器具、工具等。未作为固定资产管理的工具、器具等作为低值易耗品,可以一次或分次扣除。

(1) 固定资产的计税基础。

① 外购的固定资产,以购买价款和支付的相关税费以及直接归属于使该资产达到预定用途发生的其他支出为计税基础。

② 自行建造的固定资产,以竣工结算前发生的支出为计税基础。

③ 融资租入的固定资产,以租赁合同约定的付款总额和承租人在签订租赁合同过程中发生的相关费用为计税基础;租赁合同未约定付款总额的,以该资产的公允价值和承租人在签订租赁合同过程中发生的相关费用为计税基础。

④ 盘盈的固定资产,以同类固定资产的重置价值为计税基础。

⑤ 通过捐赠、投资、非货币性资产交换、债务重组等方式取得的固定资产,以该资产的公允价值和支付的相关税费为计税基础。

⑥ 改建的固定资产,以改建过程中发生的改建支出作为计税基础;已足额提取折旧的固定资产的改建支出与租入固定资产的改建支出除外。

(2) 固定资产的折旧范围。

企业按照规定计算的固定资产折旧,准予扣除。但下列固定资产不得计算折旧扣除:

① 房屋、建筑物以外未投入使用的固定资产。
② 以经营租赁方式租入的固定资产。
③ 以融资租赁方式租出的固定资产。
④ 已足额提取折旧仍继续使用的固定资产。
⑤ 与经营活动无关的固定资产。
⑥ 单独估价作为固定资产入账的土地。
⑦ 其他不得计算折旧扣除的固定资产。

【例7-4】 2021年2月,某市税务局稽查分局对甲公司进行税务稽查,发现该公司在2020年4—9月销售旺季临时租入一台机床用于生产A产品。甲公司就该租入设备每月计提了50 000元折旧,账务处理为:

  借:生产成本——A产品   300 000
    贷:累计折旧   300 000

甲公司适用的企业所得税税率为25%,税务稽查机关应如何认定该事项?

解析:

依据《企业所得税法》及相关条例规定,以经营租赁方式租入的固定资产,不得计提折旧,甲公司所计提的 300 000 元累计折旧,加大了 2020 年的成本费用、减少了利润,属于偷逃税行为。税务机关应要求该公司调增应纳税所得额,补缴偷逃的企业所得税 75 000 元,同时处以一定罚款。

(3) 折旧的计提方法。

① 企业应当自固定资产投入使用月份的次月起计算折旧,停止使用的固定资产,应当自停止使用月份的次月起停止计算折旧。

② 企业应当根据固定资产的性质和使用情况,合理确定固定资产的预计净残值。固定资产的预计净残值一经确定,不得变更。

③ 固定资产按照直线法计算的折旧,准予扣除。

直线法计提折旧的计算公式如下:

年折旧额＝原值×(1－残值比例)÷使用年限

月折旧额＝年折旧额÷12

(4) 固定资产折旧的计提年限。

除国务院财政、税务主管部门另有规定外,固定资产计提折旧的最低年限如下:

① 房屋、建筑物为 20 年。

② 飞机、火车、轮船、机器、机械和其他生产设备为 10 年。

③ 与生产经营活动有关的器具、工具、家具等为 5 年。

④ 飞机、火车、轮船以外的运输工具为 4 年。

⑤ 电子设备为 3 年。

2) 生产性生物资产的税务处理

生物资产是指有生命的动物和植物,分为消耗性生物资产、生产性生物资产和公益性生物资产三类,只有生产性生物资产按照直线法计算的折旧,准予扣除。

(1) 生产性生物资产的计税基础。

① 外购的生产性生物资产,以购买价款和支付的相关税费为计税基础。

② 通过捐赠、投资、非货币性资产交换、债务重组等方式取得的生产性生物资产,以该资产的公允价值和支付的相关税费为计税基础。

(2) 生产性生物资产的折旧方法和折旧年限。

① 生产性生物资产按照直线法计算的折旧,准予扣除。

② 企业应当自生产性生物资产投入使用月份的次月起计算折旧;停止使用的生产性生物资产,应当自停止使用月份的次月起停止计算折旧。

③ 企业应当根据生产性生物资产的性质和使用情况,合理确定生产性生物资产的预计净残值。生产性生物资产的预计净残值一经确定,不得变更。

④ 生产性生物资产计算折旧的最低年限如下:林木类生产性生物资产为 10 年;畜类生产性生物资产为 3 年。

3) 无形资产的税务处理

无形资产,是指企业为生产产品、提供劳务、出租或者经营管理而拥有或者控制的,没有实物形态的可辨认非货币性长期资产,包括专利权、非专利技术、商标权、著作权、特许权、土地使用权、商誉等。

(1) 无形资产的计税基础。

① 外购的无形资产,以购买价款和支付的相关税费以及直接归属于使该资产达到预定用途发生的其他支出为计税基础。

② 自行开发的无形资产,以开发过程中该资产符合资本化条件后至达到预定用途发生的其他支出为计税基础。

③ 通过捐赠、投资、非货币性资产交换、债务重组等方式取得的无形资产,以该资产的公允价值和支付的相关税费为计税基础。

(2) 无形资产的摊销方法及年限。

① 无形资产按照直线法计算的摊销费用,准予扣除。

② 无形资产的摊销年限不得低于10年。作为投资或者受让的无形资产,有关法律规定或者合同约定了使用年限的,可以按照规定或者约定的使用年限分期摊销。

③ 外购商誉的支出,在企业整体转让或者清算时,准予扣除。

(3) 不得摊销的无形资产。

税法规定,下列无形资产不得计算摊销费用扣除:

① 自行开发的、支出已在计算应纳税所得额时扣除的无形资产。

② 自创商誉。

③ 与经营活动无关的无形资产。

④ 其他不得计算摊销费用扣除的无形资产。

【例7-5】 某公司2021年转让一项三年前购买的专利,购买时支付120万元(不含税),取得不含税转让收入118万元,税法规定该专利摊销期为10年。转让专利适用的增值税税率为6%,该公司所在地城市维护建设税适用税率为7%、教育费附加为3%,计算转让该项专利的应纳税所得额。

解析:

转让环节应纳的城市维护建设税及教育费附加=118×6%×(7%+3%)
=0.708(万元)

专利转让前的账面净值=120−(120÷10×3)=84(万元)

应纳税所得额=118−84−0.708=33.292(万元)

4) 长期待摊费用的税务处理

企业发生的下列支出作为长期待摊费用,在计算应纳税所得额时,按照规定摊销的,准予扣除。

(1) 已足额提取折旧的固定资产的改建支出,按照固定资产预计尚可使用年限分期摊销。

(2) 租入固定资产的改建支出,按照合同约定的剩余租赁期限分期摊销。

(3) 同时符合下列条件的固定资产的大修理支出:修理支出达到取得固定资产时的计税基础50%以上;修理后固定资产的使用年限延长2年以上。

(4) 其他应当作为长期待摊费用的支出,自支出发生月份的次月起,分期摊销,摊销年限不得低于3年。

5) 投资资产的税务处理

投资资产,是指企业对外进行权益性投资和债权投资而形成的资产。

(1) 投资资产的成本。

① 通过支付现金方式取得的投资资产,以购买价款为成本。

② 通过支付现金以外的方式取得的投资资产,以该资产的公允价值和支付的相关税费为成本。

(2) 投资资产成本的扣除方法。

企业对外投资期间,投资资产的成本在计算应纳税所得额时不得扣除。企业在转让或者处置投资资产时,投资资产的成本准予扣除。

6) 存货的税务处理

存货,是指企业持有以备出售的产品或者商品、处在生产过程中的在产品、在生产或提供劳务过程中耗用的材料和物料等。企业使用或者销售存货,按照规定计算的存货成本,准予在计算应纳税所得额时扣除。

(1) 存货的计税基础。

① 通过支付现金取得的存货,以购买价款和支付的相关税费为成本。

② 通过支付现金以外的方式取得的存货,以该存货的公允价值和支付的相关税费为成本。

③ 生产性生物资产收获的农产品,以产出或者采收过程中发生的材料费、人工费、分摊的间接费用等必要支出为成本。

(2) 存货的计价方法。

企业使用或者销售的存货的成本,应当按实际成本计算,可以在先进先出法、加权平均法、个别计价法等成本计价方法中任选一种。计价方法一经选用,不得随意变更。确实需要改变成本计价方法的,应当在下一纳税年度开始前,报经主管税务机关备案。

7) 资产损失的税务处理

资产损失,是指企业在生产经营活动中实际发生的、与取得应税收入有关的资产损失,包括现金损失,存款损失,坏账损失,货款损失,股权投资损失,固定资产和存货的盘亏、毁损、报废、被盗损失,自然灾害等不可抗力因素造成的损失以及其他损失。企业可以税前扣除的资产损失,包括以下项目:

(1) 企业清查出的现金短缺减除责任人赔偿后的余额,作为现金损失在计算应纳税所得额时扣除。

(2) 企业将货币性资金存入法定具有吸收存款职能的机构,因该机构破产、清算,或者政府责令停业、关闭等原因,确实不能收回的部分,作为存款损失在计算应纳税所得额时扣除。

(3) 企业除贷款类债权外的应收、预付账款符合下列条件之一的,减除可收回金额后确认的无法收回的应收、预付款项,可以作为坏账损失在计算应纳税所得额时扣除:债务人依法宣告破产、关闭、解散、被撤销,或者被依法注销、吊销营业执照,其清算财产不足清偿的;债务人死亡,或者依法被宣告失踪、死亡,其财产或者遗产不足清偿的;债务人逾期3年以上未清偿,且有确凿证据证明已无力清偿债务的;与债务人达成债务重组协议或法院批准破产重整计划后,无法追偿的;因自然灾害、战争等不可抗力导致无法收回的;国务院财政、税务主管部门规定的其他条件。

(4) 企业经采取所有可能的措施和实施必要的程序之后,符合一定条件的贷款类债权,确实未能收回或无法追偿的,可以作为贷款损失在计算应纳税所得额时扣除。

(5) 企业的股权投资符合一定条件的,减除可收回金额后确认的无法收回的股权投资,可以作为股权投资损失在计算应纳税所得额时扣除。

(6) 企业盘亏的固定资产或存货,以该固定资产的账面净值或存货的成本减除责任人赔偿后的余额,作为固定资产或存货盘亏损失在计算应纳税所得额时扣除。

(7) 企业毁损、报废的固定资产或存货,以该固定资产的账面净值或存货的成本减除残值、保险赔款和责任人赔偿后的余额,作为固定资产或存货毁损、报废损失在计算应纳税所得额时扣除。

(8) 企业被盗的固定资产或存货,以该固定资产的账面净值或存货的成本减除保险赔款和责任人赔偿后的余额,作为固定资产或存货被盗损失在计算应纳税所得额时扣除。

(9) 企业因存货盘亏、毁损、报废、被盗等原因不得从增值税销项税额中抵扣的进项税额,可以与存货损失一起在计算应纳税所得额时扣除。

(10) 企业在计算应纳税所得额时已经扣除的资产损失,在以后纳税年度全部或者部分收回时,其收回部分应当作为收入计入收回当期的应纳税所得额。

此外,依据《企业资产损失所得税税前扣除管理办法》规定,企业资产损失所得税税前扣除管理的基本原则包括:

(1) 准予在企业所得税税前扣除的资产损失,是指企业在实际处置、转让上述资产过程中发生的合理损失,以及企业虽未实际处理、转让上述资产,但符合规定条件计算确认的损失。

(2) 企业实际资产损失,应当在其实际发生且会计上已做损失处理的年度申报扣除。

(3) 企业实际资产损失,应按规定程序和要求向主管税务机关申报后方能在税前扣除。未经申报的损失,不得在税前扣除。

(4) 企业以前年度发生的资产损失未能在当年税前扣除的,可以按照规定向税务机关说明并进行专项申报扣除。其中,属于实际资产损失的,准予追补至该项损失发生年度扣除,其追补确认期限一般不得超过5年。

3. 企业所得税应纳税额的计算

居民企业所得税应纳税额的计算。

居民企业所得税应纳税额等于应纳税所得额乘以税率,计算公式为:

企业所得税应纳税额＝应纳税所得额×适用税率－减免税额－抵免税额

从上述公式可以看出,企业所得税应纳税额的多少,关键在于应纳税所得额的确定,前文已经指出,应纳税所得额的计算一般有直接计算法和间接计算法两种方法。下面具体枚举实例进行相应讲解。

1) 直接计算法

应纳税所得额＝收入总额－不征税收入－免税收入－各项扣除金额－
　　　　　　　允许弥补的以前年度亏损

【例 7-6】 某高新技术企业 2020 年度的主要生产经营情况如下:

(1) 经营收支情况:销售收入 6 000 万元,销售成本 3 200 万元,税金及附加 198 万元,销售费用 1 100 万元(其中,广告宣传费支出 950 万元),管理费用 360 万元(其中,业务招待费 40 万元),财务费用 250 万元(其中,经批准向其他公司拆借 200 万元,支付利息 15 万元,同期同类银行借款利率为 3%),资产减值损失 50 万元(未经核准 40 万元,核准允许列支 10 万元),投资收益180万元(其中,国债利息收入30万元)。另外,成本费用中包括:合理的工资、薪金总额500万元,职工福利费100万元,职工教育经费50万元,工会经费20万元。

(2) 营业外收支情况:营业外收入120万元,营业外支出220万元(其中,税收滞纳金罚款15万元,违反合同的违约支出205万元)。

(3) 企业当年购置环境保护专用设备200万元,购置完毕后即投入使用。另外,有税前未弥补亏损40万元(弥补期未超过5年)。

计算该公司2020年度企业所得税应纳税额。

解析:

(1) 确定收入总额:收入总额＝6 000＋180＋120＝6 300(万元)

(2) 确定不征税收入:不征税收入＝0

(3) 确定免税收入:免税收入＝30(万元)

(4) 确定扣除项目,具体包括:

① 扣除项目合计＝3 200＋198＋1 100＋360＋250＋50＋220＝5 378(万元)

② 限额扣除项目的超额支出:

广告宣传费超额支出＝950－6 000×15％＝50(万元)

业务招待费超额支出＝40－24＝16(万元)

(业务招待费按6 000万元的5‰,即30万元与40万元的60％(24万元)进行比较,取24万元。)

利息超额支出＝15－200×3％＝9(万元)

职工福利费超额支出＝100－500×14％＝30(万元)

职工教育经费超支＝50－500×8％＝10(万元)

工会经费超支＝12－500×2％＝2(万元)

超额支出合计＝50＋16＋9＋30＋10＋2＝117(万元)

③ 不得扣除项目的金额:

未经核准的资产减值损失＝40(万元)

税收滞纳金罚款＝15(万元)

不得扣除项目合计＝40＋15＝55(万元)

④ 准予扣除项目的金额＝5 378－117－55＝5 206(万元)

(5) 确定应纳税所得额:

应纳税所得额＝收入总额－不征税收入－免税收入－各项扣除金额－允许弥补的以前年度亏损＝6 300－0－30－5 206－40＝1 024(万元)

(6) 确定适用税率:

高新技术企业减按15％的税率征收企业所得税。

(7) 计算抵免税额:

税法规定,企业购置并实际使用的环境保护专用设备,其设备投资额的10％可从企业当年的应纳税额中抵免,即:

准予抵免的企业所得税税额＝200×10％＝20(万元)

(8) 计算企业所得税应纳税额:

企业所得税应纳税额＝应纳税所得额×适用税率－减免税额－抵免税额
＝1 024×15％－0－20＝133.6(万元)

2）间接计算法

间接计算法，是以会计利润总额为基础，依据税法规定，加上应调增的项目金额，减去应调减的项目金额，将调增后的金额作为应纳税所得额。

应纳税所得额＝会计利润总额＋纳税调整增加额－纳税调整减少额

【例7-7】 承【例7-6】的资料，用间接计算法计算该公司2020年度企业所得税应纳税额。

解析：

(1) 会计利润总额＝(6 000＋180＋120)－(3 200＋198＋1 100＋360＋250＋50＋220)＝922(万元)

(2) 确定应纳税所得额调整额：

① 广告宣传费调增应纳税所得额＝950－6 000×15％＝50(万元)

② 业务招待费调增应纳税所得额＝40－24＝16(万元)

③ 利息支出调增应纳税所得额＝15－200×3％＝9(万元)

④ 职工福利费调增应纳税所得额＝100－500×14％＝30(万元)

⑤ 职工教育经费调增应纳税所得额＝50－500×8％＝10(万元)

⑥ 工会经费调增应纳税所得额＝12－500×2％＝2(万元)

⑦ 未经核准的资产减值损失不得税前扣除，调增应纳税所得额＝40(万元)

⑧ 税收滞纳金罚款不得税前扣除，调增应纳税所得额＝15(万元)

⑨ 国债利息收入免税，调减应纳税所得额＝30(万元)

⑩ 可税前弥补的以前年度亏损，调减应纳税所得额＝40(万元)

(3) 计算应纳税所得额：

应纳税所得额＝会计利润总额＋纳税调整增加额－纳税调整减少额＝922＋(50＋16＋9＋30＋10＋2＋40＋15)－(30＋40)＝1 024(万元)

(4) 确定适用税率：

高新技术企业减按15％的税率征收企业所得税。

(5) 计算抵免税额：

税法规定，企业购置并实际使用的环境保护专用设备，其设备投资额的10％可从企业当年的应纳税额中抵免，即：准予抵免的所得税额＝200×10％＝20(万元)

(6) 计算企业所得税应纳税额：

企业所得税应纳税额＝应纳税所得额×适用税率－减免税额－抵免税额＝1 024×15％－0－20＝133.6(万元)

简单归纳：从以上两种方法的比较看，采用间接计算法时，由于应纳税所得额的调整项目分类更为简单，而且是基于会计利润总额进行的调整，所以，思路清晰，在实务中相比直接计算法运用更为普遍。

4. 境外所得已纳税款的抵免

抵免法是一国政府在优先承认其他国家(地区)的地域管辖权的前提下，在对本国纳税人来源于境外的所得征税时，以本国纳税人在境外缴纳的税额冲抵本国税收的方法。抵免法能够较为彻底地消除国际重复征税，体现了公平税负的原则，目前为世界各国普遍采用。

1) 抵免法的分类

(1) 按计算方式划分,分为全额抵免和限额抵免。

全额抵免是指居住国政府对跨境纳税人在境外直接缴纳的所得税税款予以全部抵免。限额抵免也称普通抵免,是指居住国政府对跨境纳税人在境外直接缴纳的所得税税款给予抵免,但可抵免的数额不得超过境外所得额按本国税率计算的应纳税额。我国采用的是限额抵免。

(2) 按适用对象划分,分为直接抵免和间接抵免。

直接抵免是指直接对本国纳税人在境外已经缴纳的所得税的抵免,一般适用于同一法人实体的总公司与海外分公司、总机构与海外分支机构的直接抵免;间接抵免是指母公司所在的居住国政府,允许母公司将其控股子公司已缴居住国的所得税中应由母公司分得股息、红利承担的那部分税额冲抵母公司的应纳税额。这种方式下,根据母公司直接或间接持有子公司20%(含20%)以上比例确定5层外国企业,即:第一层,单一居民企业直接持有20%以上股份的外国企业;第二层至第五层,单一上一层外国企业直接持有20%以上股份,且由该企业直接持有或通过一个或多个符合规定持股方式的外国企业间接持有总和达到20%以上股份的外国企业。实际经济业务中涉及所得税境外已纳税额抵免的情况,主要适用于直接抵免。

2) 直接抵免方式下抵免限额的确认计量

居民企业以及非居民企业在中国境内设立的机构、场所,取得的下列所得已在境外缴纳的所得税税额,可以从其当期应纳税额中抵免,抵免限额为该项所得依照《企业所得税法》及其实施条例计算的应纳税额;超过抵免限额的部分,可以在以后5个年度内,用每年度抵免限额抵免当年应抵税额后的余额进行抵补:

(1) 居民企业来源于中国境外的应税所得。

(2) 非居民企业在中国境内设立机构、场所,取得发生在中国境外但与该机构、场所有实际联系的应税所得。

抵免限额可以选择"按国(地区)别分别计算(分国(地区)不分项)"或"不按国(地区)别汇总计算(不分国(地区)不分项)"两种方式,一经选择,5年内不得改变。具体计算公式分别为:

① 某国(地区)所得税抵免限额=中国境内、境外所得依照企业所得税法和条例的规定计算的应纳税总额×来源于某国(地区)的应纳税所得额÷中国境内、境外应纳税所得总额

② 境外所得税抵免限额=中国境内、境外所得依照企业所得税法和条例的规定计算的应纳税总额×来源于境外的应纳税所得额÷中国境内、境外应纳税所得总额

居民企业从其直接或者间接控制的外国企业分得来源于中国境外的股息、红利等权益性投资收益,外国企业在境外实际缴纳的所得税税额中属于该项所得负担的部分,可以作为该居民企业的可抵免税额,在规定的抵免限额内抵免。

3) 实际应纳所得税额

企业抵免境外所得税额后,实际应纳所得税额的计算公式为:

实际应纳所得税额=应纳税额+境外所得应纳所得税-境外所得抵免所得税额

【例7-8】 某居民企业2021年度境内应纳税所得额为500万元(适用的企业所得税税率为25%)。另外:从A国分回140万元的税后利润(税前所得为200万元,A国的企业所

得税税率为30%,在A国已缴纳企业所得税60万元);从B国分回85万元的税后利润(税前所得为100万元,B国的企业所得税税率为15%,在B国已缴纳企业所得税15万元)。计算该企业国内实际应纳所得税额。

解析：

方法一：企业选择的是"分国(地区)不分项"计算方法。

① 来源于A国所得的抵免限额=(500+200+100)×25%×200÷(500+200+100)
=50(万元)

A国已纳企业所得税60万元,比抵扣限额50万元高出10万元,这10万元当年不能扣除,但可以从以后5个纳税年度每年的抵免限额抵免当年应抵税额后的余额中进行抵补。

② 来源于B国所得的抵免限额=(500+200+100)×25%×100÷(500+200+100)
=25(万元)

③ 企业实际应纳所得税额=(500+200+100)×25%−50−15=135(万元)

(在A国已缴纳所得税额超过抵免限额,应按抵免限额扣减当期应纳税额;在B国已缴纳所得税额小于抵免限额,按照B国实际缴纳所得税额抵扣。)

方法二：企业选择的是"不分国(地区)不分项"计算方法。

① 来源于境外所得的抵免限额=(500+200+100)×25%×(200+100)÷(500+200+100)=75(万元)

② 境外所得实际已纳所得税额=60+15=75(万元)

③ 企业实际应纳所得税额=(500+200+100)×25%−75=125(万元)

5．居民企业核定征收应纳税额的计算

为了加强对会计核算不健全或不能按期申报纳税的企业的企业所得税征管,依照《企业所得税法》及其实施条例规定,对这类企业可以采用核定征收办法征收企业所得税。

1) 核定征收企业所得税的范围

居民企业纳税人,具有下列情形之一的,应核定征收企业所得税。

(1) 依照法律、行政法规的规定可以不设置账簿的。

(2) 依照法律、行政法规的规定应当设置但未设置账簿的。

(3) 擅自销毁账簿或者拒不提供纳税资料的。

(4) 虽设置账簿,但账目混乱或者成本资料、收入凭证、费用凭证残缺不全,难以查账的。

(5) 发生纳税义务,未按照规定的期限办理纳税申报,经税务机关责令限期申报,逾期仍不申报的。

(6) 申报的计税依据明显偏低,又无正当理由的。

特殊行业、特殊类型的纳税人和一定规模以上的纳税人不适用本办法。上述特定纳税人由国家税务总局另行明确。

2) 核定征收企业所得税的具体办法

(1) 定额征收。

定额征收指主管税务机关按照一定的标准、程序和方法,直接核定纳税人的年度应纳所得税额,由纳税人按规定进行纳税申报。实行定额征收办法的企业,参照以前年度经营情况,可先采用发票加定额的方法测算本年度应税收入总额,然后再核定其应纳所得税额。

(2) 核定应税所得率征收。

按核定应税所得率征收方式缴纳企业所得税的企业，是指在其收入总额或成本费用支出额能够正确核算的情况下，可按国家规定的应税所得率计算应纳税所得额，再计算出应纳税额，据以申报纳税。计算公式为：

企业所得税应纳税额＝应纳税所得额×适用税率

应纳税所得额＝应税收入额×应税所得率

如果纳税人不能准确核算收入额，但能准确核算成本费用额，则用以下方法计算应纳税所得额：

应纳税所得额＝成本(费用)支出额÷(1－应税所得率)×应税所得率

必须注意的是，应税所得率不是税率，而是对核定征收企业所得税的企业计算其应纳税所得额(不是应纳所得税额)时预先规定的比例，即企业应纳税的所得额占其经营收入的比例。该比例由税务主管机关根据各个行业的实际销售利润率或者经营利润率等情况分别测算得出。此外，纳税人的生产经营范围、主营业务发生重大变化，或者应纳税所得额或应纳税额增减变化达到20%的，应及时向主管税务机关申报调整已确定的应纳税额或应税所得率。

现行企业执行的应税所得率幅度标准如表7-2所示。

表7-2 现行企业执行的应税所得率幅度标准

行　业	应税所得率	行　业	应税所得率
农、林、牧、渔业	3%～10%	建筑业	8%～20%
制造业	5%～15%	饮食业	8%～25%
批发和零售贸易业	4%～15%	娱乐业	15%～30%
交通运输业	7%～15%	其他行业	10%～30%

【例7-9】 某居民企业从事交通运输业，因为会计核算不健全，企业所得税采取核定征收的办法。假设2021年度实现收入总额为600万元，但不能准确核算成本、费用，确定的应税所得率为10%，适用的企业所得税税率为25%，该企业2021年应缴纳的企业所得税是多少？如果2021年度收入不能准确核算，但能准确核算成本、费用为560万元，确定的应税所得率及适用的企业所得税税率同前，企业2021年应缴纳的企业所得税是多少？

解析：

(1) 能准确核算收入的情况下：

应纳税所得额＝600×10%＝60(万元)

企业所得税应纳税额＝60×25%＝15(万元)

(2) 不能准确核算收入额，但能准确核算成本费用的情况下：

应纳税所得额＝560÷(1－10%)×10%＝62.22(万元)

企业所得税应纳税额＝62.22×25%＝15.56(万元)

6. 非居民企业应纳税额的计算

对于在中国境内设立机构、场所的非居民企业取得的与机构、场所有实际联系的所得，所得税的计算方法与居民企业相同，适用的所得税税率为25%。

对于在中国境内未设立机构、场所的,或者虽设立机构、场所,但取得的所得与其所设机构、场所没有实际联系的非居民企业的所得,按照现行税法及实施条例规定,可按10%的优惠税率征收,按照以下方法确认应纳税所得额:

（1）股息、红利等权益性投资收益和利息、租金、特许权使用费所得,以收入全额为应纳税所得额。

（2）转让财产所得,以收入全额减除财产净值后的余额为应纳税所得额。财产净值是指财产的计税基础减除已经按照规定扣除的折旧、折耗、摊销、准备金等后的余额。

（3）其他所得,参照前两项规定的方法计算应纳税所得额。

（4）扣缴义务人扣缴企业所得税应纳税额的计算,应以应纳税所得额乘以实际征收率,计算公式为:

扣缴企业所得税应纳税额＝应纳税所得额×实际征收率

【例7-10】 某外国企业在中国境内未设立机构、场所,但2020年度在中国境内取得股息收益200万元。另外,转让一处在中国境内的公寓,售价600万元,该公寓原价500万元,已提折旧60万元。计算该外国企业2020年度应向我国税务机关缴纳的企业所得税。

解析:

应纳税所得额＝200＋[600－(500－60)]＝360(万元)

企业所得税应纳税额＝360×10％＝36(万元)

7.1.3 企业所得税的纳税申报

1. 纳税地点

除税收法律、行政法规另有规定外,居民企业以企业登记注册地为纳税地点;但登记注册地在境外的,以实际管理机构所在地为纳税地点。企业注册登记地是指企业依照国家有关规定登记注册的住所地。

居民企业在中国境内设立不具有法人资格的营业机构的,应当汇总计算并缴纳企业所得税;非居民企业在中国境内设立机构、场所的,应当就其所设机构、场所取得的来源于中国境内的所得,以及发生在中国境外但与其所设机构、场所有实际联系的所得,以机构、场所所在地为纳税地点。非居民企业在中国境内设立两个或者两个以上机构、场所的,经主管税务机关审核批准,可以选择由其主要机构、场所汇总缴纳企业所得税。

非居民企业在中国境内未设立机构、场所的,或者虽设立机构、场所但取得的所得与其所设机构、场所没有实际联系的所得,以扣缴义务人所在地为纳税地点。

2. 纳税申报

企业所得税按月或者按季预缴的,应当自月份或者季度终了之日起15日内,向税务机关报送企业所得税预缴纳税申报表,并附送财务会计报告和其他有关资料,预缴税款;企业在纳税年度内无论盈利或者亏损,都应当在规定期限内向税务机关报送企业所得税预缴纳税申报表、企业所得税年度纳税申报表、财务会计报告和税务机关规定应当报送的其他有关资料。

企业所得税预缴纳税申报表的填报是所得税会计处理的核心内容之一,企业应按要求准确认真地填报企业所得税预缴纳税申报表。

企业所得税预缴纳税申报表分为 A 类申报表和 B 类申报表两种。A 类申报表适用于实行查账征收企业所得税的居民企业,以及跨地区经营汇总纳税企业的分支机构填报(见表 7-3);B 类申报表适用于核定征收企业所得税的居民企业填报(见表 7-4)。

表 7-3　中华人民共和国企业所得税月(季)度预缴纳税申报表(A 类)

税款所属期间：　　　年　　月　　日至　　　年　　月　　日

纳税人识别号(统一社会信用代码)：

纳税人名称：　　　　　　　　　　　　　　　　　　　　　　　金额单位:元(列至角分)

优惠及附报事项有关信息									
项　目	第一季度		第二季度		第三季度		第四季度		季度平均值
	季初	季末	季初	季末	季初	季末	季初	季末	
从业人数									
资产总额(万元)									
国家限制或禁止行业	□是　□否				小型微利企业				□是　□否
附报事项名称									金额或选项
事项 1	(填写特定事项名称)								
事项 2	(填写特定事项名称)								
预缴税款计算									本年累计

1	营业收入	
2	营业成本	
3	利润总额	
4	加:特定业务计算的应纳税所得额	
5	减:不征税收入	
6	减:资产加速折旧、摊销(扣除)调减额(填写 A201020)	
7	减:免税收入、减计收入、加计扣除(7.1+7.2+⋯)	
7.1	(填写优惠事项名称)	
7.2	(填写优惠事项名称)	
8	减:所得减免(8.1+8.2+⋯)	
8.1	(填写优惠事项名称)	
8.2	(填写优惠事项名称)	
9	减:弥补以前年度亏损	
10	实际利润额(3+4−5−6−7−8−9)/按照上一纳税年度应纳税所得额平均额确定的应纳税所得额	
11	税率(25%)	
12	应纳所得税额(10×11)	
13	减:减免所得税额(13.1+13.2+⋯)	
13.1	(填写优惠事项名称)	
预缴税款计算		本年累计
13.2	(填写优惠事项名称)	
14	减:本年实际已缴纳所得税额	
15	减:特定业务预缴(征)所得税额	
16	本期应补(退)所得税额(12−13−14−15)/税务机关确定的本期应纳所得税额	

续表

项目		第一季度		第二季度		第三季度		第四季度		季度平均值
		季初	季末	季初	季末	季初	季末	季初	季末	
汇总纳税企业总分机构税款计算										
17	总机构	总机构本期分摊应补(退)所得税额(18+19+20)								
18		其中:总机构分摊应补(退)所得税额(16×总机构分摊比例____%)								
19		财政集中分配应补(退)所得税额(16×财政集中分配比例____%)								
20		总机构具有主体生产经营职能的部门分摊所得税额(16×全部分支机构分摊比例____%×总机构具有主体生产经营职能部门分摊比例____%)								
21	分支机构	分支机构本期分摊比例								
22		分支机构本期分摊应补(退)所得税额								
实际缴纳企业所得税计算										
23	减:民族自治地区企业所得税地方分享部分 □免征 □减征;减征幅度____%				本年累计应减免金额[(12-13-15)×40%×减征幅度]					
24	实际应补(退)所得税额									

谨声明:本纳税申报表是根据国家税收法律法规及相关规定填报的,是真实的、可靠的、完整的。

纳税人(签章):　　　　年　月　日

经办人:	受理人:
经办人身份证号:	受理税务机关(章):
代理机构签章:	受理日期:　　年　月　日
代理机构统一社会信用代码:	

表7-4　中华人民共和国企业所得税月(季)度预缴和年度纳税申报表(B类)

税款所属期间:　　年　月　日至　　年　月　日

纳税人识别号:

纳税人名称:　　　　　　　　　　　　　　　　　　　　金额单位:元(列至角分)

核定征收方式	□核定应税所得率(能核算收入总额的) □核定应税所得率(能核算成本费用总额的) □核定应纳所得税额

按季度填报信息

项目	第一季度		第二季度		第三季度		第四季度		季度平均值
	季初	季末	季初	季末	季初	季末	季初	季末	
从业人数									
资产总额(万元)									
国家限制或禁止行业	□是 □否				小型微利企业		□是 □否		

按年度填报信息

从业人数(填写平均值)		资产总额(填写平均值,单位:万元)	
国家限制或禁止行业	□是 □否	小型微利企业	□是 □否

行次	项目	本年累计金额
1	收入总额	
2	减:不征税收入	

续表

行次	项目	本年累计金额
3	减：免税收入(4＋5＋10＋11)	
4	国债利息收入免征企业所得税	
5	符合条件的居民企业之间的股息、红利等权益性投资收益免征企业所得税(6＋7.1＋7.2＋8＋9)	
6	其中：一般股息红利等权益性投资收益免征企业所得税	
7.1	通过沪港通投资且连续持有H股满12个月取得的股息红利所得免征企业所得税	
7.2	通过深港通投资且连续持有H股满12个月取得的股息红利所得免征企业所得税	
8	居民企业持有创新企业CDR取得的股息红利所得免征企业所得税	
9	符合条件的居民企业之间属于股息、红利性质的永续债利息收入免征企业所得税	
10	投资者从证券投资基金分配中取得的收入免征企业所得税	
11	取得的地方政府债券利息收入免征企业所得税	
12	应税收入额(1－2－3)\成本费用总额	
13	税务机关核定的应税所得率(%)	
14	应纳税所得额(第12×13行)\[第12行÷(1－第13行)×第13行]	
15	税率(25%)	
16	应纳所得税额(14×15)	
17	减：符合条件的小型微利企业减免企业所得税	
18	减：实际已缴纳所得税额	
L19	减：符合条件的小型微利企业延缓缴纳所得税额(是否延缓缴纳所得税□ 是□ 否)	
19	本期应补(退)所得税额(16－17－18－L19)\税务机关核定本期应纳所得税额	
20	民族自治地方的自治机关对本民族自治地方的企业应缴纳的企业所得税中属于地方分享的部分减征或免征(□ 免征□ 减征：减征幅度____%)	
21	本期实际应补(退)所得税额	

谨声明：本纳税申报表是根据国家税收法律法规及相关规定填报的，是真实的、可靠的、完整的。

纳税人(签章)：　　　　　年　　月　　日

经办人：	受理人：
经办人身份证号：	受理税务机关(章)：
代理机构签章：	
代理机构统一社会信用代码：	受理日期：　　年　　月　　日

进行企业所得税年度汇算清缴时，应填报"企业所得税年度纳税申报表(A表)"，该表适用于查账征收企业(见表7-5)。

表 7-5　中华人民共和国企业所得税年度纳税申报表（A 类）

税款所属期间：　　　年　　月　　日至　　　年　　月　　日

纳税人识别号：

纳税人名称：　　　　　　　　　　　　　　　　　　　　　　金额单位：元（列至角分）

行次	类别	项目	金额
1	利润总额计算	一、营业收入（填写 A101010\101020\103000）	32 000 000
2		减：营业成本（填写 A102010\102020\103000）	16 000 000
3		减：税金及附加	600 000
4		减：销售费用（填写 A104000）	8 000 000
5		减：管理费用（填写 A104000）	6 000 000
6		减：财务费用（填写 A104000）	600 000
7		减：资产减值损失	
8		加：公允价值变动收益	
9		加：投资收益	1 050 000
10		二、营业利润（1－2－3－4－5－6－7＋8＋9）	1 850 000
11		加：营业外收入（填写 A101010\101020\103000）	200 000
12		减：营业外支出（填写 A102010\102020\103000）	500 000
13		三、利润总额（10＋11－12）	1 550 000
14	应纳税所得额计算	减：境外所得（填写 A108010）	900 000
15		加：纳税调整增加额（填写 A105000）	700 000
16		减：纳税调整减少额（填写 A105000）	
17		减：免税、减计收入及加计扣除（填写 A107010）	750 000
18		加：境外应税所得抵减境内亏损（填写 A108000）	
19		四、纳税调整后所得（13－14＋15－16－17＋18）	600 000
20		减：所得减免（填写 A107020）	
21		减：弥补以前年度亏损（填写 A106000）	
22		减：抵扣应纳税所得额（填写 A107030）	
23		五、应纳税所得额（19－20－21－22）	600 000
24	应纳税额计算	税率（25%）	
25		六、应纳所得税额（23×24）	150 000
26		减：减免所得税额（填写 A107040）	
27		减：抵免所得税额（填写 A107050）	
28		七、应纳税额（25－26－27）	150 000
29		加：境外所得应纳所得税额（填写 A108000）	296 875
30		减：境外所得抵免所得税额（填写 A108000）	262 500
31		八、实际应纳所得税额（28＋29－30）	184 375
32		减：本年累计实际已缴纳的所得税额	130 000
33		九、本年应补（退）所得税额（31－32）	54 375
34		其中：总机构分摊本年应补（退）所得税额（填写 A109000）	
35		财政集中分配本年应补（退）所得税额（填写 A109000）	
36		总机构主体生产经营部门分摊本年应补（退）所得税额（填写 A109000）	

【纳税申报同步练习】

企业所得税年度汇算清缴申报案例

(1) 某公司2021年度损益情况：营业收入3 200万元；营业成本1 600万元；税金及附加60万元；销售费用800万元；管理费用600万元；财务费用60万元；投资收益105万元；营业外收入20万元；营业外支出50万元。当年收入中包含来自A国的35万元、来自B国的55万元境外所得，A、B国适用的企业所得税税率分别为30%、20%。假设该公司2021年累计实际已缴纳的企业所得税为13万元，适用的企业所得税税率为25%。

(2) 该公司当年纳税调整事项如下。

① 应纳税所得额调增项目：广告费和业务宣传费调增40万元；业务招待费调增10万元；支付的行政违法罚款调增20万元。合计70万元。

② 应纳税所得额调减项目：研究开发费用加计扣除75万元；境外税后所得额90(A国35+B国55)万元。

请填列该公司2021年进行企业所得税汇算清缴的纳税申报表（纳税识别号等表头信息略）。

解析：

会计利润总额=155(万元)

境内所得应纳税所得额=155+70−75−90=60(万元)

境内所得应纳所得税=60×25%=15(万元)

境外所得换算为含税收入所得：

A国：35÷(1−30%)=50(万元)

B国：55÷(1−20%)=68.75(万元)

境外所得应纳所得税=(50+68.75)×25%=29.687 5(万元)

A国的抵扣限额=50×25%=12.5(万元)

B国的抵扣限额=68.75×25%=17.187 5(万元)

A国实际缴纳企业所得税15(50−35)万元，高于抵扣限额，只能抵扣12.5万元；B国实际缴纳企业所得税13.75(68.75−55)万元，低于抵扣限额，可全额抵扣。

境外所得抵免所得税26.25(12.5+13.75)万元，境外所得应补缴企业所得税3.437 5万元。

实际应纳企业所得税=15+29.687 5−26.25=18.437 5(万元)

解答：具体栏次填列情况见表7-5。

7.2 应付税款法与纳税影响会计法的比较

所得税会计是从理论基础和方法选用等方面，对依据企业会计准则计算的税前会计利润与依据税法计算的应纳税所得额之间的差异（分为永久性差异和时间性差异），应当如何确认、计量进行探讨的一个专门领域。从国际比较视角看，目前主要有应付税款法和纳税影响会计法两类所得税会计处理方法，尽管这两类方法都聚焦如何协调会计准则和税法之间因规定不同而产生的永久性差异和时间性差异，但其背后有各不相同的理论基础，实质上亦是各国政治、经济和社会文化背景的深刻反映。

【扩展阅读7.2】 FAS109、IAS12所得税处理指导思想与基本原则

扫描此码

深度学习

7.2.1 所得税会计的应用背景

从20世纪50年代起,所得税会计处理就已经成为学术界和实践领域争议极大的会计热点问题。争论的焦点主要是所得税的分摊问题,即所得税作为一项费用,能否像其他费用一样在各期之间进行分配。如果能够作为费用进行分配,怎样与各期收益进行配比?理论基础和具体分配原则应如何构建?

在所得税会计准则制定方面,美国走在了世界前列。1967年,美国会计准则委员会(APB,美国财务会计准则委员会FASB的前身)发布的第11号意见书是第一个所得税方面的专业准则,但是由于该准则在被公众理解及广泛应用方面存在很大困难,因此招致不少批评。此后,美国会计准则委员会于1986年重新发布了《所得税会计征求意见稿》,后历经数次修改,最终于1992年定稿,以第109号公告《所得税的会计处理》发布,至今已产生深远影响并得到广泛应用。该准则相比此前数稿的最大变动,是在所得税确认方面以债务法取代了递延法。

国际会计准则委员会(IASC)于1979年发布第12号公告《所得税会计》,要求企业采用纳税影响会计法进行所得税会计处理,但未具体明确应采用利润表债务法还是资产负债表债务法。1985年,国际会计准则委员会成立课题组并于1989年发布《所得税会计征求意见稿》(E33),曾建议采用损益表债务法进行所得税会计处理。但是1994年国际会计准则委员会再次发布的《所得税会计征求意见稿》(E49)则变更为禁止采用递延法,而要求采用资产负债表债务法,理由是:按照债务法确认的递延所得税资产及递延所得税负债更符合资产与负债的定义;1996年,国际会计准则委员会正式发布修订后的《国际会计准则第12号——所得税会计准则》,采用的方法、原则与1994年发布的《所得税会计征求意见稿》(E49)保持了基本的一致性。2014年,国际会计准则委员会对《国际会计准则第12号——所得税会计准则》进行修订并重申了采用资产负债表债务法进行所得税会计处理的观点。

1994年税制改革以前,我国会计准则与税法在资产、负债、收入、费用、利润等会计要素的确认和计量方面基本上是一致的,因此,依据会计准则计算的税前会计利润与依据税法计算的应纳税所得额之间差异很小,对两者之间冲突进行协调的现实需求并不强烈。1994年之后,随着国家现代财税体制改革的大幅推进,两者之间需要协调的空间渐次变大,1995年财政部发布的《企业会计准则——所得税会计(征求意见稿)》顺应了这种需求变化趋势。但是,受当时传统思维及时代背景的局限,会计准则的制定仍然力求与税法规定一致,因此时

间性差异项目相对较少,即使出现时间性差异项目,也受到税法的严格限制。例如,在固定资产折旧问题上,尽管会计制度允许企业采用加速折旧法计提折旧,但是税法规定采用直线法,企业实际选用加速折旧法必须得到主管税务机关的批准。此后,随着我国社会主义市场经济的不断发展与完善,国际经济交往与合作更趋密切,中国开始深度融入世界经济发展进程,所得税税法与会计制度、会计准则在收入、费用等会计要素确认方面的差异渐趋明显。为此,财政部于2006年发布了《企业会计准则第18号——所得税》,其理念和方法相比之前有了重大变化,准则制定过程中对《国际会计准则第12号——所得税》相关规定进行充分借鉴,体现了我国积极融入世界经济发展大潮,在国际经济交往中以更大的自信走向平等对话。

1. 三种不同的财务报告编制观念基础

美国财务会计准则委员会在《财务报告的概念框架》中归纳了三种财务报告编制的观念基础:非环接观、收入费用观、资产负债观。

(1) 非环接观。这种观念认为资产负债表、损益表等报表是各自独立的,其数据不需要彼此环接。很明显,这种观念已经落后于时代发展,目前学术界及实务界对于资产负债表、损益表等报表之间存在严谨的逻辑钩稽关系已经成为共识。为此,这种陈旧的观念基础已经被摒弃。

(2) 收入费用观。收入费用观也称收益观、损益观,这种观点认为在准则制定及财务报告编制中,必须将与某类交易、事项相关的收入、费用的直接确认与计量作为首先要考虑的关键事项。

(3) 资产负债观。这种观点认为,准则在规范某类交易、事项时,首先要对此类交易或事项产生的资产、负债进行计量,然后根据资产、负债的变化来确认净资产变化,进而计量收益,并在编制的财务报告中公允披露。

可见,相关分歧主要体现在收入费用观与资产负债观之间。较长时期以来,两种观念因其各有优缺点而纷争不休。

2. 优缺点比较

1) 收入费用观

(1) 优点。

这种观念认为,必须首先确认收入和费用,然后才能将收入、费用进行配比,据以确认收益。因此,这种观念下的会计处理可以得到各种性质的收益明细数据,这些详细的明细数据无疑比一个收益总额更有用,这是收入费用观最大的优点。

(2) 缺点。

① 收入、费用的确认都要追溯到原始交易、事项的数据计量,因此,历史成本计量属性成为该观念指导下比较现实的计量属性选择。但是,历史成本计量的重大弊端会随着经济环境变动性与交易活动复杂性的增强而大量涌现,特别是与诸如兼并清算、债务重组、资产减值等交易或事项的契合性不足方面的问题变得日渐凸显。

② 收入费用观强调收入和费用必须配比,将配比原则作为收益确定的核心。对于那些不符合配比要求但又会对收入、费用产生影响的交易或事项,如各种待摊费用、预提费用、递

延支出、预计收益等,作为跨期项目暂列入资产负债表中,这使资产负债表成为前后两期损益表的过渡或中介,极大降低了资产负债表信息披露的价值与实用性。

2) 资产负债观

(1) 优点。

① 在资产负债观下,收益的确定不需要考虑实现,只要企业的净资产增加了,就应当确认为收益。因此,其收益是企业实际的经济收益,既包括交易因素的影响,也考虑了非交易因素的影响。与按照收入费用观确认的会计收益相比,其披露的收益更加全面,对信息使用者更为有用。

② 由于净资产的增加被确认为收益,而不需要考虑是否实现,因此,受传统的历史成本计价模式中实现原则限制而不能确认的很多事项,如导致企业资产或盈利能力发生实质性变化的物价大幅变动、自创商誉等,可以顺理成章地确认为收益的一个组成部分。

(2) 缺点。

① 资产负债观下采用现行价值对企业资产进行计量,但是现行价值容易因变动不居缺乏稳定性,导致可靠性低。

② 这种观念下确认并披露的收益总额,难以提供企业收益结构的具体明细信息,这对于有这些信息需求偏好的使用者而言,降低了信息披露的实用性。

③ 一些暂时性差异在原有差异转回时又产生新的差异,彼此相抵使差异的转回难以准确预期。因此,对于一些时间性差异的纳税影响被确认为递延资产或递延负债的合理性,学术界及实务界也不乏质疑之声。

综合起来看,两者的主要区别在于:资产负债观下,收益总额相关性强;收入费用观下,提供的收益明细数据更为清晰。资产负债观与收入费用观计算的收益总额差异就是未实现损益。

3) 所得税处理背后的会计理念转变——从收入费用观到资产负债观的转变

(1) 国际范围内的情况。

21世纪初期,随着安然事件等一系列重大会计造假丑闻的发生,社会各界对企业财务信息披露公允性的诉求更加强烈,资产负债观由于更注重交易、事项的实质,并采用了一种让财务报告使用者更易于理解的方式对这些交易、事项进行披露,因而日益得到了更为广泛的社会认同。

相应地,国际会计准则委员会、美国财务会计准则委员会等准则制定机构,在所得税会计处理中都更加坚定地秉持资产负债观,旨在规范确认递延所得税资产、递延所得税负债,而未重点关注所得税费用的核算问题。其理论逻辑是:如果资产、负债的确认和计量是客观公允的,那么与收益对应的所得税费用确认自然也是公允可靠的。

(2) 我国的情况。

我国传统的会计处理比较侧重于收入费用观,但是随着经济社会发展形势的变化,会计准则制定的理论基础也在逐步向资产负债观转变。例如,财政部2006年制定颁布的《企业会计准则第8号——资产减值》,要求全面计提八项资产减值准备,确认未实现损失,力求保证资产负债表信息披露的客观公允,这正是积极向资产负债观靠拢的具体体现。

但是,我国税法迄今仍不承认八项资产减值准备的计提,财务会计中计入的资产减值损失不允许在当期所得税税前扣除,造成税前会计利润与应纳税所得额之间出现较大差异。

税法政策的制定旨在确定企业当期应纳税所得额,为此要逐项计算哪类收入应当征收,哪类支出可以税前扣除,这就要求提供影响收益的收入、费用等的明细数据。为此,我国在会计理念由收入费用观向资产负债观转变的同时,税法依然倾向于收入费用观。

总体而言,两者的目的及所处的发展阶段不同,不宜强求完全一致。遵循《企业会计准则》的企业,基于所得税会计作为财务会计的一个组成部分,应当以整个会计框架体系的指导理念为基础,秉持资产负债观。同时,由于我国大量中小企业并不遵循《企业会计准则》,而是采用财政部于 2011 年颁布的《小企业会计准则》的总体框架进行确认、计量及信息披露,所以,也允许这类企业财务会计框架及业务处理依然侧重于以收入费用观为基础,以维持会计准则、制度与税法的协调统一。

7.2.2　税前会计利润与应纳税所得额之间差异的会计处理方法

对税前会计利润与应纳税所得额之间差异的会计处理方法,主要有应付税款法及纳税影响会计法。

1. 有关概念

1) 计税基础

计税基础是依据税法对资产、负债进行确认和计量的金额;账面价值是依据会计准则对资产、负债进行确认和计量的金额。

(1) 资产的计税基础。

资产的计税基础,是指企业收回资产账面价值的过程中,计算应纳税所得额时按照税法规定可以从流入的应税经济利益中抵扣的金额,即该资产在未来期间计税时,按照税法规定可以在税前扣除的金额。通常情况下,资产取得时的入账价值与计税基础是相同的,后续计量时因会计准则与税法规定不同,可能造成账面价值与计税基础出现差异。简单来说,可以表述为:一项资产的计税基础＝该资产未来可税前列支的金额

(2) 负债的计税基础。

负债的计税基础,是指负债的账面价值减去未来期间计算应纳税所得额时按照税法规定准予抵扣的金额。负债的确认与偿还一般不会影响企业的损益,也不会影响其应纳税所得额,未来期间计算应纳税所得额时,按照税法规定可予抵扣的金额为 0,计税基础即为其账面价值。但是在类似企业因销售商品提供售后服务等原因而确认的预计负债等特殊情况下,负债的确认也可能影响企业的损益,进而影响不同期间的应纳税所得额,使其计税基础与账面价值之间产生差额。用公式可以表述为:

一项负债的计税基础＝该项负债的账面价值－未来可税前列支的金额

2) 永久性差异

永久性差异,是指某一会计期间,由于会计准则、会计制度和税法在计算收益、费用或损失时的口径不同而产生的税前会计利润与应纳税所得额之间的差异。这种差异在本期发生后即遵从税法规定对应纳税所得额进行调整,不会产生递延所得税资产或递延所得税负债,因而也不会影响以后各期的所得税费用。

永久性差异较容易辨析,主要有:超支的业务招待费,因违反法律、行政法规而支付的

罚款、罚金、滞纳金,超支的工资及职工福利费、工会经费,超标准的利息支出,超过扣除范围的资产损失,超过标准的社会保险费支出,贿赂等非法支出,企业在纳税年度应计入而未计入的扣除项目和免税项目。

3) 暂时性差异

暂时性差异,是指资产或负债的账面价值与其计税基础之间的差额。根据暂时性差异对未来期间应纳税所得额影响的不同,分为应纳税暂时性差异和可抵扣暂时性差异。

(1) 应纳税暂时性差异。

应纳税暂时性差异,是指在确定未来收回资产或清偿负债期间的应纳税所得额时,将导致应纳税金额的暂时性差异。

应纳税暂时性差异通常产生于以下情况:资产的账面价值大于其计税基础;负债的账面价值小于其计税基础。

(2) 可抵扣暂时性差异。

可抵扣暂时性差异,是指在确定未来收回资产或清偿负债期间的应纳税所得额时,将导致可抵扣金额的暂时性差异。

可抵扣暂时性差异通常产生于以下情况:资产的账面价值小于其计税基础;负债的账面价值大于其计税基础。

4) 产生暂时性差异的主要情形

(1) 常见情况下产生的暂时性差异。

① 选用固定资产折旧方法时,因会计准则和税法规定不同而产生的暂时性差异。

当会计准则和税法对固定资产折旧年限、是否适用加速折旧等方面规定不同时,会导致固定资产账面价值与计税基础之间的差异,即形成暂时性差异。

【例 7-11】 某公司 2019 年年底购入一台设备,原价为 150 万元,使用年限为 5 年,预计残值为 0。假设:(1) 依据会计准则可以选用年限总和法计提折旧,按照税法必须采用直线法计提折旧;(2) 依据会计准则可以选用直线法计提折旧,按照税法可以采用年限总和法计提折旧。假设适用所得税税率为 25%,分别就两种情况确认 2020 年产生的暂时性差异。

解析:

第(1)种情况下:

会计准则规定的折旧额=50(万元)

税法规定的折旧额=30(万元)

固定资产账面价值与计税基础之间产生 20 万元差额,或者说税前会计利润与应纳税所得额之间产生 20 万元差额。由于应纳税所得额大于税前会计利润,为可抵扣暂时性差异,这项暂时性差异对应交所得税的影响为 5(20×25%) 万元,即本期产生递延所得税资产 5 万元,可结转到以后期间抵扣应交所得税,进而减少以后期间的应纳所得税额。

第(2)种情况下:

会计准则规定的折旧额=30(万元)

税法规定的折旧额=50(万元)

计税基础与固定资产账面价值之间产生 20 万元差额,或者说应纳税所得额与税前会计利润之间产生 20 万元差额。由于应纳税所得额小于税前会计利润,为应纳税暂时性差异,这项暂时性差异对应交所得税的影响为 5(20×25%) 万元,即本期产生递延所得税负债

5万元,可结转到以后期间成为实际应纳的所得税。

② 无形资产后续计量时,因会计准则和税法规定不同而产生的暂时性差异。

会计准则规定,对于使用寿命不确定的无形资产,不要求摊销,但持有期间每年应进行减值测试,经测试后的无形资产账面价值为无形资产实际成本与无形资产减值准备之间的差额;但是按照税法规定,不管是何种无形资产,都要在一定期限内摊销,计提的无形资产减值准备在转变为实质性损失前不允许税前扣除,因此,无形资产计税基础为无形资产实际成本与税法累计摊销之间的差额。为此,两者之间的差异为暂时性差异。

【例 7-12】 某公司 2020 年年初以 1 000 万元的价格购入一项无形资产,因其使用寿命无法合理估计,按照会计准则判断为使用寿命不确定的无形资产,不予摊销;但是税法规定要按 10 年的期限摊销。一年后,企业对该项无形资产进行减值测试,发现未出现减值迹象,假设公司适用所得税税率为 25%。请确认一年后产生的暂时性差异。

解析:

一年后该项无形资产情况:

账面价值 = 1 000(万元)

计税基础 = 1 000 - 1 000 ÷ 10 = 900(万元)

暂时性差异 = 100(万元)

或者说应纳税所得额与税前会计利润之间的差额为 100 万元,应纳税所得额小于税前会计利润,为应纳税暂时性差异,对未来期间所得税的影响金额为 25(100×25%)万元,即当期产生递延所得税负债 25 万元,将结转到以后期间成为实际应纳的所得税。

③ 金融资产以公允价值计量时,资产负债表日价值变动计入损益产生的暂时性差异。

会计准则规定,对于以公允价值计量且价值变动计入当期损益的金融资产,某一会计期末的账面价值为公允价值;但是税法规定,以公允价值计量的金融资产持有期间公允价值变动不计入应纳税所得额。为此,两者之间的差异为暂时性差异。

【例 7-13】 某公司 2020 年 11 月 3 日以 800 万元价格购入 A 上市公司股票,拟短期持有。2020 年 12 月 31 日,假设该批股票市场公允价为:(1)上涨到 900 万元;(2)下跌到 750 万元。该公司适用所得税税率为 25%,计算该事项产生的暂时性差异。

解析:

公司该批股票应按交易性金融资产进行计量。

情况一:2020 年度资产负债表日股票公允价值上涨。

股票账面价值 = 900(万元)

股票计税价值 = 800(万元)

暂时性差异 = 100(万元)

或者说税前会计利润与应纳税所得额之间产生 100 万元差额。由于应纳税所得额小于税前会计利润,为应纳税暂时性差异,这项暂时性差异对应交所得税的影响金额为 25(100×25%)万元,即本期产生递延所得税负债 25 万元,可结转到以后期间成为实际应纳的所得税。

情况二:2020 年度资产负债表日股票公允价值下跌。

股票账面价值 = 750(万元)

股票计税价值 = 800(万元)

暂时性差异＝50(万元)

或者说应纳税所得额与税前会计利润之间产生50万元差额。由于应纳税所得额大于税前会计利润，为可抵扣暂时性差异，这项暂时性差异对应交所得税的影响金额为12.5(50×25%)万元，即本期产生递延所得税资产12.5万元，可结转到以后期间抵扣应交所得税，进而减少以后期间的应纳所得税额。

④ 其他计提了减值准备的各项资产形成的暂时性差异。

依据会计准则的谨慎性原则，具有明显减值迹象的各类资产应计提资产减值准备，其账面价值为此将随之下降；但是税法规定各类资产减值准备在实质性损失之前，不允许税前扣除，其计税基础不会因资产减值准备的计提而变化。两者之间的差异为暂时性差异。

【例7-14】 某公司2020年年底存货账面价值本来为2 000万元，对存货进行减值测试后，计提了200万元存货跌价准备并计入了资产减值损失。假设年初存货跌价准备的余额为0，公司适用25%的企业所得税税率，计算该事项产生的暂时性差异。

解析：

存货账面价值＝2 000－200＝1 800(万元)

存货计税基础＝2 000(万元)

暂时性差异＝200(万元)

或者说应纳税所得额与税前会计利润之间的差额为200万元，应纳税所得额大于税前会计利润，为可抵扣暂时性差异，对未来期间所得税的影响金额为50(200×25%)万元，即当期产生递延所得税资产50万元，可结转到以后期间抵扣应交所得税，进而减少以后期间的应纳所得税额。

⑤ 因销售商品时提供售后服务确认预计负债形成的暂时性差异。

会计准则规定，企业对于预计提供售后服务将发生的支出在满足有关确认条件时，应于销售当期确认为费用，同时确认预计负债；但是税法规定，与销售产品相关的支出应于发生时进行税前扣除。两者之间的差异为暂时性差异。

【例7-15】 某公司2020年销售商品时承诺提供五年的保修服务，为此，在当年的利润表中列支确认了300万元销售费用，同时在资产负债表中确认为预计负债。但是当年度公司实际未发生任何保修支出。假设该公司适用25%的企业所得税税率，计算该事项产生的暂时性差异。

解析：

该项负债的账面价值＝300(万元)

该项负债的计税基础＝0

暂时性差异＝300(万元)

或者说应纳税所得额与税前会计利润之间的差额为300万元，应纳税所得额大于税前会计利润，为可抵扣暂时性差异，对未来期间所得税的影响金额为75(300×25%)万元，即当期产生递延所得税资产75万元，可结转到以后期间抵扣应交所得税，进而减少以后期间的应纳所得税额。

⑥ 预收账款确认为收入时，因会计准则和税法规定不同而产生的暂时性差异。

一般情况下，企业收到客户预付的款项时，因不符合收入的确认条件，在会计上确认为预收账款，税法的规定与此相同。但是在某些特殊情况下，因不符合会计准则的收入确认条件而未被确认为收入的预收款项,按照税法规定应计入当期应纳税所得额时,两者之间的差异为暂时性差异。

【例 7-16】 某公司 2020 年 12 月 31 日收到客户的一笔合同预付款项,金额为 30 万元,因不符合收入确认条件,公司将其确认为预收账款。假如按照税法规定,该笔款项应计入 2020 年应纳税所得额计税。公司适用的企业所得税税率为 25%,计算该业务产生的暂时性差异。

解析:

该预收账款在 2020 年年底资产负债表中列报披露的账面价值＝30(万元)

按照税法规定该笔款项已计入主营业务收入,不计入负债,负债的计税基础＝0

暂时性差异＝30(万元)

或者说 2020 年度应纳税所得额与税前会计利润之间的差额为 300 万元,应纳税所得额大于税前会计利润,为可抵扣暂时性差异,对未来期间所得税的影响金额为 7.5(30×25%)万元,即当期产生递延所得税资产 7.5 万元,可结转到以后期间抵扣应交所得税,进而减少以后期间的应纳所得税额。

(2) 特殊项目产生的暂时性差异。

① 未作为资产、负债确认的项目产生的暂时性差异。

某些交易、事项发生后,因为不符合资产、负债的确认条件而未在资产负债表中列示披露,但是按照税法规定能够确定其计税基础的,其账面价值与计税基础之间的差异也构成暂时性差异。

如企业发生的符合条件的广告和业务宣传支出,除另有规定外,不超过当年营业收入 15% 的部分,准予扣除;超过部分准予在以后年度结转扣除。这类费用在发生时即已按照会计准则规定计入当期损益,不形成资产负债表中的资产,但按税法规定是可以确定其计税基础的,两者之间的差异也形成暂时性差异。

【例 7-17】 某公司 2020 年营业收入为 5 000 万元,当年发生的广告及业务宣传费支出为 850 万元,发生时已作为销售费用计入当期损益,超过部分允许结转到以后年度税前扣除,企业适用 25% 的所得税税率。

解析:

广告及业务宣传费 850 万元已按会计准则作为销售费用列示计入当年损益,在资产负债表的资产项目中不予以列示体现,或者说即便视为资产,其账面价值为 0;按税法规定,当期可以税前扣除的金额为 750(5 000×15%)万元,超支的 100 万元可以结转到以后年度税前扣除,其计税基础为 100 万元。

为此,2020 年度的应纳税所得额比税前会计利润多 100 万元,或者说产生了 100 万元可抵扣暂时性差异,在未来期间可减少企业的应纳所得税额 25(100×25%)万元。

② 可抵扣亏损及税款抵减产生的暂时性差异。

依照税法规定,可以结转以后年度的未弥补亏损由于能够减少未来期间的应纳税所得额和应交所得税,会计处理上视同可抵扣暂时性差异,符合条件的情况下,应确认与其相关的递延所得税资产。

【例 7-18】 某公司 2019 年发生经营性亏损 1 000 万元,按照税法规定,该亏损可在以后 5 个纳税年度内进行税前弥补。该公司有可靠的证据表明未来 5 年能够产生足够的应纳税所得额弥补该亏损,公司适用25%的企业所得税税率。

解析:

该经营性亏损不是由于资产、负债的账面价值与其计税基础不同产生的,但从性质上看,有足够证据表明未来期间可以减少应纳税所得额和应交所得税,属于可抵扣暂时性差异,应将该差异对未来应交所得税的影响于2019年度确认为递延所得税资产250(1 000×25%)万元。

2. 具体会计处理方法的比较

1) 应付税款法

应付税款法是指企业将本期税前会计利润与应纳税所得额之间的差额(不区分永久性差异和时间性差异)造成的影响纳税的金额直接计入当期损益,而不确认为递延所得税资产或递延所得税负债,进而不影响以后各期所得税的一种所得税会计处理方法。应付税款法是税法导向的会计处理方法,受收入费用观的影响,会计与税法保持了协调统一,遵循《小企业会计准则》的企业采用这种方法。

采用这种方法时,一定期间的所得税费用等于本期应交所得税,即:

本期所得税费用=本期应交所得税

具体计算应交所得税时,先计算应纳税所得额,对本期发生的时间性差异不单独确认,而是与本期发生的永久性差异一并处理,即:

应纳税所得额=利润总额±永久性差异金额±时间性差异金额

将税前会计利润调整为应纳税所得额,再按适用的所得税税率计算出应交所得税,并将其作为本期的所得税费用。时间性差异产生的影响所得税的金额,在财务报告中不反映为递延所得税资产或递延所得税负债,仅以会计报表附注的形式说明其影响。

【例 7-19】 某公司2020年税前会计利润为10 000 000元,该企业当期还存在以下事项:一项行政部门所用固定资产采用年限总和法计提了1 000 000元折旧,但是按照税法规定应该用直线法计提600 000元折旧;支付了行政违法罚款100 000元。该公司执行《小企业会计准则》,所得税税率为25%,请对其所得税业务进行会计处理。

解析:

税前会计利润=10 000 000(元)

永久性差异=100 000(元)

暂时性差异=400 000(元)

应纳税所得额=10 000 000+100 000+400 000=10 500 000(元)

应纳企业所得额税=10 500 000×25%=2 625 000(元)

所得税费用=企业所得税应纳税额=2 625 000(元)

会计分录如下:

借:所得税费用　　　　　　　　　　　　　　　　2 625 000

　　贷:应交税费——应交所得税　　　　　　　　　　2 625 000

【例 7-20】 某公司连续6年各年税前会计利润如表7-6所示,符合在以后5个纳税年度内进行税前弥补亏损的政策规定,并且每年均无其他纳税调整事项,该公司适用的企业所得税税率为25%。

表 7-6　某公司连续 6 年各年税前会计利润

单位：万元

第 1 年	第 2 年	第 3 年	第 4 年	第 5 年	第 6 年
－1 000	200	－50	100	300	650

要求：若该公司执行《小企业会计准则》，对该公司连续六年的所得税业务进行会计处理。

解析：

（1）第 1 年亏损，不缴纳企业所得税，不进行所得税会计处理。

（2）第 2 年盈利 200 万元，用于弥补第 1 年的亏损，还剩下 800 万元亏损未弥补，当年不缴纳企业所得税，不进行所得税会计处理。

（3）第 3 年继续亏损，可留待以后 5 个纳税年度内进行所得税前补亏，当年不缴纳企业所得税，不进行所得税会计处理。

（4）第 4 年盈利 100 万元，先用于弥补第 1 年未弥补的亏损，弥补后第 1 年还剩 700 万元亏损没有弥补完，加上第 3 年未弥补的亏损 50 万元，总共还有 750 万元未弥补亏损。当年不缴纳企业所得税，不进行所得税会计处理。

（5）第 5 年盈利 300 万元，先用于弥补第 1 年未弥补的亏损，弥补后第 1 年还剩 400 万元亏损没有弥补完，加上第 3 年未弥补的亏损 50 万元，总共还有 450 万元未弥补亏损。当年不缴纳企业所得税，不进行所得税会计处理。

（6）第 6 年盈利 650 万元，先用于弥补第 1 年未弥补的亏损，将第 1 年剩下的 400 万元亏损全部弥补；接着再弥补掉第 3 年未弥补的亏损 50 万元。本年度弥补完亏损后的应纳税所得额为 200 万元，应交企业所得税为 50 万元。本年度会计分录为：

借：所得税费用　　　　　　　　　　　　　　　　500 000
　　贷：应交税费——应交所得税　　　　　　　　　　500 000

2）纳税影响会计法

纳税影响会计法，是指企业确认时间性差异对所得税的影响，将当期应交所得税和时间性差异对所得税影响金额的合计，确认为当期所得税费用的方法。在这种方法下，时间性差异对所得税的影响递延和分配到以后各期。采用纳税影响会计法时，所得税被视为企业在获得收益时发生的一种费用，要随同有关收入计入同一纳税期内进行配比。时间性差异影响的所得税税额包括在利润表的所得税费用项目以及资产负债表的递延所得税款余额内。

纳税影响会计法具体又分为递延法和债务法，其中债务法又细分为利润表债务法和资产负债表债务法。

（1）递延法。

递延法是纳税影响会计法的一种，采用这种方法时，当税率变动或开征新税时，不需要对原已确认的时间性差异产生的所得税影响金额进行调整。但是，在转回时间性差异的所得税影响金额时，应当按照原所得税率计算转回。这种方法下，一定时期的所得税费用包括本期应交所得税、本期发生或转回的时间性差异产生的递延税款贷项或借项。

目前，国际会计准则委员会颁布的《国际会计准则第 12 号——所得税》、美国财务会计准则委员会颁布的 109 号公告《所得税的会计处理》，以及我国的《企业会计准则第 18 号——所得税》，均已取消递延法，而要求采用债务法中的资产负债表债务法，另有英国等少数英联邦国家采用利润表债务法。

（2）债务法。

① 利润表债务法。

利润表债务法即通常所称的"债务法"，我国原企业会计制度中规定的"债务法"指的就是这一种方法。在采用债务法核算时，对于税率变动或开征新税等情况，应当对原已确认的时间性差异的所得税影响金额进行调整，在转回时间性差异的所得税影响金额时，需按现行所得税率计算转回。采用利润表债务法，一定时期的所得税费用包括：本期应交所得税；本期发生或转回的时间性差异产生的递延所得税负债或递延所得税资产；由于税率变动或开征新税，对以前各期确认的递延所得税负债或递延所得税资产账面余额的调整数。

从利润表债务法与递延法的比较可以看出，利润表债务法试图通过调整因税率变动以及开征新税对企业递延税款期末余额造成的影响，来如实反映企业未来应交所得税负债或拥有的递延所得税资产。但是，由于利润表债务法是基于时间性差异的调整分析进行会计处理，秉承的是收入费用观，从一开始递延所得税资产、递延所得税负债的确认即采用倒挤的方式，而不是严格按照资产、负债的定义去进行相应的确认与计量。因此，利润表债务法采用收入费用观的会计处理方法去体现资产负债观的原则，结果既没有完全满足收入费用的配比原则，同时也不符合资产负债观下对资产、负债的严格定义。

从会计账户设置看，我国《企业会计制度》中未设置"递延所得税资产""递延所得税负债"账户，只设置"递延税款"账户，反映出将递延所得税项目纯粹作为一种递延项目，而非确认为资产、负债的倾向。在会计实务中，当企业有多项时间性差异时，这些时间性差异发生的时间和转销时跨越的时间往往不一致，但是综合反映在"递延税款"科目上，因而难以清晰地显示特定时间性差异的确认和转回过程，尤其当税率变动时，重新计算并调整"递延税款"余额的过程比较复杂。为此，这种处理方法已被大多数国家摒弃。

② 资产负债表债务法。

资产负债表债务法又称资产负债表法，这一方法下的会计处理从"递延所得税资产"和"递延所得税负债"的确认出发，分析时间性差异产生的原因及其对企业期末资产、负债的影响，进而倒轧计算得出所得税费用，体现了资产负债观。这种方法与递延法相比，由于采用"递延所得税资产"和"递延所得税负债"的概念，将"递延税款"的外延大大扩展，这两项在资产负债表的编制中分别归为所得税资产、所得税负债进行列报披露，因而更具现实意义。

资产负债表债务法仅确认时间性差异对未来所得税的影响，永久性差异由于不会产生资产、负债的账面价值与其计税基础的差异，即不会形成时间性差异，对企业未来期间的计税没有影响，因此不会产生递延所得税。这类差异在发生当期即应遵从税法规定进行所得税纳税调整。

采用资产负债表债务法，在不发生权益中确认的交易、事项产生的纳税影响的情况下，一定时期所得税费用与本期应纳税所得额之间的关系可以简单归结为：

本期所得税费用＝本期应交所得税＋（期末递延所得税负债－期初递延所得税负债）－（期末递延所得税资产－期初递延所得税资产）

其中：

期末递延所得税资产＝可抵扣暂时性差异期末余额×预计税率

期末递延所得税负债＝应纳税暂时性差异期末余额×预计税率

实际经济业务会计处理中,对企业既有永久性差异,又有时间性差异的情况,应该先将永久性差异按照税法规定调整为应纳税所得额,然后将时间性差异对后续期间应纳税所得额的影响确认为递延所得税资产或递延所得税负债。对时间性差异进行会计处理时的具体步骤为:首先,确认各项资产、负债的计税基础;其次,计算各项资产、负债的时间性差异;再次,确认并计量时间性差异形成的递延所得税资产或负债;最后,将递延所得税资产或递延所得税负债及相应的所得税费用分别在资产负债表及利润表中清晰列示。

【例7-21】 承【例7-19】的资料,假设该公司执行的是《企业会计准则》,并且期初没有递延所得税资产和递延所得税负债余额,请对其进行所得税会计处理。

解析:

永久性差异=10(万元)

先将永久性差异调增应纳税所得额,应纳税所得额调增为1 010万元,对应的应交所得税为252.5(1 010×25%)万元。

可抵扣暂时性差异=40(万元)

递延所得税资产=可抵扣暂时性差异影响所得税额=40×25%=10(万元)

会计分录如下。

(1) 永久性差异遵从税法调整应纳税所得额,计算所得税费用:

借:所得税费用　　　　　　　　　　　　　2 525 000
　　贷:应交税费——应交所得税　　　　　　　　　　　2 525 000

(2) 可抵扣暂时性差异对后续所得税的影响确认为递延所得税资产:

借:递延所得税资产　　　　　　　　　　　　100 000
　　贷:应交税费——应交所得税　　　　　　　　　　　100 000

上述(1)、(2)两笔分录也可以合并为:

借:所得税费用　　　　　　　　　　　　　2 525 000
　　递延所得税资产　　　　　　　　　　　　100 000
　　贷:应交税费——应交所得税　　　　　　　　　　　2 625 000

【例7-22】 承【例7-20】的资料,假设该公司执行的是《企业会计准则》,并且发生亏损后有可靠的证据表明后续法定弥补亏损年限内会产生足够利润来弥补亏损,对该公司连续六年的所得税业务进行会计处理。

解析:

(1) 第1年:可抵扣暂时性差异为1 000万元,影响以后期间应交所得税金额为250(1 000×25%)万元,即确认递延所得税资产为250万元,在未来期间可减少公司的应纳所得税额250万元。会计分录为:

借:递延所得税资产　　　　　　　　　　　　2 500 000
　　贷:所得税费用　　　　　　　　　　　　　　　　2 500 000

(2) 第2年:结转递延所得税资产50(200×25%)万元。

借:所得税费用　　　　　　　　　　　　　　500 000
　　贷:递延所得税资产　　　　　　　　　　　　　　500 000

(3) 第3年,新产生可抵扣暂时性差异为50万元,影响以后期间应交所得税金额为12.5(50×25%)万元,即确认递延所得税资产为12.5万元,在未来期间可减少公司的应纳所得税额 12.5 万元。会计分录为：

　　　借：递延所得税资产　　　　　　　　　　　　125 000
　　　　　贷：所得税费用　　　　　　　　　　　　　　　125 000

（4）第 4 年：结转递延所得税资产 25(100×25%)万元。

　　　借：所得税费用　　　　　　　　　　　　　　　250 000
　　　　　贷：递延所得税资产　　　　　　　　　　　　　250 000

（5）第 5 年：结转递延所得税资产 75(300×25%)万元。

　　　借：所得税费用　　　　　　　　　　　　　　　750 000
　　　　　贷：递延所得税资产　　　　　　　　　　　　　750 000

（6）第 6 年，结转完递延所得税资产余额为 112.5(250+12.5-50-25-75)万元，当年应交所得税为 50(200×25%)万元。

　　　借：所得税费用　　　　　　　　　　　　　　1 625 000
　　　　　贷：递延所得税资产　　　　　　　　　　　　1 125 000
　　　　　　　应交税费——应交所得税　　　　　　　　　500 000

7.3　企业所得税的会计处理

7.3.1　会计账户设置

由于实际业务中所得税会计处理方法不同，企业所得税会计账户的设置也有所差异，一般应设置以下账户。

1. 所得税费用

1）采用应付税款法的企业

本账户反映企业根据企业所得税法确认计量的应从当期利润总额中扣除的所得税费用记入当期所得税费用的金额，是将税前会计利润调整为应纳税所得额后（调整项目不对永久性差异和暂时性差异进行区分），再乘以适用的所得税税率而得出的。这种方法下，所得税费用就等于当期应纳的所得税税额。

2）采用纳税影响会计法的企业

本账户反映企业根据所得税会计准则确认计量的应从当期利润总额中扣除的所得税费用。

在资产负债表债务法下，当期所得税费用需要倒轧得出。即首先将永久性差异遵从税法规定调整应纳税所得额并算出对应的所得税费用；然后对暂时性差异区分为可抵扣暂时性差异、应纳税暂时性差异，依据两类差异对后续期间应纳所得税的实际影响，分别确认为递延所得税资产、递延所得税负债，在此基础上调整所得税费用并倒轧算出本期所得税费用。本账户还可设置"当期所得税费用""递延所得税费用"等二级账户进行明细核算。

期末，应将本账户余额转入"本年利润"账户，结转后本账户余额为 0。

2. 递延所得税资产

本账户核算企业根据所得税会计准则确认的可抵扣暂时性差异对所得税的实际影响。递延所得税作为一项所得税资产,反映企业以后会计期间可抵扣的所得税费用,相当于预付给主管税务机关的所得税。从另一个角度考虑,递延所得税资产可以简化理解为本期先做纳税调增,以后期间再做纳税调减。

3. 递延所得税负债

本账户核算企业根据所得税会计准则确认的应纳税暂时性差异产生的所得税负债。它是企业的一项负债,反映企业根据会计准则确定的以后期间应缴纳的所得税费用,它的原理是企业现在先不缴税,以后再缴。相当于暂欠税务主管机关的税款,以后再还。因此可以简化理解为现在先做纳税调减,以后再做纳税调增。

4. 应交税费——应交所得税

本账户核算企业按照企业所得税法规定当期应缴纳的所得税税额。

5. 递延税款

采用利润表债务法、递延法进行所得税会计核算的企业应设置本账户,用以核算企业由于时间性差异导致的税前会计利润与应纳税所得之间的差额产生的影响纳税的金额,以及以后各期转销的金额。我国在2006年《企业会计准则第18号——所得税》发布以前的《企业会计制度》中,曾规定了设置该账户,但是所得税会计准则发布实施后,要求采用资产负债表债务法进行所得税会计核算,为此,现在该账户在我国实际会计核算业务中已不采用。目前,仅有英国等少数国家的企业,在采用利润表债务法进行所得税会计核算时设置该账户。

7.3.2 企业所得税具体账务处理

依据企业所得税会计准则,资产负债表债务法下企业所得税具体账务处理包括以下几方面。

1. 企业所得税会计处理的基本步骤

(1)将本期税前会计利润与应纳税所得额之间的差异区分为永久性差异和时间性差异。

(2)永久性差异对未来各期所得税缴纳不产生影响,只需遵从税法规定调整当期应纳税所得额,并按适用税率计算出应交企业所得税及相应的所得税费用。其中,这一步骤中的调整具体又有两种思路可采纳:

① 仅将永久性差异直接调整应纳税所得额,并计算出应交企业所得税及相应的所得税费用。

② 永久性差异、暂时性差异都直接调整应纳税所得额,并计算出应交企业所得税及相应的所得税费用。

(3) 逐项确定资产负债表上的资产、负债的计税基础并与其账面价值比较,按其差额确定应纳税暂时性差异与可抵扣暂时性差异。

(4) 将可抵扣暂时性差异与适用的企业所得税税率的乘积确认为递延所得税资产,将应纳税暂时性差异与适用的企业所得税税率的乘积确认为递延所得税负债。与前述第(2)步的两种思路分别对应,这一步骤也有两种思路:

① 递延所得税资产、递延所得税负债分别调整增加、减少"应交税费——应交所得税"。

② 递延所得税资产、递延所得税负债分别调整减少、增加"所得税费用"。

(5) 倒轧本期所得税费用。

本期所得税费用=本期应交所得税+(期末递延所得税负债-期初递延所得税负债)-(期末递延所得税资产-期初递延所得税资产)

2. 递延所得税资产、递延所得税负债的账务处理

【例7-23】 某公司2020年的税前会计利润为100万元,当年计提了一项存货跌价准备计入资产减值损失20万元。假定无其他纳税调整事项,企业适用的企业所得税税率为25%,对该公司进行所得税会计处理。

解析:

思路一:

(1) 当年没有永久性差异,只有暂时性差异,永久性差异对应纳税所得额的调整额为0。只考虑将永久性差异调整应纳税所得额后计算应交所得税及对应的所得税费用。

应纳税所得额=100±0=100(万元)

应交所得税=100×25%=25(万元)

借:所得税费用　　　　　　　　　　　　　　　　250 000
　　贷:应交税费——应交所得税　　　　　　　　　　　　250 000

(2) 确认暂时性差异。计提的存货跌价准备20万元,使应纳税所得额大于税前会计利润,为可抵扣暂时性差异,其对应交所得税的影响5(20×25%)万元确认为递延所得税资产,并相应调增"应交税费——应交所得税"。

借:递延所得税资产　　　　　　　　　　　　　　50 000
　　贷:应交税费——应交所得税　　　　　　　　　　　　50 000

也可以将上述(1)和(2)两笔分录合并如下:

借:所得税费用　　　　　　　　　　　　　　　　250 000
　　递延所得税资产　　　　　　　　　　　　　　　50 000
　　贷:应交税费——应交所得税　　　　　　　　　　　　300 000

思路二:

(1) 永久性差异、暂时性差异都直接调整应纳税所得额,并计算出应交企业所得税及相应的所得税费用。

应纳税所得额=100±0+20=120(万元)

应交所得税=120×25%=30(万元)

借:所得税费用　　　　　　　　　　　　　　　　300 000
　　贷:应交税费——应交所得税　　　　　　　　　　　　300 000

(2) 确认暂时性差异。计提的存货跌价准备 20 万元,使应纳税所得额大于税前会计利润,为可抵扣暂时性差异,其对应交所得税的影响 5(20×25%)万元确认为递延所得税资产,并相应调减"所得税费用"。

借:递延所得税资产　　　　　　　　　　　　　　50 000
　　贷:所得税费用　　　　　　　　　　　　　　　　　　50 000

也可以将上述(1)和(2)两笔分录合并如下:

借:所得税费用　　　　　　　　　　　　　　　　250 000
　　递延所得税资产　　　　　　　　　　　　　　　　50 000
　　贷:应交税费——应交所得税　　　　　　　　　　300 000

【例 7-24】 某企业 2020 年税前会计利润为 500 万元。当年 11 月 26 日以 30 万元购入作为交易性金融资产的一只股票,12 月 31 日市场公允价值为 40 万元;另外,该企业因为行政违法被处罚款 2 万元。假定无其他纳税调整事项,企业适用的企业所得税税率为 25%,进行所得税会计处理。

解析:

思路一:

(1) 因行政违法交付的 2 万元罚款为永久性差异,交易性金融资产确认的公允价值变动损益 10(40-30)万元为暂时性差异。

(2) 永久性差异调整应纳税所得额,并计算应交所得税及相应所得税费用。

应交所得税=(500+2)×25%=125.5(万元)

借:所得税费用　　　　　　　　　　　　　　　1 255 000
　　贷:应交税费——应交所得税　　　　　　　　　1 255 000

(3) 确认暂时性差异。交易性金额资产在资产负债表日公允价值上涨确认的公允价值变动损益 10 万元,使应纳税所得额小于税前会计利润,为应纳税暂时性差异,其对后续期间所得税的影响 2.5(10×25%)万元确认为递延所得税负债,相应调减"应交税费——应交所得税"。

借:应交税费——应交所得税　　　　　　　　　　25 000
　　贷:递延所得税负债　　　　　　　　　　　　　　25 000

也可以将上述(2)和(3)两笔分录合并如下:

借:所得税费用　　　　　　　　　　　　　　　1 255 000
　　贷:应交税费——应交所得税　　　　　　　　　1 230 000
　　　　递延所得税负债　　　　　　　　　　　　　　25 000

思路二:

(1) 因为永久性差异,交易性金融资产确认的公允价值变动损益 10(40-30)万元为暂时性差异。

(2) 永久性差异、暂时性差异都直接调整应纳税所得额,并计算出应交企业所得税及相应的所得税费用。

应纳税所得额=500+2-10=492(万元)

应交所得税=492×25%=123(万元)

借:所得税费用　　　　　　　　　　　　　　　1 230 000
　　贷:应交税费——应交所得税　　　　　　　　　1 230 000

(3) 确认暂时性差异。交易性金额资产在资产负债表日公允价值上涨确认的公允价值变动损益 10 万元,使应纳税所得额小于税前会计利润,为应纳税暂时性差异,其对后续期间所得税的影响 2.5(10×25%)万元确认为递延所得税负债,相应调增"所得税费用"。

　　借:所得税费用　　　　　　　　　　　　　　　　25 000
　　　　贷:递延所得税负债　　　　　　　　　　　　　　　25 000
　　也可以将上述(2)和(3)两笔分录合并如下:
　　借:所得税费用　　　　　　　　　　　　　　　　1 255 000
　　　　贷:应交税费——应交所得税　　　　　　　　　　1 230 000
　　　　　　递延所得税负债　　　　　　　　　　　　　　25 000

【例 7-25】 某企业 2020 年税前会计利润为 600 万元。当年经营活动中有以下事项:业务招待费列支超标 8 万元;取得国债利息收入 20 万元;应收账款计提了坏账准备 30 万元计入资产减值损失(实际未确认为坏账);一项行政部门使用的固定资产按直线法计提了 10 万元折旧,但是按税法规定应采用加速折旧法计提 50 万元折旧。企业适用的企业所得税税率为 25%,进行所得税会计处理。

解析:
思路一:
(1) 业务招待费超标的 8 万元、国债利息收入 20 万元均为永久性差异;应收账款计提的坏账准备 30 万元、累计折旧计提差异 40(50-10)万元均为暂时性差异。
(2) 永久性差异调整应纳税所得额,并计算应交所得税及相应所得税费用。
应交所得税=(600+8-20)×25%=147(万元)
　　借:所得税费用　　　　　　　　　　　　　　　　1 470 000
　　　　贷:应交税费——应交所得税　　　　　　　　　　1 470 000
(3) 确认暂时性差异
① 应收账款计提的坏账准备 30 万元,使应纳税所得额大于税前会计利润,为可抵扣暂时性差异,其对后续期间所得税的影响 7.5(30×25%)万元确认为递延所得税资产,并相应调增"应交税费——应交所得税"。
　　借:递延所得税资产　　　　　　　　　　　　　　75 000
　　　　贷:应交税费——应交所得税　　　　　　　　　　75 000
② 累计折旧计提差异 40 万元,使应纳税所得额小于税前会计利润,为应纳税暂时性差异,其对后续期间所得税的影响 10(40×25%)万元确认为递延所得税负债,并相应调减"应交税费——应交所得税"。
　　借:应交税费——应交所得税　　　　　　　　　　100 000
　　　　贷:递延所得税负债　　　　　　　　　　　　　　100 000
也可将上述(2)、(3)中的三笔分录合并为:
　　借:所得税费用　　　　　　　　　　　　　　　　1 470 000
　　　　递延所得税资产　　　　　　　　　　　　　　　75 000
　　　　贷:应交税费——应交所得税　　　　　　　　　　1 445 000
　　　　　　递延所得税负债　　　　　　　　　　　　　　100 000

思路二：

(1) 业务招待费超标的 8 万元、国债利息收入 20 万元均为永久性差异；应收账款计提的坏账准备 30 万元、累计折旧计提差异 40(50－10)万元均为暂时性差异。

(2) 永久性差异、暂时性差异都直接调整应纳税所得额，并计算出应交企业所得税及相应的所得税费用。

应纳税所得额＝600＋(8－20)＋(30－40)＝578(万元)

应交所得税＝578×25％＝144.5(万元)

借：所得税费用　　　　　　　　　　　　　　1 445 000
　　贷：应交税费——应交所得税　　　　　　　　　　　1 445 000

(3) 确认暂时性差异

① 应收账款计提的坏账准备 30 万元，使应纳税所得额大于税前会计利润，为可抵扣暂时性差异，其对后续期间所得税的影响 7.5(30×25％)万元确认为递延所得税资产，并相应调减"所得税费用"。

借：递延所得税资产　　　　　　　　　　　　　75 000
　　贷：所得税费用　　　　　　　　　　　　　　　　　　75 000

② 累计折旧计提差异 40 万元，使应纳税所得额小于税前会计利润，为应纳税暂时性差异，其对后续期间所得税的影响 10(40×25％)万元确认为递延所得税负债，并相应调增"所得税费用"。

借：所得税费用　　　　　　　　　　　　　　　100 000
　　贷：递延所得税负债　　　　　　　　　　　　　　　100 000

也可将上述(2)、(3)中的三笔分录合并为：

借：所得税费用　　　　　　　　　　　　　　1 470 000
　　递延所得税资产　　　　　　　　　　　　　　75 000
　　贷：应交税费——应交所得税　　　　　　　　　　　1 445 000
　　　　递延所得税负债　　　　　　　　　　　　　　　100 000

【例 7-26】 某公司 2016 年 12 月 20 日购入一台生产甲产品的设备，入账价值为 10 万元。该设备预计使用年限为 4 年，无残值。财务会计可按年数总和法计提折旧，税法规定采用直线法计提折旧。假设该公司每年的税前会计利润均为 20 万元，并且无其他纳税调整事项，适用的所得税税率为 25％。对该公司 2017 年之后连续四年所得税业务进行会计处理。

解析：

(1) 2017 年：

当年按财务会计计算的折旧额＝10×4÷10＝4(万元)

当年依据税法计算的折旧额＝2.5(万元)

当年形成的可抵扣暂时性差异＝4－2.5＝1.5(万元)

当年产生的递延所得税资产＝1.5×25％＝0.375(万元)

当年应交的企业所得税＝(20＋1.5)×25％＝5.375(万元)

会计分录为：

借：所得税费用　　　　　　　　　　　　　　　50 000
　　递延所得税资产　　　　　　　　　　　　　　3 750
　　贷：应交税费——应交所得税　　　　　　　　　　　53 750

(2) 2018 年：

当年按财务会计计算的折旧额＝10×3÷10＝3(万元)

当年依据税法计算的折旧额＝2.5(万元)

当年形成的可抵扣暂时性差异＝3－2.5＝0.5(万元)

当年产生的递延所得税资产＝0.5×25％＝0.125(万元)

当年应交的企业所得税＝(20＋0.5)×25％＝5.125(万元)

会计分录为：

借：所得税费用   50 000

  递延所得税资产   1 250

   贷：应交税费——应交所得税   51 250

(3) 2019 年：

当年按财务会计计算的折旧额＝10×2÷10＝2(万元)

当年依据税法计算的折旧额＝2.5(万元)

当年形成的应纳税暂时性差异＝2.5－2＝0.5(万元)

当年产生的递延所得税负债＝0.5×25％＝0.125(万元)

当年应交的企业所得税＝(20－0.5)×25％＝4.875(万元)

会计分录为：

借：所得税费用   50 000

  贷：应交税费——应交所得税   48 750

    递延所得税负债   1 250

(4) 2020 年：

当年按财务会计计算的折旧额＝10×1÷10＝1(万元)

当年依据税法计算的折旧额＝2.5(万元)

当年形成的应纳税暂时性差异＝2.5－1＝1.5(万元)

当年产生的递延所得税负债＝1.5×25％＝0.375(万元)

当年应交的企业所得税＝(20－1.5)×25％＝4.625(万元)

会计分录为：

借：所得税费用   50 000

  贷：应交税费——应交所得税   46 250

    递延所得税负债   3 750

3. 所得税费用的核算与列报

采用资产负债表债务法进行所得税会计核算时，利润表中的所得税费用由两部分组成，即当期所得税费用和递延所得税费用。

1) 当期所得税费用

当期所得税费用即企业按照税法规定，依据当期发生的交易、事项计算确定的，应缴纳给主管税务机关的所得税金额，即当期应交所得税。

2) 递延所得税费用

递延所得税费用即按照所得税会计准则规定，当期应予确认的递延所得税资产和递延所得税负债金额,即递延所得税资产、递延所得税负债当期发生额的综合结果,但不包括计入所有者权益的交易或事项的所得税影响。公式如下:

递延所得税费用=(期末递延所得税负债-期初递延所得税负债)-(期末递延所得税资产-期初递延所得税资产)

企业在确定了当期所得税费用及递延所得税费用以后,利润表中应予以确认列报的所得税费用为两者之和,即:

所得税费用=当期所得税费用+递延所得税费用

【例 7-27】 某公司 2020 年利润表中的利润总额为 2 100 万元,年初递延所得税资产、递延所得税负债余额均为 0,适用所得税税率为 25%,该公司 2020 年发生了如下交易和事项:

(1) 2019 年 12 月购入的一项生产用设备,成本为 300 万元,使用年限 5 年,预计残值率为 0。财务会计按年数总和法计提折旧,税法规定按直线法计提折旧。

(2) 直接向某地捐赠现金 100 万元。

(3) 2020 年 11 月取得一项交易性金融资产,成本为 500 万元。2020 年 12 月 31 日,该项交易性金融资产市场公允价值为 700 万元,确认了公允价值变动损益 200 万元。

(4) 未及时纳税被主管税务机关处罚,应支付税收滞纳金 8 万元。

(5) 年末,应收账款的账面原值为 600 万元,计提了坏账准备 30 万元(实际未确认为坏账),净值为 570 万元。

依据上述资料,对该公司 2020 年度所得税业务进行会计处理并确认所得税费用的列报金额。

解析:

(1) 计算 2020 年当期应交企业所得税:

应纳税所得额=2 100+(100-60)+100-200+8+30=2 078(万元)

应交企业所得税=2 078×25%=519.5(万元)

(2) 计算递延所得税资产、递延所得税负债:

递延所得税资产=[(100-60)+30]×25%=(40+30)×25%=17.5(万元)

递延所得税负债=200×25%=50(万元)

当期所得税费用=519.5(万元)

递延所得税费用=50-17.5=32.5(万元)

所得税费用合计=519.5+32.5=552(万元)

该公司 2020 年资产负债表相关项目账面价值及其计税基础如表 7-7 所示。

表 7-7 2020 年资产负债表相关项目账面价值及其计税基础 单位:万元

项目	账面价值	计税基础	暂时性差异		永久性差异
			应纳税暂时性差异	可抵扣暂时性差异	
应收账款	570	600		30	
固定资产	200	240		40	
交易性金融资产	700	500	200		
其他应付款	8	8			√
合计			200	70	

会计分录如下：

借：所得税费用——当期所得税费用　　　　　　　5 195 000
　　　贷：应交税费——应交所得税　　　　　　　　　　　5 195 000
借：递延所得税资产　　　　　　　　　　　　　　175 000
　　　贷：所得税费用——递延所得税费用　　　　　　　　175 000
借：所得税费用——递延所得税费用　　　　　　　500 000
　　　贷：递延所得税负债　　　　　　　　　　　　　　　500 000

2020年年底资产负债表及当年利润表项目确认及列报披露情况如下：

(1) 资产负债表中项目列示情况：

递延所得税资产　　　175 000元
递延所得税负债　　　500 000元

(2) 利润表中项目列示情况：

所得税费用　　　5 520 000元

4. 预缴企业所得税的账务处理

企业分月或按季度预缴企业所得税时，应当按月份或季度的实际利润额预缴，按实际利润额预缴有困难的，可以根据上一纳税年度应纳税所得额的月度或者季度平均额预缴，或者按照经主管税务机关认可的其他方法预缴。

"实际利润额"为按照会计准则核算的利润总额减去以前年度弥补亏损以及不征税收入、免税收入后的余额。不征税收入按照"调表不调账"的原则进行纳税调减处理；免税收入有的产生永久性差异（如国债利息收入），有的产生时间性差异（如公允价值变动损益），账务处理时应进行具体分析。

【例7-28】某公司企业所得税按季度缴纳，2020年各季度经营情况如下：第一季度税前会计利润为200万元，当季度有国债利息收入2万元，2月计提了存货跌价准备10万元；第二季度累计实现税前会计利润为300万元；第三季度累计实现会计利润为－50万元；第四季度累计实现会计利润为280万元，当季一项交易性金融资产公允价值上升产生公允价值变动损益30万元。另外，2020年业务招待费超标8万元，无其他纳税调整事项。假设该公司2019年累计未弥补亏损为60万元（5年税前补亏期限以内）；2021年年初汇算清缴时税务机关认定的2020年度应纳税所得额为206万元。企业适用所得税税率为25%，对公司2020年度所得税进行会计处理。

解析：

(1) 第一季度：税前会计利润200万元，减去上年度未弥补亏损60万元以及免税收入2万元，得到138万元的实际利润额；2月计提存货跌价准备形成暂时性差异10万元对所得税的影响，按照会计准则应在当月立即确认为递延所得税资产2.5万元，但是预缴一季度所得税时暂时不做纳税调整。

实际利润额＝200－60－2＝138（万元）

应交企业所得税＝138×25%＝34.5（万元）

会计分录如下。

① 计算出应交企业所得税：

借：所得税费用　　　　　　　　　　　　　　　345 000
　　贷：应交税费——应交所得税　　　　　　　　　　　345 000

② 4月中旬前上交企业所得税：

借：应交税费——应交所得税　　　　　　　　　345 000
　　贷：银行存款　　　　　　　　　　　　　　　　　　345 000

③ 2月确认暂时性差异产生的递延所得税资产：

借：递延所得税资产　　　　　　　　　　　　　　25 000
　　贷：所得税费用　　　　　　　　　　　　　　　　　25 000

（2）第二季度：

实际利润额＝300－138＝162（万元）

应交企业所得税＝162×25%＝40.5（万元）

会计分录如下。

① 计算出应交企业所得税：

借：所得税费用　　　　　　　　　　　　　　　405 000
　　贷：应交税费——应交所得税　　　　　　　　　　　405 000

② 7月中旬前上缴所得税：

借：应交税费——应交所得税　　　　　　　　　405 000
　　贷：银行存款　　　　　　　　　　　　　　　　　　405 000

（3）第三季度：累计利润为亏损，不纳税也不做会计处理。

（4）第四季度：第四季度累计实现税前会计利润280万元，依据税法规定应该先预缴所得税，再汇算清缴。但是由于第四季度累计利润比以前季度（第二季度）累计实现税前会计利润300万元更小，所以，当季暂不纳税也不做所得税纳税会计处理。但是，12月公允价值变动损益形成暂时性差异30万元对所得税的影响，按照会计准则应在当月立即确认为递延所得税负债7.5万元。

会计分录如下：

借：所得税费用　　　　　　　　　　　　　　　 75 000
　　贷：递延所得税负债　　　　　　　　　　　　　　　 75 000

（5）2021年年初汇算清缴：

2020年全年应纳税所得额＝206（万元）

2020年全年应交企业所得税＝206×25%＝51.5（万元）

2020年实际已预缴企业所得税＝34.5＋40.5＝75（万元）

2020年度实际预缴企业所得税大于应交企业所得税，多缴纳的25.5万元应及时办理退税，或者抵缴2021年度的应缴企业所得税。实际业务中，税务主管机关为避免退税的麻烦，往往是办理抵缴手续，即将上年度多预缴的企业所得税抵扣下年度应缴纳的税款。

会计分录如下：

借：其他应收款——所得税退税款　　　　　　　235 000
　　贷：以前年度损益调整——所得税费用　　　　　　　235 000

假设2021年第一季度应预缴的企业所得税为30万元,则可将上年度多预缴的23.5万元企业所得税抵扣2021年应预缴的企业所得税。

会计分录如下：

借：所得税费用　　　　　　　　　　　　　　　　　300 000
　　贷：应交税费——应交所得税　　　　　　　　　　　300 000
借：应交税费——应交所得税　　　　　　　　　　　300 000
　　贷：其他应收款——所得税退税款　　　　　　　　235 000
　　　　银行存款　　　　　　　　　　　　　　　　　65 000

5. 企业所得税汇算清缴的账务处理

某年度企业所得税的汇算清缴一般在次年5月之前进行，属于财务会计中的资产负债表日后事项。因此，应该通过"以前年度损益调整"账户调整纳税年度的利润，并计算由此影响的企业所得税税额以进行所得税的退补，同时进行相应的账务处理，之后才能进行利润分配。

当调整增加以前年度利润或调整减少以前年度亏损时，借方记入有关账户，贷方记入"以前年度损益调整"账户；当调整减少以前年度利润或调整增加以前年度亏损时，借方记入"以前年度损益调整"账户，贷方记入有关账户。由此增加的所得税，借方记入"以前年度损益调整"账户，贷方记入"应交税费——应交所得税"账户；由此减少的所得税，借方记入"应交税费——应交所得税"账户，贷方记入"以前年度损益调整"账户。经过调整后，该账户余额应转入"利润分配——未分配利润"账户，结转后本账户无余额。

【例7-29】 某公司2020年年底"利润分配——未分配利润"账户余额为借方余额200万元，公司纳税申报的亏损额也是200万元。税务稽查机关稽查发现，企业当年的行政违法罚款120万元以及业务招待费超标100万元均在税前列支扣除了。总计220万元不得税前列支的金额扣除账面亏损后，实际应纳税所得额为20万元。公司适用的所得税税率为25%，税务机关要求该公司补缴企业所得税，并按偷税额的100%予以罚款。对该公司业务进行相应账务处理。

解析：

（1）税前列支的220万元属于永久性差异，企业在税前扣除，属于偷税行为，应补缴所得税。

应补缴企业所得税＝20×25%＝5(万元)

会计分录如下：

借：所得税费用　　　　　　　　　　　　　　　　　50 000
　　贷：应交税费——应交所得税　　　　　　　　　　　50 000
借：应交税费——应交所得税　　　　　　　　　　　50 000
　　贷：银行存款　　　　　　　　　　　　　　　　　50 000

（2）220万元视同应税所得，对偷税行为给予罚款。

缴纳罚款＝220×25%×100%＝55(万元)

会计分录如下：

借：营业外支出——税收罚款　　　　　　　　　　　550 000
　　贷：银行存款　　　　　　　　　　　　　　　　　550 000

【例7-30】 某公司2020年年底"利润分配——未分配利润"账户余额为借方余额200万元,企业纳税申报的亏损额也是200万元。税务稽查机关稽查发现,公司当年将20万元营业外收入存入了"小金库",没有登记入账。公司适用的企业所得税税率为25%,税务机关对偷税行为按偷税额的100%予以罚款。对该公司的业务进行相应账务处理。

解析:

这种情况应确定减亏20万元,调整后公司依然亏损180万元,故不需要补税。但是,营业外收入20万元没有登记入账,依然属于偷税行为,按偷税额的100%给予罚款。

罚款金额=20×25%×100%=5(万元)

会计分录如下。

(1) 将营业外收入登记入账:

借:银行存款　　　　　　　　　　　　　　　　　200 000
　　贷:以前年度损益调整　　　　　　　　　　　　　200 000

(2) 缴纳罚款:

借:营业外支出——税收罚款　　　　　　　　　　50 000
　　贷:银行存款　　　　　　　　　　　　　　　　　50 000

【例7-31】 某公司2020年接受主管税务机关税务稽查时发现:上年通过预提费用虚列办公用房租金计入管理费用12万元;税前不允许扣除项目8万元是行政违法的罚款的支出。公司适用所得税税率为25%,主管税务机关做出处理,要求公司补缴企业所得税5万元,同时加收滞纳金、罚款4万元。进行相应账务处理。

解析:

(1) 调整虚列的管理费用

会计分录如下:

借:其他应付款——应付租金　　　　　　　　　　120 000
　　贷:以前年度损益调整　　　　　　　　　　　　　120 000

(2) 行政违法的罚款支出会计处理无误,但是应调增应纳税所得额,和虚列的管理费用一并反映补提所得税

会计分录如下:

借:以前年度损益调整　　　　　　　　　　　　　50 000
　　贷:应交税费——应交所得税　　　　　　　　　　50 000

(3) 结转"以前年度损益调整"

借:以前年度损益调整　　　　　　　　　　　　　70 000
　　贷:利润分配——未分配利润　　　　　　　　　　70 000

(4) 补缴税款及滞纳金、罚款

借:应交税费——应交所得税　　　　　　　　　　50 000
　　营业外支出——税收罚款　　　　　　　　　　　40 000
　　贷:银行存款　　　　　　　　　　　　　　　　　90 000

6. 企业所得税汇总纳税的账务处理

税法规定,非居民企业在中国境内设立两个或两个以上机构、场所的,经主管税务机关

批准,可以选择由其主要机构、场所汇总缴纳企业所得税。由于各个分支机构适用的企业所得税税率可能不一致,存在分支机构之间相互弥补亏损的情况时,应该对企业所得税进行准确核算。

【例 7-32】 某非居民企业在中国境内设置甲、乙两个分支机构：甲机构为主要机构,适用企业所得税税率为 15％；乙机构为辅助机构,适用企业所得税税率为 25％。2019 年,甲机构盈利 300 万元、乙机构亏损 20 万元。2020 年,甲机构盈利 200 万元,乙机构盈利 30 万元,对该非居民企业所得税业务进行会计处理。

解析：

(1) 2019 年。

乙机构的亏损可由甲机构的盈利弥补。

合计应纳税所得额＝300－20＝280(万元)

应交企业所得税＝280×15％＝42(万元)

会计分录如下。

计算应交所得税时：

借：所得税费用	420 000	
贷：应交税费——应交所得税		420 000

实际纳税时：

借：应交税费——应交所得税	420 000	
贷：银行存款		420 000

(2) 2020 年。

甲机构应交企业所得税＝200×15％＝30(万元)

乙机构应交企业所得税＝上年由甲机构弥补的应纳税所得额×甲机构适用的所得税税率＋本年度弥补亏损后的余额×乙机构适用的所得税税率＝
20×15％＋(30－20)×25％＝5.5(万元)

合计应交企业所得税＝30＋5.5＝35.5(万元)

会计分录如下。

计算应交所得税时：

借：所得税费用	355 000	
贷：应交税费——应交所得税		355 000

实际纳税时：

借：应交税费——应交所得税	355 000	
贷：银行存款		355 000

7. 预提企业所得税代扣代缴的账务处理

非居民企业在中国境内未设立机构、场所,而有来源于中国境内的利润、股息、利息、租金、特许权使用费和其他所得的,按规定其所得税应从支付人在每次支付的款项中扣除,并于 7 日内缴入国库。扣缴时借方记入"其他应付款"等账户,贷方记入"应交税费——代扣代缴所得税"账户；对非居民企业在中国境内从事建筑、安装、装配、勘探等工程作业和提供咨询、管理、培训等劳务活动的所得,税务机关可以指定工程价款或劳务费的支付人为企业所得税扣缴义务人,将税款从应支付的款项中扣除。扣缴时借方记入"应付账款"等账户,贷方记入"应交税费——代扣代缴所得税"账户。

【例 7-33】 A 国某公司在中国境内未设立机构、场所,2020 年度为中国境内甲公司提供管理咨询服务,取得来源于中国境内的所得 50 万元。就甲公司代扣代缴所得税业务进行账务处理。

解析:

境外公司提供的是管理咨询服务,代扣代缴的所得税应记入"应付账款"账户,计算时适用 10% 的所得税税率。

会计分录如下。

代扣企业所得税时:

借:应付账款——A 国某公司	500 000
贷:应交税费——代扣代缴所得税	50 000
银行存款	450 000

代缴企业所得税时:

借:应交税费——代扣代缴所得税	50 000 元
贷:银行存款	50 000 元

8. 企业所得税减免的账务处理

纳税人符合企业所得税减免的规定时,应在年度终了后 2 个月内,向主管税务机关提供减免税申请报告、财务会计报表、工商营业执照、税务登记证以及其他相关材料办理减免手续。

1) 直接减免

对于法定直接减免的企业所得税,且国家未指定特定用途的,纳税人应当先借记"所得税费用——当期所得税费用"账户,贷方记入"应交税费——应交所得税"账户;税务机关确认减免后,再做相反分录,借记"应交税费——应交所得税"账户,贷记"所得税费用——当期所得税费用"账户。

法定直接减免的企业所得税,国家指定特定用途时,纳税人应当先借记"所得税费用——当期所得税费用"账户,贷方记入"应交税费——应交所得税"账户;然后将减免的企业所得税税额记入"实收资本"账户,即借记"应交税费——应交所得税"账户,贷记"实收资本——国家资本金"账户。

2) 先征后返、先征后退、即征即退企业所得税的账务处理

对于先征后返、先征后退、即征即退企业所得税等减免方式,纳税人应先按正常计税要求计算缴纳企业所得税,并进行相应的核算。本月缴纳以前期间应缴未缴企业所得税时,借记"应交税费——应交所得税"账户,贷记"银行存款"账户;确认应退税金额并收到退税款时,账务处理有以下思路:在《企业会计准则第 16 号——政府补助》颁发之前,曾依据《企业会计制度》的规定,借记"银行存款"账户,贷记"所得税费用"账户。但是,政府补助会计准则实施之后,将其视为与损益有关的政府补助:该补助用于补偿企业以后期间的相关费用或损失的,取得时确认为"递延收益";该补助用于补偿企业已发生的相关费用或损失的,取得时直接计入当期损益(营业外收入)。由于先征后退、先征后返、即征即退等情形属于补偿企

业当期已发生的所得税费用,所以计入营业外收入更为适宜,即借记"银行存款"账户,贷方记入"营业外收入"账户。

7.4 企业所得税税收筹划技巧与实务

企业所得税是对我国境内除个人独资企业和合伙企业外的企业和其他组织,就其应税收入而征收的一种税。企业所得税的基本计算公式为:

应纳税额＝应纳税所得额×税率－减免税额－抵免税额

应纳税所得额＝收入总额－不征税收入－免税收入－各项扣除－
　　　　　　　允许弥补的以前年度亏损

基于以上基本计税原理,企业所得税的税收筹划应该从纳税人身份或组织形式、收入、税前扣除项目、应纳税所得额、税率、应纳税额、税收优惠方面来构思税收筹划方案,进而获得合理的税收筹划收益。

7.4.1 纳税人身份的税收筹划

依据税法规定,缴纳企业所得税的企业分为居民企业和非居民企业。其中,居民企业是指依法在中国境内成立,或者依照外国法律成立但实际管理机构在中国境内的企业；非居民企业是指依照外国法律成立且实际管理机构不在中国境内,但在中国境内设立机构、场所的,或者在中国境内未设立机构、场所,但有来源于中国境内所得的企业。居民企业应当就其来源于中国境内、境外的所得缴纳企业所得税；非居民企业在中国境内设立机构、场所的,应当就其所设机构、场所取得的来源于中国境内的所得,以及发生在中国境外但与其所设机构、场所有实际联系的所得,缴纳企业所得税；非居民企业在中国境内未设立机构、场所的,或者虽设立机构、场所但取得的所得与其所设机构、场所没有实际联系的,应当就其来源于中国境内的所得缴纳企业所得税,即由支付人作为扣缴义务人在支付的款项中预提所得税。

此外,在市场经济中,企业的组织形式依据产权结构及承担法律责任的不同,可以分为个人独资企业、合伙企业和公司制企业,不同组织形式的企业,在企业所得税的征纳方面存在较大差异。

上述相关规定,为纳税人身份筹划提供了一定的思路及操作空间。

1. 居民企业和非居民企业身份的选择

企业所得税的基本税率为25%,适用于居民企业和在中国境内设有机构、场所且所得与机构、场所有关联的非居民企业；低税率为20%,适用于在中国境内未设立机构、场所的,或者虽设立机构、场所但取得的所得与其所设机构、场所没有实际联系的非居民企业(但实际征税时适用10%的税率)。

居民企业或非居民企业在具体情况下适用企业所得税税率是不同的,一个企业是否为我国的居民企业主要基于注册登记地标准和实际管理机构所在地标准进行判断,企业只要满足其中一个标准即为我国的居民企业。在某些情形下,纳税人完全可以通过身份之间的转换来适用低税率,获取税收筹划收益。

【例7-34】 A国某公司拟在我国从事管理咨询服务,每年可获得咨询服务收入2 000万元,现面临三种运营方式选择:①在中国境内设立实际管理结构;②在中国境内不设立实际管理机构,但设立营业机构,管理咨询由该机构承担;③在中国境内既不设立实际管理机构,也不设立营业机构。假设暂不考虑成本费用支出,从税收筹划的角度看,哪种运营方式可以获得税收筹划收益?

解析:

(1)方案一:在中国境内设立实际管理机构,便成为我国的居民企业,适用25%的企业所得税税率。

应纳所得税额=2 000×25%=500(万元)

(2)方案二:在中国境内不设立实际管理机构,但设立营业机构,取得的咨询服务收入与该营业机构有关联,为此,成为适用25%所得税税率的非居民企业。

应纳所得税额=2 000×25%=500(万元)

(3)方案三:在中国境内既不设立实际管理机构,也不设立营业机构,为此,成为非居民企业的一种,适用10%的征收率。

应纳所得税额=2 000×10%=200(万元)

结论:比较来看,方案三可以大幅度降低企业所得税税负,获得较好的税收筹划收益。

2. 合理选择企业组织形式

不同企业组织形式承担不同的企业所得税纳税义务:个人独资企业比照《中华人民共和国个人所得税法》(以下简称《个人所得税法》)的"经营所得"应税税目,适用5%~35%的五级超额累进税率,计算征收个人所得税。其计税基础是每一纳税年度的收入总额减除成本、费用以及损失后的余额。合伙制企业的所得税缴纳采用"先分后税"的原则,以合伙企业的每一个合伙人为纳税义务人。合伙人是自然人的,比照《个人所得税法》的"经营所得"应税项目缴纳个人所得税。合伙人是法人或其他组织的,缴纳企业所得税。公司制企业分为有限责任公司和股份有限公司两类,股东以其出资额对公司承担有限责任,依据我国所得税法规定,一方面对公司征收企业所得税,另一方面对股东从公司分得的税后利润征收个人所得税,存在双重征税的问题。

从减轻税负的角度看,投资者应在允许设立的企业组织形式之间进行权衡。由于公司制企业是双重课税,在税前投资收益率相同的前提下,税负可能重于个人独资企业与合伙制企业。

【例7-35】 2020年,甲、乙两人拟出资100万元成立一家企业,其中,甲出资60万元,乙出资额40万元,出资协议约定按出资比例分配收益。假设预计每年税前利润为50万元,如注册为股份制公司,适用25%的企业所得税税率,从税收筹划的角度看,选择注册为合伙制企业和股份制公司哪个方案更优?

解析:

方案一:注册为合伙制企业。

甲、乙作为合伙人均为自然人,分别征收个人所得税。

甲分得的税前利润＝500 000×60％＝300 000（元）
甲应纳个人所得税＝(300 000－5 000×12)×20％－10 500＝37 500（元）
乙分得的税前利润＝500 000×40％＝200 000（元）
乙应纳个人所得税＝(200 000－5 000×12)×20％－10 500＝17 500（元）
合计应承担的所得税税负＝37 500＋17 500＝55 000（元）
方案二：注册为股份制公司。
应交企业所得税＝500 000×25％＝125 000（元）

假设税后利润全部分配给股东，依据《个人所得税法》，股利所得按20％计算缴纳个人所得税。

甲分得的税后利润＝(500 000－100 000)×60％＝240 000（元）
甲应纳个人所得税＝240 000×20％＝48 000（元）
乙分得的税后利润＝(500 000－100 000)×40％＝160 000（元）
乙应纳个人所得税＝160 000×20％＝32 000（元）
合计应承担的所得税税负＝125 000＋48 000＋32 000＝205 000（元）

结论：从税收筹划的角度看，注册为合伙制企业可以减轻企业所得税税负15(20.5－5.5)万元，获得了较好的税收筹划收益。

但需要注意的是，虽然股份制公司的企业所得税税负较高，但是股份制公司股东承担的是有限责任，而合伙制企业出资人承担的是无限责任，为此，在实际抉择时应该结合投资风险进行综合权衡。

7.4.2 收入的税收筹划

企业所得税应税收入总额是确定应纳税所得额最基础的内容，减少纳税人的应税收入总额将直接减少应纳税所得额，进而达到节税的目的。对应税收入总额进行筹划的思路是：在符合税法规定的前提下，尽量降低、减少、延迟确认应税收入总额。另外，由于不征税收入和免税收入可以从收入总额中扣除，纳税人还应该争取扩大不征税收入和免税收入。

1. 延迟收入的确认时间

税收法规规定，符合会计准则的收入确认条件，采取下列方式销售商品的，应按以下规定确认收入实现的时间：

（1）销售商品采用托收承付的，在办妥托收手续时确认收入。
（2）销售商品采取预收款方式的，在发出商品时确认收入。
（3）销售商品需要安装和检验的，在购买方接受商品以及安装和检验完毕时确认收入。如果安装程序比较简单，可在发出商品时确认收入。
（4）销售商品采用支付手续费方式委托代销的，在收到代销清单时确认收入。

上述每种销售结算方式都有收入确定的具体条件，纳税人通过适当控制收入确认的条件，可以延迟收入确认的时间。具体包括：

（1）对年终接近资产负债表日的交易和事项推迟收入确认时间

会计分期作为会计基本假设之一，具体业务期间归属的确定是有一定专业判断弹性空间的。例如,纳税人采取预收款方式在年底销售商品时,如果纳税人与购买方进行积极协商,将原本约定的 12 月 31 日之前发货同意变更为略微延迟到次年 1 月的最初几天发货,这样处理后,虽然现金流实际上已经在本年度流入,但是相关收入的确认被迟延计入下一个会计年度。同样,对于需要安装或检测的商品销售,当购买方接受商品与安装、检测跨越不同会计期间或接近某一会计期间的临界点时,可在合同中明确约定相关业务在安装和检测完成后确认收入。按照上述思路进行税收筹划,可以合法地延迟纳税,获得资金的时间价值。

(2) 跨年度的租金、利息、特许权使用费等收入的确认时间筹划

税收相关法规对租金、利息、特许权使用费等收入确认时间的规定是:应当按照合同约定的承租人、债务人、特许权使用人应付租金、利息、特许权使用费的日期确认收入实现。以租金收入的确认为例,国家税务总局规定企业提供固定资产、包装物或其他有形资产的使用权取得的租金收入,应按租赁合同约定的承租人应付租金的日期确认收入的实现。实际业务中,如果租赁合同中约定的租赁期是跨年度的,且租金提前一次性支付,依据《企业所得税实施条例》第九条规定的收入与费用配比原则,纳税人(出租人)对上述提前收取的款项,可以先确认为预收款项,后续将其在租赁期内分期均匀计入相关年度收入,进而延迟收入确认时间,获得资金的时间价值。

2. 不征税收入的税收筹划

税法将下列收入列为不征税收入:财政拨款、依法收入并纳入财政管理的行政事业性收费及政府性基金、国务院规定的其他不征税收入。同时,国家税务总局对于企业取得的财政性资金列为不征税收入规定了具体条件。为此,企业对于取得的财政性资金是否列为不征税收入有一定的自行选择空间。所得税纳税的区别在于:如果列为不征税收入,不征税收入用于支出形成的费用不得在计算应纳税所得额时扣除,不征税收入用于支出形成的资产,其折旧、摊销不得在计算应纳税所得额时扣除;如果列为征税收入,计入征税收入总额的财政性资金发生的费用、折旧、摊销等支出,允许在计算应纳税所得额时扣除。

企业可以据此对取得的专用财政性资金进行不同的税务处理,以获得税收筹划收益。

【例 7-36】 某公司从事集成电路研发,2015 年至 2019 年连续五年的企业所得税税前损益情况为:-2 000 万元、100 万元、300 万元、500 万元、800 万元。2020 年取得收入 2 800 万元,成本费用 2 600 万元。另外,该年度公司获得本省工业与信息化厅技术改造财政专项拨款 400 万元,款项用于购买一套设备,设备使用年限为 4 年,预计无残值。假设公司适用 25% 的企业所得税税率,无其他纳税调整事项,公司应如何对该笔财政资金进行税收筹划收益?

解析:

该笔财政经费专项拨款可以作为不征税收入,也可以作为征税收入,公司可以在两种方案之间择优选择,以获取税收筹划收益。

方案一:将财政经费专项拨款 400 万元作为不征税收入,设备折旧费在计算应纳税所得额时不得扣除。

2015 年的亏损截至 2019 年尚有 300 万元没有弥补,2020 年只能通过税前弥补 200 万元,剩下的 100 万元未弥补亏损已经超过 5 年所得税前补亏期限,只能留待 2021 年后再进行税后弥补。

2020年应纳税所得额＝2 800－2 600－200＝0

2020年企业所得税应纳税额＝0

方案二：将财政经费专项拨款400万元作为征税收入，设备折旧费在计算应纳税所得额时允许扣除。

2020年应纳税所得额＝(2 800＋400)－(2 600＋100)－(2 000－100－300－500－800)
　　　　　　　　＝200(万元)

2020年企业所得税应纳税额＝200×25％＝50(万元)

设备尚有300万元净值可用于未来3年计提折旧，300万元累计折旧在所得税前列支进入成本费用可产生税收挡板效应，累计可以减少企业所得额纳税额度75(300×25％)万元。

结论：方案二相比方案一，虽然2020年多交了企业所得税50万元，但是未来3年可以累计少交企业所得税75万元，在不考虑资金时间价值的前提下，方案二比方案一节税25(75－50)万元，方案二更优。

此外，方案二通过增加2020年的收入产生了更多的税前利润，将2015年的亏损全部在本年所得税前弥补完，减轻了以后年度的补亏压力。

3. 减计收入的税收筹划

依据税法规定，纳税人综合利用资源、生产符合国家产业政策规定的产品取得的收入，可以在计算应纳税所得额时减计收入。企业以《资源综合利用企业所得优惠目录》规定的资源作为主要原材料，且该原材料占生产产品材料的比例不低于规定标准的情况下，生产国家非限制和禁止并符合国家和行业相关标准的产品取得的收入，减按90％计入收入总额，计算缴纳企业所得税。享受该所得税优惠政策时，企业应将资源综合利用收入与从事其他项目而取得的非资源综合利用收入分开核算，未分开核算的，不得享受资源综合利用企业所得税优惠政策。

【例7-37】 某化工品制造公司从事日化产品生产销售，在生产过程中将化工废渣回收用于再生产硫化钠。2020年公司全年营业收入为6 000万元，其中利用化工废渣回收再生产硫化钠收入为500万元，且硫化钠的生产原料超过70％来自化工废渣。当年该公司总成本费用为5 200万元，适用25％的企业所得税税率，假设没有其他纳税调整事项，应如何对公司进行税收筹划？

解析：

将硫化钠销售收入与其他收入分开核算，可以享受减计收入的税收优惠政策。

方案一：将硫化钠销售收入与其他收入分开，硫化钠销售收入可以减按90％计入收入总额计算企业所得税。

应纳税所得额＝(6 000－500)＋500×90％－5 200＝750(万元)

企业所得税应纳税额＝750×25％＝187.5(万元)

方案二：将硫化钠销售收入与其他收入合并核算，硫化钠销售收入不能享受减计收入的税收优惠政策。

应纳税所得额＝6 000－5 200＝800(万元)

企业所得税应纳税额＝800×25％＝200(万元)

结论：方案一比方案二降低企业所得税税负12.5(200－187.5)万元，能够获得较好的税收筹划收益。

7.4.3 税前扣除项目的税收筹划

税前扣除项目是指企业实际发生的与取得收入有关的合理支出,包括成本、费用、税金、损失以及其他支出。

税前扣除项目繁多复杂,对其进行税收筹划时应充分运用专业判断进行灵活处理。以成本费用的分摊为例,在盈利年度对于分摊方法、分摊期限允许适当选择的情况下,一般而言,应选择能使成本费用尽快得到分摊的分摊方法和分摊期限,其目的在于使成本费用的抵税作用尽早发挥,推迟利润的实现,以迟延企业所得税的纳税义务时间确认,类似对低值易耗品的价值摊销选择一次摊销法、对固定资产折旧采用加速折旧法、物价下跌时对存货计价采用先进先出法等都是这种思路的具体体现。但是,在纳税人享受"两免三减半""三免三减半"等税收优惠政策期间,税收筹划思路则应反向而行,即成本费用的分摊应尽可能避免计入前面的免税年份,反而应选择能将成本费用的分摊挪到后面年份的方法。这样才能将一定周期内产生的全部利润尽可能多地分配到免税的年份,进而充分享受到税收优惠政策带来的筹划收益。

【例 7-38】 某公司 2016 年为享受"两免三减半"政策的第一年,假设当年有一项固定资产开始计提折旧,该固定资产原值为 1 500 万元,使用年限为 5 年,预计残值为 0。因该固定资产属于更新换代快的高科技设备,税法允许折旧时在年数总和法与直线法两种方法之间自行抉择。假设在未考虑该项固定资产折旧的前提下,该公司未来 5 年每年的税前会计利润均为 1 000 万元,且无其他纳税调整事项,公司适用 25% 的企业所得税税率,应如何就固定资产折旧进行税收筹划?

解析:

该项固定资产整个使用周期累计折旧是 1 500 万元,如何在未来 5 年对这 1 500 万元折旧额进行分配,直接影响到每年税前列支成本费用产生的抵税效应。

方案一:采用加速折旧法计(年数总和法)计提折旧。

连续 5 年每年计提的折旧额分别为 500 万元、400 万元、300 万元、200 万元、100 万元。

连续 5 年每年的应纳所得税额分别为 500 万元、600 万元、700 万元、800 万元、900 万元。

5 年合计企业所得税应纳税额 = (500 + 600) × 0% + (700 + 800 + 900) × 12.5%
$$= 300(万元)$$

方案二:采用直线法计提折旧。

连续 5 年每年计提的折旧额均为 300 万元;连续 5 年每年的应纳税所得额均为 700 万元

5 年合计企业所得税应纳税额 = (700 + 700) × 0% + (700 + 700 + 700) × 12.5%
$$= 262.5(万元)$$

结论:方案二比方案一降低企业所得税税负 37.5(300 - 262.5)万元,获得了明显的税收筹划收益。

1. 工资、薪金的税收筹划

企业所得税税法规定，企业实际发生的合理工资、薪金支出准予在税前据实扣除。为此，企业在安排工资、薪金支出时，应该充分考虑其对所得税的影响，通过事前筹划，获取税收筹划收益。一般原则包括：

(1) 合理安排工资、薪酬结构，调整各类奖金、津贴及"五险一金"的比例，在工资总额不变的情况下，降低企业所得税及个人所得税的计税基础，取得筹划收益。

(2) 灵活运用职工工资薪酬与企业经营费用之间的相互转换，降低所得税税负。比如，为职工提供在职学历进修、补充医疗保险、补充养老保险等方面的待遇，既可以通过税前扣除降低企业所得税税负，也可以减轻职工的个人所得税税负。

(3) 有研究开发的企业，可将相关行政、技术、支持人员的工资、薪酬及加班补助、津贴等尽可能归入研究开发支出中的人员薪酬支出，以享受研发经费加计扣除带来的税收筹划收益。

(4) 在一定条件下，适度吸纳残疾人员在本企业就业，在符合《关于安置残疾人员就业有关企业所得税优惠政策问题的通知》(财税〔2009〕70号)的条件下，既体现了企业承担的社会责任，也可获得残疾人员工资加计扣除100%带来的税收筹划收益。

【例7-39】 某公司2020年因生产规模的扩大，需招聘20名新员工，新增加的20名员工每年需要支付70万元工资。2020年，该公司在未扣除新增加员工工资薪酬的情况下，预计可获得应纳税所得额300万元。假设该公司无其他纳税调整事项，适用小微企业20%的企业所得税税率，公司应如何在员工招聘环节进行税收筹划？

解析：

方案一：新招聘20名健康人员作为新员工。

公司2020年度应纳企业所得税＝(300－70)×20%＝46(万元)

方案二：在不影响正常生产经营的情况下，招聘20名残疾人作为新员工，并按税法规定签订劳动合同，足额购买相关社会及养老保险。

公司2020年度应纳企业所得税＝(300－70×2)×20%＝32(万元)

结论：方案二不仅降低了企业所得税税负14(46－32)万元，具有明显的节税效应，而且通过履行社会责任，提高了公司的社会形象和公众认可度。

2. 研发费用的税收筹划

我国税法规定了研发费用加计扣除政策，即企业开发新技术、新产品、新工艺发生的研究开发费用，未形成无形资产计入当期损益的，可以在计算应纳税所得额时加计75%予以扣除；形成无形资产的，按照无形资产成本的175%摊销。

实际经济活动中，部分企业自身研发能力不足，需要委托境内外机构从事研发工作。但是，为了鼓励自主创新，提高我国在关键技术领域的核心竞争力，税法对委托研发行为的加计扣除政策另有规定，其税收优惠力度有所降低：企业委托外部机构进行研发活动发生的费用，按照实际发生额的80%计入委托方研发费用并计算加计扣除，受托方不再进行加计扣除；委托境外机构进行研发活动发生的费用，按照费用实际发生额的80%计入委托方的境外研发费用，委托境外研发费用不超过境内符合条件的研发费用2/3的部分，可以按照规定在企业所得税税前加计扣除。

基于上述规定,企业在进行研发费用的税收筹划时,一方面自身应获得较好的税收筹划收益,另一方面应有推动自主创新、实现经济转型发展的使命感与责任感。

【例 7-40】 某公司为我国境内的居民企业,需要实施两项研发活动以促进产品工艺水平升级,甲项目需要研发费用 800 万元,乙项目需要研发费用 500 万元。该公司由于自身研发实力不够,需要委托外部机构进行研发,现有国内 A 研究所及境外 B 国某研究机构可供选择,公司初拟了两个方案:方案一是甲项目委托给国内 A 研究所,乙项目委托给境外 B 国某研究机构;方案二是甲项目委托给境外 B 国某研究机构,乙项目委托给国内 A 研究所。该公司应如何对研发费用进行税收筹划?

解析:
方案一:甲项目委托给国内 A 研究所,乙项目委托给境外 B 国某研究机构。
委托境外研发费用 $= 500 \times 80\% = 400$(万元)
境内符合条件的研发费用 $= 800 \times 80\% = 640$(万元)
$640 \times 2/3 = 426.67$(万元)> 400(万元)
可以加计扣除的研发费用 $= (640 + 400) \times 75\% = 780$(万元)

方案二:甲项目委托给境外 B 国某研究机构,乙项目委托给国内 A 研究所。
委托境外研发费用 $= 800 \times 80\% = 640$(万元)
境内符合条件的研发费用 $= 500 \times 80\% = 400$(万元)
$400 \times 2/3 = 266.67$(万元)< 640(万元)
可以加计扣除的研发费用 $= (400 + 266.67) \times 75\% = 500$(万元)

结论:方案一比方案二加计扣除的费用多 $280(780-500)$ 万元,进而应纳税所得额可以减少 280 万元。相应地,企业所得税可以节税 $70(280 \times 25\%)$ 万元,而且核心研发活动委托国内机构进行,可以促进国内研发在关键技术领域实现突破,提高自主创新能力,避免在核心技术领域被"卡脖子"受制于人。

3. 业务招待费、广告费和业务宣传费的税收筹划

《中华人民共和国企业所得税法实施条例》第四十三条、四十四条分别规定:企业发生的与生产经营活动有关的业务招待费支出,按照发生额的 60% 扣除,但最高不得超过当年销售(营业)收入的 5‰;发生的符合条件的广告费和业务宣传费支出,除国务院财政、税务主管部门另有规定外,不超过当年销售(营业)收入 15% 的部分,准予扣除。超过部分,准予在以后纳税年度结转扣除。基于相关规定,这两类费用的税收筹划有两种思路:

1) 合理调配相关比例关系

企业的年销售(营业)收入与业务招待费应保持恰当的比例关系以获取税收筹划收益。假设企业年销售(营业)收入为 X,年业务招待费为 Y,当 $Y \times 60\% = X \times 5‰$ 时,则 $X = 120 \times Y$。具体分为以下三种情况:一是若业务招待费正好是销售(营业)收入的 1/120 时,企业才能充分利用上述政策;二是若业务招待费大于销售(营业)收入的 1/120 时,企业要承受更高的税负;三是若业务招待费小于销售(营业)收入的 1/120 时,与第二种情况相比,企业不会增加更多的税负,与第一种情况相比,企业未能充分利用上述政策,但若企业业务招待费支出本来很低,则这种情况为最佳。

另外,从业务招待费和广告业务宣传费准予扣除限额规定的不同比例看,广告业务宣传费的扣除限额是业务招待费扣除限额的30(15%÷5‰)倍,税收筹划空间更大。企业可以考虑将原来在业务招待费中列支的一些费用,通过筹划,改变费用项目的性质,分流到广告业务宣传费中,为企业减轻税负。

【例7-41】 某公司预计2020年营业收入为1 200万元,年初做预算时业务招待费拟以三种方案列支,即8万元、10万元、12万元。假设公司适用的企业所得税税率为25%,分析采用哪种方案可获得更好的税收筹划收益。

解析:

营业收入的1/120为10(1 200×1/120=10)万元。

方案一:实际发生业务招待费8万元(小于营业收入的1/120)。

业务招待费的60%,即4.8(8×60%)万元可以扣除;扣除限额为6(1 200×5‰)万元,根据孰低原则,只能按照4.8万元税前扣除。

纳税调整增加额=8-4.8=3.2(万元)

增加应交的企业所得税=3.2×25%=0.8(万元)

实际列支8万元的业务招待费,付出8.8万元的代价,或者换算为实际列支100元业务招待费,要付出110元的代价。

方案二:实际发生业务招待费10万元(等于营业收入的1/120)。

业务招待费的60%,即6(10×60%)万元可以扣除;扣除限额为6(1 200×5‰)万元,根据孰低原则,两者相同按照6万元税前扣除。

纳税调整增加额=10-6=4(万元)

增加应交的企业所得税=4×25%=1(万元)

实际列支10万元的业务招待费,付出11万元的代价,或者换算为实际列支100元业务招待费,和方案一类似,要付出110元的代价。

方案三:实际发生业务招待费12万元(大于营业收入的1/120)。

业务招待费的60%,即7.2(12×60%)万元可以扣除;扣除限额为6(1 200×5‰)万元,根据孰低原则,只能按照6万元税前扣除。

纳税调整增加额=12-6=6(万元)

增加应交的企业所得税=6×25%=1.5(万元)

实际列支12万元的业务招待费,付出13.5万元的代价,或者换算为实际列支100元业务招待费,要付出112.5元的代价。

结论:比较三种方案可见,当实际业务招待费正好等于营业收入的1/120时,是最佳状态;实际业务招待费支出小于营业收入的1/120时次之;实际业务招待费支出大于营业收入的1/120时,要承担更高的企业所得税税负。

此外,当预算的业务招待费高于营业收入的1/120时,企业可以根据实际经营情况,把部分招待客户的餐饮、住宿等支出,改为向客户赠送有推广宣传效应的礼品。这样可以把部分业务招待费支出转化为广告和业务宣传费支出。只要同时把这两项支出控制在扣除限额之内,就可以达到较好的节税效果,获得税收筹划收益。

2) 提高业务招待费和广告费、业务宣传费的计税基数

因为业务招待费和广告费、业务宣传费都是以销售(营业)收入为标准计算扣除限额的,

如果将企业的销售部门拆分成立一个单独的销售公司,企业的产品先销售给销售公司,再由销售公司实现对外销售,这样处理可以增加一次销售(营业)收入,提高了业务招待费和广告费、业务宣传费扣除限额的计税基数。

【例7-42】 甲公司年度实现营业收入5 000万元,"管理费用"中列支业务招待费50万元,"销售费用"中列支广告费和业务宣传费1 000万元,税前会计利润为700万元,假设公司适用25%的企业所得税税率,应如何对业务招待费、广告费和业务宣传费进行税收筹划?

解析:
(1) 费用的扣除限额计算。
① 业务招待费的扣除限额:
实际发生额的60%＝50×60%＝30(万元)
营业收入的5‰＝5 000×5‰＝25(万元)
以25万元为扣除限额,实际支出50万元,超过限额25万元。
② 广告费和业务宣传费扣除限额:
营业收入的15%＝5 000×15%＝750(万元)
实际发生广告费和业务宣传费1 000万元,超过限额250万元。
(2) 税收筹划前后税负比较。
① 筹划前应纳所得税:
业务招待费调增应纳税所得额25万元;广告费和业务宣传费调增应纳税所得额250万元。
企业所得税应纳税额＝(700＋25＋250)×25%＝243.75(万元)
② 筹划后应纳税所得额计算:
具体方案:将现有销售部门分离出去,成立一家独立核算的销售公司。甲公司将产品以3 800万元的价格卖给销售公司,销售公司再以5 000万元的价格对外销售。相关费用在甲公司与销售公司之间分摊,其中,业务招待费,甲公司负担20万元,销售公司负担30万元;广告费和业务宣传费,甲公司负担400万元,销售公司负担600万元;甲公司税前会计利润为420万元,销售公司税前会计利润为280万元。
甲公司应交企业所得税计算:
业务招待费最高额＝3 800×5‰＝19(万元)
扣除限额＝20×60%＝12(万元)
实际业务招待费20万元,调增应纳所得税额8(20－12)万元。
广告和业务宣传费最高额＝3 800×15%＝570(万元)
实际列支400万元,允许全额扣除,不做纳税调整。
甲公司企业所得税应纳税额＝(420＋8)×25%＝107(万元)
销售公司应交企业所得税计算:
业务招待费最高额＝5 000×5‰＝25(万元)
扣除限额＝30×60%＝18(万元)
实际业务招待费30万元,调增应纳所得额12(30－18)万元。
广告和业务宣传费最高额＝5 000×15%＝750(万元)
实际列支600万元,允许全额扣除,不做纳税调整。

销售公司企业所得税应纳税额=(280+12)×25%=73(万元)

甲公司和销售公司合计企业所得税应纳税额=107+73=180(万元)

结论:筹划后比筹划前少纳企业所得税63.75(243.75-180)万元,节税效果明显,取得了不错的税收筹划收益。此外,设立独立核算的销售公司,有时候还可以使纳税人符合小微企业的条件,进而使适用的所得税税率降为20%,从而获得更大的税收筹划收益。

4. 固定资产折旧及修理的税收筹划

企业所得税计算缴纳时,对固定资产的税收筹划主要应从折旧方法以及修理方式等方面进行谋划。

1) 固定资产折旧的税收筹划

企业对固定资产计提折旧是成本费用的分摊确认过程,影响固定资产折旧的因素包括固定资产原值、预计净残值、折旧年限和折旧方法。在企业正常的盈利状态下,无论是采用加速折旧法,还是缩短折旧年限,都会对企业产生有利影响。固定资产在整个生命周期累计折旧总额是相等的,但是采用加速折旧法和缩短折旧年限计提累计折旧时,开始的年份计提折旧的多,因而前期利润少,进而纳税少,后面的年份计提折旧的少,因而后期利润多,进而大部分应交所得税得以推迟纳税,可以获得资金的时间价值。

【**例 7-43**】 某公司 2015 年 12 月购入价值为 150 万元的设备一台,预计残值率为 0,正常使用寿命为 5 年,但是按税法规定最低折旧年限为 3 年,并且允许在直线法和年数总和法之间进行选择。假设从 2016 年至 2020 年公司均处于盈利状态,在每年不考虑该项固定资产累计折旧的前提下,可以产生应纳税所得额 500 万元,无其他纳税调整事项,适用所得税税率为 25%,社会资金平均报酬率为 10%。公司初拟了四种折旧方案:方案一是采用直线法按 5 年计提折旧;方案二是采用直线法按 3 年计提折旧;方案三是采用年数总和法按 5 年计提折旧;方案四是采用年数总和法按 3 年计提折旧。公司应如何对该项固定资产折旧进行税收筹划?

解析:

方案一:采用直线法按 5 年计提折旧。

5 年内每年折旧额=150÷5=30(万元)

5 年内每年应交企业所得税=(500-30)×25%=117.5(万元)

应交企业所得税合计为 5 年期的普通年金现值。

应交企业所得税=117.5×$(P/A,10\%,5)$

=117.5×3.7908=445.42(万元)

方案二:采用直线法按 3 年计提折旧。

前 3 年每年折旧额=150÷3=50(万元)

前 3 年每年应交企业所得税=(500-50)×25%=112.5(万元)

后 2 年每年应交企业所得税=500×25%=125(万元)

应交企业所得税合计为 3 年期的普通年金现值,加上递延期 3 年、期限 2 年的递延年金现值。

应交企业所得税=112.5×$(P/A,10\%,3)$+125×$[(P/A,10\%,5)-(P/A,10\%,3)]$

=112.5×2.4869+125×(3.7908-2.4869)=442.76(万元)

方案三：采用年数总和法按 5 年计提折旧。

5 年内每年折旧额分别为 50 万元、40 万元、30 万元、20 万元、10 万元。

5 年内每年应交企业所得税依次为：

2016 年应交企业所得税＝(500－50)×25％＝112.5(万元)

2017 年应交企业所得税＝(500－40)×25％＝115(万元)

2018 年应交企业所得税＝(500－30)×25％＝117.5(万元)

2019 年应交企业所得税＝(500－20)×25％＝120(万元)

2020 年应交企业所得税＝(500－10)×25％＝122.5(万元)

应交的企业所得税合计为复利现值求和，即：

应交企业所得税＝112.5×(P/F,10％,1)＋115×(P/F,10％,2)＋117.5×(P/F,10％,3)＋120×(P/F,10％,4)＋122.5×(P/F,10％,5)

＝112.5×0.909＋115×0.826＋117.5×0.751＋120×0.683＋122.5×0.621

＝443.53(万元)

方案四：采用年数总和法按 3 年计提折旧。

前 3 年每年折旧额依次为 75 万元、50 万元、25 万元

前 3 年每年应交企业所得税依次为：

2016 年应交企业所得税＝(500－75)×25％＝106.25(万元)

2017 年应交企业所得税＝(500－50)×25％＝112.5(万元)

2018 年应交企业所得税＝(500－25)×25％＝118.75(万元)

后 2 年每年应交的企业所得税依次为：

2019 年应交企业所得税＝500×25％＝125(万元)

2020 年应交企业所得税＝500×25％＝125(万元)

合计应交的企业所得税为前 3 年复利现值求和，加上后 2 年递延年金现值，即：

应交企业所得税＝106.25×(P/F,10％,1)＋112.5×(P/F,10％,2)＋118.75×(P/F,10％,3)＋125×[(P/A,10％,5)－(P/A,10％,3)]

＝106.25×0.909＋112.5×0.826＋118.75×0.751＋125×(3.7908－2.4869)

＝441.68(万元)

结论：通过比较四个方案发现，方案四的企业所得税税负最轻，方案一的企业所得税税负最重，方案二和方案三的企业所得税税负居中，为此，缩短折旧年限、选择加速折旧法计提折旧，在正常盈利年度可以获得较好的税收筹划收益。

2) 固定资产修理的税收筹划

固定资产修理包括日常性维修和大修理，其中，日常修理是为保持固定资产正常使用效能的经常性维修，税法规定固定资产日常性维修发生的费用计入当期损益，准予在计算应纳税所得额时全额扣除；大修理是指为恢复固定资产使用效能对主要部分或大部分零件进行的更换或修理，税法规定固定资产大修理支出在符合"支出达到取得固定资产时的计税基础 50％以上以及修理后固定资产使用年限延长 2 年以上"两个条件时，应作为长期待摊费用按规定年限逐年摊销扣除，而不得在发生大修理的当年直接税前全额扣除。

为此，企业在正常纳税的盈利年度，如果能够在几个会计期间均衡固定资产的日常维修费用，而不是等到较长时期后一次性大修理，就相当于将固定资产大修理支出分解为几次日

常性维修,每次日常维修的费用均可在发生当期直接税前扣除,进而减少当期应纳税额获得税收筹划收益。

【例 7-44】 甲公司某年对一条生产线进行大修,该生产线原值为 3 000 万元,发生大修理费用 1 800 万元,修理后该生产线的使用寿命延长 4 年。假设在不考虑该条生产线修理费用的前提下,甲公司连续 4 年均实现应纳税所得额 2 000 万元,无其他纳税调整事项,公司适用的企业所得税税率为 25%,社会资金平均报酬率为 10%。为获得税收筹划收益,公司拟将大修理支出 1 800 万元改为分 2 次进行日常维修,第 1 年、第 3 年各维修一次并支出维修费用各 900 万元,达到与大修理一样的产能经济技术指标。分析甲公司该筹划方案是否可取。

解析:

(1) 按照原方案。

$1 800 \div 3 000 \times 100\% = 60\%$,超过 50%;修理后生产线寿命延长 4 年,超过 2 年。为此,符合大修理支出规定,1 800 万元支出应该作为长期待摊费用,在 4 年内平均摊销,每年摊销金额为 450(1 800÷4)万元。

每年应纳税所得额 = 2 000 - 450 = 1 550(万元)

每年应交企业所得税 = 1 550 × 25% = 387.5(万元)

4 年合计应交企业所得税为期数 4 期、折现率 10% 的年金现值,即:

应交企业所得税 = 387.5 × (P/A,10%,4) = 387.5 × 3.169 = 1 227.99(万元)

(2) 按照筹划方案。

连续 4 年每年应纳税所得额分别为 1 100 万元、2 000 万元、1 100 万元、2 000 万元。

连续 4 年每年应交企业所得税分别为 275 万元、500 万元、275 万元、500 万元。

4 年合计应交企业所得税为复利现值求和,即:

$275 \times (P/F,10\%,1) + 500 \times (P/F,10\%,2) + 275 \times (P/F,10\%,3) + 500 \times (P/F,10\%,4)$
$= 275 \times 0.909 + 500 \times 0.826 + 275 \times 0.751 + 500 \times 0.683 = 1 211(万元)$

可见,采用筹划方案后,考虑资金的时间价值,可以节税 16.99(1 227.99 - 1 211)万元,获得了较好的税收筹划收益。

5. 存货计价的税收筹划

我国税法规定,企业使用或者销售的存货应该采用实际成本法计价,可以在先进先出法、加权平均法、个别计价法中选用一种,计价方法一经选用,不得随意变更。由于企业的存货受经济批量约束,通常需要分批购进,市场价格变动会使不同批次购进的存货价格存在差异,选择不同的存货计价方法,将导致存货领用环节的成本计价、生产环节的成本分摊、销售环节的成本结转,以及期末结存存货计价都产生差异,进而影响相应会计期间的税前利润以及应纳税所得额。

在物价持续上涨、物价持续下降或者物价波动不居等经济环境下,企业应根据自身实际的价值考量进行抉择。一般盈利期间,应选择能够加大发出材料成本的计价方法,进而减少当期税前利润及应纳税所得额。但是在某些特殊情况下则需进行逆向思考,选择能够降低发出材料成本的计价方式,进而将会计利润留在当前会计期间,以享受完全免税期充分抵税带来的税收筹划收益。

【例7-45】 某公司年初结存甲商品1 000件,单价10元/件。当年购进甲商品2批次,其中,3月购入2 000件,售价11元/件;11月购入3 000件,售价12元/件。当年销售甲商品2批次,其中,5月销售800件,售价15元/件;12月销售4 000件,售价16元/件。假设适用的企业所得税税率为25%,该公司应如何选择存货计价方法进行税收筹划?

解析:

甲商品采购成本呈上涨趋势,存货计价方法选用的基本思路是:如果存货领用计价采用"先进先出"法,会使当期销售成本降低进而增大应纳税所得额而多交企业所得税;如果存货领用采用加权平均法,当期销售成本会较为明显地受到采购成本上涨的影响,一定程度上增加当期销售成本进而降低应纳税所得额,从而使本期少交企业所得税。但是,如果公司当年处于享受"两免三减半"等税收优惠政策的免税期,则税收筹划思路应反向而行,尽可能选择能够使税前会计利润留在本期的存货计价方法。

假设该公司处于一般的盈利期间,当前没有享受"两免三减半""三免三减半"等税收优惠政策。

方案一:采用"先进先出"法。

发出存货成本(商品销售成本)=800×10+200×10+2 000×11+1 800×12
　　　　　　　　　　　　=53 600(元)

销售收入=800×15+4 000×16=76 000(元)

应纳税所得额=76 000−53 600=22 400(元)

应交企业所得税=22 400×25%=5 600(元)

方案二:采用加权平均法。

单位成本=(1 000×10+2 000×11+3 000×12)÷(1 000+2 000+3 000)
　　　　=68 000÷6 000=11.33(元)

发出存货成本(商品销售成本)=11.33×4 800=54 400(元)

销售收入=800×15+4 000×16=76 000(元)

应纳税所得额=76 000−54 400=21 600(元)

应交企业所得税=21 600×25%=5 400(元)

结论:方案二相比方案一当期少交企业所得税200(5 600−5 400)元,因存货计价影响的税前利润被挪到后面会计期间,进而延缓了企业所得税的纳税时间。为此,通过选取合适的存货计价方法获得了合理的税收筹划收益。

6. 捐赠的税收筹划

《企业所得税法》第九条规定,企业发生的公益性捐赠支出,在年度利润总额12%以内的部分,准予在计算应纳税所得额时扣除。超过年度利润总额12%的部分,准予结转以后三年内在计算应纳税所得额时扣除。年度利润总额是企业依照国家统一会计制度的规定计算的年度会计利润。其中,公益性捐赠,是指企业通过公益性社会团体或者县级以上(含县级)人民政府及其部门,用于《中华人民共和国公益事业捐赠法》规定的公益事业的捐赠。企业进行公益性捐赠时,其税收筹划要点主要包括以下四个方面。

1) 选择捐赠的渠道

纳税人可供选择的捐赠渠道有两种:一是直接捐赠;二是间接捐赠。依据现行所得税法规定,纳税人只有通过公益性社会团体或者县级以上(含县级)人民政府及其部门进行的公益性捐赠才可以在计算当年应纳税所得额时准予按利润总额的12%进行扣除。如果纳税人直接向受益人进行捐赠,则不能享受任何税前扣除。因此,企业应该选择符合规定要求的社会团体或国家机关实施捐赠并获得税前扣除凭证。否则,自行捐赠或通过其他渠道进行的间接捐赠是不允许税前扣除的。

2) 选择捐赠的形式

纳税人捐赠的资产可以分为货币性资产和非货币性资产。当企业以货币资金以外的其他资产进行捐赠时,作为视同销售按规定分解为销售和捐赠两个环节,同时要考虑捐赠资产的公允价值与计税成本差异对企业所得税纳税调整的影响。但是用货币资金捐赠则只需直接根据捐赠额确定是否超过捐赠限额。因此,纳税人在捐赠时,应在货币资金和实物等其他资产之间进行权衡,以选择最佳的捐赠形式。

3) 选择捐赠的地区

一般情况下,公益性捐赠存在税前扣除额度限制,但对某些特殊地区的公益性捐赠,可以税前全额扣除。比如,《关于企业扶贫捐赠所得税税前扣除政策的公告》(财政部 税务总局 国务院扶贫办公告2019年第49号)规定,自2019年1月1日至2022年12月31日,企业进行公益性捐赠用于目标脱贫地区的扶贫性捐赠支出,准予在计算企业所得税应纳税所得额时据实扣除。因此,纳税人可以优先考虑向目标脱贫地区进行公益性捐赠,以享受税前全额扣除的优惠。

4) 捐赠额度的筹划

税法规定,企业当年发生及以前年度结转的公益性捐赠支出,准予在当年税前扣除的部分不能超过企业当年利润总额的12%,超过部分准予结转以后三年内在计算应纳税所得额时扣除。为此,企业对公益性捐赠支出计算扣除时,应先扣除以前年度结转的捐赠支出,再扣除当年发生的捐赠支出。基于这种思考,企业进行公益性捐赠时应综合考虑捐赠当年及以后三个纳税年度内的盈利情况,据此规划捐赠额度,尽可能让各个纳税年度的公益性捐赠能够全部在税前扣除。

【例7-46】 某公司为履行社会责任,2017年通过民政部门向灾区群众捐赠1 800万元,当年利润总额为8 000万元;受市场波动,公司2018年、2019年、2020年、2021年连续四年的利润总额为1 000万元、2 000万元、3 000万元、5 000万元,假设无其他纳税调整事项。公司适用25%的企业所得税税率,该公司应如何对公益性捐赠进行税收筹划?

解析:

(1) 采用目前方案:2017年捐赠1 800万元。

2017年公益性捐赠扣除限额=8 000×12%=960(万元)

实际公益性捐赠发生额=1 800(万元)

超过扣除限额的840(1 800-960)万元可结转到以后三年税前扣除。2018年、2019年、2020年三年的税前扣除限额分别为120万元、240万元、360万元,合计扣除限额为720万元,截至2020年,公司有120万元超限额捐赠无法再结转进行税前扣除。

(2) 采用筹划方案。

将1 800万元公益性捐赠分两个纳税年度捐出,其中,2017年捐赠1 600万元,2018年年初再捐赠200万元。

2017年超限额捐赠640(1 600－960)万元,2018年、2019年、2020年三年的税前扣除限额合计为720万元,640万元可结转到2018年、2019年、2020年三年税前全额扣除。

2018年公益性捐赠200万元,因2018年、2019年的全部公益性捐赠扣除限额,以及2020年的部分公益性捐赠扣除限额,已先用于2017年的超限额公益性捐赠结转扣除,故只能先结转到2020年以该年度剩下的税前扣除限额80万元进行税前扣除,余下的120万元未扣除公益性捐赠继续结转到2021年在税前全额扣除[因为2021年的公益性捐赠扣除限额＝5 000×12％＝600(万元),120万元小于600万元]。

结论:通过比较可知,方案二少缴纳企业所得税30(120×25％)万元,获得了较好的税收筹划收益。

7.4.4 应纳税所得额的税收筹划

应纳税所得额是企业应交所得税的计税基础,税法相关规定从5年期税前所得弥补亏损、技术转让所得分区间进行所得税减免、创业投资抵扣应纳税所得额等方面,为应纳税所得额的税收筹划提供了一定空间。

1. 弥补亏损的税收筹划

税法规定,纳税人发生年度亏损的,可以在以后5年逐年延续弥补,弥补亏损年限自亏损年度的下一年起不间断地连续计算,5年内不论盈利或亏损,都作为实际弥补期限计算。若超过5年弥补期仍未弥补完,则只能在税后弥补或用盈余公积补亏。

对于高新技术企业和科技型中小型企业而言,亏损结转弥补年限延长到10年。

为此,企业在进行税前利润弥补亏损的税收筹划时,如果5年弥补亏损期产生的税前利润不足以完全弥补5年前产生的亏损,可以在条件允许的情况下,通过提前确认收入、推迟确认费用等方法将利润计入5年补亏期间,以产生足够利润完全弥补以前年度亏损。实际业务中,尤其是在第5年可以将列入当期费用的支出予以资本化或将某些可控费用(如广告费、业务宣传费等)延后支付,通过将利润计入第5年,最大限度用5年内的税前利润弥补以前年度亏损。

【例7-47】 某公司2014年度发生亏损2 000万元,假设后续2015—2020年各年度产生的应纳税所得额(未弥补亏损前)情况如表7-8所示。该公司适用所得税率为25％,就该公司应交所得税进行税收筹划。

表7-8 某公司2014—2020年各年应纳税所得额(未弥补亏扣前)　　单位:万元

年　　份	2014	2015	2016	2017	2018	2019	2020
应纳税所得额	－2 000	120	400	500	300	600	620

解析:

(1)筹划前。

该公司2015年至2019年5年合计产生应纳税所得额1 920(120＋400＋500＋300＋600)万元,2014年产生的亏损2 000万元连续5年弥补亏损后在2019年尚有亏损80万元未弥补,需由2020年的税后利润补亏。

(2) 税收筹划方案。

公司将2019年年底及2020年年初的部分业务,通过提前确认收入、延后确认费用等方式,将部分利润分配到2019年,使2019年的应纳税所得额增加到690万元,2020年的应纳税所得额减少到530万元。这样,2015年至2019年5年合计产生应纳税所得额2 010(120+400+500+300+690)万元,2014年产生的亏损2 000万元在后续5年税前补亏期限内可以完全弥补掉。相比筹划前,企业所得税可节税20(80×25%)万元,取得了较为明显的税收筹划收益。

2. 技术转让的税收筹划

《企业所得税法》规定,在一个纳税年度中,居民企业符合一定条件下的技术转让所得,不超过500万元的部分,免征企业所得税;超过500万元的部分,减半征收企业所得税。为此,对于技术转让的税收筹划思路是:将某一年度超过临界点500万元的技术转让收入分解、分摊到以后年度,或者将跨越几个年度的技术转让收入在各个年份间适当分配,使每个年度的技术转让收入都控制在临界点以下,从而达到节税的目的。

【例7-48】 甲公司为居民企业,与乙公司签订了技术转让协议,协议期为3年,共收取3 600万元技术转让费。假设甲公司每年与技术转让相关的成本及税费是当年收取技术转让费的60%,甲公司适用的企业所得税税率为25%。公司初拟了两种方案备选:方案一是三年内平均收取技术转让费,即每年收取技术转让费1 200万元;方案二是三年内技术转让费按递减原则收取,第一年、第二年、第三年每年收取技术转让费分别为1 800万元、1 080万元、720万元。分析采用哪种方案能获得税收筹划收益。

解析:

方案一:三年内平均收取技术转让费。

三年内每年技术转让所得=1 200×(1-60%)=480(万元)<500(万元)

三年每年应纳税所得额=0

三年合计应纳企业所得税=0

方案二:按递减原则收取技术转让费。

第一年技术转让所得=1 800×(1-60%)=720(万元)

第二年技术转让所得=1 080×(1-60%)=432(万元)<500(万元)

第三年技术转让所得=720×(1-60%)=288(万元)<500(万元)

第一年应纳税所得额=720-500=220(万元)

后两年应纳税所得额均为0。

三年合计应纳企业所得税=220×25%×50%=27.5(万元)

结论:方案一通过将每年实现的技术转让所得均衡地控制在免征额以下,收到了最大的税收筹划收益。

3. 创业投资抵扣的税收筹划

《企业所得税法》规定,企业从事国家需要重点扶持和鼓励的创业投资,可以按投资额的一定比例抵扣应纳税所得额:创业投资企业采取股权投资方式投资于未上市的中小型高新技术企业2年以上(含2年),并且符合相关规定条件的,可以按照其投资额的70%在股权持有满2年的当年抵扣该创业投资企业的应纳税所得额。当年不足抵扣的,可以在以后纳税年度逐年延续抵扣;创业投资企业采取股权投资方式直接投资于种子期、初创期科技型企业满2年(24个月)的,可以按照投资额的70%在股权持有满2年的当年抵扣该公司制创业投资企业的应纳税所得额。当年不足抵扣的,可以在以后纳税年度结转抵扣。但是,享受税收优惠政策的投资,仅限于通过向被投资初创科技型企业直接支付现金方式取得的股权投资,不包括受让其他股东的存量股权。

【例7-49】 某创业投资有限责任公司当年拟用1 000万元选一家未上市的高新技术企业进行股权投资,备选的甲、乙两家企业基本情况如表7-9所示。

表7-9 甲、乙两家企业主要指标情况

企业情况	甲企业	乙企业
职工人数(人)	390	530
年销售额(亿元)	1.8	2.6
资产总额(亿元)	1.5	2.2
当年研发经费占销售收入百分比	6%	7%
技术收入、高新技术产品销售收入合计占当年总销售收入百分比	65%	68%

假设该创业投资有限责任公司适用的企业所得税税率为25%,投资后第三年、第四年取得的应纳税所得额分别为600万元、900万元。应如何选择以获得税收筹划收益?

解析:

税法规定,享受创业投资额抵扣应纳税所得额这一优惠政策时,接受投资的中小型高新技术企业应该符合四个条件:职工人数不得超过500人;年销售额不得超过2亿元;资产总额不得超过2亿元;接受投资当年研究开发经费必须占本年销售额的5%以上(含5%),技术性收入与高新技术产品销售收入合计必须占当年销售收入的60%以上(含60%)。甲企业完全符合上述条件,乙企业只有部分指标符合上述条件。因此,投资甲企业符合税收优惠政策中对中小型高新技术企业的规定,而投资乙企业则不能享受该项所得税优惠政策。

(1) 方案一:投资于甲企业。

可用于抵扣应纳税所得额的投资额=1 000×70%=700(万元)

第三年抵扣应纳税所得额600万元,剩下未抵扣完的100(700-600)万元结转到第四年继续抵扣,当年免缴企业所得税。

第四年抵扣应纳税所得额100万元,应交企业所得税200[(900-100)×25%]万元。

(2) 方案二:投资于乙企业。

不能享受投资额抵扣应纳税所得额的所得税优惠政策。

第三、第四年合计应交企业所得税=(600+900)×25%=375(万元)

结论:方案一相比方案二,企业所得税税负减轻了175(375-200)万元,取得了明显的税收筹划收益。

7.4.5 税率的税收筹划

我国企业所得税的基本税率是25%,但是对小型微利企业、高新技术企业、技术先进型服务企业,以及西部地区和少数民族地区企业给予降低所得税税率的优惠政策,这为企业对税率进行税收筹划提供了较大空间。

1. 小型微利企业的税收筹划

《企业所得税法》中界定的小型微利企业,主要从应纳税所得额、资产总额、从业人数三个方面进行明确:年度应纳税所得额不超过300万元;从业人数不超过300人;资产总额不超过5 000万元。我国规定小型微利企业所得税税率在降低为20%的同时,还依据应纳税所得额所处区间有更进一步的税率优惠政策:自2021年1月1日至2022年12月31日,对小型微利企业年应纳税所得额不超过100万元的部分,减按12.5%计入应纳税所得额,按20%的税率缴纳企业所得税(依据国家税务总局公告2021年第8号文件);自2022年1月1日至2024年12月31日,对小型微利企业年应纳税所得额超过100万元但不超过300万元的部分,减按25%计入应纳税所得额,按20%的税率缴纳企业所得税(依据国家税务总局公告2022年第13号文件)。小型微利企业所得税税率的差异为纳税人利用税率进行税收筹划提供了一定空间,尤其是当年度应纳税所得额处于临界点附近时更有必要合理进行税收筹划。

【例7-50】 甲公司2022年资产总额为4 700万元,有在职职工280人,当年实现应纳税所得额为302万元。假设无其他纳税调整事项,应如何对该公司所得税进行税收筹划?

解析:

甲公司2022年度资产总额、在职职工人数都符合小型微利企业的标准,只有当年应纳税所得额略微超过了规定标准。为此,该公司应适当降低当年应纳税所得额,使其享受小型微利企业的所得税税收优惠政策,以取得更大的税收筹划收益。

方案一:不进行税收筹划,甲公司不得享受所得税税率优惠政策。

甲公司2022年应纳企业所得税=302×25%=75.5(万元)

方案二:将应纳税所得额减少2万元,变为300万元。

具体方法以下:给员工多列支工资奖金2万元;开展年末促销价格折扣活动,给客户2万元的价格折扣;安排公益性捐赠2万元;等等。

甲公司2022年应纳企业所得税=100×12.5%×20%+(300−100)×25%×20%
=12.5(万元)

结论:方案二比方案一虽然多列支成本费用2万元(或少计收入2万元),但企业所得税税负却减少63万元,总体上可以取得不错的税收筹划收益。

2. 高新技术企业、技术先进型服务企业的税收筹划

我国税法对于国家重点扶持的高新技术企业、技术先进型服务企业,不做地域限制,均可享受15%的企业所得税税率。

所谓的高新技术企业,是指在《国家重点支持的高新技术领域》内,持续进行研究开发与

技术成果转化,形成企业核心自主知识产权,并以此为基础开展经营活动,在中国境内(不包括中国的港、澳、台地区)注册的居民企业,并且要经过各省(自治区、直辖市、计划单列市)科技部门同本级财政、税务部门组成的高新技术企业认定管理机构的认定。认定为国家重点扶持的高新技术企业必须符合政府主管部门对一些关键指标的要求,主要包括:企业从事研发和相关技术创新活动的科技人员占企业当年职工总数的比例不低于10%;近一年高新技术产品(服务)收入占企业同期总收入的比例不低于60%;近三个会计年度(实际经营期不满三年的按实际经营期计算)研究开发费用总额占同期销售收入总额的比例符合要求[最近一期销售收入小于5 000万元的,比例不低于5%;最近一期销售收入在5 000万元至2亿元(含)的,比例不低于4%;最近一期销售收入在2亿元以上的,比例不低于3%];企业在中国境内发生的研究开发费用占全部研究开发费用总额的比例不低于60%。

所谓的技术先进型服务企业,是指同时符合以下条件的居民企业,具体包括:在中国境内(不包括中国的港、澳、台地区)注册的法人企业;从事《技术先进型服务企业认定范围(试行)》中的一种或多种技术先进型服务业务,采用先进技术或具备较强的研发能力;具有大专以上学历的员工占企业职工总数的50%以上;从事《技术先进型服务企业认定范围(试行)》中的技术先进型服务业务取得的收入占企业当年总收入的50%以上;从事离岸服务外包业务取得的收入不低于企业当年总收入的35%。符合条件的技术先进型服务企业应向所在省级科技部门提出申请,由省级科技部门会同本级商务、财政、税务和发展改革部门联合评审后发文认定。

从事相关领域业务且具备一定基础的企业,应积极创造条件达到高新技术企业、技术先进型服务企业的认定标准,以合法享受所得税低税率所带来的税收筹划收益。

【例7-51】 甲公司成立于2017年,2020年预计应纳税所得额为1 000万元;近三年该公司研究开发经费总计列支800万元,其中:境内研究开发费用478万元,委托境外研究开发费用为322万元。除研发经费支出情况外,公司已具备成为国家需要重点扶持的高新技术企业的其他条件。公司适用的企业所得税税率为25%,如何对该公司所得税进行税收筹划?

解析:

企业被认定为国家重点扶持的高新技术企业,除其他条件外,研究开发经费支出需要满足"近三个会计年度在中国境内发生的研究开发费用占全部研究开发费用总额的比例不低于60%"这一规定,该公司近三个会计年度在中国境内发生的研究开发费用占全部研究开发费用总额的比例为59.75%(478÷800×100%),比不低于60%的要求略低。

方案一:若不进行筹划,只能按普通企业适用25%的企业所得税税率计算缴纳企业所得税:

甲公司2020年应交企业所得税=1 000×25%=250(万元)

方案二:进行税收筹划,2020年给境内研发人员适当增加5万元工资、薪酬,则公司近三个会计年度在中国境内发生的研究开发费用占全部研究开发费用总额的比例为60%(483÷805×100%),符合认定为国家重点扶持的高新技术企业的条件。

甲公司2020年应纳税所得额=1 000-5=995(万元)

甲公司2020年应交企业所得税=995×15%=149.25(万元)

结论:进行税收筹划后,公司符合认定为国家重点扶持的高新技术企业的条件,适用

15%的企业所得税税率,虽然 2020 年度为此多支出境内研究开发费用 5 万元,但是企业所得税节税 100.75(250－149.75)万元,依然获得了明显的税收筹划收益。

3. 选择西部地区和少数民族地区投资的税收筹划

《企业所得税法》对西部地区和少数民族地区有区域性税率优惠政策,目的在于促进西部地区及少数民族地区经济均衡发展。如《财政部　海关总署　国家税务总局关于深入实施西部大开发战略有关税收政策问题的通知》(财税〔2011〕58 号)和《国家税务总局关于深入实施西部大开发战略有关企业所得税问题的公告》(国家税务总局公告 2012 年第 12 号)等文件规定:对设在西部地区的以《西部地区鼓励类产业目录》中规定的产业项目为主营业务,且其主营业务收入占企业收入总额 70%以上的企业,减按 15%的税率征收企业所得税;依据《中华人民共和国民族区域自治法》规定,实行民族区域自治的自治区、自治州、自治县对本民族自治地方的企业应缴纳的企业所得税中属于地方分享的部分,可以决定减征或者免征。自治州、自治县决定减征或免征的,须报省、自治区、直辖市人民政府批准。为此,企业在选择投资地区时,应充分考虑相关地区的所得税优惠政策,在其他条件类似的情况下,考虑投资西部地区及少数民族地区可以获得所得税税率降低带来的税收筹划收益。

【扩展阅读 7.3】 财税〔2016〕49 号文、财税〔2020〕45 号文

扫描此码

深度学习

7.4.6 应纳税额的税收筹划

《企业所得税法》对投资于部分国家鼓励发展的产业行业、为优化产业结构专门购置的专用设备投资,以及境外所得抵免等方面,有直接减免所得税的税收优惠政策,企业应充分利用好相关政策以获取税收筹划收益。

1. 投资于国家鼓励发展的产业行业的税收筹划

我国所得税相关法规对国家重点扶持和鼓励发展的产业及项目,给予直接减免所得税的税收优惠,主要包括:从事农、林、牧、渔业项目的所得;从事国家重点扶持的公共基础设施项目投资经营所得;从事符合条件的环境保护、节能节水项目的所得;等等。对于该类所得,企业应充分利用优惠政策获得税收筹划收益。

1) 从事农、林、牧、渔业项目的税收筹划

其包括免征企业所得税和减半征收企业所得税两种情形。

(1) 免征企业所得税的适用范围。

① 蔬菜、谷物、薯类、油料、豆类、棉花、麻类、糖料、水果、坚果的种植。

② 农作物新品种的选育。

③ 中药材的种植。

④ 林木的培育和种植。

⑤ 牲畜、家禽的饲养。

⑥ 林产品的采集。

⑦ 灌溉、农产品初加工、兽医、农技推广、农机作业和维修等农、林、牧、渔服务业项目。

⑧ 远洋捕捞。

（2）减半征收企业所得税的适用范围。

① 花卉、茶以及其他饮料作物和香料作物的种植。

② 海水养殖、内陆养殖。

2）从事国家重点扶持的公共基础设施项目的税收筹划

企业从事国家重点扶持的港口码头、机场、铁路、公路、城市公共交通、电力、水利等公共基础设施项目，其投资经营所得，自项目取得第一笔生产经营收入所属的纳税年度起，第一年至第三年免征企业所得税，第四年至第六年减半征收企业所得税，即享受"三免三减半"所得税税收优惠政策。

3）从事环境保护、节能节水项目的税收筹划

企业从事符合条件的公共污水处理、公共垃圾处理、沼气综合开发利用、节能减排技术改造、海水淡化等环境保护、节能节水项目的所得，自项目取得第一笔生产经营收入所属的纳税年度起，第一年至第三年免征企业所得税，第四年至第六年减半征收企业所得税，即享受"三免三减半"所得税税收优惠政策。

4）从事软件、集成电路等新兴产业的税收筹划

国家对从事软件、集成电路等新兴产业的企业有一系列所得税减免税收优惠政策。例如，财政部、国家税务总局、国家发展改革委、工业和信息化部等部委联合发布的《关于软件和集成电路产业企业所得税优惠政策有关问题的通知》(财税〔2016〕49号)、《关于促进集成电路产业和软件产业高质量发展企业所得税政策的公告》(财税〔2020〕45号)等文件规定：新办的集成电路线宽小于0.25微米或投资额超过80亿元的集成电路生产企业，减按15%的税率征收企业所得税，其中经营期在15年以上的，在2017年12月31日前自获利年度起计算优惠期，第一年至第五年免征企业所得税，第六年至第十年按照25%的法定税率减半征收企业所得税；新办的集成电路企业及符合条件的软件企业，以及集成电路线宽小于0.8微米（含）的集成电路生产企业，在2017年12月31日前自获利年度起计算优惠期，第一年至第二年免征企业所得税，第三年至第五年按照25%的法定税率减半征收企业所得税。上述直接减免规定即"两免三减半"所得税税收优惠政策。

【例7-52】某公司主要从事家禽养殖并兼营食品加工业务，某年全年销售收入为2 000万元。其中，鸡、鸭、蛋等产品销售收入为1 500万元，销售加工的烤禽食品为500万元；发生的成本费用共计1 600万元，其中，饲养销售鸡、鸭、蛋等产品的成本费用为1 300万元，销售烤禽食品的成本费用为300万元。应如何对该公司企业所得税进行税收筹划？

解析：生产销售鸡、鸭、蛋属于从事农、林、牧、渔业项目，可以直接免征企业所得税；加工销售烤禽食品不属于从事农、林、牧、渔业项目，需要计算缴纳企业所得税。该公司应将两类业务分开核算，如果不能分开核算则要合并计算缴纳企业所得税。

方案一：两类业务不分开核算。

全年应纳税所得额＝2 000－1 600＝400(万元)

全年应交企业所得税＝400×25％＝100(万元)

方案二：两类业务分开核算。

全年应纳税所得额＝500－300＝200(万元)

全年应交企业所得税＝200×25％＝50(万元)

结论：方案二相比方案一，因充分享受从事农、林、牧、渔业项目直接免征企业所得税的政策优惠，从而可以减少企业所得税税负 50(100－50)万元，获得了明显的税收筹划收益。

2. 专用设备购置投资的税收筹划

《企业所得税法》规定，企业购置用于环境保护、节能节水、安全生产等专用设备的投资额，可以按一定比例实行税额抵免。所谓税额抵免，是指企业购置并实际使用《环境保护专用设备企业所得税优惠目录》《节能节水专用设备企业所得税优惠目录》《安全生产专用设备企业所得税优惠目录》规定的环境保护、节能节水、安全生产等专用设备的，该专用设备投资额的 10％可以从企业当年的应纳税额中抵免。当年不足抵免的，可以在以后 5 个纳税年度结转抵免。为此，企业可以根据税法规定并结合自身具体情况，选择购置国家鼓励的专项设备，以减轻自身的税收负担。

【例 7-53】 某公司为扩大生产规模，决定购买新设备生产节能产品，投资额为 1 200 万元。预计购入设备投产后当年的应纳税所得额为 100 万元，第二年的应纳税所得额为 200 万元，第三年的应纳税所得额为 300 万元。假设公司适用的企业所得税税率为 25％，应如何对该公司新设备购买涉及的所得税进行税收筹划？

解析：

该公司如购买符合规定的专用节能设备，可以按投资额的 10％抵免应纳税额；如果购买普通设备，则不能享受应纳税额抵免优惠政策。

方案一：公司选择购买普通设备。

当年应纳企业所得税＝100×25％＝25(万元)

第二年应纳企业所得税＝200×25％＝50(万元)

第三年应纳企业所得税＝300×25％＝75(万元)

三年共计缴纳企业所得税＝25＋50＋75＝150(万元)

方案二：公司选择购买符合规定的专用节能设备。

应纳所得税抵免额＝1 200×10％＝120(万元)

当年不足抵免的，可以在以后 5 个纳税年度结转抵免。

当年应纳企业所得税＝25－25＝0

第二年应纳企业所得税＝50－50＝0

第三年应纳企业所得税＝75－(120－25－50)＝30(万元)

三年共计缴纳的企业所得税＝0＋0＋30＝30(万元)

结论：对比方案一和方案二可知，选择购买符合条件的专用节能设备，三年共计少缴纳企业所得税 120(150－30)万元，获得了显著的税收筹划收益。

3. 境外所得抵免的税收筹划

《企业所得税法》规定,居民纳税义务人对来源于中国境外的所得,已在境外缴纳的所得税税额,准予在汇总纳税时,从其应纳税额中抵免,但采用的是限额抵免。具体包括:

1) 分国不分项抵免

纳税人能够提供境外完税凭证的,可采用这种抵免方式。这种方法下境外取得的所得,分国别计算抵免限额,某一国境外所得在境外缴纳的所得税额低于抵免限额的,按实际已缴纳所得税扣除;某一国境外所得在境外缴纳的所得税额高于抵免限额的,按抵免限额扣除。

2) 定率抵免

为便于所得税的计算征缴,经企业申请,税务机关批准,企业可以不区分免税或非免税项目,而采用简易办法,统一按境外应纳税所得额的 12.5% 作为抵免限额。

上述规定为纳税人境外所得抵免提供了一定的税收筹划空间,纳税人应根据境外所得来源国所得税税率的高低,选择适当的境外已纳税款抵免方法。

【例 7-54】 某公司年度应纳税所得额为 200 万元,适用所得税税率为 25%。另外,该公司在甲、乙两国设立有分支机构,当年均取得了来自设立国的应纳税所得,其中,来自甲国的应纳税所得额为 80 万元,适用所得税税率为 15%,已在甲国缴纳企业所得税 12 万元;来自乙国的应纳税所得额为 60 万元,适用所得税税率为 35%,已在乙国缴纳企业所得税 21 万元。该公司在汇总缴纳企业所得税时,应选择何种境外所得抵免方法以获得税收筹划收益?

解析:

方案一:选择分国不分项抵免方式。

甲国抵免限额 = (200+80) × 25% × [80÷(200+80)] = 20(万元)

乙国抵免限额 = (200+60) × 25% × [60÷(200+60)] = 15(万元)

在甲国已纳企业所得税 12 万元,低于抵免限额,可全额抵免;在乙国已纳企业所得税 21 万元,高于抵免限额,按抵免限额抵免。

境内外所得按我国税法计算的应纳企业所得税 = (200+80+60) × 25% = 85(万元)

公司当年实际企业所得税应纳税额 = 85-12-15 = 58(万元)

方案二:选择定率抵免方式。

抵免额 = (80+60) × 12.5% = 17.5(万元)

公司当年实际企业所得税应纳税额 = 85-17.5 = 67.5(万元)

结论:比较方案一和方案二可知,方案一采用分国不分项抵免法可以减轻企业所得税税负 9.5(67.5-58)万元,获得了一定的税收筹划收益。

【导入案例讨论】

经过本章的学习,我们对于企业所得税涉税业务会计处理及税收筹划思路有了全面深刻的认识。最后,让我们来逐一回答本章开始"导入案例"中提出的问题。

问题 1:该公司将哪年作为"两免三减半"的起始计算年份?

解答:该公司应将开始盈利的年度作为"两免三减半"的起始计算年份,并不因企业具体哪年满足享受税收优惠条件而进行相应调整。故而该公司应将 2018 年作为"两免三减半"的起始计算年份。

问题 2:对 2021 年度所得税进行汇算清缴时,适用的企业所得税税率是多少?

解答：公司 2021 年度应作为"两免三减半"连续 5 年税收优惠期的第 4 年,属于减半期,适用的所得税税率应为法定所得税税率 25% 的一半,即适用 12.5% 的税率,而不是高新技术企业适用的低税率 15% 的一半,即不是 7.5%。

问题 3：该公司对企业所得税的税收筹划存在哪些不足?

解答：该公司对企业所得税的税收筹划缺乏长远谋划,公司应从预计盈利的年度(2018年)起就对企业所得税进行认真筹划,如从增加研发经费投入占营业收入的比重、调整营业收入结构、充实研发人员数量等方面积极创造条件,使盈利当年就符合税法规定的享受减免税的条件,这样,2018 年、2019 年的企业所得税全免,2020 年的企业所得税按 12.5% 的税率(法定比例 25% 减半)征收。由于公司未能充分对企业所得税进行长远筹划,导致 2018 年、2019 年、2020 年缴纳的企业所得税未能合法合理地减免。

扫描此码

即测即练题

复习思考题

1. 企业所得税税率方面的优惠有哪些具体规定?
2. 企业所得税应纳税所得额的计算有哪些具体方法?
3. 进行所得税会计处理时,资产负债表债务法和应付税款法对时间性差异和永久性差异的处理有什么不同?
4. 采用资产负债表债务法进行所得税会计处理时,产生暂时性差异的常见情形有哪些?产生暂时性差异的特殊项目有哪些?
5. 利用纳税人身份进行企业所得税税收筹划的主要思路是什么?
6. 利用收入确认进行企业所得税税收筹划的主要思路是什么?
7. 利用税前扣除项目进行企业所得税税收筹划的主要思路是什么?
8. 利用应纳税所得额进行企业所得税税收筹划的主要思路是什么?
9. 利用税率进行企业所得税税收筹划的主要思路是什么?
10. 利用应纳税额进行企业所得税税收筹划的主要思路是什么?

第8章

个人所得税会计与税收筹划

【学习目标】
1. 掌握个人所得税的纳税人和征税范围。
2. 掌握个人所得税应纳税额的计算和申报方法。
3. 掌握个人所得税涉税业务的会计处理方法。
4. 熟悉个人所得税的税收优惠政策。
5. 掌握个人所得税税收筹划的基本原理和方法。
6. 深刻理解税收筹划原理并选取合适方法灵活运用于税收筹划实践,对个人所得税涉税业务进行筹划以获得税收筹划收益。

【导入案例】
居民个人王某是某化工设计院技术专家,2021年为甲企业关键工艺流程提供了优化方案,甲企业拟一次性支付劳务报酬3万元给王某。王某妻子张某同为技术专家,2018年在外为乙企业提供技术方案劳务时曾一次性获得劳务报酬2.8万元,乙企业支付时依据劳务报酬所得畸高(每次应纳税所得额超过2万元)的规定,代扣代缴了个人所得税4 720(22 400×30%-2 000)元。由于知悉该事项,王某拟提请甲企业2021年当年分两次支付劳务报酬,即每次支付1.5万元,这样劳务报酬所得不属于畸高行为,可以适当降低个人所得税税负。

请思考:
1. 王某的税收筹划思路是否能达到减轻个人所得税税负的目的?
2. 该案例给税收筹划工作带来什么启示?

8.1 个人所得税的确认、计量与纳税申报

8.1.1 个人所得税概述

1. 个人所得税的概念

个人所得税主要是以自然人取得的各类应税所得为征税对象而征收的一种所得税,纳

税人在一定期间内,通过各种来源和方式获得的一切利益,不论是偶然所得还是经常所得,也不论是货币所得还是实物所得,均应缴纳个人所得税。我国个人所得税法经过了七次修订,目前适用的《中华人民共和国个人所得税法》(以下简称《个人所得税法》)是2018年8月31日,由第十三届全国人民代表大会常务委员会第五次会议修订通过,并于2019年1月1日起实施的。这次修订,标志着我国在建立综合与分类相结合的个人所得税税制上迈出了关键的一步,其特点体现在三个方面:一是实行综合与分类相结合的个人所得税税制,根据收入类别不同,分别规定计征办法;二是增设了专项附加扣除,将子女教育、继续教育、父母赡养等支出纳入抵扣项目;三是继续采用累进税率与比例税率,以达到调节收入差距的目的。此外,自然人纳税人的个人所得税由被动扣缴向主动申报转变,以培育纳税人的依法纳税意识。

2. 纳税义务人和扣缴义务人

1) 纳税义务人

个人所得税的纳税义务人,包括中国公民、个体工商户、个人独资企业、合伙企业投资者、在中国有所得的外籍人员(包括无国籍人员)和中国香港、澳门、台湾地区的同胞。上述纳税义务人依据"住所"和"居住时间"两个标志区分为居民个人和非居民个人,分别承担不同的纳税义务。

(1) 居民个人。

居民个人是指在中国境内有住所,或者无住所而一个纳税年度内在中国境内居住累计满183天的个人。在中国境内有住所,是指因户籍、家庭、经济利益关系而在中国境内习惯性居住,习惯性居住是判断纳税义务人属于居民个人还是非居民个人的一个重要依据。一个纳税年度内在中国境内居住累计满183天,是指一个纳税年度(公历1月1日起至12月31日止)内,在中国境内居住累计满183天。在计算居住天数时,取消了原有的临时离境规定,按纳税人一个纳税年度内在境内的实际居住时间确定。

居民个人承担无限纳税义务,就其来源于中国境内和境外的所得履行全面纳税义务。

(2) 非居民个人。

非居民个人是指在中国境内无住所又不居住,或者无住所而一个纳税年度内在中国境内居住累计不满183天的个人。其中,在中国境内无住所又不居住,是指习惯性居住地不在中国境内,而且不在中国居住。在现实生活中,习惯性居住地不在中国境内的个人,只有外籍人员、华侨或者香港、澳门和台湾同胞。因此,非居民个人,实际上只能是在一个纳税年度中,没有在中国境内居住,或者在中国境内居住天数累计不满183天的外籍人员、华侨或香港、澳门、台湾地区的同胞。

非居民个人承担有限纳税义务,仅就其来源于中国境内的所得,向中国政府履行"有限"纳税义务。

依据现行《个人所得税法》,上述"中国境内"的概念,是指中国大陆(内地)地区,目前还不包括香港、澳门和台湾地区。

2) 扣缴义务人

我国实行个人所得税预扣(代扣)预缴和个人申报相结合的征收管理制度。个人所得税采取预扣预缴办法,有利于控制税源,保证税收收入,简化征纳手续,加强个人所得税管理。如居民个人取得工资、薪金所得时,可以向扣缴义务人提供专项附加扣除有关信息,由扣缴义务人扣缴税款时减除专项附加扣除。

【扩展阅读8.1】 个人所得税改革原因

3. 征税范围

居民个人取得下列第(1)至(4)项所得为"综合所得",按纳税年度合并计算个人所得税;非居民个人取得下列第(1)至(4)项所得,按月或者按次分项计算个人所得税;纳税人取得下列第(5)至(9)项所得,分别计算个人所得税。

1) 工资、薪金所得

工资、薪金所得,是指个人因任职或受雇而取得的工资、薪金、奖金、年终加薪、劳动分红、津贴、补贴以及与任职或者受雇有关的其他所得。

2) 劳务报酬所得

劳务报酬所得,是指个人独立从事各种非雇佣劳务取得的所得。具体包括从事设计、装潢、安装、制图、化验、测试、医疗、法律、会计、咨询、讲学、翻译、审稿、书画、雕刻、影视、录音、录像、演出、表演、广告、展览、技术服务、介绍服务、经纪服务、代办服务、其他劳务取得的所得。

3) 稿酬所得

稿酬所得,是指个人因其作品以图书、报刊等形式出版、发表而取得的所得。

4) 特许权使用费所得

特许权使用费所得,是指个人提供专利权、商标权、著作权、非专利技术以及其他特许权的使用权取得的所得。提供著作权的使用权取得的所得,不包括稿酬所得。

5) 经营所得

经营所得具体包括:

(1) 个体工商户从事生产、经营活动取得的所得,个人独资企业投资人、合伙企业的个人合伙人来源于境内注册的个人独资企业、合伙企业生产、经营的所得。

(2) 个人依法从事办学、医疗、咨询以及其他有偿服务活动取得的所得。

(3) 个人对企业、事业单位承包经营、承租经营以及转包、转租取得的所得。

(4) 个人从事其他生产、经营活动取得的所得。

6) 利息、股息、红利所得

利息、股息、红利所得,是指个人拥有债权、股权而取得的利息、股息、红利所得。

7) 财产租赁所得

财产租赁所得,是指个人出租不动产、机器设备、车船以及其他财产取得的所得。

8) 财产转让所得

财产转让所得,是指个人转让有价证券、股权、合伙企业中的财产份额、不动产、机器设备、车船以及其他财产取得的所得。

9) 偶然所得

偶然所得,是指个人得奖、中奖、中彩以及其他偶然性质的所得。其中,得奖是指参加各种有奖竞赛活动,取得名次得到的奖金;中奖、中彩是指参与各种有奖活动,如有奖销售、有奖储蓄或者购买彩票,经由规定程序抽中、摇中号码而取得的奖金。偶然所得应缴纳的个人所得税税款,一律由发奖单位或机构代扣代缴。

4. 税率

我国个人所得税依据收入类别不同,分别制定适用税率,具体规定如下。

1) 综合所得适用税率

居民个人取得的工资薪金所得、劳务报酬所得、稿酬所得、特许权使用费所得四项综合所得,适用3%～45%的七级超额累进税率(见表8-1)。

表8-1 综合所得个人所得税税率表/居民个人工资、薪金所得预扣税率表

(居民个人工资、薪金所得预扣预缴适用)

级数	全年应纳税所得额/累计预扣预缴应纳税所得额	税率/预扣率(%)	速算扣除数(元)
1	不超过36 000元的部分	3	0
2	超过36 000元至144 000元的部分	10	2 520
3	超过144 000元至300 000元的部分	20	16 920
4	超过300 000元至420 000元的部分	25	31 920
5	超过420 000元至660 000元的部分	30	52 920
6	超过660 000元至960 000元的部分	35	85 920
7	超过960 000元的部分	45	181 920

(注:本表所指全年应纳税所得额是指依照《个人所得税法》规定,居民个人以每一纳税年度收入额减除费用6万元以及专项扣除、专项附加扣除和其他依法扣除后的余额。)

2) 居民工资、薪金所得预扣、预缴个人所得税适用税率

居民工资、薪金所得预扣、预缴个人所得税,也适用3%～45%的七级超额累进税率(见表8-1)。

3) 非居民个人工资薪金所得、劳务报酬所得、稿酬所得、特许权使用费所得适用税率

非居民个人取得工资薪金所得、劳务报酬所得、稿酬所得、特许权使用费所得,依据表8-1换算后按月或者按次分项计算应纳税额。换算后税率如表8-2所示。

表8-2 非居民个人工资薪金所得、劳务报酬所得、稿酬所得、特许权使用费所得个人所得税的适用税率表

级数	应纳税所得额	税率(%)	速算扣除数(元)
1	不超过3 000元的部分	3	0
2	超过3 000元至12 000元的部分	10	210
3	超过12 000元至25 000元的部分	20	1 410
4	超过25 000元至35 000元的部分	25	2 660
5	超过35 000元至55 000元的部分	30	4 410
6	超过55 000元至80 000元的部分	35	7 160
7	超过80 000元的部分	45	15 160

4）经营所得适用税率

个体工商户从事生产经营活动取得的所得，个人独资企业投资人、合伙企业的个人合伙人生产经营的所得，承包经营、承租经营以及转包、转租取得的所得，以及个人从事其他生产经营活动的所得，适用5%～35%的五级超额累进税率（见表8-3）。

表8-3 经营所得适用税率表（含速算扣除数）

级数	全年应纳税所得额	税率（%）	速算扣除数（元）
1	不超过30 000元的部分	5	0
2	超过30 000元至90 000元的部分	10	1 500
3	超过90 000元至300 000元的部分	20	10 500
4	超过300 000元至500 000元的部分	30	40 500
5	超过500 000元的部分	35	65 500

5）其他所得适用税率

利息、股息、红利所得，财产租赁所得，财产转让所得和偶然所得，适用比例税率，税率为20%。

5. 个人所得税减免

1）免征个人所得税的优惠

(1) 省级人民政府、国务院部委和中国人民解放军军以上单位，以及外国组织、国际组织颁发的科学、教育、技术、文化、卫生、体育、环境保护等方面的奖金。

(2) 国债和国家发行的金融债券利息。

(3) 按照国家统一规定发给的补贴、津贴。

(4) 福利费、抚恤金、救济金。

(5) 保险赔款。

(6) 军人的转业费、复员费、退役金。

(7) 按照国家统一规定发给干部、职工的安家费、退职费、基本养老金或者退休费、离休费、离休生活补助费。

(8) 依照有关法律规定应予免税的各国驻华使馆、领事馆的外交代表、领事官员和其他人员的所得。

(9) 中国政府参加的国际公约、签订的协议中规定免税的所得。

(10) 对乡、镇（含乡、镇）以上人民政府或经县（含县）以上人民政府主管部门批准成立的有机构、有章程的见义勇为基金或者类似性质组织，奖励见义勇为者的奖金或奖品，经主管税务机关核准，免征个人所得税。

(11) 企业和个人按照省级以上人民政府规定的比例缴付的住房公积金、医疗保险金、基本养老保险金、失业保险金，允许在个人应纳税所得额中扣除，免予征收个人所得税。超过规定的比例缴付的部分应并入个人当期的工资、薪金收入，计征个人所得税；个人领取原提存的住房公积金、医疗保险金、养老保险金时，免予征收个人所得税；对按照国家或省级地方政府规定的比例缴付的住房公积金、医疗保险金、基本养老保险金和失业保险金存入银行个人账户取得的利息收入,免征个人所得税。

(12) 对个人取得的教育储蓄存款利息所得以及国务院财政部门确定的其他专项储蓄存款或者储蓄性专项基金存款的利息所得,免征个人所得税;自 2008 年 10 月 9 日起,对居民储蓄存款利息,暂免征收个人所得税。

(13) 储蓄机构内从事代扣代缴工作的办税人员取得的扣缴利息税手续费所得,免征个人所得税。

(14) 生育妇女按照县级以上人民政府根据国家有关规定制定的生育保险办法,取得的生育津贴、生育医疗费或其他属于生育保险性质的津贴、补贴,免征个人所得税。

(15) 对工伤职工及其近亲属按照《工伤保险条例》规定取得的工伤保险待遇,免征个人所得税。

(16) 对个体工商户或个人,以及个人独资企业和合伙企业从事种植业、养殖业、饲养业和捕捞业取得的所得暂不征收个人所得税。

(17) 个人举报、协查各种违法、犯罪行为而获得的奖金。

(18) 个人办理代扣、代缴税款手续,按规定取得的扣缴手续费。

(19) 个人转让自用达 5 年以上,并且是唯一的家庭生活居住用房取得的所得。

(20) 对按照《国务院关于高级专家离休退休若干问题的暂行规定》和《国务院办公厅关于杰出高级专家暂缓离休审批问题的通知》精神,在延长离休、退休期间的工资、薪金所得,视同退休工资、离休工资,免征个人所得税。

(21) 外籍个人从外商投资企业取得的股息、红利所得。

(22) 符合下列条件之一的外籍专家取得的工资、薪金所得可免征个人所得税:根据世界银行专项贷款协议由世界银行直接派往我国工作的外国专家;联合国组织直接派往我国工作的专家;为联合国援助项目来华工作的专家;援助国派往我国专为该国无偿援助项目工作的专家,除工资、薪金外,其取得的生活津贴也免税;根据两国政府签订文化交流项目来华工作 2 年以内的文教专家,其工资、薪金所得由该国负担的;根据我国大专院校国际交流项目来华工作 2 年以内的文教专家,其工资、薪金所得由该国负担的;通过民间科研协定来华工作的专家,其工资、薪金所得由该国政府负担的。

(23) 对被拆迁人按照国家有关城镇房屋拆迁管理办法规定的标准取得的拆迁补偿款(含因棚户区改造而取得的拆迁补偿款),免征个人所得税。

(24) 对个人投资者从投保基金公司取得的行政和解金,暂免征收个人所得税。

(25) 对个人转让上市公司股票取得的所得暂免征收个人所得税。

(26) 个人从公开发行和转让市场取得的上市公司股票,持股期限超过 1 年的,股息、红利所得暂免征收个人所得税。

(27) 个人取得的下列中奖所得,暂免征收个人所得税:单张有奖发票奖金所得不超过 800 元(含 800 元)的;购买社会福利有奖募捐奖券、体育彩票一次中奖收入不超过 10 000 元的。

(28) 乡镇企业的职工和农民取得的青苗补偿费,属种植业的收益范围,同时,也属经济损失的补偿性收入,暂不征收个人所得税。

(29) 对由亚洲开发银行支付给我国公民或国民(包括为亚行执行任务的专家)的薪金和津贴,凡经亚洲开发银行确认这些人员为亚洲开发银行雇员或执行项目专家的,其取得的符合我国税法规定的有关薪金和津贴等报酬,免征个人所得税。

(30) 从2020年1月1日起,对以下情形免征个人所得税:参加疫情防治工作的医务人员和防疫工作者按照政府规定标准取得的临时性工作补助和奖金;单位发给个人用于预防新型冠状病毒感染的肺炎的药品、医疗用品和防护用品等实物(不包括现金),不计入工资、薪金收入。

(31) 经国务院财政部门批准免税的所得。

2) 减征个人所得税的优惠

(1) 个人投资者持有2019—2023年发行的铁路债券取得的利息收入,减按50%计入应纳税所得额计算征收个人所得税。

(2) 自2019年1月1日起至2023年12月31日止,一个纳税年度内在船航行时间累计满183天的远洋船员,其取得的工资、薪金收入减按50%计入应纳税所得额,依法缴纳个人所得税。

(3) 有下列情形之一的,可以减征个人所得税,具体幅度和期限,由省、自治区、直辖市人民政府规定,并报同级人民代表大会常务委员会备案:残疾、孤老人员和烈属的所得;因自然灾害遭受重大损失的。国务院可以规定其他减税情形,报全国人民代表大会常务委员会备案。

6. 反避税规定

有下列情形之一的,税务机关有权按照合理方法进行纳税调整:

(1) 个人与其关联方之间的业务往来不符合独立交易原则而减少本人或者其关联方应纳税额,且无正当理由。

(2) 居民个人控制的,或者居民个人和居民企业共同控制的设立在实际税负明显偏低的国家(地区)的企业,无合理经营需要,对应当归属于居民个人的利润不作分配或者减少分配。

(3) 个人实施其他不具有合理商业目的的安排而获取不当税收利益。

税务机关依照前述规定情形作出纳税调整,需要补征税款的,应当补征税款,并依法加收利息。

8.1.2 个人所得税的确认与计量

1. 个人所得税的计税依据

个人所得税的计税依据为应纳税所得额,是指个人取得的各项所得减去按规定项目、标准扣除费用之后的余额。

个人所得的形式,包括现金、实物、有价证券和其他形式的经济利益。所得为实物的,应按取得的凭证上所注明的价格计算应纳税所得额;无凭证的实物或凭证上所注明的价格明显偏低的,参照市场价格核定应纳税所得额;所得为有价证券的,根据票面价格和市场价格核定应纳税所得额;所得为其他形式的经济利益的,参照市场价格核定应纳税所得额。

1) 居民个人的综合所得

居民个人取得的工资薪金所得、劳务报酬所得、稿酬所得、特许权使用费所得为综合所得，按《个人所得税法》规定，应按纳税年度合并计算个人所得税。自2022年1月1日起，居民个人取得的全年一次性奖金，应并入当年综合所得计算缴纳个人所得税。居民个人的综合所得，以每一纳税年度收入额减去费用60 000元（免征额）、专项扣除、专项附加扣除和依法确定的其他扣除后的余额，为年度应纳税所得额。减除费用及各项扣除具体如下。

（1）减除费用标准。

居民个人综合所得每一纳税年度减除费用标准为60 000元，每月预扣预缴时减除费用标准为5 000元。

（2）专项扣除。

专项扣除是指居民个人按照国家规定的范围和标准缴纳的基本养老保险、基本医疗保险、失业保险等社会保险费和住房公积金，简称"三险一金"。

（3）专项附加扣除。

具体包括以下六项：

① 子女教育。纳税人的子女接受学前教育、各层次的学历教育的相关支出，按照每个子女每月1 000元的标准定额扣除。父母可以选择由其中一方按扣除标准的100%扣除，也可以选择由双方分别按扣除标准的50%扣除。具体扣除方式在一个纳税年度内不能变更。

② 继续教育。纳税人在中国境内接受学历（学位）继续教育的支出，在学历（学位）教育期间按照每月400元定额扣除，同一学历（学位）继续教育的扣除期限不能超过48个月。纳税人接受技能人员职业资格继续教育、专业技术人员职业资格继续教育的支出，在取得相关证书的当年，按照3 600元定额扣除。

③ 大病医疗。在一个纳税年度内，纳税人发生的与基本医保相关的医药费用支出，扣除医保报销后个人负担（指医保目录范围内的自付部分）累计超过15 000元的部分，由纳税人在办理年度汇算清缴时，在80 000元限额内据实扣除。

④ 住房贷款利息。纳税人本人或者配偶单独或者共同使用商业银行或者住房公积金个人住房贷款为本人或者其配偶购买中国境内住房，发生的首套住房贷款利息支出，在实际发生贷款利息的年度，按照每月1 000元的标准定额扣除，扣除期限最长不超过240个月，纳税人只能享受一次首套住房贷款的利息扣除。

⑤ 住房租金。纳税人在主要工作城市没有自有住房而发生的住房租金支出，可以按照以下标准定额扣除：直辖市、省会（首府）城市、计划单列市以及国务院确定的其他城市，扣除标准为每月1 500元；其他城市、市辖区户籍人口超过100万的城市，扣除标准为每月1 100元；市辖区户籍人口不超过100万的城市，扣除标准为每月800元。

⑥ 赡养老人。纳税人赡养一位及以上被赡养人的赡养支出，统一按照以下标准定额扣除：纳税人为独生子女的，按照每月2 000元的标准定额扣除；纳税人为非独生子女的，由其与兄弟姐妹分摊每月2 000元的扣除额度，每人分摊的额度不能超过每月1 000元。

（4）依法确定的其他扣除。

依法确定的其他扣除是指个人缴付符合国家规定的企业年金、职业年金，个人购买符合国家规定的商业健康保险、税收递延型商业养老保险的支出，以及国务院规定的可以扣除的其他项目。

专项扣除、专项附加扣除和依法确定的其他扣除，以居民个人一个纳税年度的应纳税所得额为限额，一个纳税年度扣除不完的，不得结转以后年度扣除。

(5) 年度应缴纳个人所得税的计算

年度综合所得应缴纳个人所得税＝应纳税所得额×适用税率－速算扣除数
＝（收入额－60 000－专项扣除－专项附加扣除－依法确定的其他扣除）×适用税率－速算扣除数

综合所得月度预扣预缴税额＝（收入额－5 000－专项扣除－专项附加扣除－依法确定的其他扣除）×适用税率－速算扣除数

【例 8-1】 中国公民李某为居民个人，2020 年每月从任职单位取得工资收入 13 000 元。2020 年全年从其他单位取得劳务报酬共计 16 000 元，取得稿酬共计 20 000 元，取得特许权使用费共计 8 000 元。上述收入均为税前收入，各相关单位已经代扣代缴了个人所得税共计 4 700 元。假设李某 2020 年计算个人所得税时的专项扣除、专项附加扣除、依法确定的其他扣除合计为 47 000 元。计算李某 2020 年全年个人所得税应纳税额。

解析：

李某 2020 年度综合所得收入额＝13 000×12＋16 000×(1－20%)＋20 000×(1－20%)×70%＋8 000×(1－20%)＝186 400（元）

2020 年全年应纳税所得额＝186 400－60 000－47 000＝79 400（元）

查"综合所得适用的税率表"可知，对应的税率为 10%，速算扣除数为 2 520 元。

李某全年个人所得税应纳税额＝79 400×10%－2 520＝5 420（元）

由于当年各单位已代扣代缴个人所得税 4 700 元，汇算清缴时，李某应补缴 2020 年度个人所得税税额 720（5 420－4 700）元。

2）居民个人预扣预缴办法

居民综合所得虽然包括工资、薪金所得，劳务报酬所得，稿酬所得，特许权使用费所得等事项，但是扣缴义务人向居民个人支付以上四项时，应对工资、薪金所得以及劳务报酬、稿酬、特许权使用费三项所得，按以下方法分别预扣预缴个人所得税。

(1) 扣缴义务人向居民个人支付工资、薪金所得时，应当按照累计预扣法计算预扣税款，并按月办理全员全额预扣申报。计算公式如下：

累计预扣预缴应纳税所得额＝累计收入－累计免税收入－累计减除费用－累计专项扣除－累计专项附加扣除－累计依法确定的其他扣除

本期应预扣预缴税额＝（累计预扣预缴应纳税所得额×适用税率－速算扣除数）－累计减免税额－累计已预扣预缴税额

其中：累计减除费用，按照每月 5 000 元的标准乘以纳税人当年截止到本月在任职单位的任职受雇月份数计算。计算居民个人工资、薪金所得预扣预缴税额的预扣率、速算扣除数，按本章"表 8-1 综合所得个人所得税税率表/居民个人工资、薪金所得预扣税率表"查找选取。

【例 8-2】 某公司员工王某 2019 年入职，2020 年每月工资收入均为 30 000 元，每月减除费用为 5 000 元，"三险一金"等专项扣除为工资、薪金的 22%，子女教育、赡养老人两项专项附加扣除共计 2 000 元，没有减免收入及减免税额等情况。要求计算王某 2020 年第一季度各个月应预扣预缴的个人所得税税额。

解析：

第一季度各个月份应预扣预缴的个人所得税税额分别为：

1月应纳税所得额＝30 000－5 000－30 000×22％－2 000＝16 400(元)

查"综合所得个人所得税税率表/居民个人工资、薪金所得预扣税率表",对应预扣率为3％,速算扣除数为0。

1月应预扣预缴个人所得税税额＝16 400×3％＝492(元)

2月累计应纳税所得额＝30 000×2－5 000×2－30 000×2×22％－2 000×2
＝32 800(元)

查"综合所得个人所得税税率表/居民个人工资、薪金所得预扣税率表",对应预扣率为3％,速算扣除数为0。

2月应预扣预缴个人所得税税额＝32 800×3％－492＝492(元)

3月累计应纳税所得额＝30 000×3－5 000×3－30 000×3×22％－2 000×3
＝49 200(元)

查"综合所得个人所得税税率表/居民个人工资、薪金所得预扣税率表",对应预扣率为10％,速算扣除数为2 520元。

3月应预扣预缴个人所得税税额＝49 200×10％－2 520－492－492＝1 416(元)

以上计算结果表明:由于3月累计应纳税所得额为49 200元,预扣率已由2月的3％变为本月的10％,因此,3月预扣预缴的个人所得税比1月、2月预扣预缴的个人所得税更多。

(2) 扣缴义务人向居民个人支付劳务报酬所得、稿酬所得、特许权使用费所得,按次或者按月预扣预缴个人所得税。

劳务报酬所得、稿酬所得、特许权使用费所得以收入减除费用后的余额为收入额。其中,稿酬所得的收入额减按70％计算。

减除费用:劳务报酬所得、稿酬所得、特许权使用费所得,每次收入不超过4 000元的,减除费用按800元计算;每次收入4 000元以上的,减除费用按20％计算。属于一次性收入的,以取得该项收入为一次;属于同一项目连续性收入的,以一个月内取得的收入为一次。

应纳税所得额:劳务报酬所得、稿酬所得、特许权使用费所得,以每次收入额为预扣预缴应纳税所得额。但是具体适用的税率存在区别,其中:劳务报酬所得适用20％至40％的超额累进预扣率(见表8-4);稿酬所得、特许权使用费所得适用20％的比例预扣率。具体计算公式如下。

劳务报酬所得应预扣预缴个人所得税税额＝预扣预缴应纳税所得额×预扣率－速算扣除数

稿酬所得、特许权使用费所得应预扣预缴个人所得税税额＝预扣预缴应纳税所得额×20％

表8-4 居民个人劳务报酬所得预扣率

级数	预扣预缴应纳税所得额	预扣率(％)	速算扣除数
1	不超过20 000元的部分	20	0
2	超过20 000元至50 000元的部分	30	2 000
3	超过50 000元的部分	40	7 000

【例 8-3】 某歌星 2021 年 6 月在 A 地开演唱会,获得演出收入 100 000 元,计算其应预扣预缴的个人所得税。

解析:该歌星开演唱会的演出收入属于劳务报酬所得,按表 8-4 查找选择预扣率。

应纳税所得额=100 000×(1-20%)=80 000(元)

查表 8-4 可知,适用 40% 的预扣率,速算扣除数为 7 000 元。

应预扣预缴个人所得税税额=80 000×40%-7 000=25 000(元)

【例 8-4】 某作家 9 月取得一笔稿酬收入 80 000 元,计算其应预扣预缴的个人所得税。

解析:稿酬所得,实际适用 20% 的比例预扣率。

应纳税所得额=80 000×(1-20%)×70%=44 800(元)

应预扣预缴个人所得税税额=44 800×20%=8 900(元)

2. 经营所得的个人所得税计算

1) 个体工商户个人所得税计算

个体工商户是指从事工业、手工业、建筑业、交通运输业、商业、饮食业、服务业、修理业等行业的个人。

(1) 计税依据。

个体工商户的经营所得,以每一纳税年度的收入总额减除成本、费用以及损失后的余额,为应纳税所得额。

其中,成本、费用是指生产、经营活动中发生的各项直接支出和分配计入成本的间接费用以及销售费用、管理费用、财务费用;损失是指生产、经营活动中发生的固定资产和存货的盘亏、毁损、报废损失、转让财产损失、坏账损失、自然灾害等不可抗力因素造成的损失以及其他损失。

(2) 扣除项目及扣除标准规定。

个体工商户生产经营所得费用扣除标准为 60 000 元/年,即 5 000 元/月;个体工商户向其从业人员实际支付的合理的工资、薪金支出,允许在税前据实扣除。业主的工资不得在税前扣除;个体工商户拨缴的工会经费、发生的职工福利费、职工教育经费支出分别在工资薪金总额 2%、14%、8% 的标准内据实扣除;个体工商户每一纳税年度发生的广告费和业务宣传费用不超过当年销售收入 15% 的部分,可据实扣除。超过部分,准予在以后纳税年度结转扣除;个体工商户每一纳税年度发生的与其生产经营业务直接相关的业务招待费支出,按照发生额的 60% 扣除,但最高不得超过当年销售(营业)收入的 5‰;个体工商户在生产、经营期间的借款利息支出,未超过中国人民银行规定的同类、同期利率计算的数额部分,准予扣除;个体工商户生产经营活动中,应当分别核算生产经营费用和个人、家庭费用。对于生产经营与个人、家庭生活混用难以分清的费用,其 40% 视为与生产经营有关费用,准予扣除;个体工商户没有综合所得的,计算其每一纳税年度的应纳税所得额时,除应当减除费用 60 000 元外,还可减除专项扣除、专项附加扣除以及依法确定的其他扣除。专项附加扣除在办理汇算清缴时减除。

(3) 应纳个人所得税。

个人所得税应纳税额=(全年收入总额-成本、费用及损失)×适用税率-速算扣除数

【例 8-5】 某个体工商户账证健全,2020 年生产经营所得为 210 000 元,支付人员工资

36 000 元(不含业主工资),工资以外的经营成本为 70 000 元。除经营所得外,业主本人没有其他收入,且 2020 年全年均享受赡养老人一项专项附加扣除(业主本人与姐姐协商确定各负担父母中的一方)。计算该个体工商户当年应缴纳的个人所得税。

解析:

当年应纳税所得额＝210 000－36 000－70 000－60 000－12 000＝32 000(元)

查表 8-3 可知,适用的税率为 10%,速算扣除数为 1 500 元。

当年个人所得税应纳税额＝32 000×10%－1 500＝1 700(元)

2) 其他经营所得个人所得税计算

除个体工商户外的其他经营所得,在应纳税所得额计算、允许扣除的成本费用和损失、扣除标准、减除费用等方面的规定,基本同个体工商户一致。

【例 8-6】 某个人独资企业 2020 年度实现销售收入 1 200 000 元,实际支出广告费 200 000 元,发生业务招待费 60 000 元,当年实现会计利润为 280 000 元。该个人独资企业投资者当年全年享受子女教育、赡养老人两项专项附加扣除每月各 1000 元。试计算该个人独资企业投资人当年应缴纳的个人所得税。

解析:

① 税法允许扣除的广告费限额＝1 200 000×15%＝180 000(元)

实际的广告费支出为 200 000 元,超过税法允许扣除标准 20 000 元,应调增本年度的会计利润。

② 发生的与其生产经营业务直接相关的业务招待费支出扣除限额:

销售收入的 5‰＝1 200 000×5‰＝6 000(元)

实际支出的 60%＝60 000×60%＝36 000(元)

以 6 000 元作为扣除限额,超过标准的 54 000 元应调增本年度应纳税所得额。

③ 该个人独资公司投资者当年应纳税所得额＝280 000＋20 000＋54 000－60 000－24 000＝270 000(元)

当年个人所得税应纳税额＝270 000×20%－10 500＝43 500(元)

3) 经营所得的核定征收

个体工商户、个人独资企业、合伙企业有下列情形之一的,主管税务机关应当采取核定征收方式征收个人所得税:

(1) 依照国家有关规定应当设置但未设置账簿的。

(2) 虽设置账簿,但账目混乱或者成本资料、收入凭证、费用凭证残缺不全,难以查账的。

(3) 纳税人发生纳税义务,未按照规定的期限办理纳税申报,经税务机关责令限期申报,逾期仍不申报的。

实行核定应税所得率征收方式的,应纳税所得额的计算公式为:

应纳税所得额＝收入总额×应税所得率

或:应纳税所得额＝成本费用支出额÷(1－应税所得率)×应税所得率

应税所得率按规定的标准执行,具体见本教材"企业所得税"部分相应阐述。

3. 财产租赁所得的个人所得税计算

1) 计税依据

财产租赁所得,一般以个人每次取得的收入、定额或者定率减除规定费用后的余额为应纳税所得额:每次收入不超过4 000元的,减除费用为800元;4 000元以上的,减除20%的费用,其余额为应纳税所得额。财产租赁所得,以一个月内取得的收入为一次。

2) 扣除项目

在确定财产租赁的应纳税所得额时,纳税人在出租财产过程中缴纳的税金和教育费附加,可持完税(缴款)凭证,从其财产租赁收入中扣除。准予扣除的项目除规定的费用和有关的税费外,还包括由纳税人负担的该出租财产实际开支的修缮费用。允许扣除的修缮费用,以每次800元为限,一次扣除不完的,准予在下一次继续扣除,直到扣完为止。应纳税所得额的具体计算公式为:

(1) 每次(月)收入不超过4 000元的部分:

应纳税所得额=每次(月)收入额-准予扣除项目-修缮费用(800元为限)-800元

(2) 每次(月)收入超过4 000元的部分:

应纳税所得额=[每次(月)收入额-准予扣除项目-修缮费用(800元为限)]×(1-20%)

3) 应纳税额的计算

财产租赁所得适用20%的比例税率。但对个人按市场价出租的居民住房取得的所得,自2001年1月1日起减按10%的税率征收个人所得税。其应纳税额的计算公式为:

应纳税额=应纳税所得额×适用税率

【例8-7】 孙某于2020年1月将其自有的一套公寓按市场价格出租给张某居住,孙某每月取得租金收入5 000元。当年2月公寓的下水道漏水,孙某找人修理,发生修理费用1 200元,有维修部门的正式收据。计算孙某2020年前三个月每月的个人所得税应纳税额(不考虑其他税费)。

解析:

① 1月的个人所得税应纳税额=5 000×(1-20%)×10%=400(元)

② 2月的个人所得税应纳税额=(5 000-800)×(1-20%)×10%=336(元)

③ 3月的个人所得税应纳税额=(5 000-400)×(1-20%)×10%=368(元)

4. 财产转让所得的个人所得税计算

1) 计税依据

财产转让所得,以转让财产的收入额减除财产原值和合理费用后的余额,为应纳税所得额。财产原值,按照以下方法计算:有价证券,为买入价以及买入时按照规定交纳的有关费用;不动产,为建造费或者购进价格以及其他有关费用;土地使用权,为取得土地使用权所支付的金额、开发土地的费用以及其他有关费用;机器设备、车船,为购进价格、运输费、安装费以及其他有关费用。

合理费用,是指卖出财产时按照规定支付的有关税费。

2) 应纳税额的计算

财产转让所得的个人所得税适用20%的比例税率,其个人所得税应纳税额的具体计算公式为:

个人所得税应纳税额=应纳税所得额×适用税率

=(收入总额-财产原值-合理税费)×20%

【例 8-8】 刘某建造房屋一栋,造价 500 000 元,支付相关费用 70 000 元。刘某完成建房后将房屋出售,售价 700 000 元,售房过程中按规定支付交易费等相关税费 40 000 元。计算刘某销售房屋个人所得税应纳税额。

解析：

① 应纳税所得额＝财产转让收入－财产原值－合理费用
＝700 000－(500 000＋70 000)－40 000＝90 000(元)

② 个人所得税应纳税额＝90 000×20％＝18 000(元)

5. 利息、股息、红利所得和偶然所得的个人所得税计算

1) 计税依据

利息、股息、红利所得的个人所得税按次征收,以支付利息、股息、红利时取得的收入为一次,不扣除任何费用,其应纳税所得额即为每次收入额;偶然所得的个人所得税按次征收,以每次取得该项收入为一次,其应纳税所得额即为每次收入额。

2) 应纳税额的计算

利息、股息、红利所得和偶然所得的个人所得税适用 20％的比例税率,其应纳税额的具体计算公式为:

个人所得税应纳税额＝每次收入额×20％

6. 非居民个人所得税的计算

非居民取得的工资、薪金所得,劳务报酬所得,稿酬所得,特许权使用费所得,不采用居民个人综合所得计税的方式,而是应按月或者按次分项计算个人所得税。四项所得计算个人所得税时,均适用七级超额累进税率,但是依据表 8-1 按月换算后计算应纳税额,具体见表 8-2。

1) 非居民个人工资、薪金所得的个人所得税计算

非居民个人的工资、薪金所得,以每月收入额减除费用 5 000 元后的余额为应纳税所得额。适用七级超额累进税率,依据表 8-1 按月换算后计算应纳税额(见表 8-2)。其应纳税额的计算公式为:

应纳税额＝月应纳税所得额×适用税率－速算扣除数

月应纳税所得额＝每月工资、薪金所得的收入额－5 000

2) 非居民个人劳务报酬所得、稿酬所得、特许权使用费所得的个人所得税计算

非居民个人劳务报酬所得、稿酬所得、特许权使用费所得,以每次收入额为应纳税所得额。劳务报酬所得、稿酬所得、特许权使用费所得以收入减除 20％的费用后的余额为收入额,其中:稿酬所得的收入额减按 70％计算。上述三项所得,属于一次性收入的,以取得该项收入为一次;属于同一项目连续性收入的,以一个月内取得的收入为一次。适用七级超额累进税率,依据表 8-1 按月换算后计算应纳税额(见表 8-2)。其应纳税额的计算公式如下。

(1) 非居民个人的劳务报酬所得适用七级超额累进税率,其个人所得税应纳税额的计算公式为:

个人所得税应纳税额＝应纳税所得额×适用税率－速算扣除数
＝劳务报酬所得收入×(1－20％)×适用税率－速算扣除数

(2) 非居民个人的稿酬所得适用七级超额累进税率,其个人所得税应纳税额的计算公式为:

个人所得税应纳税额＝应纳税所得额×适用税率－速算扣除数
　　　　　　　　　＝稿酬所得收入×(1－20％)×70％×适用税率－速算扣除数

(3) 非居民个人的特许权使用费所得适用七级超额累进税率,其个人所得税应纳税额的计算公式为:

个人所得税应纳税额＝应纳税所得额×适用税率－速算扣除数
　　　　　　　　　＝特许权使用费所得收入×(1－20％)×适用税率－速算扣除数

【例 8-9】 2020 年 1 月,非居民个人戴维从任职的外商投资企业取得税前工资 20 000 元。此外,当月还从别处取得劳务报酬 6 000 元。计算戴维当月应纳个人所得税。

解析:

(1) 当月非居民戴维工资、薪金应纳税所得额＝20 000－5 000＝15 000(元)

查表 8-2 可知,适用 20％的税率,速算扣除数为 1 410 元。

当月非居民戴维工资、薪金个人所得税应纳税额＝15 000×20％－1 410＝1 590(元)

(2) 当月非居民戴维劳务报酬应纳税所得额＝6 000×(1－20％)＝4 800(元)

查表 8-2 可知,适用 10％的税率。速算扣除数为 210 元。

当月非居民戴维劳务报酬所得个人所得税应纳税额＝4 800×10％－210＝270(元)

戴维当月合计个人所得税应纳税额为 1 860(1 590＋270)元。

8.1.3 个人所得税的纳税申报

1. 纳税地点与纳税期限

1) 个人所得税纳税地点的规定

(1) 在中国境内有任职、受雇单位的,向任职、受雇单位所在地主管税务机关申报。

(2) 从两处或者两处以上取得工资、薪金所得的,选择并固定向其中一处单位所在地主管税务机关申报。

(3) 从中国境外取得所得的,向中国境内户籍所在地主管税务机关申报。在中国境内有户籍,但户籍所在地与中国境内经常居住地不一致的,选择并固定向其中一地主管税务机关申报。在中国境内没有户籍的,向中国境内经常居住地主管税务机关申报。

(4) 个体工商户、个人独资企业、合伙企业、承包经营及承租经营者等向实际经营所在地主管税务机关申报。

2) 个人所得税纳税期限的规定

个人所得税的纳税期限,根据收入所得性质、税款缴纳方式的不同而存在区别。具体如下:

(1) 居民个人取得综合所得以及非居民个人取得工资、薪金所得,劳务报酬所得,有扣缴义务人的,由扣缴义务人按月或者按次代扣代缴税款。扣缴义务人每月或者每次预扣、代扣的税款,应当在次月 15 日内缴入国库,并向税务机关报送扣缴个人所得税申报表。

(2) 纳税人取得经营所得,按年计算个人所得税,由纳税人在月度或者季度终了后 15 日内向税务机关报送纳税申报表,并预缴税款。在取得所得的次年 3 月 31 日前办理汇算清缴。

(3) 纳税人取得利息、股息、红利所得，财产租赁所得，财产转让所得和偶然所得，按月或者按次计算个人所得税。有扣缴义务人的，由扣缴义务人按月或者按次代扣代缴税款，并于次月15日内缴入国库，并报送扣缴个人所得税申报表。

(4) 纳税人取得应税所得没有扣缴义务人的，应当在取得所得的次月15日内向税务机关报送纳税申报表，并缴纳税款。

(5) 纳税人取得应税所得，扣缴义务人未扣缴税款的，纳税人应当在取得所得的次年6月30日前缴纳税款。税务机关通知限期缴纳的，纳税人应当按照期限缴纳税款。

(6) 居民个人从中国境外取得所得的，应当在取得所得的次年3月1日至6月30日内申报纳税。

(7) 非居民个人在中国境内从两处以上取得工资、薪金所得的，应当在取得所得的次月15日内申报纳税。

2. 个人所得税纳税申报

1) 需要办理纳税申报的情形

纳税人有下列情形之一的，应当依法办理纳税申报。具体包括：

(1) 取得综合所得需要办理汇算清缴。

(2) 取得应税所得没有扣缴义务人。

(3) 取得应税所得，扣缴义务人未扣缴税款。

(4) 取得境外所得。

(5) 因移居境外而注销中国户籍。

(6) 非居民个人在中国境内从两处以上取得工资、薪金所得。

(7) 国务院规定的其他情形。

2) 居民个人综合所得需要办理汇算清缴的情形

居民个人纳税人有下列情形之一，可以委托扣缴义务人或者其他单位和个人，在取得所得的次年3月1日至6月30日内办理汇算清缴。具体包括：

(1) 从两处以上取得综合所得，且综合所得年收入额减除专项扣除的余额超过6万元。

(2) 取得劳务报酬所得、稿酬所得、特许权使用费所得中一项或者多项所得，且综合所得年收入额减除专项扣除的余额超过6万元。

(3) 纳税年度内预缴税额低于应纳税额。

(4) 纳税人申请退税。

3. 个人所得税的纳税申报表

1) 预扣预缴方式

扣缴义务人办理全员全额扣缴申报时，首次向纳税人支付所得，或者纳税人相关基础信息发生变化的，需填报"个人所得税基础信息表（A表）"（见表8-5），在预扣税款后，按照纳税申报期限的要求，在规定时间内填报"个人所得税扣缴申报表"（见表8-6），完成个人所得税的扣缴申报。

"个人所得税扣缴申报表"适用于扣缴义务人向居民个人支付工资、薪金所得，劳务报酬所得，稿酬所得和特许权使用费所得的个人所得税全员全额预扣预缴申报；向非居民个人

表 8-5 个人所得税基础信息表（A 表）

（适用于扣缴义务人填报）

扣缴义务人名称：

扣缴义务人编码：□□□□□□□□□□□□□□□

序号	姓名	国籍（地区）	身份证件类型	身份证件号码	是否残疾烈属孤老	雇员		非雇员	股东、投资者			境内无住所个人					备注
						电话	电子邮箱	联系地址	工作单位	公司股本（投资）总额	个人股本（投资）额	纳税人识别号	来华时间	任职期限	预计离境时间	预计离境地点	境内职务	境外职务	支付地	境外支付地（国别/地区）	
1																					
2																					
3																					
4																					
5																					
6																					
7																					
8																					
9																					
10																					
11																					
12																					

谨声明：此表是根据《中华人民共和国个人所得税法》及其实施条例和国家相关法律法规规定填报的，是真实的、完整的、可靠的。

法定代表人（负责人）签字：

扣缴义务人公章：	代理机构（人）签章：	主管税务机关受理专用章：
经办人：	代理人：	受理人：
	经办人执业证件号码：	
填表日期：　年　月　日	代理申报日期：　年　月　日	受理日期：　年　月　日

表 8-6　个人所得税扣缴申报表

税款所属期限：　　年　月　日至　　年　月　日

扣缴义务人名称：

扣缴义务人纳税人识别号（统一社会信用代码）：□□□□□□□□□□□□□□□□□□

金额单位：元（列至角分）

序号	姓名	身份证件类型	身份证件号码	纳税人识别号	是否为非居民个人	所得项目	本月（次）情况												累计情况																		税款计算				备注
							收入额计算			专项扣除				其他扣除					累计收入额	累计减除费用	累计专项扣除	累计附加专项扣除					累计其他扣除	减按计税比例	准予扣除的捐赠额	应纳税所得额	税率/预扣率	速算扣除数	应纳税额	减免税额	已缴税额	应补/退税额	
							收入	费用	免税收入	基本养老保险费	基本医疗保险费	失业保险费	住房公积金	年金	商业健康保险	税延养老保险	财产原值	允许扣除的税费	其他				子女教育	赡养老人	住房贷款利息	住房租金	继续教育										
1	2	3	4	5	6	7	8	9	10	11	12	13	14	15	16	17	18	19	20	21	22	23	24	25	26	27	28	29	30	31	32	33	34	35	36	37	38	39	40
合计合计																																							

谨声明：本表是根据国家税收法律法规及相关规定填报的，是真实的、可靠的、完整的。

扣缴义务人（签章）：

经办人签字：

经办人身份证件号码：

代理机构签章：

代理机构统一社会信用代码：

受理人：

受理税务机关（章）：

受理日期：　　年　月　日

支付工资、薪金所得,劳务报酬所得,稿酬所得和特许权使用费所得的个人所得税全员全额扣缴申报;以及向纳税人(居民个人和非居民个人)支付利息、股息、红利所得,财产租赁所得,财产转让所得和偶然所得的个人所得税全员全额扣缴申报。

2) 自行申报方式

自行申报方式,包括以下三种情形:

(1) 居民个人取得应税所得,扣缴义务人未扣缴税款;非居民个人取得应税所得,扣缴义务人未扣缴税款;非居民个人在中国境内从两处以上取得工资、薪金所得等情形。此类情形自行办理纳税申报时,需填报"个人所得税自行纳税申报表(A表)"。

(2) 居民个人取得境内综合所得,按税法规定进行个人所得税汇算清缴时,应填报"个人所得税年度自行纳税申报表(A表)"(见表 8-7)。

(3) 个体工商户业主、个人独资企业投资人、合伙企业个人合伙人、承包承租经营者个人以及其他从事生产、经营活动的个人,在中国境内取得经营所得,办理个人所得税纳税申报时,需填报"个人所得税经营所得纳税申报表"。

表 8-7 个人所得税年度自行纳税申报表(A 表)

税款所属期: 年 月 日至 年 月 日

纳税人姓名:
纳税人识别号:☐☐☐☐☐☐☐☐☐☐☐☐☐☐☐☐☐☐ 金额单位:元(列至角分)

项 目	行次	金额
一、收入合计(1=2+3+4+5)	1	229 000
(一)工资、薪金所得	2	144 000
(二)劳务报酬所得	3	5 000
(三)稿酬所得	4	50 000
(四)特许权使用费所得	5	30 000
二、费用合计[6=(3+4+5)×20%]	6	17 000
三、免税收入合计	7	12 000
四、减除费用	8	60 000
五、专项扣除合计(9=10+11+12+13)	9	2 220
(一)基本养老保险费	10	960
(二)基本医疗保险费	11	240
(三)失业保险费	12	60
(四)住房公积金	13	960
六、专项附加扣除合计(14=15+16+17+18+19+20)	14	48 000
(一)子女教育	15	24 000
(二)继续教育	16	
(三)大病医疗	17	
(四)住房贷款利息	18	
(五)住房租金	19	
(六)赡养老人	20	24 000
七、其他扣除合计(21=22+23+24+25+26)	21	
(一)年金	22	
(二)商业健康保险	23	

续表

项　目	行次	金额
（三）税延养老保险	24	
（四）允许扣除的税费	25	
（五）其他	26	
八、准予扣除的捐赠额	27	
九、应纳税所得额(28＝1－6－7－8－9－14－21－27)	28	65 360
十、税率(%)	29	10
十一、速算扣除数	30	2 520
十二、应纳税额(31＝28×29－30)	31	4 016
十三、减免税额	32	
十四、已缴税额	33	11 480.8
十五、应补/退税额(34＝31－32－33)	34	－7 464.8

无住所个人附报信息			
在华停留天数		已在华停留年数	

谨声明：本表是根据国家税收法律法规及相关规定填报的,是真实的、可靠的、完整的。

　　　　　　　　　　　　　　　　　　　　　　纳税人签字：　　　　　年　　月　　日

经办人签字：	
经办人身份证件号码：	受理人：
代理机构签章：	受理税务机关(章)：
代理机构统一社会信用代码：	受理日期：　　年　　月　　日

【纳税申报同步练习】

居民个人年度综合所得汇算清缴个人所得税纳税申报案例

居民个人刘某是甲公司的员工,2021年1月收入情况如下：每月取得甲公司支付的税前工资、薪金收入12 000元。三险一金的计提基数为12 000元,每月个人负担的基本养老保险、基本医疗保险、失业保险、住房公积金分别为960元、240元、60元、960元,每月子女教育专项附加扣除额为2 000元,每月赡养老人专项附加扣除额为2 000元。甲公司已为刘某预扣预缴个人所得税280.8元；6月刘某为境内乙公司提供工艺设计服务,取得税前劳务报酬收入5 000元,乙公司已经为刘某预扣预缴个人所得税800元；9月出版著作一部,取得中国境内丙出版社支付的税前稿酬收入50 000元,丙出版社已经为刘某预扣预缴个人所得税5 600元；11月取得中国境内丁公司支付的税前特许权使用费收入30 000元,丁公司已经为刘某代扣代缴个人所得税4 800元。请填列刘某2021年个人所得税汇算清缴的纳税申报表(纳税识别号等表头信息略)。

解析：

刘某2021年年度综合所得应纳税所得额＝12 000×12＋5 000×(1－20%)＋50 000×(1－20%)×70%＋30 000×(1－20%)－60 000－(960＋240＋60＋960)×12－2 000×12－2 000×12＝65 360(元)

2021年年度综合所得应纳个人所得税＝65 360×10%－2 520＝4 016(元)

2021年度刘某应申请退回个人所得税＝(280.8＋800＋5 600＋4 800)－4 016
＝11 480.8－4 016＝7 464.8(元)

稿酬所得免税部分＝50 000×(1－20%)×(1－70%)＝12 000(元)

免税收入合计＝12 000(元)

解答：纳税申报表填列情况见表 8-7。

8.2 个人所得税的会计处理

8.2.1 代扣代缴个人所得税的会计处理

1. 支付工资、薪金代扣代缴个人所得税

企业支付职工的工资、薪金时，是个人所得税的法定扣缴义务人，应按规定扣缴职工应缴纳的个人所得税。扣缴义务人计提工资时，借方记入"基本生产成本""制造费用""管理费用"等账户，贷方记入"应付职工薪酬——工资"账户；预扣个人所得税及"三险一金"时，借方记入"应付职工薪酬——工资"账户，贷方记入"应交税费——应交预扣个人所得税"及"其他应付款——应付职工养老保险""其他应付款——应付职工医疗保险""其他应付款——应付职工失业保险""其他应付款——应付职工住房公积金"等账户；预缴个人所得税时，借方记入"应交税费——应交预扣个人所得税"账户，贷方记入"银行存款"账户。

【**例 8-10**】某公司员工张某为生产车间一线工人，2020 年 1 月取得工资收入 12 000 元，其中包含"三险一金"2 640 元(基本养老保险 900 元，基本医疗保险 200 元，失业保险 240 元，住房公积金 1 300 元)。张某因子女教育、赡养老人享受专项附加扣除额 2 000 元，无其他扣除额。就该公司代扣代缴张某工资、薪金的个人所得税进行会计处理。

解析：

张某当月应纳税所得额＝12 000－2 640－2 000－5 000＝2 360(元)

查表 8-1 可知，适用预扣率 3%，速算扣除数为 0。

张某当月应预缴个人所得税税额＝2 360×3%＝71(元)

会计分录如下。

(1) 计提工资时

借：基本生产成本	12 000
贷：应付职工薪酬——工资	12 000

(2) 代扣个人所得税及"三险一金"时

借：应付职工薪酬——工资	2 711
贷：其他应付款——应付职工基本养老保险	900
——应付职工基本医疗保险	200
——应付职工失业保险	240
——应付职工住房公积金	1 300
应交税费——应交预扣个人所得税	71

(3) 预缴代扣的个人所得税时

借：应交税费——应交预扣个人所得税	71
贷：银行存款	71

2. 代扣代缴其他项目个人所得税的会计处理

企业向个人支付劳务报酬,稿酬,特许权使用费,财产租赁所得,财产转让所得,利息、股息、红利,以及偶然所得时,应按税法规定代扣代缴个人所得税。企业在支付上述费用时,借方记入"管理费用""财务费用""销售费用""其他应付款""应付股利""应付利息"等账户;实际缴纳代扣个人所得税时,借方记入"应交税费——应交代扣个人所得税"账户,贷方记入"银行存款"等账户。

【例8-11】 甲公司委托某高校教师刘某翻译一份德文技术资料,支付刘某劳务报酬20 000元。就甲公司代扣代缴刘某的个人所得税进行会计处理。

解析:
甲公司应代扣代缴的个人所得税税额＝20 000×(1－20％)×20％＝3 200(元)
会计分录如下。
(1) 支付劳务报酬时:
借:管理费用　　　　　　　　　　　　　　　　　　　20 000
　　贷:银行存款　　　　　　　　　　　　　　　　　　16 800
　　　　应交税费——应交代扣个人所得税　　　　　　　3 200
(2) 缴纳代扣的个人所得税时:
借:应交税费——应交代扣个人所得税　　　　　　　　3 200
　　贷:银行存款　　　　　　　　　　　　　　　　　　3 200

【例8-12】 某公司2021年2月支付李某持有的公司债券2020年应付利息10 000元。就甲公司代扣代缴李某的个人所得税进行会计处理。

解析:
公司应代扣代缴个人所得税＝10 000×20％＝2 000(元)
(1) 向李某支付债券利息时:
借:应付利息　　　　　　　　　　　　　　　　　　　10 000
　　贷:应交税费——应交代扣个人所得税　　　　　　　2 000
　　　　银行存款　　　　　　　　　　　　　　　　　　8 000
(2) 缴纳代扣的个人所得税税款时:
借:应交税费——应交代扣个人所得税　　　　　　　　2 000
　　贷:银行存款　　　　　　　　　　　　　　　　　　2 000

8.2.2　非法人企业个人所得税的会计处理

1. 账户设置

非法人企业包括个体工商户、个人独资企业和合伙企业,应设置"留存利润""本年应税所得"等账户。其中,"本年应税所得"账户下还应设置"本年经营所得"和"应弥补的亏损"两个明细账户进行会计核算。

"本年经营所得"明细账户用于核算本年生产经营活动取得的收入扣除成本费用后的余

额。如果收入大于应扣除的成本费用总额,且不存在税前弥补亏损的情况下,差额即为本年经营所得,应由"本年应税所得——本年经营所得"账户借方转入"留存利润"账户贷方;如果收入小于应扣除的成本费用总额,则计算出的结果为亏损,应将本年发生的亏损由"本年应税所得——本年经营所得"账户贷方转入"本年应税所得——应弥补的亏损"账户借方。

"应弥补的亏损"明细账户核算企业发生的可由生产经营活动所得税前弥补的亏损,但延续弥补期不得超过5年。超过弥补期的亏损,不能再以生产经营所得在税前弥补,应从"本年应税所得——应弥补的亏损"账户贷方转入"留存利润"账户借方,减少企业的留存利润。

2. 本年应税所得的会计处理

企业年末计算本年经营所得时,应将"营业收入"账户的余额从借方转入"本年应税所得——本年经营所得"账户的贷方;将"营业成本""销售费用""税金及附加"等账户的余额从贷方转入"本年应税所得——本年经营所得"账户的借方。"营业外收支"账户如为借方余额,应从其贷方转入"本年应税所得——本年经营所得"账户借方;"营业外收支"账户如为贷方余额,应从其借方转入"本年应税所得——本年经营所得"账户贷方。

3. 应弥补亏损的会计处理

生产经营活动中发生的经营亏损,应由"本年应税所得——本年经营所得"明细账户转入"本年应税所得——应弥补的亏损"明细账户。弥补亏损时,由"本年应税所得——应弥补的亏损"明细账户转入"本年应税所得——本年经营所得"明细账户。超过弥补期限的亏损,由"本年应税所得——应弥补的亏损"明细账户转入"留存利润"账户。

【例8-13】 某个人独资企业2020年营业收入为520 000元,营业成本450 000元,销售费用60 000元,税金及附加30 000元,投资者张某当年子女教育及赡养老人享受专项附加扣除24 000元。假设无其他纳税调整事项,就该个人独资企业个人所得税涉税事项进行会计处理。

解析:
(1) 结转本年度营业收入和成本费用:

借:营业收入		520 000
贷:本年应税所得——本年经营所得		520 000
借:本年应税所得——本年经营所得		540 000
贷:营业成本		450 000
销售费用		60 000
税金及附加		30 000

(2) 计算该个人独资企业2020年应纳税所得额:

2020年应纳税所得额 = 520 000 - 450 000 - 60 000 - 30 000 - 5 000 × 12 - 24 000
        = -104 000(元)

当年发生亏损,不缴纳个人所得税。

(3) 当年亏损转入"应弥补的亏损"明细账户:

借:本年应税所得——应弥补的亏损		20 000
贷:本年应税所得——本年经营所得		20 000

4. 留存利润的会计处理

年度终了,计算结果如为本年经营所得,应将本年经营所得扣除可在税前弥补的亏损后的余额转入"留存利润"账户贷方,同时计算确认本年应缴纳的个人所得税,借记该账户,然后将税后列支费用及超过弥补期限的经营亏损转入该账户的借方。该账户贷方金额减去借方金额后的余额,为留存利润金额。

【例 8-14】 某个人独资企业 2020 年营业收入总额为 600 000 元,可在税前扣除的成本费用为 400 000 元,税后列支费用为 20 000 元。另外,该企业 2020 年年初"本年应税所得——应弥补的亏损"有借方余额 30 000 元。投资者何某当年赡养老人享受专项附加扣除 12 000 元,对该企业个人所得税涉税业务进行会计处理。

解析:

(1) 转入经营所得:

借:本年应税所得——本年经营所得   200 000
    贷:留存利润   170 000
        本年应税所得——应弥补的亏损   30 000

(2) 计算应交个人所得税:

应纳税所得额 = 200 000 − 60 000 − 12 000 − 30 000 = 98 000(元)

查表 8-3 可知,适用税率为 20%,速算扣除数为 10 500 元。

应交个人所得税 = 98 000 × 20% − 10 500 = 9 100(元)

(3) 应交个人所得税转入留存利润:

借:留存利润   9 100
    贷:应交税费——应交个人所得税   9 100

(4) 税后列支费用转入留存利润:

借:留存利润   20 000
    贷:税后列支费用   20 000

5. 缴纳个人所得税的会计处理

生产经营所得应缴纳的个人所得税,按年计算、分月缴纳,年度终了后汇算清缴。纳税人应在"应交税费"账户下设置"应交个人所得税"明细账户,核算预缴、应交的个人所得税,以及年终汇算清缴个人所得税的补交和退回情况。按月预缴个人所得税时,借记"应交税费——应交个人所得税"账户,贷记"银行存款"等账户;年度终了,计算出全年实际个人所得税,借记"留存利润"账户,贷记"应交税费——应交个人所得税"账户。"应交税费——应交个人所得税"明细账户的贷方发生额大于借方发生额的差异,为预缴数小于应交数的差额,应补缴个人所得税。

补缴个人所得税时,记入"应交税费——应交个人所得税"明细账户的借方,收到退回的多缴个人所得税时,记入"应交税费——应交个人所得税"明细账户的贷方。如果多缴的个人所得税不退税,而是用于抵扣以后期间的个人所得税,多缴的个人所得税就作为下一年度的预缴个人所得税。

【例 8-15】 某个体工商户经主管税务机关核定,按照上年度实际应交个人所得税金额确定本年度各月预缴的个人所得税金额。2019 年,该个体工商户应交个人所得税为 12 000 元。2020 年度终了,计算出当年实际应交个人所得税为 17 200 元/11 000 元。就该个体工商户个人所得税涉税业务进行会计处理。

解析:
2020 年各月预缴个人所得税税额＝12 000÷12＝1 000(元)
(1) 每月预缴个人所得税时:
借:应交税费——应交个人所得税　　　　　　　　　　　1 000
　　贷:银行存款　　　　　　　　　　　　　　　　　　　　1 000
(2) 年度终了,计算出本年实际应缴纳的个人所得税:
借:留存利润　　　　　　　　　　　　　　　　　　　　17 200
　　贷:应交税费——应交个人所得税　　　　　　　　　　　17 200
(3) 补缴个人所得税时:
借:应交税费——应交个人所得税　　　　　　　　　　　5 200
　　贷:银行存款　　　　　　　　　　　　　　　　　　　　5 200
若 2020 年实际应交个人所得税为 11 000 元,则预缴个人所得税大于当年应交个人所得税,应予以退税。
(4) 计算出实际应交个人所得税为 11 000 元:
借:留存利润　　　　　　　　　　　　　　　　　　　　11 000
　　贷:应交税费——应交个人所得税　　　　　　　　　　　11 000
(5) 收到主管税务机关退税时:
借:银行存款　　　　　　　　　　　　　　　　　　　　1 000
　　贷:应交税费——应交个人所得税　　　　　　　　　　　1 000

6. 预扣预缴个人所得税的会计处理

预扣预缴雇佣员工和其他人员的个人所得税,应在"应交税费"账户下设置"应交预扣个人所得税"或"应交代扣个人所得税"明细账户进行核算,"应交预扣个人所得税"适用于为雇佣员工预扣工资、薪金所得等综合所得项目的个人所得税核算,"应交代扣个人所得税"明细账户适用于为没有雇佣关系的人员支付财产租赁所得、财产转让所得、偶然所得等项目的个人所得税核算。计算出应代扣代缴的个人所得税时,记入上述明细账户的贷方;实际上缴个人所得税时,记入上述明细账户的借方。

8.3　个人所得税税收筹划技巧与实务

2018 年 8 月 31 日,全国人民代表大会常务委员会第五次会议对《个人所得税法》进行了修订,并于 2019 年 1 月 1 日起实施。修订后的《个人所得税法》不仅对税目数量及内容进行了压缩调整,而且居民个人及非居民个人具体税目的纳税方法也发生了重大改变。

修订前的《个人所得税法》规定个人所得税税目为 11 个:工资、薪金所得,个体工商户的生产、经营所得,对企事业单位的承包经营、承租经营所得,劳务报酬所得,稿酬所得,特许权使用费所得,利息、股息、红利所得,财产租赁所得,财产转让所得,偶然所得,其他所得。修订后的《个人所得税法》将个人所得税税目压缩调整为9个:工资、薪金所得,劳务报酬所得,稿酬所得,特许权使用费所得,经营所得,利息、股息、红利所得,财产租赁所得,财产转让所得,偶然所得。

居民个人及非居民个人具体税目纳税方法的重大改变主要体现在:居民个人取得的工资、薪金所得,劳务报酬所得,稿酬所得,特许权使用费所得确认为"综合所得",采用累计预扣预缴法与年终汇算清缴相结合的税款缴纳方式;非居民个人取得的工资、薪金所得,劳务报酬所得,稿酬所得,特许权使用费所得,则按月或者按次分项计算个人所得税。

修订后的《个人所得税法》不仅体现了简化税制的思路,而且避免了利用平衡纳税年度各月工资、薪金所得引起的年度所得相同但是税额差异过大的不合理现象,体现了税负公平原则。

为此,修订后的《个人所得税法》更加严谨简洁,但是在综合所得确认、收入形式转化、纳税人身份变化、充分税前扣除等方面,仍有较大的税收筹划空间。纳税人应在遵守个人所得税法规规定的前提下,灵活进行税收筹划,以取得税收筹划收益。

8.3.1 综合所得的税收筹划

居民个人的综合所得包括工资、薪金所得,劳务报酬所得,稿酬所得,特许权使用费所得四项,以每一纳税年度的收入额减除费用60 000元以及专项扣除、专项附加扣除和依法确定的其他扣除后的余额,为应纳税所得额。其中,劳务报酬所得、稿酬所得、特许权使用费所得以收入减除20%的费用后的余额为收入额(稿酬所得的收入额减按70%计算);非居民个人的工资、薪金所得,以每月收入额减除费用5 000元后的余额为应纳税所得额;劳务报酬所得、稿酬所得、特许权使用费所得以每次收入额为应纳税所得额。均适用3%~45%的超额累进税率。

1. 工资、薪金所得的税收筹划

1) 名义工资与福利待遇的合理安排

由于工资、薪金所得适用超额累进税率,所以,随着工资、薪金的增长,新增工资、薪金的税率逐步提高,进而使税后实际所得相应降低。因此,企业可以考虑适当降低员工的名义工资,但是相应增加职工的福利待遇,在保证员工实际工资水平不降低的前提下,减轻员工的个人所得税税负,从而获得税收筹划收益。具体包括以下四个思路。

(1) 提供住房福利。企业可以在产业园区为员工提供住房,以较低的租金出租给员工,提供基本的家具器具,并免收物业费、网络使用费、停车费等相关费用。

(2) 提供交通福利。企业可以为员工提供免费班车接送服务,提供低价租车服务,或者报销交通费用等方式降低员工的名义工资。

(3) 提供必要的通用型工作设备。企业可以为工作时间灵活的员工提供笔记本电脑、移动通信设备等通用型工作设备,一方面满足员工工作需要,另一方面降低员工负担及税负,同时还可以加大企业所得税税前扣除额度。

(4) 为员工提供更好的医疗、在职培训进修、餐饮、文体娱乐方面的免费或低收费服务,达到既提高员工实际工资、薪金水平,增加员工福利,又可以合理节税的目的。

【例 8-16】 某公司员工王某为技术骨干,每月工资为 24 000 元,假设专项扣除费用为月工资收入的 22%,王某同时享受子女教育(两个)、首套住房贷款利息支出、赡养老人(独生子女父母双亲)专项附加扣除 5 000 元/月。公司为激励人才,拟为王某加薪,有两个备选方案:方案一是给王某每月加薪 5 000 元;方案二是给王某每月加薪 2 000 元,同时为王某提供去大学进修的机会,每年支付培训费 36 000 元。王某当年无其他所得,分析哪种方案可以获得个人所得税税收筹划收益。

解析:

(1)加薪前:

王某年应纳税所得额 = 24 000×12 − 60 000 − 24 000×12×22% − 60 000
$\qquad\qquad\qquad$ = 104 640(元)

查表 8-1 可知,适用税率为 10%,速算扣除数为 2 520 元。

王某全年应交个人所得税税额 = 104 640×10% − 2 520 = 7 944(元)

(2)加薪后:

方案一:每月加薪 5 000 元。

王某年应纳税所得额 = (24 000+5 000)×12 − 60 000 − (24 000+5 000)×12×22%
$\qquad\qquad\qquad$ − 60 000 = 151 440(元)

查表 8-1 可知,适用税率为 20%,速算扣除数为 16 920 元。

王某全年应交个人所得税税额 = 151 440×20% − 16 920 = 13 368(元)

王某全年应多交个人所得税税额 5 424(13 368 − 7 944)元。

方案二:每月加薪 2 000 元,每年支付培训费 36 000 元。

王某年应纳税所得额 = (24 000+2 000)×12 − 60 000 − (24 000+2 000)×12×22% −
$\qquad\qquad\qquad$ 60 000 = 123 360(元)

查表 8-1 可知,适用税率为 10%,速算扣除数为 2 520 元。

王某全年应交个人所得税税额 = 123 360×10% − 2 520 = 10 816(元)

王某全年应多交个人所得税税额 1 872(9 816 − 7 944)元。

结论:通过比较两个加薪方案可知,采用方案二为王某加薪,相比方案一可以降低个人所得税的适用税率,减轻个人所得税税负 3 552(5 424 − 1 872)元,获得了明显的税收筹划收益。

2)工资、薪金所得与其他项目之间的适当转换

居民个人的综合所得包括工资、薪金所得,劳务报酬所得,稿酬所得,特许权使用费所得四项。其中,工资、薪金所得全额计入纳税年度的收入额;劳务报酬所得、稿酬所得、特许权使用费所得以每次收入减除 20% 后的余额为收入额,并且稿酬所得的收入额减按 70% 计算(实际为每次收入的 56%)。因此,同等的收入额按照不同的所得类别计算缴纳的个人所得税税额是不同的,进行税收筹划时,在综合所得不同类别之间进行适当转换,可以获得较好的税收筹划收益。

(1)工资、薪金所得与劳务报酬所得之间适当转换的税收筹划。

对工资、薪金所得与劳务报酬所得两类项目进行区分的关键在于取得所得的个人与支付报酬的单位是否存在稳定的雇佣关系。因此,在某些特定情况下,通过对雇佣关系的适当

处理,可以使工资、薪金所得与劳务报酬所得之间进行合理转换,以获取税收筹划收益。

【例 8-17】 刘某是一所轻工研究院的高级工程师,年度收入情况如下:每月工资12 000 元,"三险一金"等专项扣除费用为工资收入的 22%,另外享受子女教育、赡养老人两项专项附加扣除 2 000 元/月。另外,刘某受邀每月到甲家电制造公司提供一次现场技术指导,每月取得收入 10 000 元。刘某应如何就年度收入应纳个人所得税进行税收筹划?

解析:

方案一:如果刘某与甲公司存在稳定的雇佣关系,如签订为期一年的劳动合同,那么每月取得的 10 000 元就属于工资、薪金所得,需要与在轻工研究院取得的工资收入合并计算个人所得税。

年应纳税所得额 $=(12\,000+10\,000)\times 12-60\,000-12\,000\times 22\%\times 12-24\,000$
$=148\,320(元)$

查表 8-1 可知,适用税率为 20%,速算扣除数为 16 920 元。

刘某年个人所得税应纳税额 $=148\,320\times 20\%-16\,920=12\,744(元)$

方案二:如果刘某与甲公司不存在稳定的雇佣关系,如不签订劳动合同,而是聘请其担任技术指导专家,那么每月取得的 10 000 元就属于劳务报酬所得,需要以减除 20% 费用后的余额作为一次收入计算缴纳个人所得税。

年应纳税所得额 $=12\,000\times 12+10\,000\times(1-20\%)\times 12-60\,000-12\,000\times 22\%\times 12-24\,000=124\,320(元)$

查表 8-1 可知,适用税率为 10%,速算扣除数为 2 520 元。

刘某年个人所得税应纳税额 $=124\,320\times 10\%-2\,520=9\,912(元)$

结论:比较两个方案可知,方案二通过对雇佣关系的适当处理,将工资、薪金所得转化为劳务报酬所得,减轻个人所得税税负 2 832(12 744－9 912)元,获得了较好的税收筹划收益。

(2) 工资、薪金所得与稿酬所得之间适当转换的税收筹划。

综合所得的收入确认中,工资、薪金所得应全额计入收入,但是稿酬所得按实际发生额的 56% 计入收入,两类项目收入确认的差异,为税收筹划提供了一定空间。

【例 8-18】 洪某就职于某传媒机构,月工资收入 15 000 元,"三险一金"等专项扣除费用为工资收入的 22%,享受赡养老人专项附加扣除 1 000 元/月。另外,洪某是知名的时尚评论撰文作者,目前有一组服饰潮流时评系列短文拟在一年中连续发表,可供选择的具体方案包括:方案一,在某服饰评论杂志发表,每月刊登一篇,每次获得 4 000 元稿酬;方案二,在供职的传媒机构旗下报纸副刊发表,每月刊登一篇,供职单位每月另外增加发放奖励工资4 000 元。洪某应如何对年度收入应纳个人所得税进行税收筹划?

解析:

方案一:在某服饰评论杂志发表。

洪某每月获得的 4 000 元属于稿酬所得,按实际发生额的 56% 计入综合所得收入。

年应纳税所得额 $=15\,000\times 12+4\,000\times(1-20\%)\times 70\%\times 12-60\,000-15\,000\times 12\times 22\%-12\,000=95\,280(元)$

查表 8-1 可知,适用税率为 10%,速算扣除数为 2 520 元。

洪某年个人所得税应纳税额 $=95\,280\times 10\%-2\,520=7\,008(元)$

方案二:在供职的传媒机构旗下报纸发表。

洪某每月获得的 4 000 元属于工资、薪金所得,按实际发生额全额计入综合所得收入。

年应纳税所得额 = 15 000×12+4 000×12−60 000−15 000×12×22%−12 000 = 116 400(元)

查表 8-1 可知,适用税率为 10%,速算扣除数为 2 520 元。

洪某年个人所得税应纳税额 = 116 400×10%−2 520 = 9 120(元)

结论:方案一相比方案二,将每月 4 000 元所得作为稿酬所得比作为工资、薪金所得,可以有效降低计税基础,年度应纳个人所得税减少了 2 112(9 120−7 008)元,获得了较好的税收筹划收益。

2. 劳务报酬所得、稿酬所得和特许权使用费所得的税收筹划

1)转移费用支出承担方的税收筹划

劳务报酬所得、稿酬所得和特许权使用费所得三项是以收入扣减 20% 的费用后的余额为收入额(其中稿酬所得的收入额减按 70%),与工资、薪金合并作为综合所得按七级超额累进税率计算缴纳个人所得税的。因此,对于这三项所得,可以将部分费用支出的承担方进行转移,即将本应该由纳税人自己承担的费用支出,改由代扣代缴方承担,进而适当减少纳税人的名义报酬,通过降低计税基础达到节税的目的。

【例 8-19】 孙某是一家研究机构技术专家,每月工资 20 000 元,"三险一金"等专项扣除为工资收入的 22%,另外还享受子女教育、赡养老人专项附加扣除共计 2 000 元/月。2020 年,孙某还受聘为外地 A 公司完成产品工艺技术改造方案,双方签订合同约定:A 公司支付给孙某技术改造方案设计费 60 000 元,往返差旅交通费用 20 000 元由孙某自己承担。孙某获得的该笔劳务报酬所得应该如何进行税收筹划?

解析:

方案一:不进行税收筹划。

2020 年全年孙某应纳税所得额 = 20 000×12+60 000×(1−20%)−60 000−20 000× 12×22%−24 000 = 151 200(元)

查表 8-1 可知,适用税率为 20%,速算扣除数为 16 920 元。

2020 年全年孙某个人所得税应纳税额 = 151 200×20%−16 920 = 13 320(元)

2020 年全年孙某实际税后所得 = 20 000×12+60 000−20 000×12×22%− 13 320 = 233 880(元)

扣除由孙某自己承担的外地往返差旅交通费用 20 000 元后,孙某 2020 年全年的净收入为 213 880(233 880−20 000)元。

方案二:进行税收筹划。

孙某与 A 公司签订合同时约定,由 A 公司承担孙某的差旅交通费 20 000 元,相应地支付给孙某的报酬降低到 40 000 元。

2020 年全年孙某应纳税所得额 = 20 000×12+40 000×(1−20%)−60 000−20 000× 12×22%−24 000 = 135 200(元)

查表 8-1 可知,适用税率为 10%,速算扣除数为 2 520 元。

2020 年全年孙某个人所得税应纳税额 = 135 200×10%−2 520 = 11 000(元)

2020 年全年孙某实际税后所得 = 20 000 × 12 + 40 000 − 20 000 × 12 × 22% − 11 000 = 216 200(元)

孙某 2020 年全年的净收入为 216 200 元。

结论：方案二相比方案一，孙某 2020 年个人所得税税负降低 2 320(13 320 − 11 000)元。所以，当年名义收入虽然降低了 20 000 元，但是当年实际净收入增加了 2 320(216 200 − 213 880)元，取得了较好的税收筹划收益。

2) 同一项目收入适当拆分的税收筹划

劳务报酬所得、稿酬所得等项目收入，都是按次确定的。但是对于连续取得收入的项目，可以将收入适当拆分，以避免跨年度项目在就年度综合所得计算缴纳个人所得税时，某些年份因计税基础过高而适用更高档位的税率。也就是说，通过均衡各年度的综合所得，使各年度都适用较低的税率，由于避免了出现因计税基础过高而税率偏高的年份，因此项目总体税负得到减轻。

【例 8-20】 吴某是大学药理学教授，每月工资为 34 000 元，"三险一金"等专项扣除为工资收入的 22%，同时享受子女教育、赡养老人两项专项附加扣除各 1 000 元/月。2020 年下半年，吴某受聘担任某制药公司新型药物生产线质量控制专家，协议约定期限为一年，劳务报酬共计 120 000 元。支付方式有两种选择：方案一，2020 年 7 月事先一次性支付 120 000 元；方案二，从 2020 年 7 月起连续 12 个月每月支付 10 000 元。即 2020 年下半年合计支付 60 000 元，2021 年上半年合计再支付 60 000 元。哪种支付方式可以获得个人所得税税收筹划收益？

解析：

方案一：一次性支付，即 2020 年 7 月事先一次性支付 120 000 元，该项劳务报酬全部计入 2020 年度的综合所得。

① 吴某 2020 年度应纳税所得额 = 34 000 × 12 + 120 000 × (1 − 20%) − 60 000 − 34 000 × 12 × 22% − 24 000 = 330 240(元)

查表 8-1 可知，适用税率为 25%，速算扣除数为 31 920 元。

2020 年全年吴某个人所得税应纳税额 = 330 240 × 25% − 31 920 = 50 640(元)

② 吴某 2021 年度应纳税所得额 = 34 000 × 12 − 60 000 − 34 000 × 12 × 22% − 24 000 = 234 240(元)

查表 8-1 可知，适用税率为 20%，速算扣除数为 16 920 元。

2021 年全年吴某个人所得税应纳税额 = 234 240 × 20% − 16 920 = 29 928(元)

2020 年、2021 年吴某合计应纳个人所得税 80 568(50 640 + 29 928)元。

方案二：分次支付，即 2020 年、2021 年各支付 60 000 元。

① 吴某 2020 年度应纳税所得额 = 34 000 × 12 + 60 000 × (1 − 20%) − 60 000 − 34 000 × 12 × 22% − 24 000 = 282 240(元)

查表 8-1 可知，适用税率为 20%，速算扣除数为 16 920 元。

2020 年全年吴某个人所得税应纳税额 = 282 240 × 20% − 16 920 = 39 528(元)

② 吴某 2021 年度应纳税所得额 = 34 000 × 12 + 60 000 × (1 − 20%) − 60 000 − 34 000 × 12 × 22% − 24 000 = 282 240(元)

查表 8-1 可知，适用税率为 20%，速算扣除数为 16 920 元。

2021 年全年吴某个人所得税应纳税额=282 240×20%-16 920=39 528(元)

2020 年、2021 年吴某合计应纳个人所得税 79 056(39 528+39 528)元。

结论：方案二相比方案一，减轻了个人所得税税负 1 512(80 568-79 056)元，可以获得合理的税收筹划收益。

【例 8-21】 邓某是事业单位职工，每月工资 22 000 元，"三险一金"等专项扣除为工资收入的 22%，同时享受子女教育、赡养老人两项专项附加扣除各 1 000 元/月。2020 年，邓某业余时间创作出版历史小说一部，出版社支付稿酬 60 000 元。邓某应如何对应纳个人所得税进行税收筹划？

解析：

方案一：不进行税收筹划，即邓某一次性获得稿酬 60 000 元，应按实际发生额的 56% 计入年度综合所得计算缴纳个人所得税。

① 2020 年邓某全年应纳税所得额=22 000×12+60 000×(1-20%)×70%-60 000-
22 000×12×22%-24 000=155 520(元)

查表 8-1 可知，适用税率为 20%，速算扣除数为 16 920 元。

2020 年全年邓某个人所得税应纳税额=155 520×20%-16 920=14 184(元)

② 2021 年邓某全年应纳税所得额=22 000×12-60 000-22 000×12×22%-24 000=
121 920(元)

查表 8-1 可知，适用税率为 10%，速算扣除数为 2 520 元。

2021 年全年邓某个人所得税应纳税额=121 920×10%-2 520=9 672(元)

2020 年、2021 年邓某合计应纳个人所得税 23 856(14 184+9 672)元。

方案二：进行税收筹划，即将著作分为第一部和续集在 2020 年和 2021 年分别出版，稿酬相应地也在 2020 年和 2021 年分两次支付，即每次支付 30 000 元。

① 2020 年邓某全年应纳税所得额=22 000×12+30 000×(1-20%)×70%-60 000-
22 000×12×22%-24 000=138 720(元)

查表 8-1 可知，适用税率为 10%，速算扣除数为 2 520 元。

2020 年全年邓某个人所得税应纳税额=138 720×10%-2 520=11 352(元)

② 2021 年邓某全年应纳税所得额=22 000×12+30 000×(1-20%)×70%-60 000-
22 000×12×22%-24 000=138 720(元)

查表 8-1 可知，适用税率为 10%，速算扣除数为 2 520 元。

2021 年全年邓某个人所得税应纳税额=138 720×10%-2 520=11 352 元

2020 年、2021 年邓某合计应纳个人所得税 22 704(11 352+11 352)元。

结论：经过税收筹划后，方案二相比方案一，减轻个人所得税税负 1 152(23 856-22 704)元，取得了较好的税收筹划收益。

3. 扣除项目的税收筹划

居民个人纳税年度的综合所得包括四项扣除项目：每年 60 000 元的固定扣除费用；基本养老保险、基本医疗保险、失业保险和住房公积金"三险一金"的专项扣除；子女教育、继续教育、大病医疗、住房贷款利息、住房租金、赡养老人专项附加扣除；符合国家规定的企业年金、职业年金、商业健康保险、税收递延型商业养老保险等依法确定的其他扣除。

依据目前个人所得税政策法规对年金的规定,年金缴纳和年金基金投资等环节,参保者均可享受递延纳税的好处,相当一部分参保者还会在一定程度上降低个人所得税税负。所以,缴纳年金可以获取一定税收筹划收益。

此外,个人所得税法规对于专项附加扣除的不少项目,允许纳税人自行选择扣除人,在关联纳税人个人实际收入差异较大的情况下,可以为税收筹划提供一定空间。具体包括子女教育专项附加可以由受教育子女的父母分别按扣除标准的50%扣除,也可以选择由其中一方按扣除标准的100%扣除;首套住房贷款利息和住房租金支出,可以由夫妻双方协商约定由其中的一方扣除;赡养老人专项附加在子女为非独生子女时,应当按平均分摊、指定分摊、赡养人约定分摊等方式分摊每年24 000元的扣除额度等情形。针对上述情形进行税收筹划时,应当比较夫妻双方或者兄弟姐妹等关联纳税人每年的收入总额,原则上就高选择扣除人,但具体还需要进行测算,进而选择最适当的扣税方案获得税收筹划收益。

【例 8-22】 刘先生和李女士是夫妻关系,刘先生是所在公司高级管理人员,每月工资收入30 000元,李女士是所在单位普通员工,每月工资收入14 000元。刘先生和李女士有两个孩子正在上中学,另外,"三险一金"等专项扣除费用均为工资收入的22%,赡养老人支出均为1 000元/月。在两个子女的教育专项附加费用扣除方面,刘先生和李女士应如何进行税收筹划才可以获得最佳筹划收益?

解析:

刘先生和李女士有三个方案可供选择:方案一是两个孩子的子女教育专项附加费用均由刘先生负责扣除,即刘先生每月扣除2 400元,李女士扣除0元;方案二是两个孩子的子女教育专项附加费用由刘先生和李女士平均分担扣除,即刘先生每月扣除1 200元,李女士每月扣除1 200元;方案三是两个孩子的子女教育专项附加费用均由李女士负责扣除,即李女士扣除每月2 400元,刘先生扣除0元。

方案一:全部由刘先生负责扣除。

① 刘先生年应纳税所得额=30 000×12-60 000-30 000×12×22%-12 000-24 000
=184 800(元)

查表8-1可知,适用税率为20%,速算扣除数为16 920元。

刘先生全年个人所得税应纳税额=184 800×20%-16 920=20 040(元)

② 李女士年应纳税所得额=14 000×12-60 000-14 000×12×22%-12 000
=59 040(元)

查表8-1可知,适用税率为10%,速算扣除数为2 520元。

李女士全年个人所得税应纳税额=59 040×10%-2 520=3 384(元)

③ 夫妻双方全年合计缴纳个人所得税税额=20 040+3 384=23 424(元)

方案二:刘先生、李女士平均分担。

① 刘先生年应纳税所得额=30 000×12-60 000-30 000×12×22%-12 000-12 000
=196 800(元)

查表8-1可知,适用税率为20%,速算扣除数为16 920元。

刘先生全年个人所得税应纳税额=196 800×20%-16 920=22 440(元)

② 李女士年应纳税所得额=14 000×12-60 000-14 000×12×22%-12 000-12 000
=47 040(元)

查表 8-1 可知,适用税率为 10%,速算扣除数为 2 520 元。
李女士全年个人所得税应纳税额=47 040×10%−2 520=2 184(元)
③ 夫妻双方全年合计缴纳个人所得税税额=22 440+2 184=24 624(元)
方案三:全部由李女士负责扣除。
① 刘先生年应纳税所得额=30 000×12−60 000−30 000×12×22%−12 000
=208 800(元)
查表 8-1 可知,适用税率为 20%,速算扣除数为 16 920 元。
刘先生全年个人所得税应纳税额=208 800×20%−16 920=24 840(元)
② 李女士年应纳税所得额=14 000×12−60 000−14 000×12×22%−12 000−24 000
=35 040(元)
查表 8-1 可知,适用税率为 10%,速算扣除数为 2 520 元。
李女士全年个人所得税应纳税额=35 040×10%−2 520=984(元)
③ 夫妻双方全年合计缴纳个人所得税税额=24 840+984=25 824(元)
结论:比较三种方案,方案一最佳。方案一比方案二、方案三分别少纳个人所得税税额 1 200(24 624−23 424)元、2 400(25 824−23 424)元,原因在于刘先生年度收入比李女士高出较多,适用的个人所得税税率档位更高,因而由刘先生这方承担所有子女教育费用专项附加扣除可以更好地起到抵税作用,进而获得合理的税收筹划收益。

8.3.2 经营所得的税收筹划

随着经济社会的发展,个人投资获得经营所得的情况越来越普遍,个人投资可供选择的主要方式包括作为个体工商户、设立个人独资企业、设立合伙制企业及设立有限责任公司。在上述四种可供选择的方式中,前三种均没有独立的法人资格,只对其征收个人所得税;有限责任公司作为法人实体,则是征收企业所得税,同时,投资者从公司取得的工资收入,以及作为股东分得的税后利润,按照《个人所得税法》征收个人所得税。

从个体工商户、个人独资企业、合伙制企业取得的经营所得,适用五级超额累进税率,而且在没有综合所得的情况下,计算每一纳税年度的应纳税所得额时,在减除 6 万元费用的基础上,还可以减除专项扣除、专项附加扣除以及依法确定的其他扣除;从有限责任公司取得的经营所得则适用 25%的比例税率,还可以享受一定的税收优惠政策,如符合小型微利企业条件的,自 2021 年 1 月 1 日至 2022 年 12 月 31 日,其年应纳税所得额不超过 100 万元的部分,减按 25%计入应纳税所得额,按 20%的税率计算缴纳企业所得税;对年应纳税所得额超过 100 万元但不超过 300 万元的部分,自 2022 年 1 月 1 日至 2024 年 12 月 31 日,减按 25%计入应纳税所得额,按 20%的税率计算缴纳企业所得税;符合高新技术企业、技术先进型服务企业条件的,减按 15%的税率计算缴纳企业所得税。

因此,个人投资经营所得方式有较大的选择空间,纳税人应根据实际情况合理进行税收筹划,以获得较好的税收筹划收益。

【例 8-23】 马某拟投资获得生产经营所得,在注册为个体工商户和一人有限责任公司之间犹豫不决,初步测算在未扣除马某费用的情况下,注册为个体工商户未扣除马某费用的情况下,或者设立为一人有限责任公司,年度税前利润均为 450 000 元。另外,马某没有在其他单位获得工资收入等年度综合所得项目,专项扣除为 47 520 元/年,专项附加扣除为 36 000 元/年。分析马某应如何进行税收筹划以获得筹划收益。

解析:

方案一:注册为个体工商户。

按五级超额累进税率计算缴纳个人所得税,且因马某没有年度综合所得,专项扣除、专项附加扣除等项目均可以在计算应纳税所得额时予以减除。

马某年度应纳税所得额=450 000−60 000−47 520−36 000=306 480(元)

查表 8-3 可知,适用税率为 20%,速算扣除数为 10 500 元。

马某年度个人所得税应纳税额=306 480×20%−10 500=50 796(元)

方案二:设立一人有限责任公司。

适用企业所得税比例税率,且享受小型微利企业所得税减免优惠。同时,马某从公司取得的工资收入以及获得的股利分红按 20%的比例税率计算缴纳个人所得税。

① 马某每月从公司取得工资收入=47 520÷12÷22%=18 000(元)

企业所得税应纳税所得额=450 000−18 000×12=234 000(元)

其年应纳税所得额不超过 100 万元,减按 25%计入应纳税所得额,按 20%的税率计算缴纳企业所得税。

公司年企业所得税应纳税额=234 000×25%×20%=11 700(元)

② 马某从公司取得的年度工资收入=18 000×12=216 000(元)

马某年度工资收入应纳税所得额=216 000−60 000−47 520−36 000=72 480(元)

查表 8-1 可知,适用税率为 10%,速算扣除数为 2 520 元。

马某全年个人所得税应纳税额=72 480×10%−2 520=4 728(元)

马某取得的公司所得税后股利收入=450 000−216 000−11 700=222 300(元)

马某取得的股利收入个人所得税应纳税额=222 300×20%=44 460(元)

公司年度应纳企业所得税与马某年度应纳个人所得税合计=11 700+4 728+44 460
=60 888(元)

结论:比较方案一和方案二,可知方案一比方案二减轻个人所得税税负 10 092(160 888−50 796)元,原因在于方案二在缴纳企业所得税的同时还要就投资者马某取得的工资收入、股利分红等收入征收个人所得税,重复征税加大了企业所得税税收负担。为此,选取方案一可以获得明显的税收筹划收益。

8.3.3 财产租赁所得的税收筹划

财产租赁所得,以 1 个月内取得的收入为一次。每次收入不超过 4 000 元的减除费用 800 元;4 000 元以上的,减除 20%的费用,其余额为应纳税所得额。

在确定财产租赁所得的应纳税所得额时,纳税人在出租财产过程中缴纳的税金和教育费附加,可持完税(缴款)凭证,从其财产租赁收入中扣除。对于被出租财产实际开支的修缮费用,如纳税人能够提供有效、准确的凭证,证明确实是由该纳税人实际负担的,在计征个人所得税时,准予从财产租赁收入中扣除,允许扣除的修缮费用以每次 800 元为限,一次扣除不完的,准予在下一次继续扣除,直到扣完为止。

尤其是在落实中央通过"租售并举"让城市新居民"住有所居",加快培育和发展住房租赁市场的政策背景下,我国税法对出租住房有不少税收优惠政策,具体包括:对个人出租住房的,由按照5%的征收率减按1.5%计算缴纳增值税;对个人出租住房所得,减半,即按10%的比例征收个人所得税,等等。

为此,纳税人在出租房屋等财产时,如将房屋修缮等涉税工作安排在签订租赁合同的当月或以后进行,则房屋修缮费用因与该出租房屋直接相关,可持有效凭证从当月财产租赁所得中进行扣除,从而降低了应纳税所得额,进而减轻个人所得税税负,获得税收筹划收益。

【例8-24】 黄某在市区中心地段有一套闲置房产,拟租给某公司做办公用房。租期从2019年1月1日至2023年12月31日,租金收入每月40 000元。另外,因该房产年限较久,用电、用水等网管线路及地面防水老化需要进行修缮,修缮费用合计48 000元。假设不考虑房产税、印花税等税费,黄某应如何对个人所得税进行税收筹划以获得合理的筹划收益?

解析:

若黄某在2018年年底对房产进行修缮,则修缮费用不能减除应纳税所得额;若黄某在2019年1月对房产进行修缮,则可按每月800元减除修缮费用直至48 000元全部减除完毕。

方案一:黄某于2018年12月将房产修缮完毕。

黄某每年的个人所得税应纳税所得额=[40 000−40 000/(1+5%)×1.5%×(1+7%+3%)]×(1−20%)×12=377 966(元)

黄某每年的个人所得税应纳税额=377 966×10%=37 797(元)

5年合计个人所得税应纳税额=377 966×10%×5=188 983(元)

方案二:黄某于2019年1月将房产修缮完毕,修缮费48 000元可在5年内分60次,每次800元完全扣减掉(48 000÷800=60)。

黄某每年的个人所得税应纳税所得额=[40 000−40 000/(1+5%)×1.5%×(1+7%+3%)−800]×(1−20%)×12=370 286(元)

黄某每年的个人所得税应纳税额=370 286×10%=37 029(元)

5年合计个人所得税应纳税额=370 286×10%×5=185 143(元)

结论:方案二相比方案一,5年合计少纳个人所得税3 840(188 983−185 143)元,有一定的节税效应,取得了合理的税收筹划收益。

8.3.4 公益性捐赠的税收筹划

根据《个人所得税法》规定,个人将其所得通过中国境内的社会团体、国家机关向教育和其他社会公益事业以及遭受严重自然灾害地区、贫困地区的捐赠,捐赠额未超过纳税人申报的应纳税所得额30%的部分,可以从其应纳税所得额中扣除;超出30%的部分则不计算在内,扣除时按30%计算。由于税法规定的应税个人所得有九个税目,其中综合所得适用七级超额累进税率,经营所得适用五级超额累进税率,偶然所得等适用20%的比例税率,所以,一个纳税年度内个人所得税纳税人可能有来源于多个税目的所得,这为纳税人在进行公益性捐赠时合理安排捐赠时间与次数,在不同税目之间分配捐赠额度提供了一定的税收筹划空间。

【例 8-25】 某公司高级管理人员何某曾经是"希望工程"的受助者,目前因事业发展较好,何某拟通过中国青少年发展基金会捐赠一笔资金以回报社会,初步设想是捐款 120 000 元,分两年捐出。何某月工资收入为 48 000 元,"三险一金"等专项扣除费用为工资收入的 22%,享受首套房贷利息支出及赡养老人支出专项附加扣除各 1 000 元/月。进行捐赠时,何某应如何合理安排各年的捐赠额度以获得较好的个人所得税税收筹划收益?

解析:

何某年度综合所得应纳税所得额=48 000×12-60 000-48 000×12×22%-24 000
=365 280(元)

允许扣除的公益性捐赠限额=365 280×30%=109 584(元)

方案一:分两年平均捐出,即第一年、第二年各捐出 60 000 元,捐赠额小于公益性捐赠限额 109 584 元,可以全部税前减除。

① 何某第一年应纳税所得额=365 280-60 000=305 280(元)

查表 8-1 可知,适用税率为 25%,速算扣除数为 31 920 元。

何某第一年个人所得税应纳税额=305 280×25%-31 920=44 400(元)

② 何某第二年应纳税所得额=365 280-60 000=305 280(元)

查表 8-1 可知,适用税率为 25%,速算扣除数为 31 920 元。

何某第二年个人所得税应纳税额=305 280×25%-31 920=44 400(元)

何某两年合计个人所得税应纳税额=44 400+44 400=88 800(元)

方案二:分两年不等额捐出,即第一年捐出 90 000 元,第二年捐出 30 000 元。分两次捐出的 90 000 元和 30 000 元均小于公益性捐赠限额 109 584 元,可以全部税前减除。

① 何某第一年应纳税所得额=365 280-90 000=275 280(元)

查表 8-1 可知,适用税率为 20%,速算扣除数为 16 920 元。

何某第一年个人所得税应纳税额=275 280×20%-16 920=38 136(元)

② 何某第二年应纳税所得额=365 280-30 000=335 280(元)

查表 8-1 可知,适用税率为 25%,速算扣除数为 31 920 元。

何某第二年个人所得税应纳税额=335 280×25%-31 920=51 900(元)

何某两年合计个人所得税应纳税额=38 136+51 900=90 036(元)

结论:方案一比方案二合计少缴纳个人所得税 1 236(90 036-88 800)元,原因在于方案一可使每年应纳税所得额比较均匀,避免了有的年份应纳税所得额过高而增加个人所得税税负的情形。选择方案一,可以获得一定的税收筹划收益。

【例 8-26】 刘某是个体工商户,2020 年度经营所得情况是:获得税前利润 230 000 元(未减除刘某个人的工资、薪酬支出),刘某当年没有从其他单位取得过工资、薪金等综合所得。刘某适用的专项扣除为 40 000 元/年,适用的子女教育、赡养老人专项附加扣除为 24 000 元/年。另外,刘某当年因体育彩票中奖获得 100 000 元奖金。因家乡当年遭受水灾,刘某拟通过政府民政部门向家乡捐赠 50 000 元。刘某应如何对个人所得税进行税收筹划,以获得合理的税收筹划收益?

解析：

刘某当年经营所得应纳税所得额＝230 000－60 000－40 000－24 000＝106 000(元)

刘某当年经营所得公益性捐赠减除限额＝106 000×30％＝31 800(元)

刘某当年偶然所得应纳税所得额＝100 000(元)

刘某当年偶然所得公益性捐赠减除限额＝100 000×30％＝30 000(元)

刘某当年公益性捐赠扣减限额合计＝31 800＋30 000＝61 800(元)

刘某当年公益性捐赠为50 000元，小于减除限额61 800元，可以当年一次性全额减除。

方案一：公益性捐赠按照不同税目的个人所得税税率自高向低分摊捐赠额。

刘某当年偶然所得个人所得税适用20％的比例税率，经营所得适用五级超额累进税率中第二级的10％税率，为此，偶然所得税目分配公益性捐赠额30 000元，经营所得税目分配公益性捐赠额20 000元。

① 刘某当年偶然所得应纳税所得额＝100 000－30 000＝70 000(元)

刘某当年偶然所得个人所得税应纳税额＝70 000×20％＝14 000(元)

② 刘某当年经营所得应纳税所得额＝106 000－20 000＝86 000(元)

查表8-3可知，适用税率为10％，速算扣除数为1 500元。

刘某当年经营所得个人所得税应纳税额＝86 000×10％－1 500＝7 100(元)

刘某当年合计个人所得税应纳税额＝14 000＋7 100＝21 100(元)

方案二：公益性捐赠按照不同税目的个人所得税税率自低向高分摊捐赠额。

刘某当年经营所得适用五级超额累进税率中第二级的10％税率，偶然所得个人所得税适用20％的比例税率，为此，经营所得税目分配公益性捐赠额31 800元，偶然所得税目分配公益性捐赠额18 200元。

① 刘某当年经营所得应纳税所得额＝106 000－31 800＝74 200(元)

查表8-3可知，适用税率为10％，速算扣除数为1 500元。

刘某当年经营所得个人所得税应纳税额＝74 200×10％－1 500＝5 920(元)

② 刘某当年偶然所得应纳税所得额＝100 000－18 200＝81 800(元)

刘某当年偶然所得个人所得税应纳税额＝81 800×20％＝16 360(元)

刘某当年合计个人所得税应纳税额＝5 920＋16 360＝22 280(元)

结论：方案一和方案二相比，选择方案一比选择方案二减轻个人所得税税负1 180(22 280－21 100)元，原因在于方案一对适用税率更高的税目分配了更多的公益性捐赠额，从而通过较大幅度降低该税目应纳税所得额进而抵减更多的个人所得税。可见，选择方案一取得了比较合理的税收筹划收益。

8.3.5 纳税人身份的税收筹划

个人所得税的纳税人，既包括居民纳税人，也包括非居民纳税人。居民纳税人负有无限纳税义务，其取得的应纳税所得，无论是来源于中国境内，还是中国境外任何地方，都要在中国缴纳个人所得税；非居民纳税人仅承担有限纳税义务，只需要就来源于中国境内的所得缴纳个人所得税。因此，非居民纳税人的税负较轻，进行税收筹划时借助纳税人身份认定来减轻税负，可以获得一定的税收筹划收益。

1. 纳税人身份认定的相关规定

依据《个人所得税法》,纳税人身份认定具体有以下四种情形:

(1) 在我国境内有住所的个人(指因户籍、家庭、经济利益关系而在我国境内习惯性居住),或者无住所而一个纳税年度内在中国境内居住累计满183天的个人,为居民个人,应当就其从我国境内、境外取得的全部所得纳税。

(2) 在中国境内无住所的个人,在中国境内居住累计满183天的年度连续不满六年的,经主管税务机关备案,其来源于中国境外且由境外单位或者个人支付的所得,免予缴纳个人所得税。

(3) 在中国境内无住所又不居住,或者无住所而一个纳税年度内在中国境内居住不满183天的个人,为非居民个人,应当就其从我国境内取得的所得纳税。

(4) 在中国境内无住所,但是在一个纳税年度内在我国境内连续或者累计居住不超过90天的个人,其来源于我国境内的所得,由境外雇主支付并且不由该雇主在我国境内的机构、场所负担的部分,免予缴纳个人所得税。

无住所个人一个纳税年度内在中国境内累计居住天数,按照个人在中国境内累计停留的天数计算。在中国境内停留的当天满24小时的,计入中国境内居住天数;在中国境内停留的当天不足24小时的,不计入中国境内居住天数。

2. 认定为来源于境内所得的相关规定

不论支付地点是否在中国境内,下列所得均应认定为来源于中国境内:

(1) 因任职、受雇、履约等在中国境内提供劳务取得的所得。
(2) 将财产出租给承租人在中国境内使用而取得的所得。
(3) 许可各种特许权在中国境内使用而取得的所得。
(4) 转让中国境内的不动产等财产或者在中国境内转让其他财产取得的所得。
(5) 从中国境内企业、事业单位、其他组织以及居民个人取得的利息、股息、红利所得。

利用纳税人身份进行的税收筹划,主要是通过合理安排居住时间、变动居住地等办法,避免成为居民纳税人,以减轻个人所得税税负,获得税收筹划收益。

【例8-27】 王女士是澳门居民,在珠海某公司工作。每周日晚上来珠海上班,每周六早上回澳门家里。周日、周六两天每天在珠海停留的时间不足24小时,不计入境内居住天数,这样每周可计入境内居住的天数为5天,按全年52周计算,王女士一个纳税年度在中国境内居住天数为260天,超过《个人所得税法》规定的居民纳税人认定的临界天数(183天),王女士应被认定为居民纳税人,需就中国境内境外取得的全部所得缴纳个人所得税。王女士应如何利用纳税人身份进行个人所得税税收筹划?

解析:

王女士应合理安排一个纳税年度内的境内居住天数,使其不超过《个人所得税法》规定的认定为居民纳税人的临界天数(183天)。经筹划,王女士可以将每周来珠海的上下班时间进行调整,改为每周一早上来珠海上班、每周五晚上回澳门。如此,每周一、周五这两天每天在珠海停留的时间不足24小时,不计入境内居住天数,这样每周可计入境内居住的天数为3天,按全年52周计算,王女士一个纳税年度在中国境内居住天数为156天,少于《个人所得税法》规定的临界天数183天,王女士应该被认定为非居民纳税人,只需就中国境内取得的所得缴纳个人所得税。这样,可以大幅度减轻王女士的个人所得税负担,获得满意的税收筹划收益。

【导入案例讨论】

经过本章的学习,我们对于个人所得税涉税业务的会计处理及税收筹划思路有了全面深刻的认识。最后,让我们来逐一回答本章开始"导入案例"中提出的问题。

问题1:王某的税收筹划思路是否能达到减轻个人所得税税负的目的?

解答:王某的税收筹划思路不能达到减轻个人所得税税负的目的。因为2018年其妻子张某获得的28 000元,属于《个人所得税法》规定的11个税目中的"劳务报酬所得"税目,且一次性取得的劳务报酬应纳税所得额为22 400(28 000×80%)元,超过20 000元的临界点,故乙企业支付报酬时按畸高部分适用30%的税率计算代扣代缴了个人所得税。但是《个人所得税法》在2018年8月31日进行了修订并于2019年1月1日起开始实施,修订后的《个人所得税法》合并了部分税目,将工资薪金所得、劳务报酬所得、稿酬所得、特许权使用费所得合并为综合所得,在年度结束后按七级超额累进税率进行汇算清缴,平时支付这四项所得时只是代扣代缴个人所得税。2021年,甲企业在支付王某劳务报酬所得时,一次或分两次预扣预缴(不同于2018年之前的代扣代缴)的个人所得税税额差异,并不能影响年度终了后汇算清缴时的年度综合所得总额,因而不能达到减轻个人所得税税负的目的。

问题2:该案例给税收筹划工作带来什么启示?

解答:进行税收筹划时,应及时知悉掌握税制法规的修改变化,不断更新自己的知识结构,做学习型税收筹划者。

扫描此码

即测即练题

复习思考题

1. 2019年1月1日开始实施的《个人所得税法》,将个人所得税税目合并为哪几个?
2. 居民个人的年度综合所得,可以扣除哪些项目后确认为应纳税所得额?
3. 企业代扣代缴个人所得税时,"应交税费"账户下的二级明细账户设置了哪些具体账户?
4. 进行个人所得税筹划时,综合所得的税收筹划思路有哪些?
5. 进行个人所得税筹划时,经营所得的税收筹划思路有哪些?
6. 进行个人所得税筹划时,财产租赁所得的税收筹划思路有哪些?
7. 进行个人所得税筹划时,公益性捐赠的税收筹划思路有哪些?
8. 进行个人所得税筹划时,纳税人身份的税收筹划思路有哪些?

第9章 资源税会计与税收筹划

【学习目标】
1. 熟悉资源税的纳税人和征税范围。
2. 掌握资源税应纳税额的计算和纳税申报方法。
3. 掌握资源税涉税业务的会计处理方法。
4. 熟悉资源税的税收优惠政策。
5. 理解资源税的税收筹划原理并能选取合适方法灵活运用于税收筹划实践。

【导入案例】
某小型地方煤矿已连续开采多年,目前开采条件变得较为困难。2021年,该煤矿开采销售原煤5万吨,由于当年需求端较为旺盛,原煤全部以700元/吨的较高价格售出。该煤矿按5%的资源税税率计算缴纳了175万元资源税。2022年年初,煤炭安监部门来进行技术监督检查时,专家通过实地考察并与该煤矿技术人员进行了全面研讨,得出结论:该煤矿按设计的开采年限虽然尚有8年开采期,但是实际储量自2020年就已进入衰竭期。为此提出建议,要求该煤矿加大安全监督力度,并可适时采用充填开采等方法提高原煤开采效率。基于这种情况,请思考:
1. 该煤矿资源税的计算缴纳存在什么问题?
2. 该案例给企业税收筹划带来什么启示?

9.1 资源税的确认、计量与纳税申报

9.1.1 资源税概述

1. 资源税的概念

资源税是对在我国领域和管辖的其他海域开发应税资源的单位和个人课征的一种税,自1984年起开征。此后,用于规范资源税征纳关系的《中华人民共和国资源税暂行条例》和

《中华人民共和国资源税暂行条例实施细则》历经多次修改。为了贯彻生态文明思想、落实税收法定原则,2019年8月26日,第十三届全国人民代表大会常务委员会第十二次会议通过了《中华人民共和国资源税法》(以下简称《资源税法》),并自2020年9月1日起施行。自此资源税的征收管理走向更为规范的法制化轨道。

【扩展阅读 9.1】 生态文明建设与资源税立法

扫描此码

深度学习

2. 纳税人及扣缴义务人

1) 纳税人

资源税的纳税人是指在中华人民共和国领域及管辖海域开采规定的应税资源的单位和个人。资源税仅对在中国境内开发应税资源的单位和个人征收,因此,进口的矿产品和盐不征收资源税;纳税人自用应税产品,如果属于应当缴纳资源税的情形,应按规定缴纳资源税;开采海洋或陆上油气资源的中外合作油气田,在2011年11月1日前已签订的合同继续缴纳矿区使用费,不缴纳资源税。合同期满后,依法缴纳资源税。

2) 扣缴义务人

收购未税矿产品的单位为资源税的扣缴义务人,扣缴义务人在收购未税矿产品、支付货款的同时负有代扣代缴资源税的义务,资源税的代扣代缴主要适用于税源小、零散、不定期开采、易漏税等情况。

3. 征税范围

资源税是以特定自然资源为纳税对象而征收的一种税,应税资源的具体范围,由《资源税法》所附"资源税税目税率表"确定。资源税征税对象包括五大类,涵盖了所有已经发现的矿种和盐。主要包括:

1) 能源矿产

(1) 原油,是指开采的天然原油,不包括人造石油。

(2) 天然气、页岩气、天然气水合物。

(3) 煤,包括原煤和以未税原煤加工的洗选煤。

(4) 煤成(层)气。

(5) 铀、钍。

(6) 油页岩、油砂、沥青、石煤。

(7) 地热。

2) 金属矿产

(1) 黑色金属,包括铁、锰等5种黑色金属。

(2) 有色金属,包括铜、铅、铝土矿、中重稀土、轻稀土等40种有色金属。

3) 非金属矿产

(1) 矿物类,包括高岭土、石灰岩、磷、石墨、硫铁矿等56种非金属矿产。

(2) 岩石类,包括大理岩、花岗岩、白云岩、石英岩、砂岩等33种岩石类矿产。

(3) 宝玉石类,包括宝石、玉石、宝石级金刚石等6种宝玉石类矿产。

4) 水气矿产

(1) 二氧化碳气、硫化氢气、氮气、氧气。

(2) 矿泉水。

5) 盐

(1) 钠盐、钾盐、镁盐、铝盐。

(2) 天然卤水。

(3) 海盐。

上述各税目征税时有的对原矿征税,有的对选矿征税,具体适用的征税对象按照"资源税税目税率表"的规定执行,主要包括三类:按原矿征税;按选矿征税;按原矿或者选矿征税。

4. 税目与税率

《资源税法》设置了5个税目,在5个税目下面又设有若干个子目,细分后的税目数量有164个。

《资源税法》按原矿、选矿分别设定税率。对原油、天然气、中重稀土、钨、钼等战略资源实行固定税率,由税法直接确定。其他应税资源实行幅度税率,具体适用税率由省、自治区、直辖市人民政府统筹考虑该应税资源品位、开采条件以及对生态环境的影响等情况,在规定的税率幅度内提出,报同级人民代表大会常务委员会决定,并报全国人民代表大会常务委员会和国务院备案。资源税税目税率表如表9-1所示。

表 9-1 资源税税目税率表

	税 目	征税对象	税 率
能源矿产	原油	原矿	6%
	天然气、页岩气、天然气水合物	原矿	6%
	煤	原矿或者选矿	2%~10%
	煤成(层)气	原矿	1%~2%
	铀、钍	原矿	4%
	油页岩、油砂、天然沥青、石煤	原矿或者选矿	1%~4%
	地热	原矿	1%~20%或者每立方米1~30元

续表

税　目			征税对象	税　率
金属矿产	黑色金属	铁、锰、铬、钒、钛	原矿或者选矿	1%～9%
	有色金属	铜、铅、锌、锡、镍、锑、镁、钴、铋、汞	原矿或者选矿	2%～10%
		铝土矿	原矿或者选矿	2%～9%
		钨	选矿	6.5%
		钼	选矿	8%
		金、银	原矿或者选矿	2%～6%
		铂、钯、钌、锇、铱、铑	原矿或者选矿	5%～10%
		轻稀土	选矿	7%～12%
		中重稀土	选矿	20%
		铍、锂、锆、锶、铷、铌、钽、锗、镓、铟、铊、铪、铼、镉、硒、碲	原矿或者选矿	2%～10%
非金属矿产	矿物类	高岭土	原矿或者选矿	1%～6%
		石灰岩	原矿或者选矿	1%～6%或者每吨(或者每立方米)1～10元
		磷	原矿或者选矿	3%～8%
		石墨	原矿或者选矿	3%～12%
		萤石、硫铁矿、自然硫	原矿或者选矿	1%～8%
		天然石英砂、脉石英、粉石英、水晶、工业用金刚石、冰洲石、蓝晶石、硅线石(砂线石)、长石、滑石、刚玉、菱镁矿、颜料矿物、天然碱、芒硝、钠硝石、明矾石、砷、硼、碘、溴、膨润土、硅藻土、陶瓷土、耐火黏土、铁矾土、凹凸棒石黏土、海泡石黏土、伊利石黏土、累托石黏土	原矿或者选矿	1%～12%
		叶蜡石、硅灰石、透辉石、珍珠岩、云母、沸石、重晶石、毒重石、方解石、蛭石、透闪石、工业用电气石、白垩、石棉、蓝石棉、红柱石、石榴子石、石膏	原矿或者选矿	2%～12%
		其他黏土(铸型用黏土、砖瓦用黏土、陶粒用黏土、水泥配料用黏土、水泥配料用红土、水泥配料用黄土、水泥配料用泥岩、保温材料用黏土)	原矿或者选矿	1%～5%或者每吨(或者每立方米)0.1～5元
	岩石类	大理岩、花岗岩、白云岩、石英岩、砂岩、辉绿岩、安山岩、闪长岩、板岩、玄武岩、片麻岩、角闪岩、页岩、浮石、凝灰岩、黑曜岩、霞石正长岩、蛇纹岩、麦饭石、泥灰岩、含钾岩石、含钾砂页岩、天然油石、橄榄岩、松脂岩、粗面岩、辉长岩、辉石岩、正长岩、火山灰、火山渣、泥炭	原矿或者选矿	1%～10%
		砂石	原矿或者选矿	1%～5%或者每吨(或者每立方米)0.1～5元
	宝玉石类	宝石、玉石、宝石级金刚石、玛瑙、黄玉、碧玺	原矿或者选矿	4%～20%
水气矿产		二氧化碳、硫化氢气、氦气、氡气	原矿	2%～5%
		矿泉水	原矿	1%～20%或者每立方米1～30元
盐		钠盐、钾盐、镁盐、锂盐	选矿	3%～15%
		天然卤水	原矿	3%～15%或者每吨(或者每立方米)1～10元
		海盐		2%～5%

5．税收减免

1）资源税免征

有下列情形之一的，免征资源税：

（1）开采原油以及油田范围内运输原油过程中用于加热的原油、天然气。

（2）煤炭开采企业因安全生产需要抽采的煤成（层）气。

2）资源税减征

有下列情形之一的，减征资源税：

（1）从低丰度油气田开采的原油、天然气，减征20%资源税。

（2）高含硫天然气、三次采油和从深水油气田开采的原油、天然气，减征30%资源税。

（3）稠油、高凝油减征40%资源税。

（4）从衰竭期矿山开采的矿产品，减征30%资源税。

3）可由省、自治区、直辖市人民政府决定的减免税规定

有下列情形之一的，可以由省、自治区、直辖市人民政府决定减税或者免税：

（1）纳税人开采或者生产应税产品过程中，因意外事故或者自然灾害等原因遭受重大损失的。

（2）纳税人开采共伴生矿、低品位矿、尾矿。

4）其他减税、免税

（1）对青藏铁路公司及其所属单位运营期间自产自用的砂、石等材料免征资源税。

（2）自2014年12月1日至2023年8月31日，对充填开采置换出来的煤炭，资源税减征50%。

纳税人开采或者生产同一应税产品，其中既有享受减免税政策的，又有不享受减免税政策的，按照免税、减税项目的产量占比等方法分别核算确定免税、减税项目的销售额或者销售数量。

纳税人开采或者生产同一应税产品同时符合两项或者两项以上减征资源税优惠政策的，除另有规定外，只能选择其中一项执行。

纳税人享受资源税优惠政策，实行"自行判别、申报享受、有关资料留存备查"的办理方式，另有规定的除外。纳税人对资源税优惠事项留存材料的真实性和合法性承担法律责任。

6．征收管理

1）纳税义务发生时间

纳税人销售应税产品，纳税义务发生时间为收讫销售款或者取得索取销售款凭据的当日；自产自用应税产品的纳税义务发生时间为移送应税产品的当日。

2）纳税期限

资源税按月或者按季申报缴纳；不能按固定期限计算缴纳的，可以按次申报缴纳。纳税人按月或者按季申报缴纳的，应当自月份或者季度终了之日起15日内，向税务机关办理纳税申报并缴纳税款。按次申报的，应当自纳税义务发生之日起15日内，向税务机关办理纳税申报并缴纳税款。

3) 征收机关

资源税由税务机关按照《资源税法》和《中华人民共和国税收征收管理法》的规定征收管理。海上开采的原油和天然气资源税由海洋石油税务管理机构征收管理。

9.1.2 资源税的确认与计量

1. 计税依据

1) 一般规定

资源税的计税依据为应税产品的计税销售额或者计税销售数量。计税销售额是指纳税人销售应税产品向购买方收取的全部价款和价外费用,不包括增值税销项税额和符合规定条件的运杂费用;计税销售数量是指从量计征的应税产品销售数量。

2) 特殊规定

(1) 原矿和精矿的销售额或者销售量应当分别核算,未分别核算的,从高确定计税销售额或者销售数量。

(2) 纳税人开采或者生产应税产品,自用于连续生产应税产品的,不缴纳资源税;自用于其他方面的,视同销售,需缴纳资源税。视同销售具体包括:

① 纳税人以自采原矿直接加工为非应税产品的,视同销售原矿。
② 纳税人以自采原矿洗选(加工)后的精矿连续生产非应税产品的,视同精矿销售。
③ 以应税产品投资、分配、抵债、赠予、以物易物等,视同应税产品销售。

(3) 纳税人的减税、免税项目,应当单独核算销售额或者销售数量;未单独核算或者不能准确提供销售额或者销售数量的,不予减税或者免税。

2. 应纳资源税的计算

1) 从价计征资源税的计算

我国自 2016 年 7 月 1 日起,开始全面推行资源税从价计征改革,目前绝大多数资源税应税产品采用从价计征方式。

从价计征资源税时,其基本计算公式为:

应纳资源税＝应税产品销售额×适用税率

纳税人有视同销售产品行为而无销售价格的,或者申报的应税产品销售价格明显偏低且无正当理由的,税务机关应按以下顺序确定其应税产品计税价格:

(1) 按纳税人最近时期同类产品的平均销售价格。
(2) 按其他纳税人最近时期同类产品的平均销售价格。
(3) 按组成计税价格,计算公式为:

组成计税价格＝成本×(1＋成本利润率)÷(1－税率)

成本利润率由省级税务机关按应税产品平均成本利润率确定。

(4) 按后续加工非应税产品销售价格减去后续加工环节的成本利润后确定。
(5) 按其他合理方法确定。

【例 9-1】 某油田 2020 年 10 月对外销售原油,确认的销售额为 5 000 000 元(不含增值税),适用资源税税率为6%,计算当月应纳资源税。

解析:

当月应纳资源税=5 000 000×6%=300 000(元)

2)从量计征资源税的计算

我国目前仅对石灰岩、其他黏土、砂石、矿泉水、天然卤水、地热等少数应税产品,规定可以选择从量计征方式或者从价计征方式计算缴纳资源税。如果选择从量计征方式,其计算公式为:

应纳资源税=应税产品销售数量×适用定额税率

代扣代缴资源税=收购未税矿产品的数量×适用定额税率

【例9-2】 某矿泉水公司2021年6月销售矿泉水100 000立方米,适用的资源税税率为5元/立方米。计算该矿泉水公司当月应纳资源税。

解析:

当月应纳资源税=100 000×5=500 000(元)

3)洗选煤折算的资源税计算

对于需要将洗选煤折算为原煤计算缴纳资源税的情况,纳税人应将洗选煤销售额乘以折算率作为应税销售额计算缴纳资源税,计算公式为:

洗选煤应纳税额=洗选煤销售额×折算率×适用税率

折算率由省、自治区、直辖市财税部门或其授权地市级财税部门确定。

【例9-3】 某煤业公司2021年1月业务情况如下:当月开采原煤100 000吨,其中对外销售80 000吨,售价为600元/吨;本月对外销售用自产原煤加工的选煤10 000吨,税务机关核定的折算率为0.7,售价1 500元/吨;本月将自产原煤1 000吨移送供热部门,供职工生产办公取暖用。以上价格均不含增值税,公司适用的资源税税率为6%。计算该煤业公司当月应纳资源税。

解析:

当月对外销售原煤应纳资源税=80 000×600×6%=2 880 000(元)

当月选煤折算后应纳资源税=10 000×1 500×0.7×6%=630 000(元)

自产原煤用于供热取暖,属于视同销售行为:

自产自用原煤视同销售应纳资源税=1 000×600×6%=36 000(元)

该煤业公司当月合计应纳资源税=2 880 000+630 000+36 000=3 546 000(元)

9.1.3 资源税的纳税申报

1. 纳税地点

纳税人应当在矿产品的开采地或者海盐的生产地缴纳资源税。

2. 纳税申报

纳税人申报资源税时,应当填报"资源税纳税申报表"(见表9-2)。

表 9-2 资源税纳税申报表

根据国家税收法律法规及资源税有关规定制定本表。纳税人不论有无销售额,均应按照税务机关核定的纳税期限填写本表,并向当地税务机关申报。

税款所属时间:自 年 月 日至 年 月 日　　填表日期: 年 月 日　　金额单位:元(列至角分)

纳税人识别号:

纳税人名称		(公章)		法定代表人姓名			登记注册类型		注册地址			电话号码		生产经营地址	
开户银行 及账号															
税目	子目	折算率或 换算比	计量单位	计税 销售量	计税销售额	适用税率	本期 应纳税额		本期 减免税额		本期 已缴税额			本期应 补(退)税额	
1	2	3	4	5	6	7	8①=6×7; 8②=5×7		9		10			11=8-9-10	
原油			吨	6 710	40 260 000	6%	2 415 600							2 415 600	
合　计		—		—	40 260 000		—							2 415 600	

授权声明	如果你已委托代理人申报,请填写下列资料: 为代理一切税务事宜,现授权　　　　　(地址) 为本纳税人的代理申报人,任何与本申报表有关的往来文件,都可寄予此人。 授权人签字:	申报人声明	本纳税申报表是根据国家税收法律法规 及相关规定填写的,我确定它是真实的、 可靠的、完整的。 声明人签字:

【纳税申报同步练习】

资源税纳税申报案例

某石油公司资源税按月申报缴纳,2021年10月生产原油8 000吨,当月销售6 700吨,对外赠送10吨,每吨原油不含增值税的销售价格为6 000元,增值税为780元。当地规定原油的资源税税率为6%。请填列该公司2021年10月份的资源税纳税申报表(纳税识别号等表头信息略)。

解析:

对外赠送10吨原油,应视同销售计算缴纳资源税。

2021年10月应纳资源税 = (6 700+10)×6 000×6% = 40 260 000×6%
= 2 415 600(元)

解答: 资源税纳税申报表填列情况见表9-2。

9.2 资源税的会计处理

9.2.1 账户设置

为了反映和监督资源税税额的计算和缴纳过程,纳税人应在"应交税费"账户下设置"应交资源税"二级账户进行核算,如果存在未税矿产品代扣代缴资源税的情况,为清晰核算,也可以设置"代扣代缴资源税"二级账户进行核算。贷方记本期应缴纳的资源税税额,借方记实际缴纳或按规定允许抵扣的资源税税额,期末贷方余额表示企业应缴而未缴的资源税税额,期末借方余额反映多缴或尚未抵扣的资源税税额。

9.2.2 具体业务的会计处理

1. 开采或生产(销售)资源税应税产品的会计处理

资源税属于价内税,企业将开采或者生产的资源税应税产品直接对外销售时,应缴纳的资源税通过"税金及附加"账户核算,该账户用于核算企业经营活动应负担的部分流转税及财产税、行为税,包括资源税、消费税、城市维护建设税及教育费附加、房产税、城镇土地使用税、车船使用税、印花税等相关税费。

销售资源税应税产品按规定计算出应缴纳的资源税时,借方记入"税金及附加"账户,贷方记入"应交税费——应交资源税"账户;实际缴纳资源税时,借方记入"应交税费——应交资源税"账户,贷方记入"银行存款"等账户。

【例9-4】 承【例9-1】的资料,已知该油田销售原油适用的增值税税率为13%,对该油田资源税、增值税涉税业务进行会计处理。

解析:

(1) 销售实现时:

应交增值税税额 = 5 000 000×13% = 650 000(元)

借：银行存款　　　　　　　　　　　　　　　　5 650 000
　　贷：主营业务收入　　　　　　　　　　　　　　5 000 000
　　　　应交税费——应交增值税　　　　　　　　　　650 000
（2）计算出应纳的资源税时：
借：税金及附加　　　　　　　　　　　　　　　　300 000
　　贷：应交税费——应交资源税　　　　　　　　　　300 000
（3）缴纳资源税时：
借：应交税费——应交资源税　　　　　　　　　　300 000
　　贷：银行存款　　　　　　　　　　　　　　　　300 000

2. 自产自用资源税应税产品的会计处理

（1）纳税人开采或者生产的资源税应税产品自用于连续生产应税产品的，自用环节不缴纳资源税，只需进行实际成本的核算，借方记入"生产成本""制造费用"等账户，贷方记入"原材料"等账户。

【**例9-5**】某煤业公司2021年3月将开采的一批原煤自用于连续生产洗选煤，原煤的开采成本为200 000元。对该业务进行会计处理。

解析：
原煤和洗选煤均为资源税应税产品，原煤移送使用环节无须计算缴纳资源税。
借：生产成本　　　　　　　　　　　　　　　　　200 000
　　贷：原材料　　　　　　　　　　　　　　　　　200 000

（2）纳税人将开采或者生产的资源税应税产品自用于其他方面的，视同销售，于移送使用时计算缴纳资源税。企业计算出自产自用资源税应税产品应缴纳的资源税时，借方记入"生产成本""制造费用""管理费用"等账户，贷方记入"应交税费——应交资源税"账户；实际缴纳资源税时，借方记入"应交税费——应交资源税"账户，贷方记入"银行存款"账户。

【**例9-6**】某建材公司2021年6月将自产的砂石2 000吨自用于生产混凝土砼，砂石适用的资源税税率为3元/吨，就该建材公司资源税涉税业务进行会计处理。

解析：
砂石是资源税应税产品，砼不是资源税应税产品，砂石移送使用时应作为视同销售行为计算缴纳资源税。
公司当月应缴纳的资源税＝2 000×3＝6 000（元）
（1）计算出应缴纳的资源税时：
借：生产成本　　　　　　　　　　　　　　　　　6 000
　　贷：应交税费——应交资源税　　　　　　　　　　6 000
（2）实际缴纳资源税时：
借：应交税费——应交资源税　　　　　　　　　　6 000
　　贷：银行存款　　　　　　　　　　　　　　　　6 000

3. 收购未税矿产品资源税的会计处理

独立矿山、联合企业收购未税矿产品时，按实际支付的收购款，借方记入"在途物资""原材料"等账户,按支付的增值税税额,借方记入"应交税费——应交增值税(进项税额)"账户,贷方记入"银行存款"等账户。同时,按代扣代缴的资源税,贷方记入"应交税费——代扣代缴资源税"账户。

【例 9-7】 某独立铁矿矿山 2021 年收购一批未税铁矿原矿,共 2 000 吨。每吨不含增值税收购价格为 108 元(其中资源税为 8 元),适用增值税税率为 13%,取得增值税专用发票。该批铁矿原矿适用资源税税率为 8%,所用款项均通过银行存款支付。对该独立矿山收购铁矿原矿时涉税业务进行会计处理。

解析:

该独立铁矿矿山收购未税铁矿原矿,需代扣代缴资源税,并计入收购成本,同时计算可抵扣的增值税进项税额。

代扣代缴的资源税 = 100 × 2 000 × 8% = 16 000(元)

增值税进项税额 = 108 × 2 000 × 13% = 28 080(元)

(1) 支付收购铁矿原矿货款并代扣资源税时:

借:原材料　　　　　　　　　　　　　　　　216 000
　　应交税费——应交增值税(进项税额)　　 28 080
　　贷:银行存款　　　　　　　　　　　　　228 080
　　　　应交税费——代扣代缴资源税　　　　 16 000

(2) 实际缴纳资源税时:

借:应交税费——代扣代缴资源税　　　　　　16 000
　　贷:银行存款　　　　　　　　　　　　　 16 000

4. 企业与税务机关结算上月税款的会计处理

企业与税务机关结算上月税款时,如果需要补缴,应借方记入"应交税费——应交资源税"账户,贷方记入"银行存款"账户;如果是多缴资源税办理退税,则应借记"银行存款"账户,贷记"应交税费——应交资源税"账户。

9.3　资源税税收筹划技巧与实务

资源税的税收筹划空间相对较小,主要是充分利用税法的相关规定,从分开核算不同应税产品以适应减税、免税具体项目的规定条件,充分享受税收优惠政策,以及某些特殊情况下合理确定折算比等方面进行税收筹划。此外,也可采取一些类似前述税种税收筹划时常用的方法,诸如推迟销售确认时间、设立专门的销售机构等方式进行税收筹划,以获得一定的税收筹划收益。

9.3.1　分开核算具体应税产品的税收筹划

根据《资源税法》的相关规定,下列情形应将应税产品分开核算,具体包括:

(1) 纳税人开采或者生产不同税目应税产品的,应当分别核算不同税目应税产品的销售额或销售数量；未分别核算或者不能准确提供不同税目应税产品的销售额或者销售数量的,从高适用税率。

(2) 纳税人的减税、免税项目,应当单独核算销售额或销售数量,未单独核算或者不能准确提供减税、免税产品销售额或销售数量的,不予减税或者免税。

(3) 纳税人开采销售共伴生矿,共伴生矿与主矿产品销售额分开核算的,对共伴生矿暂不计征资源税；没有分开核算的,共伴生矿按主矿产品的税目和适用税率计征资源税。

(4) 纳税人以自采未税产品和外购已税产品混合销售或者混合加工为应税产品销售的,在计算应税产品计税销售额时,准予扣减已单独核算的已税产品购进金额；未单独核算的,一并计算缴纳资源税。

针对上述情形,纳税人应当分开核算不同税目的销售额,清晰准确地区分应税项目与免税项目的销售额、不同税率应税产品的销售额、主矿产品和共伴生矿产品的销售额、自采未税产品和外购已税产品的销售额,进而适应税法规定的减税、免税、抵扣项目的具体规定,以期获得税收筹划收益。

【例 9-8】 某铜矿开采公司开采铜矿资源共伴生镁矿资源。2021 年 8 月,该公司开采销售铜矿石原矿 10 000 吨,售价为 280 元/吨；另外开采销售了共伴生的低品位镁矿石原矿 800 吨,售价为 360 元/吨。已知铜矿石原矿适用的资源税税率为 8%,镁矿石原矿适用的资源税税率为 5%。如何对该公司 8 月的应交资源税进行税收筹划？

解析:

如果该公司能够对铜矿石原矿和共伴生的镁矿石原矿分开核算并准确计算各自的销售额,那么共伴生的镁矿石原矿暂不计征资源税；如果该公司不能对铜矿石原矿和共伴生的镁矿石原矿分别进行清晰准确的核算,那么开采销售的镁矿石原矿也要从高适用 8% 的资源税税率。

(1) 如果该公司不能对开采销售的两种金属原矿石分别进行准确核算,只知道当月铜矿石原矿及共伴生镁矿石原矿共开采销售了 3 088 000 元。

当月应纳资源税税额 = 3 088 000 × 8% = 247 040(元)

(2) 如果该公司对开采销售的两种金属原矿石分别进行准确核算,则:

当月生产销售铜矿石原矿应纳资源税 = 10 000 × 280 × 8% = 224 000(元)

当月生产销售镁矿石原矿应纳资源税 = 0

当月生产销售两种金属矿原矿合计应纳资源税 = 224 000 + 0 = 224 000(元)

结论:比较可知,对两种金属矿原矿开采销售额分别清晰核算,当月可以降低资源税税负 23 040(247 040 − 224 000)元,能够获得一定的税收筹划收益。

9.3.2 充分享受税收优惠政策的税收筹划

9.1.1 节"资源税概述"中第 5 部分"税收减免"相关内容中,对资源税减免的主要情况进行了详细阐述,从其具体规定中可以看出,对开采难度大、品位较低、处于衰竭期等情况下的相关应税资源,均有相应的税收减免优惠政策,而且针对同一应税产品,税收优惠政策可能不止一项。为此,纳税人在进行税收筹划时,应该对自身开采销售的应税产品品位、开采年限、开采技术难度等基础数据指标进行细化规范,使其符合税收优惠政策规定的条件。尤其对于同时符合两项减税条件的,应选择对纳税人最有利的税收优惠政策。

【例9-9】 某煤矿已经连续开采15年,目前矿藏储量已经接近衰竭,开采技术参数显示,进入2021年可采储量已经下降到原设计可采储量的不足20%,且开采难度加大。假设2021年该煤矿共开采销售原煤100 000吨,售价600元/吨,适用资源税税率为6%。该煤矿应如何对资源税进行税收筹划?

解析:

《资源税法》规定,剩余可采储量下降到原设计可采储量20%(含)以下的矿山属衰竭期矿山,资源税可以减征30%;《资源税法》同时规定,对采用充填开采方式开采的煤炭等矿产资源,资源税减征50%。充填开采是指随着回采工作面的推进,向采空区或离层带等空间充填废石、尾矿、废渣等方式采出矿产品的开采方法。对于处于衰竭期的矿山而言,从提高回采比例、保护地下含水层及地表生态的角度,往往可以采用充填开采的方式,不过《资源税法》要求具体充填时要采用先进适用的胶结或膏体等充填方式。为此,该煤矿在进行税收筹划时,可以适当优化开采的经济技术参数以符合《资源税法》规定的充填开采方式要求,进而享受更优惠的税收减免政策,使资源税减征50%。

解析:

(1) 若直接按衰竭期矿山资源税享受减征30%的税收优惠政策,则:

2021年度应纳资源税税额=100 000×600×6%×(1-30%)=2 520 000(元)

(2) 若适当改变开采经济技术参数,符合《资源税法》规定的充填开采要求,适用资源税减征50%的税收优惠政策。

2021年度应纳资源税税额=100 000×600×6%×(1-50%)=1 800 000(元)

结论:比较(1)和(2)可知,(2)享受的资源税法定减免幅度更大,减征比例存在20%(50%-30%)的差异,为此采用(2)当年可少纳资源税720 000(2 520 000-1 800 000)元,取得了可观的税收筹划收益。

9.3.3 某些特殊情况下合理确定折算率进行税收筹划

纳税人在计算缴纳资源税时,在不能准确提供应税产品销售数量或移送使用数量等特殊情况下,主管税务机关可以将采用一定的折算率换算成的数量作为课税数量,这为企业通过合理确定折算率进行税收筹划提供了一定空间。例如,煤炭等能源矿产、铜等金属矿产、高岭土等非金属矿产,以及盐矿等相关开采加工企业,在将原矿连续加工为高热卡的洗选煤或者高品位的选矿业务中,如果无法正确计算原矿移送使用数量,可以按加工完成的最终产品的综合回收率或折算率,将加工完成的最终产品的实际销量折算成原矿数量,并据以作为课税数量。折算率原则上应通过原矿售价和选矿比计算,或者通过原矿销售额、加工环节平均成本和利润计算,现实情况中具体企业由于自身技术水平存在高低差异,会导致自身折算率高于或者低于行业平均水平,但是税务机关是根据行业的平均折算率来确定课税数量的,由此会导致计算出来的应税资源数量与实际移送使用数量出现差异。企业通过合理确定折算率进行税收筹划,可以获得一定的筹划收益。

【例9-10】 某盐业公司用开采的天然卤水连续加工为某标号的高纯度液态调味品,由于工序循环较为烦琐且该公司加工技术相对落后,工艺流程中天然卤水移送使用数量难以准确核算。当月生产销售的某标号高纯度液态调味品为 20 000 吨,售价为 120 元/吨,天然卤水适用的资源税税率为 8%。已知将天然卤水加工为该种标号的高纯度产品的行业平均折算率为 30%,该公司由于技术水平落后,实际折算率低于行业平均水平约 10 个百分点,即大致只有 20%。该公司应如何对应交资源税进行税收筹划,以获取筹划收益?

解析:

天然卤水以原矿作为征收对象,该盐业公司生产销售的高纯度液态调味品需通过折算率换算为课税数量计算缴纳资源税。公司虽然难以准确提供天然卤水原矿移送使用数量,但大致知道本公司折算率低于行业平均水平,为此,从税收筹划的角度,应通过主管税务机关核定的行业平均折算率换算为课税数量计算缴纳资源税,进而获得一定的税收筹划收益。

(1) 据实准确核算:

公司实际应课税数量 = 20 000÷20% = 100 000(吨)

公司按实际应课税数量计算的应纳资源税 = 100 000×120×8% = 960 000(元)

(2) 按主管税务机关核定的行业平均折算率换算:

公司按税务机关核定的折算率换算的课税数量 = 20 000÷30% = 66 667(吨)

公司按税务机关核定的课税数量计算的应纳资源税 = 66 667×120×8% = 640 000(元)

结论:采用由主管税务机关核定折算率确定应税销售量的方法,相比公司自行据实核算应税销售量的方法,可降低资源税税负 320 000(960 000 - 640 000)元,取得了不错的税收筹划收益。

当然,只有切实提高生产流程的工艺技术水平,企业才能拥有核心竞争力并获得更长远的发展。为此,如果企业的技术水平提高使实际折算率高于行业平均水平时,则应该准确核算原矿的移送使用数量,进而在纳税时按实际课税数量计算缴纳资源税,这样可以避免主管税务机关因采用行业平均折算率计算课税数量而增加资源税税负。

9.3.4 其他税收筹划思路与方法

纳税人在对资源税进行税收筹划时,还有一些比较通用的思路与方法可以选择。例如,在结算方式的选择方面,可以考虑尽量采用分期收款或者在会计期间临界点附近适当延迟凭证开具时间等方法,通过推迟纳税义务的发生时间,以获得应纳资源税税额的资金时间价值;在经营方式的处理方面,考虑资源税仅仅是在生产销售环节征收一道税,而在后续的流通及最终消费环节不再重复征税,为此可以考虑设立独立的销售公司,纳税人以较低的价格先将应税产品转让给销售公司,再由销售公司以正常价格对外销售,从而达到降低计税基础减轻税负的目的。由于资源税这一特点与消费税有类似之处,具体处理及注意事项在本教材"消费税税收筹划技巧与实务"部分已有相应阐述,限于篇幅,在此不再赘述。

【导入案例讨论】

经过本章的学习,我们对于资源税涉税业务的会计处理及税收筹划思路有了全面深刻的认识。最后,让我们来逐一回答本章开始"导入案例"中提出的问题。

问题 1:该煤矿资源税的计算缴纳存在什么问题?

解答:该煤矿的资源税计算缴纳本身没有错误,但是存在重大不当,致使企业大幅增加了资源税税收负担。因为该煤矿设计的剩余可开采年限虽然不低于 5 年,但是依据技术经济参数指标实际情况,2020年就已经进入了衰竭期,按照《资源税法》规定,2020年、2021年均可享受减征30%资源税的税收优惠政策,如果及时采用充填开采的方式,则可享受减征50%资源税这一更为优惠的政策。不过,按照《资源税法》规定,纳税人享受资源税优惠政策,实行"自行判别、申报享受、有关资料留存备查"的办理方式。该煤矿实际直到2021年还按正常情况计算缴纳资源税,原因在于工程技术人员对于自行判别衰竭期的税收筹划没有充分认识,财务部门人员对于工程技术参数的实际情况缺乏必要认知,由于不同部门未能协同开展工作,所以未能享受到衰竭期资源税减免等优惠政策。

问题2:该案例给企业税收筹划带来什么启示?

解答:财务人员与工程技术人员之间必须建立顺畅的沟通机制,主要技术参数指标与财务税收政策知识应该充分共享,并在管理层决策中充分呈现,共同发挥作用。如果财务人员、工程技术人员各自囿于自身的知识结构和视野,彼此之间没有建立充分的沟通和互动机制,会给企业的税收筹划工作带来极大的负面影响,进而增加不必要的税收负担。

扫描此码

即测即练题

复习思考题

1. 资源税主要有哪些税收优惠政策?
2. 开采(生产)销售资源税应税产品和自产自用资源税应税产品的账务处理有什么不同?
3. 资源税税收筹划的思路和主要方法有哪些?

第10章
其他税种会计与税收筹划

【学习目标】
1. 熟悉主要小税种的纳税人和征税范围。
2. 掌握主要小税种应纳税额的计算和申报方法。
3. 掌握主要小税种涉税业务的会计处理方法。
4. 熟悉主要小税种的税收优惠政策。
5. 理解主要小税种的税收筹划原理并能选取合适方法灵活运用于税收筹划实践。

【导入案例】

王斌是会计学专业大四学生,2021年秋季,本市一家规模较大的机械制造公司来学校招聘税务会计岗位毕业生,王斌参加了该公司的校园双选活动。在面试时,该公司的财务部门负责人为了考察王斌对城市维护建设税、城镇土地使用税、房产税、印花税、契税、车船税、车辆购置税、环境保护税等几个小税种的认识是否全面,提出了以下两个问题:

1. 结合该公司从事的主要业务,谈一谈公司有可能涉及哪些税种的计算缴纳及账务处理。
2. 计入当期损益和作为资本化处理的税种分别是哪些?

王斌应如何回答上述两个问题?

10.1 城市维护建设税会计与税收筹划

10.1.1 城市维护建设税概述

城市维护建设税是对从事工商经营,缴纳增值税、消费税的单位和个人征收的一种附加税。1985年2月8日,国务院正式颁布了《中华人民共和国城市维护建设税暂行条例》,并于当年开始在全国范围内施行。为了加快税收立法进程,进一步落实税收法定原则,2020年8月11日,第十三届全国人民代表大会常务委员会第二十一次会议表决通过《中华人民共和国城市维护建设税法》(以下简称《城市维护建设税法》)。就计税基础而言,增值税、消费税是我国流转环节的主要税种,而城市维护建设税又是其附加税,一般来说,缴纳增值税、消费税的纳税人就要缴纳城市维护建设税,因此,城市维护建设税的征收范围相应较广。

1. 纳税义务人和扣缴义务人

在中华人民共和国境内缴纳增值税、消费税的单位和个人,为城市维护建设税的纳税人,应当按照规定缴纳城市维护建设税。

上述单位和个人,包括国有企业、集体企业、私营企业、股份制企业、其他企业和行政单位、事业单位、军事单位、社会团体、其他单位,以及个体工商户及其他个人。

城市维护建设税的扣缴义务人为负有增值税、消费税扣缴义务的单位和个人,在扣缴增值税、消费税的同时扣缴城市维护建设税。

2. 征收范围

城市维护建设税的征收范围包括市区、县城、建制镇,以及税法规定的其他地区。对进口货物或者境外单位和个人向境内销售劳务、服务、无形资产缴纳的增值税、消费税税额,不征收城市维护建设税。

另外,教育费附加征收范围与城市维护建设税一致。

3. 税率(征收率)

城市维护建设税按纳税人所在地的不同,设置了三档地区差别比例税率:

(1) 纳税人所在地为市区的,税率为7%。

(2) 纳税人所在地为县城、镇的,税率为5%。

(3) 纳税人所在地不在市区、县城或者镇的,税率为1%。

另外,再按3%的征收率征收教育费附加。

纳税人所在地,是指纳税人住所所在地或者与纳税人生产经营活动相关的其他地点,具体地点由省、自治区、直辖市确定。

4. 计税依据

城市维护建设税的计税依据,是指纳税人依法实际缴纳的增值税、消费税税额。如果要免征或者减征增值税、消费税,也就要同时免征或者减征城市维护建设税。城市维护建设税计税依据应当按照规定扣除期末留抵退税退还的增值税税额。

纳税人违反增值税、消费税有关税法而加收的滞纳金和罚款,是税务机关对纳税人违法行为的经济制裁,不作为城市维护建设税的计税依据。但纳税人在被查补增值税、消费税并被处以罚款时,应同时对其偷漏的城市维护建设税进行补税、征收滞纳金并处以罚款。

对出口产品退还增值税、消费税的,不退还已缴纳的城市维护建设税。经税务机关正式审核批准的当期免抵的增值税税额应纳入城市维护建设税的计征范围,按规定的税率征收城市维护建设税。

5. 应纳税(费)额的计算

城市维护建设税应纳税额以纳税人实际缴纳的增值税、消费税税额为计税依据乘以适用的税率计算缴纳。具体计算公式为：

应纳城市维护建设税税额＝纳税人实际缴纳的增值税、消费税税额×适用税率

应纳教育费附加＝纳税人实际缴纳的增值税、消费税税额×征收率

【例10-1】 某公司位于市区，2021年6月销售产品实际缴纳增值税1 000 000元，实际缴纳消费税600 000元。另外，当月进口货物实际缴纳的增值税为100 000元。计算该公司当月应缴纳的城市维护建设税及教育费附加。

解析：

城市维护建设税及教育费附加，以纳税人当期实际缴纳的增值税、消费税税额为计税依据，但是不含进口货物缴纳的增值税税额、消费税税额。

当月应纳城市维护建设税税额＝(1 000 000＋600 000)×7％＝112 000(元)

当月应纳教育费附加＝(1 000 000＋600 000)×3％＝48 000(元)

根据国民经济和社会发展的需要，国务院可以对重大公共基础设施建设、特殊产业和群体以及重大突发事件应对等情形规定减征或者免征城市维护建设税，同时报全国人民代表大会常务委员会备案。

6. 征收管理

1）纳税环节

城市维护建设税的纳税环节，实际就是纳税人缴纳增值税、消费税的环节。纳税人只要发生增值税、消费税的纳税义务，就要在同样的环节计算缴纳城市维护建设税。

2）纳税地点

一般而言，纳税人缴纳增值税、消费税的地点，就是该纳税人缴纳城市维护建设税的地点。

3）纳税义务发生时间和纳税期限

城市维护建设税纳税义务发生时间与增值税、消费税的纳税义务发生时间一致。

由于城市维护建设税是由纳税人在缴纳增值税、消费税时同时缴纳的，所以其纳税期限与增值税、消费税的纳税期限一致，分别为1日、3日、5日、10日、15日或者1个月。具体由主管税务机关根据应纳税额大小核定；不能按照固定期限纳税的，可以按次纳税。

4）纳税申报

"城市维护建设税、教育费附加、地方教育附加纳税申报表"如表10-1所示。

【纳税申报同步练习】

城市维护建设税纳税申报案例

某摩托车制造公司增值税、消费税按月申报缴纳，2021年9月销售摩托车应纳增值税600 000元，应纳消费税300 000元。请填列该公司2021年9月的城市维护建设税申报表（纳税识别号等表头信息略）。

解析：

2021年9月应纳城市维护建设税＝(600 000＋300 000)×7％＝63 000(元)

解答： 城市维护建设税纳税申报表填列情况见表10-1。

表 10-1 城市维护建设税、教育费附加、地方教育附加申报表

本期是否适用增值税小规模纳税人减征政策（减免性质代码：07049901，减免性质代码：61049901，教育费附加_地方教育附加_99049901）

减征比例_城市维护建设税（%）
减征比例_教育费附加（%）
减征比例_地方教育附加（%）
□是 □否

本期是否适用试点建设培育产教融合型企业抵免政策
□是 □否

当期新增投资额
上期留抵可抵免金额
结转下期可抵免金额

税（费）种	计税（费）依据				税率税（征收率）	本期应纳税（费）额	本期减免税（费）额		本期增值税小规模纳税人减征额	试点建设培育产教融合型企业		本期已缴税（费）额	本期应补（退）税（费）额
	增值税		消费税	营业税	合计			减免性质代码	减免税（费）额		减免性质代码	免（费）金额	
	一般增值税	免抵税额											
	1	2	3	4	5＝1＋2＋3＋4	6	7	8	9	10	11	12	13	14＝7－9－10－12－13
城市维护建设税	600 000		300 000		900 000	7%	63 000							63 000
教育费附加	600 000		300 000		900 000	3%	27 000							27 000
地方教育附加	600 000		300 000		900 000	2%	18 000							18 000
合计						—	108 000		—					108 000

谨声明：本申报表是根据国家法律法规及相关规定填报的，是真实的、可靠的、完整的。

经办人：
经办人身份证号：
代理机构签章：
代理机构统一社会信用代码：

纳税人（签章）：   年 月 日

受理人：
受理税务机关（章）：
受理日期：   年 月 日

【扩展阅读 10.1】 "营改增"之后账户名称及利润表项目变化

扫描此码

深度学习

10.1.2 城市维护建设税的会计处理

纳税人计算缴纳城市维护建设税时,应在"应交税费"账户下设置"应交城市维护建设税"明细账户进行核算;相应地,计算缴纳的教育费附加,应在"应交税费"账户下设置"应交教育费附加"明细账户进行核算。此外,还应设置"税金及附加"账户,将当期计提的应交城市维护建设税及教育费附加计入该账户借方进而影响损益。

需要注意的是,纳税人在销售使用过的固定资产时,一般通过"固定资产清理"账户进行核算,为此,该业务采用简易计税方法计算出应缴纳的增值税计入了"固定资产清理"账户的借方,相应以其为计税基础计算出的应缴纳的城市维护建设税及教育费附加,也应一并计入"固定资产清理"账户的借方,以体现会计信息分类的准确性。但是实际业务处理中,因为这类固定资产清理行为往往比较偶发,在进行账务处理时常常将相应计提应交的城市维护建设税及教育费附加不加区分地计入了"税金及附加"账户,这在一定程度上未能很好地体现出会计反映职能蕴含的准确分类指向。

【例 10-2】 承【例 10-1】的资料,对城市维护建设税和教育费附加计提及缴纳进行会计处理。

解析:

(1) 计提应交城市维护建设税及教育费附加时:

借:税金及附加 160 000
  贷:应交税费——应交城市维护建设税 112 000
     ——应交教育费附加 48 000

(2) 实际缴纳税费时:

借:应交税费——应交城市维护建设税 112 000
    ——应交教育费附加 48 000
  贷:银行存款 160 000

【例 10-3】 某公司地处市区,2021 年 7 月缴纳增值税、消费税共计 200 000 元,另外因接受税务稽查被处罚缴纳税收滞纳金 30 000 元。当月产品出口退税退还增值税、消费税 50 000 元。对该公司城市维护建设税及教育费附加进行会计处理。

解析:

违反税法缴纳的税收滞纳金不作为城市维护建设税及教育费附加的计税基础;出口产品退还增值税、消费税的,不退还已缴纳的城市维护建设税。

该公司当月应纳城市维护建设税税额 = 200 000 × 7‰ = 14 000(元)

该公司当期应纳教育费附加＝200 000×3％＝6 000(元)

会计分录如下。

(1) 计提应交城市维护建设税及教育费附加时：

借：税金及附加　　　　　　　　　　　　　　　　20 000
　　贷：应交税费——应交城市维护建设税　　　　　　　14 000
　　　　　　　　——应交教育费附加　　　　　　　　　　6 000

(2) 实际缴纳税费时：

借：应交税费——应交城市维护建设税　　　　　　　14 000
　　　　　　——应交教育费附加　　　　　　　　　　6 000
　　贷：银行存款　　　　　　　　　　　　　　　　　20 000

【例10-4】　某公司处于市区，2021年6月办理出口退税业务，当月月底已收到主管税务机关审批的本公司"免、抵、退"税款2 000 000元。其中，退税款800 000元，免抵税额1 200 000元。该公司收到税务机关返还的"生产企业出口货物免、抵、退税申报汇总表"后，依据"免抵"税额计算应纳城市维护建设税及教育费附加。对该公司城市维护建设税及教育费附加涉税(费)业务进行会计处理。

解析：

城市维护建设税及教育费附加的计税基础不包括已退税增值税税款，只能将免抵税额作为计税依据。

公司当月应纳城市维护建设税税额＝1 200 000×7％＝84 000(元)

公司当月应纳教育费附加＝1 200 000×3％＝36 000(元)

会计分录如下。

(1) 6月底，收到"生产企业出口货物免、抵、退税申报汇总表"时：

借：其他应收款——应收出口退税(增值税)　　　　　800 000
　　应交税费——应交增值税(出口退税抵免应纳税额)　1 200 000
　　贷：应交税费——应交增值税(出口退税)　　　　　　2 000 000

(2) 计提应交城市维护建设税及教育费附加时：

借：税金及附加　　　　　　　　　　　　　　　　120 000
　　贷：应交税费——应交城市维护建设税　　　　　　　84 000
　　　　　　　　——应交教育费附加　　　　　　　　　36 000

(3) 实际缴纳税费时：

借：应交税费——应交城市维护建设税　　　　　　　84 000
　　　　　　——应交教育费附加　　　　　　　　　36 000
　　贷：银行存款　　　　　　　　　　　　　　　　　120 000

10.1.3　城市维护建设税税收筹划技巧与实务

因为城市维护建设税是附加在"增值税"和"消费税"基础上的一种附加税，该税种本身没有独立的课税对象，所以，在税率既定的情况下，减少了"增值税"和"消费税"的税额，也就降低了城市维护建设税的税额。为此，本教材前文对增值税、消费税的纳税人身份、计税依据等方面税收筹划问题的讨论,实际上也会间接影响城市维护建设税的税负问题,在此不再针对城市维护建设税这一附加税种赘述。

需要注意的是,由于城市维护建设税按照纳税人所在地的不同设置了7%、5%、1%三档税率,这为纳税人选择合理的税率纳税以获得税收筹划收益提供了一定空间。例如,在对其他方面条件要求不高的情况下,纳税人可以将机构所在地选择在城市以外的县城、镇或其他地区,以适用5%或1%的低税率;或者在委托加工业务中,依据《城市维护建设税法》规定的"由受托方代扣代缴增值税、消费税的单位和个人,其代扣代缴的城市维护建设税按受托方所在地适用税率执行"的条款,委托方可以合理考虑受托方所在地适用的城市维护建设税税率,以获取一定的税收筹划收益。

【例10-5】甲公司拟委托加工一批总价值为10 000 000元的新型化妆品,由受托方代扣代缴消费税5 000 000元。甲公司应如何对受托方所在地进行筹划以获得税收筹划收益?

解析:

依据受托方所在地为市区、县城、镇或其他地区,受托方代扣代缴城市维护建设税时适用的税率分别为7%、5%、1%。

(1)方案一:选择位于市区的受托方。

应支付给受托方的代扣代缴城市维护建设税=5 000 000×7%=350 000(元)

(2)方案二:选择位于县城、镇的受托方。

应支付给受托方的代扣代缴城市维护建设税=5 000 000×5%=250 000(元)

(3)方案三:选择位于其他地区的受托方。

应支付给受托方的代扣代缴城市维护建设税=5 000 000×1%=50 000(元)

结论:比较三种方案可知,选择在县城、镇或其他地区的受托方,比选择在市区的受托方分别减少城市维护建设税100 000(350 000-250 000)元、300 000(350 000-50 000)元。在物流比较顺畅的前提下,这种选择可以较大幅度地降低城市维护建设税税负,从而获得一定的税收筹划收益。

10.2 城镇土地使用税会计与税收筹划

10.2.1 城镇土地使用税概述

城镇土地使用税是以国有土地为征收对象,对拥有土地使用权的单位和个人征收的一种税。现行城镇土地使用税的基本规范,是2006年12月31日国务院修改并颁布的《中华人民共和国城镇土地使用税暂行条例》;2013年12月4日,国务院第三十二次常务会议对该条例做了进一步修改,并于同年12月7日起实施。

1. 纳税义务人

在城市、县城、建制镇、工矿区范围内使用土地的单位和个人,为城镇土地使用税的纳税人。

上述所称单位,包括国有企业、集体企业、私营企业、股份制企业、外商投资企业、外国企业以及其他企业和事业单位、社会团体、国家机关、军队以及其他单位；所称个人，包括个体工商户及其他个人。

城镇土地使用税的纳税人通常包括以下五类：拥有土地使用权的单位和个人；土地的实际使用人和代管人；使用权未确定或权属纠纷未解决情况下的实际使用人；使用权共有的共有各方；直接从集体经济组织承租土地的单位和个人。

2．征税范围

城镇土地使用税的征税范围包括在城市、县城、建制镇和工矿区内的国家所有和集体所有的土地。其中，城市的土地包括市区和郊区的土地；县城的土地是指县人民政府所在地的城镇的土地；建制镇的土地是指镇人民政府所在地的土地。

建立在城市、县城、建制镇和工矿区以外的工矿企业不需要缴纳城镇土地使用税。

3．税率

城镇土地使用税采用定额税率，即有幅度的差别税率，按大、中、小城市和县城、建制镇、工矿区分别规定每平方米城镇土地使用税年应纳税额（见表10-2）。

表 10-2　城镇土地使用税税率表

级　　别	人口（人）	每平方米税额（元）
大城市	50万以上	1.5～30
中等城市	20万～50万	1.2～24
小城市	20万以下	0.9～18
县城、建制镇、工矿区		0.6～12

4．计税依据

城镇土地使用税以纳税人实际占用的土地面积为计税依据，土地面积计量标准为每平方米。税务机关根据纳税人实际占用的土地面积，按照规定的税率计算应纳税额，向纳税人征收城镇土地使用税。

对地下建筑用地暂按应征税款的50%征收城镇土地使用税。

城镇土地使用税的应纳税额按纳税人实际占用的土地面积乘以该土地所在地段的适用税额求得。其计算公式如下：

全年应纳税额＝实际占用应税土地面积（平方米）×适用税额

5．税收优惠

1）法定免税的优惠

(1) 国家机关、人民团体、军队自用的土地。

(2) 由国家财政部门拨付事业经费的单位自用的土地。

(3) 宗教寺庙、公园、名胜古迹自用的土地。

(4) 市政街道、广场、绿化地带等公共用地。

(5) 直接用于农、林、牧、渔业的生产用地。

(6) 经批准开山填海整治的土地和改造的废弃土地,从使用的月份起免征城镇土地使用税 5～10 年。

(7) 对非营利性医疗机构、疾病控制机构和妇幼保健机构等卫生机构和非营利性科研机构自用的土地,免征城镇土地使用税。

(8) 对国家拨付事业经费和企业办的各类学校、托儿所、幼儿园自用的房产、土地,免征城镇土地使用税。

(9) 免税单位无偿使用纳税单位的土地(如公安、海关等单位使用铁路、民航等单位的土地),免征城镇土地使用税。

(10) 对改造安置住房建设用地免征城镇土地使用税。

(11) 为了体现国家的产业政策,支持重点产业的发展,对石油、电力、煤炭等能源用地,民用港口、铁路等交通用地和水利设施用地,盐业、采石场、邮电等一些特殊用地划分了征免税界限和给予政策性减免税照顾。

2) 省、自治区、直辖市税务部门确定的城镇土地使用税减免优惠

(1) 个人所有的居住房屋及院落用地。

(2) 房产管理部门在房租调整改革前经租的居民住房用地。

(3) 免税单位职工家属的宿舍用地。

(4) 集体和个人办的各类学校、医院、托儿所、幼儿园用地。

【例 10-6】 某纺织厂实际占地 100 000 平方米,其中,该厂自办的幼儿园占地 300 平方米,该厂自办的医务所占地 3 000 平方米。该厂位于中等城市,当地人民政府核定的纺织厂地段城镇土地使用税单位税额为 10 元/平方米。计算该纺织厂年度应纳城镇土地使用税税额。

解析:

纺织厂自办的幼儿园、医务所占地免征城镇土地使用税,确定计税基础时应减除这两处所占土地面积。

年度应纳城镇土地使用税税额 = (100 000 − 300 − 3 000) × 10 = 967 000(元)

6. 征收管理

1) 纳税期限

城镇土地使用税实行按年计算、分期缴纳的征收方法,具体纳税期限由省、自治区、直辖市人民政府确定。

2) 纳税义务发生时间

从取得土地使用权属之次月起缴纳城镇土地使用税。具体情况是:

(1) 纳税人购置新建商品房,自房屋交付使用之次月起,缴纳城镇土地使用税。

(2) 纳税人购置存量房,自办理房产权属转移、变更登记手续,房地产权属登记机关签发房屋权属证书之次月起,缴纳城镇土地使用税。

(3) 纳税人出租、出借房产,自交付出租、出借房产之次月起,缴纳城镇土地使用税。

(4) 以出让或转让方式有偿取得土地使用权的,应由受让方从合同约定交付土地时间的次月起缴纳城镇土地使用税;合同未约定交付土地时间的,由受让方从合同签订的次月

起缴纳城镇土地使用税。

(5) 纳税人新征用的耕地,自批准征用之日起满1年时开始缴纳城镇土地使用税。

(6) 纳税人新征用的非耕地,自批准征用次月起缴纳城镇土地使用税。

(7) 自2009年1月1日起,纳税人因土地的权利发生变化而依法终止城镇土地使用税纳税义务的,其应纳税额的计算应截止到土地权利发生变化的当月末。

3) 纳税地点

城镇土地使用税在土地所在地缴纳。

4) 纳税申报

为优化税收营商环境,共享纳税基础信息,提高办税工作效率,我国自2019年开始推行城镇土地使用税和房产税合并申报政策,为此,城镇土地使用税的纳税人应按照规定及时办理纳税申报,并如实填写"城镇土地使用税、房产税纳税申报表"(见表10-3)及其附表(略)。

【纳税申报同步练习】

城镇土地使用税、房产税纳税申报案例

某公司地处甲市,城镇土地使用税、房产税按年计算,每季度缴纳一次。该公司生产经营用地面积为10 000平方米,其中,幼儿园面积500平方米。该土地为一级土地,城镇土地使用税的单位税额为8元/平方米;该公司经营用房产原值为8 000 000元,均为自用没有出租,当地规定计算房产税时房产原值扣除比例为30%。请填列该公司2021年第四季度的城镇土地使用税、房产税纳税申报表(纳税识别号等表头信息略)。

解析:

2021年第四季度应纳城镇土地使用税 = 10 000 × 8 ÷ 4 = 20 000(元)

2021年第四季度减免城镇土地使用税 = 500 × 8 ÷ 4 = 1 000(元)

2021年第四季度应纳房产税 = 8 000 000 × (1 − 30%) × 1.2% ÷ 4 = 16 800(元)

解答:城镇土地使用税、房产税纳税申报表填列情况见表10-3。

10.2.2 城镇土地使用税的会计处理

企业应设置"应交税费——应交城镇土地使用税""税金及附加"等账户对城镇土地使用税的计提缴纳情况进行核算。

【例10-7】 承【例10-6】的资料,对该纺织厂城镇土地使用税计提缴纳情况进行会计处理。

解析:

(1) 计提城镇土地使用税时:

借:税金及附加　　　　　　　　　　　　　　　　967 000
　　贷:应交税费——应交城镇土地使用税　　　　　　967 000

(2) 实际结算上缴时:

借:应交税费——应交城镇土地使用税　　　　　　967 000
　　贷:银行存款　　　　　　　　　　　　　　　　967 000

表 10-3　城镇土地使用税、房产税纳税申报表

税款所属期：自　　年　　月　　日至　　年　　月　　日

纳税人名称：
纳税人识别号（统一社会信用代码）：□□□□□□□□□□□□□□□□□□

金额单位：元（列至角分）
面积单位：平方米

一、城镇土地使用税

本期是否适用增值税小规模纳税人减征政策（减免性质代码 10049901）　□是　□否

序号	土地编号	宗地号	土地等级	税额标准	土地总面积	本期适用增值税小规模纳税人减征政策起始时间	本期适用增值税小规模纳税人减征政策终止时间	本期应纳税额	本期减免税额	本期增值税小规模纳税人减征税额	减征比例（%）	本期已缴税额	本期应补（退）税额
1	*		1级	8	10 000	2021年10月1日	2021年12月31日	20 000	1 000				19 000
2	*												
3	*												
合计	*		*	*	10 000	*	*	20 000	1 000				19 000

二、房产税

本期是否适用增值税小规模纳税人减征政策（减免性质代码 08049901）　□是　□否

（一）从价计征房产税

序号	房产编号	房产原值	其中：出租房产原值	计税比例	税率	本期适用增值税小规模纳税人减征政策起始时间	本期适用增值税小规模纳税人减征政策终止时间	所属期起	所属期止	本期应纳税额	本期减免税额	本期增值税小规模纳税人减征税额	减征比例（%）	本期已缴税额	本期应补（退）税额
1	*	8 000 000	0	30%	1.2%			2021年10月1日	2021年12月31日	16 800					16 800
2	*														
3	*														
合计	*			*	*			*	*	16 800					16 800

续表

序号	房产编号	房产原值	其中：出租房产原值	计税比例	税率	本期应纳税额	本期减免税额	本期增值税小规模纳税人减征额	本期已缴税额	本期应补（退）税额

（二）从租计征房产税

序号	本期申报租金收入	所属期起	所属期止	税率	本期应纳税额	本期减免税额	本期增值税小规模纳税人减征额	本期已缴税额	本期应补（退）税额
1									
2									
3									
合计	*			*					

声明：此表是根据国家税收法律法规及相关规定填写的，本人（单位）对填报内容（及附带资料）的真实性、可靠性、完整性负责。

纳税人（签章）： 年 月 日

经办人：
经办人身份证号：
代理机构签章：
代理机构统一社会信用代码：

受理人：
受理税务机关（章）：
受理日期： 年 月 日

【例 10-8】 某房地产开发公司在 A 市开发一地块建造商品房,占地面积 100 000 平方米。2021 年 1 月开始对外销售商品房,第一季度各个月份销售的商品房占用面积分别为 10 000 平方米、20 000 平方米、8 000 平方米。截至当年 3 月底,该公司已向房地产管理部门集中办理了个人土地使用证。已知该地块适用的城镇土地使用税税率为 10 元/平方米,对该公司城镇土地使用税涉税业务进行会计处理。

解析:

公司 2021 年第一季度销售商品房,虽然是在 3 月底集中办理的个人土地使用证,但是每个月销售商品房时,其土地权属实际上已经发生变化,已销售商品房占用面积应从计税基础上扣除。土地使用权属发生变化的当月,纳税人仍需要就该土地使用权缴纳城镇土地使用税,故 2021 年第一季度每个月应以月初实际占用土地面积为计税依据,各个月的计税依据中不能扣除当月销售减少的面积。

(1) 2021 年第一季度各月应纳城镇土地使用税

1 月应纳城镇土地使用税 = 100 000 × 10 ÷ 12 = 83 333(元)

2 月应纳城镇土地使用税 = (100 000 − 10 000) × 10 ÷ 12 = 75 000(元)

3 月应纳城镇土地使用税 = (100 000 − 10 000 − 20 000) × 10 ÷ 12 = 58 333(元)

(2) 会计分录

① 计提 1 月份应纳城镇土地使用税时

借:税金及附加　　　　　　　　　　　　　　　　83 333
　　贷:应交税费——应交城镇土地使用税　　　　　83 333

② 计提 2 月份应纳城镇土地使用税时

借:税金及附加　　　　　　　　　　　　　　　　75 000
　　贷:应交税费——应交城镇土地使用税　　　　　75 000

③ 计提 3 月份应纳城镇土地使用税时

借:税金及附加　　　　　　　　　　　　　　　　58 333
　　贷:应交税费——应交城镇土地使用税　　　　　58 333

10.2.3　城镇土地使用税税收筹划技巧与实务

城镇土地使用税征收范围有明显的地域局限性,是对城市、县城、建制镇和工矿区内使用土地的单位和个人计税,而且实行的是幅度税额,同一级定额税率中幅度差异极大,每一级单位定额税的最大值与最小值均相差 20 倍,为此,纳税人投资或扩产时在具体区域及土地等级的选择方面有较大税收筹划空间。此外,城镇土地使用税相关法规对纳税人使用开山填海整治的土地和改造的废弃土地,以及纳税人举办非营利性学校,托儿所,幼儿园自用的土地等情形,均有免征城镇土地使用税等税收优惠政策。纳税人如能充分利用这些税收优惠政策,也能获得合理的税收筹划收益。

1. 投资、扩产时合理选择区域地段的税收筹划

【例 10-9】 某电子零部件制造公司目前占地 20 000 平方米,现因产能增加需要扩建厂房征地 10 000 平方米。但是因为近年来该公司所在地城市化进程很快,原来的大量郊区地段都变成了新城区,导致公司所负担的城镇土地使用税剧增。假设公司目前适用的城镇土地使用税税率为15元/平方米,公司扩建厂房征地时,应如何对城镇土地使用税进行合理筹划以获取税收筹划收益?

解析:

如果公司就近在周边征地,新增土地适用目前的城镇土地使用税税率;如果物流比较便捷,选择在交通顺畅的农村地区征地,新增土地不用缴纳城镇土地使用税。而且,新增土地后续的房产税也可以免除。

(1) 方案一:就近征地10 000平方米,新增土地适用15元/平方米的城镇土地使用税税率。

该公司征地后年应纳城镇土地使用税税额=(20 000+10 000)×15=450 000(元)

(2) 方案二:选择交通顺畅、不影响物流的农村地区征地10 000平方米,新增土地不用缴纳城镇土地使用税。

该公司征地后年应纳城镇土地使用税税额=20 000×15=300 000(元)

结论:比较两种方案可知,采用第二种征地方式,每年可减轻城镇土地使用税税负150 000(450 000−300 000)元,可以取得合理的税收筹划收益。

2. 充分利用税收优惠政策的税收筹划

【例10-10】 某工业陶瓷制造商拟在A县投资建厂,规划厂区土地使用面积为30 000平方米,现有两个方案备选:方案一,在A县县城北郊征用30 000平方米土地,适用城镇土地使用税税率为5元/平方米;方案二,A县县城东郊有一铜矿区,因资源枯竭已废弃,但原有铜矿厂区经过一定改造可以直接利用。该工业陶瓷制造商应如何对城镇土地使用税进行税收筹划?

解析:

直接征地30 000平方米应按规定缴纳城镇土地使用税;利用改造的废弃土地建厂,经批准可免缴城镇土地使用税5~10年。

(1) 方案一:直接在县城北郊征地30 000平方米。

征地后每年应纳城镇土地使用税税额=30 000×5=150 000(元)

投资后前10年累计应纳城镇土地使用税=150 000×10=1 500 000(元)

(2) 方案二:利用县城东郊废弃铜矿区改造以后建厂。

经主管税务机关批准可免征城镇土地使用税5~10年,假设批准的免征期限是10年,则前10年累计应纳城镇土地使用税0元。

结论:比较两种方案可知,采用方案二,累计可减轻城镇土地使用税税负1 500 000(150 000×10)元,从而获得了可观的税收筹划收益。

【扩展阅读10.2】 房地产税改革及立法前期进程

扫描此码

深度学习

10.3 房产税会计与税收筹划

10.3.1 房产税概述

现行规范房产税的基本法规,是 1986 年 9 月 15 日国务院颁布的《中华人民共和国房产税暂行条例》(以下简称《房产税暂行条例》)。该条例最初的立法思想是只对经营性房产征税,但是条例实施以来到现在经历了很长时间,目前国内房地产市场实际情况相比立法之初已经发生了巨大变化,为此,条例的相关规范与现状有不相适应之处,对房产税进行重新立法的呼声较高但争议也较大,未来房产税领域的立法存在改进完善的空间。目前,国内上海、重庆两地已经对房产税征收进行改革试点。

1. 纳税义务人

房产税是以房产为征收对象,按照房产的计税余值或租金收入,向产权所有人征收的一种财产税。房产税以在征税范围内的房屋产权所有人为纳税人。其中:产权属于国家的,由经营单位纳税;产权属于集体或者个人所有的,由集体单位和个人纳税;产权出典的,由承典人纳税;产权所有人、承典人不在房屋所在地的,或者产权未确定及租典纠纷未解决的,由房产代管人或者使用人纳税;纳税单位和个人无租使用房产管理部门、免税单位及纳税单位房产的,应当由使用人代为缴纳房产税。

2. 征税范围

房产税以房产为征税对象。房地产开发企业建造的商品房,在出售前,不征收房产税;但对出售前房地产开发企业已使用或出租、出借的商品房应按规定征收房产税。

房产税的征收范围为城市、县城、建制镇和工矿区,不包括农村。

3. 税率

现行房产税采用比例税率,有从价计征及从租计征两种计税方式,税率分别为 1.2% 和 12%。另外,自 2008 年 3 月 1 日起,对个人出租住房,不区分用途,均按 4% 的税率征收房产税。对企事业单位、社会团体以及其他组织按市场价格向个人出租用于居住的住房,减按 4% 的税率征收房产税。

4. 计税依据与应纳税额

房产税的计征依据是房产的计税余值或房产的租金收入。

1) 从价计征

从价计征房产税的计税余值,是指依照税法规定按房产原值一次减除 10%~30% 后的余值。房产税税率为 1.2%。各地扣除比例由当地省、自治区、直辖市人民政府确定。

应纳房产税税额 = 应税房产余值 × 1.2%

= 应税房产账面原值 × (1 - 一次性减除率) × 1.2%

凡在房产税征收范围内的具备房屋功能的地下建筑,按以下方式计税:

(1) 工业用途房产,以房屋原价的50%～60%作为应税房产原值。

应纳房产税税额＝应税房产原值×[1－(10%～30%)]×1.2%

(2) 商业和其他用途房产,以房屋原价的70%～80%作为应税房产原值。

应纳房产税税额＝应税房产原值×[1－(10%～30%)]×1.2%

房屋原价折算为应税房产原值的具体比例,由省、自治区、直辖市和计划单列市财政和地方税务部门在上述幅度内自行确定。

(3) 对于与地上房屋相连的地下建筑,如房屋的地下室、地下停车场、商场的地下部分等,应将地下部分与地上房屋视为一个整体,按照地上房屋建筑的有关规定计算征收房产税。

【例10-11】 某公司坐落在A市近郊,会计账簿记载该公司生产经营用房的原值为10 000 000元;另外,该公司在郊区以外的农村还建有一个仓库,账面原值为2 000 000元。当地规定计算房产税时允许减除房产原值的30%。计算该公司全年应纳房产税税额。

解析:

该公司坐落在农村的仓库不属于征税范围。

公司全年应纳房产税税额＝10 000 000×(1－30%)×1.2%＝84 000(元)

2) 从租计征

房产出租的,以房产租金收入为房产税的计税依据。对出租房产,租赁双方签订的租赁合同约定有免收租金期限的,免收租金期间由产权所有人按照房产原值缴纳房产税。出租地下建筑,按照出租地上房屋建筑的有关规定计算征收房产税。

【例10-12】 某公司有写字楼一栋用于出租,该栋写字楼账面原值为20 000 000元,每年取得租金收入1 000 000元。计算该公司全年应纳房产税税额。

解析:

房产出租以全年租金收入作为计税基础。

该公司全年应纳房产税税额＝1 000 000×12%＝120 000(元)

5. 税收优惠

(1) 国家机关、人民团体、军队自用的房产免征房产税。

(2) 由国家财政部门拨付事业经费的单位,如学校、医疗卫生单位、托儿所、幼儿园、敬老院、文化、体育、艺术等实行全额或差额预算管理的事业单位所有的、本身业务范围内使用的房产免征房产税。

(3) 宗教寺庙、公园、名胜古迹自用的房产免征房产税。

(4) 个人所有非营业用的房产免征房产税。

(5) 对非营利性医疗机构、疾病控制机构和妇幼保健机构等卫生机构自用的房产,免征房产税。

(6) 从2001年1月1日起,对按政府规定价格出租的公有住房和廉租住房,暂免征收房产税。

(7) 为支持公共租赁住房(公租房)的建设和运营,对经营公租房的租金收入,免征房产税。

（8）企业办的各类学校、医院、托儿所、幼儿园自用的房产，免征房产税。

（9）自2004年7月1日起，纳税人因房屋大修导致连续停用半年以上的，在房屋大修期间免征房产税。

（10）凡是在基建工地为基建工地服务的各种临时性房屋，无论是施工企业自行建造还是基建单位出资建造，交施工企业使用的，在施工期间，一律免征房产税。

（11）为推进国有经营性文化事业单位转企改制，对由财政部门拨付事业经费的文化事业单位转制为企业的，自转制注册之日起5年内对其自用房产免征房产税。

（12）自2019年6月1日起至2025年12月31日止，为社区提供养老、托育、家政等服务的机构自用或者通过承租、无偿使用等方式取得并用于提供社区养老、托育、家政服务的房产，免征房产税。

（13）自2018年1月1日起至2023年12月31日止，对纳税人及其全资子公司从事大型民用客机发动机、中大功率民用涡轴涡桨发动机研制项目用的科研、生产、办公房产，免征房产税。

6. 征收管理

1）纳税义务发生时间

（1）纳税人将原有房产用于经营的，从生产经营之月起，缴纳房产税。

（2）纳税人自行新建房屋用于生产经营的，从建成之次月起，缴纳房产税。

（3）纳税人委托施工企业建设的房屋，从办理验收手续之次月起，缴纳房产税。

（4）纳税人购置新建商品房，自房屋交付使用之次月起，缴纳房产税。

（5）纳税人购置存量房，自办理权属转移、变更登记手续，房地产权属登记机关签发房屋权属证书之次月起，缴纳房产税。

（6）纳税人出租、出借房产，自交付出租、出借房产之次月起，缴纳房产税。

（7）房地产开发企业自用、出租、出借本企业建造的商品房，自房屋使用或交付之次月起，缴纳房产税。

（8）纳税人因房产的实物或权利状态发生变化而依法终止房产税纳税义务的，其应纳税款的计算应截止到房产的实物或权利状态发生变化的当月末。

2）纳税期限

房产税实行按年计算、分期缴纳的征收方式，具体纳税期限由省、自治区、直辖市人民政府确定。

3）纳税地点

房产税在房产所在地缴纳。房产不在同一地方的纳税人，应按房产的坐落地点分别向房产所在地的税务机关申报纳税。

4）纳税申报

纳税人应按照《房产税暂行条例》的有关规定，及时办理纳税申报。目前房产税和城镇土地使用税采取使用统一的纳税申报表合并申报缴纳的方式，纳税人应如实填写"城镇土地使用税、房产税纳税申报表"（见表10-3）。

【纳税申报同步练习】

见本教材10.2.1节。

10.3.2 房产税的会计处理

企业应设置"应交税费——应交房产税""税金及附加"等账户,对房产税的计提及缴纳业务进行准确核算。

【例 10-13】 承【例 10-11】的资料,假设该公司房产税按季度申报缴纳,应如何对房产税进行会计处理?

解析:

公司每个季度应纳房产税税额=84 000÷4=21 000(元)

公司每月应计提的房产税税额=21 000÷3=7 000(元)

会计分录如下。

(1) 每个月计提房产税时:

借:税金及附加　　　　　　　　　　　　　　　　7 000
　　贷:应交税费——应交房产税　　　　　　　　　　　　7 000

(2) 每个季度结束实际缴纳房产税时:

借:应交税费——应交房产税　　　　　　　　　　　21 000
　　贷:银行存款　　　　　　　　　　　　　　　　　　21 000

【例 10-14】 某公司 2020 年度上半年共有房产原值 20 000 000 元,7 月 1 日起公司将原值 5 000 000 元的一栋房产出租给甲公司用于存储货物(6 月 30 日交付该出租的房产给甲公司),租期 2 年,每月租金收入为 30 000 元。9 月 26 日对委托施工方乙公司建设的厂房办理验收手续,账务上由在建工程转入固定资产原值 3 000 000 元。当地规定房产税计算余值的扣除比例为 30%,房产税按季度进行纳税申报。该公司于 2021 年 1 月 12 日对 2020 年第四季度房产税进行纳税申报。计算该公司 2020 年度以及 2020 年第四季度应纳房产税,并对 2020 年第四季度房产税涉税业务进行会计处理。

解析:

公司出租房产自交付出租房产之次月起缴纳房产税,所以应从 2020 年 7 月开始计算缴纳出租房产应纳房产税;公司委托施工企业乙公司建设的房屋,从办理验收手续之次月起缴纳房产税,所以,从 2020 年 10 月开始应对新增加的厂房按从价计征方法计算缴纳房产税。

(1) 2020 年从价计征应纳房产税=(20 000 000−5 000 000)×(1−30%)×1.2%+5 000 000×(1−30%)×1.2%÷12×6+3 000 000×(1−30%)×1.2%÷12×3=153 300(元)

2020 年从租计征应纳房产税=30 000×6×12%=21 600(元)

2020 年合计应纳房产税=153 300+21 600=174 900(元)

(2) 2020 年第四季度从价计征应纳房产税=(20 000 000−5 000 000)×(1−30%)×1.2%÷12×3+3 000 000×(1−30%)×1.2%÷12×3=37 800(元)

2020 年第四季度从租计征应纳房产税=30 000×3×12%=10 800(元)

2020 年第四季度合计应纳房产税=37 800+10 800=48 600(元)

(3) 2020 年第四季度的会计分录如下。

10月、11月、12月每个月计提的应纳房产税为16 200(48 600÷3)元。
各月计提时的分录均为：
借：税金及附加   16 200
　　贷：应交税费——应交房产税   16 200
2021年1月12日实际缴纳2020年第四季度应纳的房产税时：
借：应交税费——应交房产税   48 600
　　贷：银行存款   48 600

10.3.3　房产税税收筹划技巧与实务

首先，房产税采取从价计征和从租计征两种方式，由于从价计征采用房产余值作为计税基础，从租计征采用租金收入作为计税基础，且两种方式下税率相差十倍，所以，可以就两种计税方法的税收负担进行比较，进而在从价计征与从租计征两种方式间进行合理转化，以获得合理的税收筹划收益。其次，还应在遵守税法规定的前提下，控制从价计征和从租计征的具体计税基础，尤其不能虚增计税基础进而导致增加房产税税收负担。最后，还应从合理安排租金支付方式，以及深刻理解并充分享受税收优惠政策等方面来进行税收筹划。

1. 利用从租计征和从价计征之间的合理安排进行税收筹划

从价计征方法下，房产余值以历史成本作为计价基础；而从租计征方法下，租金收入按现实市场交易价格计算。两者的计算口径不同，而且税率相差10倍，这往往会导致同一房产按照不同的计税方法计算的房产税税负高低差异悬殊，为此，纳税人应在从租计征和从价计征之间进行合理安排以取得满意的税收筹划收益。

1) 从租计征向从价计征的转化

【例10-15】　甲公司将一处位于某超大城市靠近市中心的房产出租给乙公司用于销售产品，每年租金收入（含增值税）为4 360 000元。该房产因购置年份比较早，账面原值相比现行公允市价低许多，为22 000 000元。当地政府规定计算房产余值时对房产原值的扣除比例为30%。甲公司应如何进行税收筹划以获得合理的税收筹划收益？

解析：

从租计征方式下，甲公司该处房产按现行市场价收取租金，计税基础比较高，且税率为12%；从价计征方式下，甲公司该处房产按历史账面价计算余值，计税基础比较低，且税率为1.2%。设法转换为从价计征，可以获得合理的税收筹划收益。

方案一：按目前方式出租，甲公司税负计算如下。

增值税销项税额＝4 360 000÷(1＋9%)×9%＝360 000(元)

应纳房产税税额＝4 360 000÷(1＋9%)×12%＝480 000(元)

方案二：甲公司改为收取手续费为乙公司代销产品的经营方式，产品的价格、品种等营销事务仍由乙公司确定，甲公司只是每年代收手续费4 360 000元。这种方式下甲公司税负计算如下。

增值税销项税额＝4 360 000÷(1＋6%)×6%＝246 800(元)

应纳房产税税额＝22 000 000×(1－30%)×1.2%＝184 800(元)

结论：比较两个方案可知，选用方案二进行税收筹划，可减轻房产税税负 295 200(480 000－184 800)元，同时还可减轻增值税税负 113 200(360 000－246 800)元，获得了较好的税收筹划收益。

2）从价计征向从租计征的转化

【例 10-16】 某公司近年来因为产能扩张在城市郊区增加了不少经营性房产，目前经营性房产账面原值为 90 000 000 元。但是进入 2019 年以来，由于市场不景气导致产能压缩，价值占比 1/3 的郊区房产处于闲置状态。当地政府规定计算房产余值时对房产原值的扣除比例为 30%。该公司应如何进行税收筹划以获得合理的税收筹划收益？

解析：

公司目前 30 000 000 元房产处于闲置状态，但仍然要按从价计征的方式计算缴纳房产税，税收负担比较重。如果进行税收筹划，可以将处于郊区的闲置房产以较低的象征性价格出租，以较低的租金收入作为计税基础计算缴纳房产税，可以取得一定的计税效应。

① 按目前的情况不进行筹划：

该公司年度应纳房产税税额＝90 000 000×(1－30%)×1.2%＝756 000(元)

② 2019 年开始，将闲置的郊区房产出租，因地段位置等方面限制，租金价格较低，假设约定租期 2 年，租金收入(不含税)为 24 万元/年。

该公司年度从价计征方式应纳房产税税额＝60 000 000×(1－30%)×1.2%
$$=504\ 000(元)$$

该公司年度从租计征方式应纳房产税税额＝240 000×12%＝28 800(元)

合计年度应纳房产税税额＝504 000＋28 800＝532 800(元)

结论：比较筹划前后情况可知，筹划后比筹划前年度应纳房产税减少 223 200(756 000－532 800)元。原因在于对于构建年限较新的暂时性闲置房产，因为房产原值较高，以较低的或者象征性的收入从租计征，比按房产余值从价计征的税负要轻。通过将从价计征转化为从租计征，可以获得一定的税收筹划收益。

2. 控制计税基础的税收筹划

房产税以房产原值扣除一定比例后的计税余值或者租金收入作为计税基础，为此，进行税收筹划时应深刻理解房产原值及租金收入的内涵及具体构成，以最大限度地降低计税基础，进而获得合理的税收筹划收益。

1）房产原值的税收筹划

房产税界定的房产是指有屋面和围护结构(有墙或两边有柱)，能够遮风避雨，可供人们在其中生产、学习、工作、娱乐、居住或储藏物资的场所。独立于房屋之外的其他建筑物，如围墙、水塔、变电塔、室外游泳池、露天停车场、露天凉亭、喷泉设施、玻璃暖房等，均不属于房产，不征收房产税。为此，在进行房产税的税收筹划时，应该深刻理解税法相关规定，通过降低房产原值及计税余值，以获得合理的税收筹划收益。

【例 10-17】 某公司为改善员工福利及解决停车困难问题，拟建一个游泳场和停车场，工程造价分别为 6 000 000 元和 4 000 000 元。具体方案有两个：方案一是建造为室内游泳场和室内停车场，这两个场地直接通过内部电梯与行政楼连接；方案二是建造为室外游泳场和露天停车场，但是场地具体位置靠近办公地点，并搭建两条室外走廊与行政楼连接。当地政府规定计算房产余值时对房产原值的扣除比例为 30%。分析该公司采用哪种方案可以获得合理的税收筹划收益？

解析：

两种方案投入的 10 000 000 元在完工后均是记入"固定资产"账户的价值。但是在计算房产税时，方案一将这 10 000 000 元作为计税房产原值，方案二则将这 10 000 000 元建筑视为独立于应税房产之外的其他建筑物，不将这 10 000 000 元作为计税房产原值。

方案一：建造为室内游泳场和室内停车场：

完工后每年新增应纳房产税税额 = (6 000 000 + 4 000 000) × (1 − 30%) × 1.2%
= 84 000（元）

方案二：建造为室外游泳场和露天停车场，完工后每年新增应纳房产税税额为 0。

结论：相比较而言，方案二比方案一每年减轻房产税税负 84 000(84 000 − 0)元，其原因在于深刻理解了税法规定的计税房产原值的含义及具体构成，进而采用尽可能降低计税基础的方法达到减轻税负的目的，从而获得了一定的税收筹划收益。

2）租金收入的税收筹划

房产税采用从租计征方式时，以房产的租金收入作为计税基础。纳税人进行税收筹划时，要清楚厘定租金收入的含义，不要将一些代收项目也计入计税基础，以免虚增计税基础进而加重税收负担。

【例 10-18】 某公司将位于市区商业中心的一栋写字楼出租，该写字楼各项配套设施齐全，公司同时提供物业管理服务。每年取得的租金收入、代收水电费、网络服务费、物业管理费等合计为 30 000 000 元。公司应如何就房产税进行合理的税收筹划？

解析：

公司应清晰厘定取得的租金收入，对于合计取得的房屋租赁相关年度收入，应区分各项明细构成，剔除代收的水电费、网络服务费、物业管理费等各项非房产税应税项目，避免虚增计税基础增加税收负担。

(1) 核算时没有清晰区分取得的房屋租赁相关合计收入：

该公司年度缴纳房产税税额 = 30 000 000 × 12% = 3 600 000（元）

(2) 核算时清晰区分取得的房屋租赁相关收入明细：

假设代收水电费、网络服务费、物业管理费金额分别为 6 000 000 元、400 000 元、3 000 000 元，将不构成租金收入的以上项目剔除，则房产税税额计算如下：

该公司年度应纳房产税税额 = (30 000 000 − 6 000 000 − 400 000 − 3 000 000) × 12%
= 2 472 000（元）

结论：比较可知，清晰区分房产租赁相关收入项目并剔除非房产税应税项目，可避免多缴纳不合理的房产税 1 128 000(3 600 000 − 2 472 000)元，明显避免了不必要的税收负担。

3. 合理安排租金支付方式的税收筹划

按照税法规定，出租房产时，租赁双方签订的租赁合同约定有免收租金期限的，免收租金期间由产权所有人按照房产原值缴纳房产税。为此，纳税人进行税收筹划时，可以通过和租户充分沟通，将租金总额在整个租赁期内合理分配，代替约定免收租期的形式，从而在不损害租户利益的前提下，规避了约定免收租金期间增加的房产税税负，进而获得税收筹划收益。

第10章 其他税种会计与税收筹划

【例10-19】 某公司拟将房产出租,租期两年,在和租户约定租赁合同条款时有两种方案:方案一是第一年前6个月为免租期,从第7个月开始支付租金,金额为150 000元/月。第二年开始租金为175 000元/月。两年租金合计为3 000 000元;方案二是不约定免租期,2年内每个月租金均为125 000元,两年租金合计为3 000 000元。已知该房产的原值为20 000 000元,当地政府规定计算房产余值时对房产原值的扣除比例为30%。分析哪种方案可以获得合理的房产税税收筹划收益。

解析:

如果采用方案一,计算缴纳房产税时,第一年前6个月采用从价计征,第一年后6个月及第二年采用从租计征;如果采用方案二,计算缴纳房产税时,第一年和第二年整个租赁期均采用从租计征。

方案一:有6个月免租期。

第一年应纳房产税税额 = 20 000 000 × (1 − 30%) × 1.2% × 6 ÷ 12 + 150 000 × 6 × 12%
= 192 000(元)

第二年应纳房产税税额 = 175 000 × 12 × 12% = 252 000(元)

该公司两年合计应纳房产税税额 = 192 000 + 252 000 = 444 000(元)

方案二:没有免租期。

第一年应纳房产税税额 = 125 000 × 12 × 12% = 180 000(元)

第二年应纳房产税税额 = 125 000 × 12 × 12% = 180 000(元)

该公司两年合计应纳房产税税额 = 180 000 + 180 000 = 360 000(元)

结论:比较可知,采用方案二两年合计可减轻房产税税负84 000(444 000 − 360 000)元,获得了合理的税收筹划收益。

4. 利用税收优惠政策的税收筹划

本章10.3.1节第5点"税收优惠"相关阐述中,对房产税减免方面的税收优惠政策进行了详细列举。纳税人在进行税收筹划时,应充分知悉并灵活运用与本企业的房产税相关的税收筹划实践,合法享受政策带来的红利并获得税收筹划收益。

【例10-20】 某公司行政办公楼原值为3 000 000元,会计处理时按20年计提固定资产累计折旧,实际已使用12年。因各方面条件及功能欠佳,该公司拟在2021年对行政办公楼进行大修理,修理后可使该办公楼延长使用寿命8年。现有两个方案供选择:方案一,自2021年1月1日开始对办公大楼进行大修理,修理周期为5个月,发生大修理支出1 200 000元;方案二,自2021年1月1日开始对办公大楼进行大修理,修理周期为7个月,发生大修理支出1 200 000元。假设当地政府规定计算房产余值时对房产原值的扣除比例为30%。分析哪种方案可以获得合理的税收筹划收益。

解析:

房产税税收优惠政策规定,"自2004年7月1日起,纳税人因房屋大修导致连续停用半年以上的,在房屋大修期间免征房产税。免征额由纳税人在申报缴纳房产税时自行计算扣除,并在申报表附表或备注栏中作说明。纳税人对原有房屋进行改建、扩建的,要相应增加房产的原值"。为此,如果采用方案一,5个月的维修停用期间要计算缴纳房产税;如果采用方案二,7个月的维修停用期间可以免征房产税。

(1) 若采用方案一，则：

该公司行政办公楼2021年1—5月应纳房产税税额＝3 000 000×(1－30％)×1.2％×5÷12＝10 500(元)

该公司行政办公楼2021年6—12月应纳房产税税额＝(3 000 000＋1 200 000)×(1－30％)×1.2％×7÷12＝20 580(元)

该公司2021年行政办公楼全年合计应纳房产税税额＝10 500＋20 580＝31 080(元)

(2) 若采用方案二，则：

该公司行政办公楼2021年1—7月应纳房产税税额＝0

该公司行政办公楼2021年8—12月应纳房产税税额＝(3 000 000＋1 200 000)×(1－30％)×1.2％×5÷12＝14 700(元)

该公司2021年行政办公楼全年合计应纳房产税税额＝0＋14 700＝14 700(元)

结论：比较两种方案可知，方案二是在不对公司正常生产经营造成影响的前提下，适当延长房产大修理停用时间，使其超过税法规定的半年时限以合法享受税收优惠政策，2021年的房产税税负减轻16 380(20 580－14 700)元，获得了合理的税收筹划收益。

10.4 印花税会计与税收筹划

10.4.1 印花税概述

印花税是以在经济活动和经济交往中书立、领受应税凭证的行为为征税对象征收的一种税，因其采用在应税凭证上粘贴印花税票的方法缴纳税款而得名。

1. 纳税义务人

印花税的纳税义务人，是在中国境内书立、使用、领受《中华人民共和国印花税暂行条例》(以下简称《印花税暂行条例》)所列举的凭证并依法履行纳税义务的单位和个人。所谓的单位和个人，是指国内各类企业、事业、机关、团体、部队以及中外合资企业、合作企业、外资企业、外国公司和其他经济组织及其在华机构等单位和个人。按照书立、使用、领受应税凭证的不同，可以分别确定为立合同人、立据人、立账簿人、领受人、使用人和各类电子应税凭证的鉴订人。

2. 税目

依据《印花税暂行条例》，印花税共有13个税目：购销合同，加工承揽合同，建设工程勘察设计合同，建筑安装工程承包合同，财产租赁合同，货物运输合同，仓储保管合同，借款合同，财产保险合同，技术合同，产权转移书据，营业账簿，权利、许可证照。

3. 税率

印花税税率设计体现了"税负从轻、共同负担"的原则，税率总体较低。凭证的当事人，即对凭证有直接权利与义务关系的单位和个人均应就其所持凭证依法纳税。印花税的税率有比例税率和定额税率两种形式。

1）比例税率

印花税的 13 个税目中，各类合同以及具有合同性质的凭证（含以电子形式签订的各类应税凭证）、产权转移书据、营业账簿中记载资金的账簿，适用比例税率。印花税的比例税率分为 4 个档次，分别是 0.05‰、0.3‰、0.5‰、1‰。

（1）适用 0.05‰ 税率的为"借款合同"。

（2）适用 0.3‰ 税率的为"购销合同""建筑安装工程承包合同""技术合同"。

（3）适用 0.5‰ 税率的为"加工承揽合同""建筑工程勘察设计合同""货物运输合同""产权转移书据""营业账簿"税目中记载资金的账簿。其中，"营业账簿"税目中记载资金的账簿，自 2018 年 5 月 1 日起，减半征收。

（4）适用 1‰ 税率的为"财产租赁合同""仓储保管合同""财产保险合同"。

（5）在上海证券交易所、深圳证券交易所、全国中小企业股份转让系统买卖、继承、赠予优先股所书立的股权转让书据，均依书立时实际成交金额，由出让方按 1‰ 的税率计算缴纳证券（股票）交易印花税。

2）定额税率

在印花税的 13 个税目中，"权利、许可证照"和"营业账簿"税目中的其他账簿，适用定额税率，均为按件贴花，税额为 5 元。其中，"营业账簿"税目中的其他账簿，自 2018 年 5 月 1 日起，免征印花税。印花税税目、税率表如表 10-4 所示。

表 10-4　印花税税目、税率表

合同或凭证	计税依据	税率
购销合同	购销金额	0.3‰
加工承揽合同	受托方提供原材料的加工、定做合同，材料和加工费分别按照购销合同和加工承揽合同贴花，未分别记载材料费和加工费的，应就全部金额依照加工承揽合同计税贴花	0.5‰
	委托方提供主要材料或原料的加工合同，按照合同中规定的受托方收取的加工费收入和提供的辅助材料金额之和，依照加工承揽合同贴花，对委托方提供的主要材料或原料金额不计税贴花	
建设工程勘察设计合同	收取的费用	0.5‰
建筑安装工程承包合同	承包金额	0.3‰
财产租赁合同	租赁金额。如果经计算，税额不足 1 元的，按 1 元贴花	1‰
货物运输合同	运输费用，但不包括所运货物的金额以及装卸费用和保险费用等	0.5‰
仓储保管合同	仓储保管费用，但不包括所保财产金额	1‰
借款合同	借款金额	0.05‰
财产保险合同	保险费收入	1‰

续表

合同或凭证	计税依据	税 率
技术合同	合同所载金额	0.3‰
产权转移书据	所载金额	0.5‰
营业账簿	记载资金的账簿计税依据为"实收资本"与"资本公积"两项合计金额	0.5‰（自2018年5月1日起,减半征收）
	其他账簿按件计税	5元（自2018年5月1日起,免征）
权利、许可证照	按件计税	5元

4. 计税依据

1) 一般规定

印花税的计税依据为各种应税凭证上记载的计税金额。具体规定包括：

(1) 购销合同的计税依据为合同记载的购销金额。

(2) 加工承揽合同的计税依据是加工或承揽收入的金额。

(3) 建设工程勘察设计合同的计税依据为收取的费用。

(4) 建筑安装工程承包合同的计税依据为承包金额。

(5) 财产租赁合同的计税依据为租赁金额。

(6) 货物运输合同的计税依据为取得的运输费金额（运费收入）,不包括所运货物的金额、装卸费和保险费等。

(7) 仓储保管合同的计税依据为收取的仓储保管费用。

(8) 借款合同的计税依据为借款金额。

(9) 财产保险合同的计税依据为支付（收取）的保险费,不包括所保财产的金额。

(10) 技术合同的计税依据为合同所载的价款、报酬或使用费。技术开发合同只就合同所载的报酬金额计税,研究开发经费不作为计税依据。

(11) 产权转移书据的计税依据为所载金额。

(12) 营业账簿税目中记载资金的账簿的计税依据为"实收资本"与"资本公积"两项的合计金额。

(13) 权利、许可证照的计税依据为应税凭证件数。

2) 特殊规定

(1) 相关凭证以"金额""收入""费用"作为计税依据的,应当全额计税,不得做任何扣除。

(2) 同一应税凭证,载有两个或两个以上经济事项而适用不同税目税率的,如分别记载金额的,应分别计算应纳税额,相加后按合计税额贴花；如未分别记载金额的,按税率高的计税贴花。

(3) 应税合同在签订时纳税义务即已产生,应计算应纳税额并贴花。所以,不论合同是否兑现或是否按期兑现,均应贴花。

(4) 对有经营收入的事业单位,凡属由国家财政拨付事业经费,实行差额预算管理的单位,其记载经营业务的账簿,按其他账簿定额贴花,不记载经营业务的账簿不贴花;凡属经费来源实行自收自支的单位,其营业账簿,应对记载资金的账簿和其他账簿分别计算应纳税额。

(5) 商品购销活动中,采用以货换货方式进行商品交易签订的合同,是反映既购又销双重经济行为的合同,应按合同所载的购、销合计金额计税贴花。

(6) 施工单位将自己承包的建设项目分包或者转包给其他施工单位时签订的分包合同或者转包合同,应按新的分包合同或转包合同所载金额计算应纳税额。

(7) 对国内各种形式的货物联运,凡在起运地统一结算全程运费的,应以全程运费作为计税依据,由起运地运费结算双方缴纳印花税;凡分程结算运费的,应以分程的运费作为计税依据,分别由办理运费结算的各方缴纳印花税。

对国际货运,凡由我国运输企业运输的,不论在我国境内、境外起运或中转分程运输,我国运输企业所持的一份运费结算凭证,均按本程运费计算应纳税额;托运方所持的一份运费结算凭证,按全程运费计算应纳税额。

5. 应纳税额的计算

印花税的应纳税额,根据应纳税凭证的性质,分别按比例税率或者定额税率计算,具体计算公式如下。

(1) 实行比例税率的凭证,印花税应纳税额的计算公式为:

应纳税额＝应税凭证计税金额×比例税率

(2) 实行定额税率的凭证,印花税应纳税额的计算公式为:

应纳税额＝应税凭证件数×定额税率

【例10-21】 甲公司向乙公司购买建筑材料,双方签订买卖合同,合同总价值为1 000 000元,合同书一式两份,计算甲、乙两公司各自应纳的印花税税额。

解析:

甲公司和乙公司都是签订购销合同的当事人,均为印花税纳税人,购销合同的印花税税率为0.3‰,甲、乙两公司各自应纳印花税税额为:

应纳税额＝1 000 000×0.3‰＝300(元)

【例10-22】 某公司于2021年1月1日,启用新营业账簿共20种,其中,"实收资本"和"资本公积"账簿,期初余额分别为3 000 000元和500 000元;其他营业账簿18种。计算该公司2021年启用新账簿应纳印花税税额。

解析:

自2018年5月1日起,启用记载资金的账簿应纳印花税减半征收,启用其他账簿免征印花税。

启用记载资金的账簿应纳印花税税额＝(3 000 000＋500 000)×0.5‰×50％＝875(元)

启用其他账簿应纳印花税税额＝0

合计应纳印花税税额＝875＋0＝875(元)

6. 税收优惠

(1) 对已缴纳印花税凭证的副本或者抄本免税。

（2）对无息、贴息贷款合同免税。

（3）对房地产管理部门与个人签订的用于生活居住的租赁合同免税。

（4）对农牧业保险合同免税。

（5）对公租房经营管理单位建造管理公租房涉及的印花税予以免征。

（6）为贯彻落实《国务院关于加快棚户区改造工作意见》，对改造安置住房经营管理单位、开发商与改造安置住房相关的印花税以及购买安置住房的个人涉及的印花税自2013年7月4日起予以免征。

（7）自2018年5月1日起，对按0.5‰税率贴花的资金账簿减半征收印花税，对按件贴花5元的其他账簿免征印花税。

（8）对全国社会保障基金理事会、全国社会保障基金投资管理人管理的全国社会保障基金转让非上市公司股权，免征全国社会保障基金理事会、全国社会保障基金投资管理人应缴纳的印花税。

（9）为支持公共事业发展，对财产所有权人将财产赠予政府、学校、社会福利机构订立的产权转移书据免税。

7. 征收管理

1）纳税方法

依据税额大小、贴花次数以及征收管理的需要，分别采用以下三种纳税方法：

（1）自行贴花。

这种方法一般适用于应税凭证较少或者贴花次数较少的纳税人。

（2）汇贴或者汇缴。

这种方法一般适用于应纳税额较大或者贴花次数频繁的纳税人。一份凭证应纳税额超过500元的，应向当地税务机关申请填写缴款书或者完税凭证，将其中一联粘贴在凭证上或者由税务机关在凭证上加注完税标记代替贴花。同一种类应纳税凭证需频繁贴花的，纳税人可以根据实际情况自行决定是否采用按期汇总缴纳印花税的方式，汇总缴纳的期限为1个月。

（3）委托代征。

这种办法主要是通过税务机关的委托，经由发放者或者办理应纳税凭证的单位代为征收印花税。

2）纳税环节

印花税应当在书立或者领受时贴花，具体是指在合同签订时、账簿启用时和证照领受时贴花。

3）纳税地点

印花税一般实行就地纳税。对于全国性商品物资订货会（包括展销会、交易会等）上签订合同应纳的印花税，由纳税人回其所在地后及时办理贴花完税手续。

4）纳税申报

印花税的纳税人应按照条例的有关规定及时办理纳税申报，并如实填写"印花税纳税申报（报告）表"（见表10-5）。

表 10-5　印花税纳税申报(报告)表

税款所属期限：自　年　月　日至　年　月　日

纳税人识别号(统一社会信用代码)：□□□□□□□□□□□□□□□□□□

纳税人名称：

本期是否适用增值税小规模纳税人减征政策(减免性质代码：09049901)　□是　□否

金额单位：元(列至角分)

应税凭证	计税金额或件数 1	核定征收		适用税率 4	本期应纳税额 5＝1×4＋2×3×4	本期已缴税额 6	本期减免税额		本期增值税小规模纳税人减征额 9	本期应补(退)税额 10＝5－6－8－9
		核定依据 2	核定比例 3				减免性质代码 7	减免税额 8		
购销合同	800 000			0.3‰	240					240
加工承揽合同				0.5‰						
建设工程勘察设计合同				0.5‰						
建筑安装工程承包合同				0.3‰						
财产租赁合同				1‰						
货物运输合同				0.5‰						
仓储保管合同				1‰						
借款合同				0.05‰						
财产保险合同	30 000			1‰	30					30
技术合同				0.3‰						
产权转移书据				0.5‰						

续表

应税凭证	计税金额或件数	核定征收		适用税率	本期应纳税额	本期已缴税额	本期减免税额		本期增值税小规模纳税人减征额	本期应补(退)税额
		核定依据	核定比例				减免性质代码	减免税额		
	1	2	3	4	5=1×4+2×3×4	6	7	8	9	10=5-6-8-9
营业账簿(记载资金的账簿)	2 000 000	—	—	0.5‰	1 000		09129906	500		500
营业账簿(其他账簿)	8	—	—	5	40		09129907	40		0
权利、许可证照	4	—	—	5	20					20
合计	—	—	—	—						790

谨声明：本纳税申报表是根据国家税收法律法规及相关规定填报的，是真实的、可靠的、完整的。

纳税人(签章)：　　　　　　　　　　年　月　日

经办人：
经办人身份证号：
代理机构签章：
代理机构统一社会信用代码：

受理人：
受理税务机关(章)：
受理日期：　　年　月　日

【纳税申报同步练习】
印花税纳税申报案例

某公司2021年8月成立,当月领取"一照一码"营业执照正副本各一件,房屋产权证一件,商标注册证一件,土地使用证一件;公司注册资本为2 000 000元;开立其他营业账簿8本;签订购销合同一份,合同金额为800 000元;签订财产保险合同一份,投保金额为2 000 000元,交保险费30 000元;签订法律咨询合同一份,合同金额为8 000元。

请填列该公司2021年8月的印花税申报(报告)表(纳税识别号等表头信息略)。

解析:
权利、许可证照应纳印花税＝(1＋1＋1＋1)×5＝20(元)
记载资金的账簿应纳印花税＝2 000 000×0.5‰×50％＝500(元)
其他营业账簿应纳印花税＝0
订立购销合同应纳印花税＝800 000×0.3‰＝240(元)
订立财产保险合同应纳印花税＝30 000×1‰＝30(元)
法律咨询合同不属于技术合同,订立法律咨询合同应纳印花税＝0
当月应纳印花税合计＝20＋500＋240＋30＝790(元)
解答: 印花税纳税申报(报告)表填列情况见表10-5。

10.4.2 印花税的会计处理

一般情况下,印花税是由纳税人以购买并自行贴花的形式缴纳的,不会形成税款债务,为了简化处理,纳税人可以不通过"应交税费"账户核算,在缴纳时直接借方记入"税金及附加"账户,贷方记入"银行存款"账户;一次性购买印花税票金额较大且分期使用的,可以先借方记入"预付账款"账户,贷方记入"银行存款"账户,待实际使用时,再借方记入"税金及附加"账户,贷方记入"预付账款"账户。

【例10-23】 承【例10-22】的资料,对该公司印花税涉税业务进行会计处理。

解析:
将所缴纳的印花税记入"税金及附加"账户的借方,会计分录如下:

借:税金及附加　　　　　　　　　　　　　　　　875
　贷:银行存款　　　　　　　　　　　　　　　　　　875

【例10-24】 2021年7月,税务机关在对某公司进行税务稽查时,发现当年有3份购销合同只按每份合同5元粘贴了印花税票,但是这3份合同总标的金额为2 000 000元,税务机关做出补缴印花税并对逃税行为处以所逃税额4倍罚款的处罚,就该印花税涉税行为进行会计处理。

解析:
该公司应补缴印花税税额＝2 000 000×0.3‰－5×3＝585(元)
罚款金额＝585×4＝2 340(元)

(1) 补缴印花税时:

借:税金及附加　　　　　　　　　　　　　　　　585
　贷:银行存款　　　　　　　　　　　　　　　　　　585

(2) 上缴罚款时:
借:营业外支出——税收罚款　　　　　　　　　　　　　　2 340
　　贷:银行存款　　　　　　　　　　　　　　　　　　　　　　2 340

10.4.3　印花税税收筹划技巧与实务

印花税税收筹划,可从纳税人、计税依据、税率以及税收优惠等方面进行考虑。

1. 纳税人的筹划

依据《印花税暂行条例》规定,对于应税凭证,其当事人各方都是印花税的纳税人。为此,对于共同书立合同等应税凭证的情况,如果实际的当事人有两方以上,可以通过税收筹划,使部分当事人不直接以当事人身份出现在合同中,这样便可以取得一定的印花税节税效果。例如,某份合同涉及甲、乙、丙、丁四家公司,但是丙、丁两家公司是乙公司的子公司,这两家公司的利益诉求可由乙公司代为表达。为此,在进行税收筹划时,可由乙公司代表丙、丁两家公司和甲公司签订合同,而丙、丁两家公司不直接作为当事人出现在合同中,这样该合同的印花税纳税人就只有甲公司和乙公司,而丙、丁两家公司因为避免成为合同的印花税纳税人,获得了一定的税收筹划收益。

此外,在某些融资业务中也可以通过合理筹划避免成为印花税纳税人,进而获得一定的税收筹划收益。以借款合同为例,借款人与银行及其他金融机构签订的合同,以及只填开借据并作为合同使用的借据,均应按"借款合同"税目计算缴纳印花税。但是企业之间的借贷合同则不用贴花。为此,在其他条件相同的情况下,与从银行及其他金融机构借款相比,从企业(非银行及其他金融机构)借款时签订的合同可以获得免缴印花税的筹划收益。

2. 计税依据的筹划

1) 模糊交易金额

实际经济业务活动中,有的经济合同的当事人在签订合同时会遇到计税金额暂时难以确定或存在较大弹性空间的情况,例如,技术转让合同中的技术转让收入,可以约定按销售收入的一定比例收取或者按受让方实现利润的多少进行分成;财产租赁合同只是约定了月租金标准而无确切的租赁期限;等等。由于经济合同的计税依据是合同记载金额,在计税依据没有确切金额的情况下,《印花税暂行条例》规定,可以在合同签订时先按定额 5 元贴花,以后结算时再按照实际的金额计税,补贴印花税票。因此,在签订数额较大的经济合同时,如果计税金额有不确定性或者存在较大弹性空间,纳税人应该尽量选择签订不定额的合同,对交易金额进行模糊处理,可以达到递延缴纳印花税税款的目的。

【例 10-25】　某租赁公司拟将一套大型生产设备租赁给生产企业 A 公司,租金为 200 000 元/月,双方约定的租赁期限初步意向为 10 年。应如何对印花税进行税收筹划?

解析:

若在签订的财产租赁合同中直接约定 10 年租赁期,则计税依据的金额为 24 000 000 元;若不明确约定租赁期限,则可以通过延后纳税获得资金的时间价值。

(1) 在签订合同时直接约定租赁期限为 10 年,则租赁公司和 A 公司在签订合同时均应缴纳的印花税税额为：

印花税税额＝24 000 000×1‰＝24 000(元)

（2）在签订合同时不直接约定租赁期限，而是将合同条款表述为"每年年底支付本年租金，同时双方决定是否继续本合同"，则租赁公司和 A 公司在签订合同时及以后每年缴纳的印花税税额为：

印花税税额＝2 400 000×1‰＝2 400(元)

结论：比较两种方案可知，方案二和方案一虽然缴纳的印花税总额相同，但是方案一的支付时点是签订合同时，而方案二是将支付总额平均到 10 年，方案二通过延后缴纳印花税，获得了资金的时间价值，可以收获一定的税收筹划收益。

2）降低计税金额

由于经济合同的纳税人是订立合同的各方当事人，计税依据为合同所载金额，因而出于共同利益，合同各方可以通过合理协商进行税收筹划，使合同计税金额通过合法途径适当降低，进而达到节税的目的。

【例 10-26】 甲公司拟委托乙公司进行承揽业务，辅助材料价值为 3 000 000 元，支付给乙公司的加工费为 2 000 000 元。在签订承揽合同时，应如何对印花税进行税收筹划？

解析：

承揽合同印花税的计税依据为合同列明的承揽收入，即合同中列明的受托方的加工费收入和提供的辅助材料金额之和。甲、乙两公司如能协商，由甲公司自己提供辅助材料，则合同的计税依据可以降低，仅将受托方取得的加工费收入作为计税金额，可以达到节税的目的。

方案一：辅助材料由乙公司提供并收取加工费，则甲、乙两公司双方各自应纳的印花税税额为：

应纳印花税税额＝(3 000 000＋2 000 000)×0.5‰＝2 500(元)

方案二：辅助材料由甲公司提供，乙公司只收取加工费，则甲、乙两公司双方各自应纳的印花税税额为：

应纳印花税税额＝2 000 000×0.5‰＝1 000(元)

结论：比较两种方案可知，方案二通过降低合同计税金额，甲、乙两公司各减少了印花税税负 1 500(2 500－1 000)元，取得了合理的税收筹划收益。

3）保守预估交易金额

由于经济活动存在不确定性，事先预计完全能实现的合同，可能会由于种种原因实际无法完全实现，导致合同最终履约结果与签订时存在出入。但是印花税作为一种行为税，纳税义务在合同当事人签订合同时即已发生，应就合同约定金额计算应纳印花税并贴花，而不论合同是否按期完全兑现。为此，在上述情况下，为避免合同当事人因多缴纳印花税加重税负，可采取保守预估交易金额的税收筹划方法，如果合同最终履约金额超过保守预估金额，即使依据结算结果补贴印花也不会违反税法规定。

【例 10-27】 2020 年 5 月，甲房地产开发公司与乙建筑施工公司签订 A 工程建筑施工合同，标的金额为 10 000 万元，合同签订后即缴纳了印花税。施工过程中，由于户型结构及容积率等方面情况调整对施工方案进行了修改，2021 年 6 月竣工时实际工程决算金额为 8 000 万元。为此，甲房地产公司 2021 年 7 月签订 B 工程建筑施工合同时，虽然合同金额实际为 5 000 万元,但该公司以 A 工程多缴纳了印花税为由,冲减合同金额 2 000 万元,以 3 000 万元作为印花税计税金额计算缴纳印花税。分析甲房地产开发公司印花税涉税业务处理是否合法。

解析:

印花税作为一种行为税,纳税义务在合同当事人签订合同时即已发生,应就合同约定金额计算应纳印花税并贴花,而不论合同是否按期完全履行。甲房地产开发公司与乙建筑施工公司签订 A 工程建筑施工合同时约定的标的金额为 10 000 万元,按 0.3‰的比例税率计算,缴纳了 3 万元印花税,比按实际合同履行金额 8 000 万元计算应缴纳的 2.4 万元印花税多负担 0.6 万元。B 工程施工合同的金额为 5 000 万元,合同当事人应将 5 000 万元作为印花税计税依据,甲房地产开发公司以 A 工程多缴纳了印花税为由,冲减合同金额 2 000 万元,以 3 000 万元作为印花税计税金额计算缴纳印花税,这种处理方式是不合法的。

为避免出现上述多承担印花税税负的情况,甲房地产开发公司可以对印花税进行税收筹划,具体思路是:先签订框架性合同,只就主体性工程约定较低的基本合同金额,待工程竣工时,再按实际工程决算金额计算缴纳印花税,这样就可以避免出现多缴纳印花税的情况了。

4) 减少分包、转包环节

建筑安装工程承包合同是印花税的一种应税凭证,按照现行印花税法规定,施工单位将自己承包的建设项目分包或者转包给其他施工单位时签订的分包或者转包合同,应按照新的分包合同或者转包合同记载的金额再次计算应纳印花税税额。其原因就在于印花税作为行为税,只要有应税行为发生,就要按税法规定纳税。为此,适当控制分包、转包环节,可以合理降低印花税税负。

【例 10-28】 2020 年 11 月,甲公司将一项合同金额为 10 000 万元的建筑工程承包给乙公司,乙公司因自身产能受限,再将其中的 3 000 万元工程转包给丙公司、2 000 万元转包给丁公司。各公司应纳印花税税额如下:甲公司应纳印花税税额为 3(10 000×0.3‰)万元;乙公司应纳印花税税额为 4.5(10 000×0.3‰+3 000×0.3‰+2 000×0.3‰)万元;丙公司应纳印花税税额为 0.9(3 000×0.3‰)万元;丁公司应纳印花税税额为 0.6(2 000×0.3‰)万元。四家公司合计应纳印花税税额为 9(3+4.5+0.9+0.6)万元。应如何就印花税涉税业务进行税收筹划?

解析:

可以通过减少转包环节,减轻印花税税负。

乙公司可与甲公司协商,由甲公司直接与丙公司、丁公司分别签订 3 000 万元、2 000 万元的建筑承包合同,剩余的 5 000 万元由乙公司与甲公司签订建筑承包合同。这样处理后,甲公司、丙公司、丁公司的印花税应纳税额不变,但是乙公司的印花税应纳税额降低到 1.5(5000×0.3‰)万元,比筹划前节税 3(4.5-1.5)万元。当然,这样处理的前提是,甲乙公司之间有良好的业务关系,并且甲公司与丙公司、丁公司签订的合同工程量与乙公司原来转包给丙公司、丁公司的工程量相同。

5) 合同金额中将增值税价税明确分开

经济合同订立时,合同金额可能包括增值税,税务机关对于印花税计税依据的判断是:如果合同金额是价税分开的,印花税计税依据就不含增值税;如果合同金额是价税合计,则将含税总金额作为计税依据。为此,签订经济合同时应尽可能将合同金额价税分开列示,通过减少印花税的计税依据获得税收筹划收益。

【例 10-29】 2020 年 12 月,甲公司与乙公司签订一份购销合同,合同标的增值税含税总金额为 11 300 000 元,该批货物适用的增值税税率为 13%。在签订购销合同时应如何进行税收筹划?

解析:

如果合同金额没有将价税分开列明,印花税计税基础为增值税含税价;如果合同金额将价税分开列明,印花税计税基础为不含增值税的价格。

方案一:若合同中不注明增值税金额,印花税计税基础为 11 300 000 元。

甲公司、乙公司各自应纳的印花税税额 = 11 300 000 × 0.3‰ = 3 390(元)

方案二:若合同中注明不含税金额及增值税金额,印花税计税基础为 10 000 000 元。

甲公司、乙公司各自应纳的印花税税额 = 10 000 000 × 0.3‰ = 3 000(元)

结论:比较两种方案可知,方案二比方案一减轻了印花税税负 390(3 390 − 3 000)元,取得了合理的税收筹划收益。

3. 税率的筹划

印花税有 0.05‰、0.3‰、0.5‰、1‰四档比例税率,对于同一应税凭证,如果载有两个或两个以上经济事项而适用不同的税目税率时,应分别记载各自的金额并按各自适用的税率计算应纳印花税税额,相加后合计贴花纳税;如果没有分别记载金额的,按税率高的计税贴花。为此,纳税人在进行税收筹划时,对于同一应税凭证中载有两个或两个以上适用不同税目税率的经济事项,应分别记载各个经济事项的金额,以避免从高适用比例税率增加税收负担。

【例 10-30】 2021 年 3 月,甲公司与乙航运公司签订经济合同,合同中所载的运输费及保管费共计 8 000 000 元。由于该合同实际涉及货物运输合同和仓储保管合同两个印花税税目,而且两个税目适用的税率存在高低差异,前者适用的税率为 0.5‰,后者适用的税率为 1‰。应如何对印花税涉税业务进行税收筹划?

解析:

方案一:未分开记载运输费及保管费,应按 1‰的税率计税贴花:

应纳印花税税额 = 8 000 000 × 1‰ = 8 000(元)

方案二:分开记载运输费及保管费,假定合同金额中载明运输费为 7 200 000 元,保管费为 800 000 元,并且分别适用 0.5‰、1‰的比例税率:

应纳印花税税额 = 7 200 000 × 0.5‰ + 800 000 × 1‰ = 4 400(元)

结论:比较两种方案可知,企业通过分别记载两个经济事项的金额,进而适用各自高低不同的印花税税率,合同当事人均可以减轻印花税税负 3 600(8 000 − 4 400)元,获得了合理的税收筹划收益。

4. 利用税收优惠政策的筹划

10.4.1 节第 6 点中,对印花税的税收优惠政策进行了阐述,企业应深刻理解并充分把握这些优惠政策,合法享受政策红利以获得税收筹划收益。例如,优惠政策规定,自 2018 年 5 月 1 日起,对原按 0.5‰税率贴花的资金账簿减半征收印花税,对按件贴花 5 元的其他账簿免征印花税。企业应及时知悉该项政策规定并依法享受，避免因不了解政策的变更而仍然对记载资金的账簿按 0.5‰ 的税率贴花、对其他账簿按每件 5 元贴花，进而增加本不应承担的税收负担。

10.5 车船税会计与税收筹划

10.5.1 车船税概述

车船税是以车船为征税对象，向拥有车船的单位和个人征收的一种财产税。现行车船税的基本法律规范是由第十一届全国人民代表大会常务委员会第十九次会议于 2011 年 2 月 25 日审议通过的《中华人民共和国车船税法》（以下简称《车船税法》），自 2012 年 1 月 1 日起施行。

1. 纳税义务人

车船税的纳税义务人是指在中华人民共和国境内，车辆、船舶的所有人或者管理人。纳税义务人应当依照《车船税法》的规定缴纳车船税。

2. 征收范围

车船税的征收范围是指在中华人民共和国境内属于《车船税法》所附"车船税税目税额表"规定的车辆、船舶。车辆、船舶包括：依法应当在车船管理部门登记的机动车辆和船舶；依法不需要在车船管理部门登记的在单位内部场所行驶或者作业的机动车辆和船舶。

境内单位和个人租入外国籍船舶的，不征收车船税；境内单位和个人将船舶出租到境外的，应依法征收车船税。

3. 税目与税率

车船税共有 5 个税目，采用定额税率，各个税目适用税率依据"车船税税目税率表"（见表 10-6）执行。

4. 计税依据

车船税的计税依据为车船的计税单位数量。《车船税法》确定的计税单位有每辆、整备质量每吨每吨、净吨位每吨、艇身长度每米。

（1）以"每辆"为计税单位的主要有乘用车、商用客车、摩托车。

（2）以"整备质量每吨"为计税单位的主要有商用货车、挂车、专用作业车、轮式专用机械车。

（3）以"净吨位每吨"为计税单位的主要有机动船舶、拖船、非机动驳船。

（4）以"艇身长度每米"为计税单位的主要有游艇。

表10-6　车船税税目税率表

税　　目		计税单位	年基准税额(元)	备　　注
乘用车[按发动机气缸容量(排气量)分档]	1.0升(含)以下	每辆	60～360	核定载客人数9人(含)以下
	1.0升以上至1.6升(含)		360～660	
	1.6升以上至2.0升(含)		660～960	
	2.0升以上至2.5升(含)		960～1620	
	2.5升以上至3.0升(含)		1620～2460	
	3.0升以上至4.0升(含)		2460～3600	
	4.0升以上		3600～5400	
商用车	客车	每辆	480～1440	核定载客人数9人(包括电车)以上
	货车	整备质量每吨	16～120	1. 包括半挂牵引车、挂车、客车两用汽车、三轮汽车和低速载货汽车等；2. 挂车按照货车税额的50%计算
其他车辆	专用作业车	整备质量每吨	16～120	不包括拖拉机
	轮式专用机械车	整备质量每吨	16～120	
摩托车		每辆	36～180	
船舶	机动船舶	净吨位每吨	3～6	拖船和非机动驳船分别按照机动船舶税额的50%计算；游艇的税额另行规定
	游艇	艇身长度每米	600～2000	

5．应纳税额的计算

车船税实行从量定额征税的方法，其应纳税额的基本计算公式为：

应纳税额＝计税依据×适用税率

具体包括以下情形：

（1）购置的新车船，购置当年的应纳税额自纳税义务发生的当月起按月计算。具体计算公式为：

应纳税额＝(年应纳税额÷12)×应纳税月份数

应纳税月份数＝12－纳税义务发生时间(取月份)＋1

（2）在一个纳税年度内，已完税的车船被盗抢、报废、灭失的，纳税人可以凭有关管理机关出具的证明和完税证明，向纳税所在地的主管税务机关申请退还自被盗抢、报废、灭失月份起至该纳税年度终了期间的税款。

（3）已办理退税的被盗抢车船，失而复得的，纳税人应当从公安机关出具相关证明的当月起计算缴纳车船税。

（4）已缴纳车船税的车船在同一纳税年度内办理转让过户的，不另纳税，也不退税。

（5）已经缴纳车船税的车船，因质量原因，车船被退回生产企业或者经销商的，纳税人可以向纳税所在地的主管税务机关申请退还自退货月份起至该纳税年度终了期间的税款。退货月份以退货发票所载日期的当月为准。

【例10-31】　某公司拥有客车5辆，其中，商用客车2辆，2.6升乘用车2辆，1.6升小型客车1辆,单位税额分别为1 000元、1 300元、500元;拥有商用货车9辆,其中,6辆每辆整备质量吨位为10吨,3辆每辆整备质量吨位为20吨,单位税额分别为30元、60元。计算该公司当年应纳车船税税额。

解析:
客车应纳车船税税额＝2×1 000＋2×1 300＋1×500＝5 100(元)
货车应纳车船税税额＝6×10×30＋3×20×60＝5 400(元)
当年合计应纳车船税税额＝5 100＋5 400＝10 500(元)
该公司按月计提的车船税应纳税额为875(10 500÷12)元。

6．税收优惠

1) 法定减免

(1) 捕捞、养殖渔船免征车船税。
(2) 军队、武装警察部队专用的车船免征车船税。
(3) 警用车船免征车船税。
(4) 依照法律规定应当予以免税的外国驻华使领馆、国际组织驻华代表机构及其有关人员的车船,免征车船税。
(5) 对节能汽车,减半征收车船税。
(6) 对新能源汽车,免征车船税。
(7) 省、自治区、直辖市人民政府根据当地实际情况,可以对公共交通车船、农村居民拥有并主要在农村地区使用的摩托车、三轮汽车和低速载货汽车定期减征或者免征车船税。
(8) 国家综合性消防救援车辆由部队号牌改挂应急救援专用号牌的,一次性免征改挂当年车船税。

2) 特定减免

(1) 经批准临时入境的外国车船和中国香港特别行政区、中国澳门特别行政区、中国台湾地区的车船,不征收车船税。
(2) 按照规定缴纳船舶吨税的机动船舶,自《车船税法》实施之日起5年内免征车船税。
(3) 依法不需要在车船登记管理部门登记的机场、港口、铁路站场内部行驶或作业的车船,自《车船税法》实施之日起5年内免征车船税。

7．征收管理

1) 纳税期限

车船税纳税义务发生时间为取得车船所有权或者管理权的当月,以购买车船的发票或其他证明文件所载日期的当月为准。

2) 纳税地点

车船税的纳税地点为车船的登记地或者车船税扣缴义务人所在地。依法不需要办理登记的车船,其车船税的纳税地点为车船的所有人或者管理人所在地。

3) 纳税申报

车船税按年申报,分月计算,一次性缴纳,具体申报纳税期限由省、自治区、直辖市人民政府规定。"车船税纳税申报表"如表10-7所示。

表 10-7 车船税纳税申报表

税款所属期限：自　年　月　日至　年　月　日　　填表日期：　年　月　日　　金额单位：元（列至角分）

纳税人识别号：□□□□□□□□□□□□□□□

纳税人名称									纳税人身份证照类型			
纳税人身份证照号码									居住（单位）地址			
联系人									联系方式			
序号	(车辆)号牌号码/(船舶)登记号码	车船识别代码（车架号/船舶识别号）	征收品目	计税单位	计税单位的数量	单位税额	年应缴税额	本年减免税额	减免性质代码	减免税证明号	当年应缴税额	本年已缴税额	本期年应补(退)税额
1	2		3	4	5	6	7=5×6	8	9	10	11=7-8	12	13=11-12
	（略）	ABCD12325500l369	1.6升以上至2.0（含）乘用车	辆	1	800	800	—	—	—	800	800	—
	（略）	ABCD12325622361O5	货车	吨	15	60	900	—	—	—	900	—	900
合计	—	—	—	—	—	—	1 700	申报船舶总数（艘）	—	—	0		1 700

申报车辆总数（辆）　2

以下由申报人填写：

纳税人声明	此纳税申报表是根据《中华人民共和国车船税法》和国家有关税收规定填报的，是真实的、可靠的、完整的。	
纳税人签章	代理人签章	代理人身份证号

以下由税务机关填写：

受理人	受理日期	受理税务机关签章

【纳税申报同步练习】

车船税纳税申报案例

某公司2021年拥有乘用汽车和运输货车各一辆,其中,乘用汽车的车辆识别码(车架号)为 ABCD1232565001369,发动机气缸容量1.8升,核定载客人数6人;运输货车的车辆识别码(车架号)为 ABCD1232562236105,整备质量为15吨。按照当地规定,该乘用车辆每年应纳车船税800元,运输货车车船税为60元/吨。请填列该公司2021年自行申报当年车船税时的纳税申报表(纳税识别号等表头信息略)。

解析:
2021年运输货车应纳车船税=15×60=900(元)
2021年合计应纳车船税=800+900=1 700(元)
解答: 车船税纳税申报表填列情况见表10-7。

10.5.2 车船税的会计处理

企业按月计提车船税时,借方记入"税金及附加"账户,贷方记入"应交税费——应交车船税"账户;实际缴纳时,借方记入"应交税费——应交车船税"账户,贷方记入"银行存款"账户。

【例10-32】 承【例10-31】的资料,对该公司车船税涉税业务进行会计处理。

解析:

(1) 按月计提应交的车船税时:

借:税金及附加　　　　　　　　　　　　　　　　875
　　贷:应交税费——应交车船税　　　　　　　　　　875

(2) 实际缴纳当年应纳的车船税时:

借:应交税费——应交车船税　　　　　　　　　10 500
　　贷:银行存款　　　　　　　　　　　　　　　　10 500

10.5.3 车船税税收筹划技巧与实务

在拥有或者管理的车船数量相对稳定的情况下,纳税人对车船税进行税收筹划的空间相对有限。但是在购买车船时,则有两条思路能够合理进行税收筹划:一是由于我国对各类应税车船实行有幅度的定额税率,其税率实质上是一种全额累进定额税率。为此,纳税人应当充分利用计税临界点,避免在稍高于各级计税临界点处购买车船,否则会出现税负大幅增长的现象;二是充分考虑车辆自重尾数或者船舶净吨位尾数是否处于免予计税的规定之下,以合理降低税基,进而减轻车船税税负。

1. 计税临界点的税收筹划

【例10-33】 某公司欲购买一艘船只,现有两个方案可供选择:方案一是购买一艘净吨位为10 005吨的船只;方案二是购买一艘净吨位为10 000吨的船只。该公司应如何进行税收筹划以获得合理的税收筹划收益?

解析：

船舶净吨位在 2 001 吨至 10 000 吨的,适用税率为 5 元/吨；净吨位在 10 001 吨及以上的,适用税率为 6 元/吨。所购船舶吨位处于计税临界点附近,应避免在稍高于计税临界点处购买船舶。

(1) 采用方案一,则：

该公司每年应纳的车船税税额＝10 005×6＝60 030(元)

(2) 采用方案二,则：

该公司每年应纳的车船税税额＝10 000×5＝50 000(元)

结论：比较两种方案可知,方案二所购船只净吨位虽然少了 5 吨,但是每年可以减轻车船税税负 10 030(60 030－50 000)元,在不影响公司经营的情况下,选择购买净吨位为 10 000 吨的船只可以获得较好的税收筹划收益。

2. 计税依据尾数的税收筹划

【例 10-34】 某公司 2021 年拟购置载货汽车一批,所购载货汽车的整备质量吨位之和达到 620 吨即可。汽车市场有两种这样的载货汽车可供选择：整备质量 6.2 吨的载货汽车和整备质量 10 吨的载货汽车。该地区载货汽车的车船税税率为整备质量每吨 100 元,应如何对该公司应纳车船税进行税收筹划？

解析：

载货汽车整备质量尾数在 0.5 吨以下(含 0.5 吨)的按照 0.5 吨计算,超过 0.5 吨的按照 1 吨计算；船舶净吨位尾数在 0.5 吨以下(含 0.5 吨)的不予计算,超过 0.5 吨的按照 1 吨计算。

方案一：购买 100 辆整备质量 6.2 吨的载货汽车。

该公司年应纳车船税税额＝100×6.5×100＝65 000(元)

方案二：购买 62 辆整备质量 10 吨的载货汽车。

该公司年应纳车船税税额＝62×10×100＝62 000(元)

结论：比较两种方案可知,方案二每年可减轻车船税税负 3 000(65 000－62 000)元,选择方案二可以获得合理的税收筹划收益。

10.6 契税会计与税收筹划

10.6.1 契税概述

契税是以在中华人民共和国境内转移土地、房屋权属为征税对象,向产权承受人征收的一种财产税。现行契税的基本法律规范是 2020 年 8 月 11 日第十三届全国人民代表大会常务委员会第二十一次会议表决通过,并于 2021 年 9 月 1 日开始实施的《中华人民共和国契税法》。

1. 纳税义务人

契税的纳税义务人是在中国境内转移土地、房屋权属，承受的单位和个人。境内是指中华人民共和国实际税收行政管辖范围内。土地、房屋权属是指土地使用权和房屋所有权。单位是指企业单位、事业单位、国家机关、军事单位和社会团体以及其他组织。个人是指个体经营者及其他个人，包括中国公民和外籍人员。

2. 征税范围

契税的征税范围具体包括以下五项内容：

1) 国有土地使用权出让

国有土地使用权出让即国有土地使用者向国家交付土地使用权出让费用，国家将国有土地使用权在一定年限内让与土地使用者的行为。

2) 土地使用权转让

土地使用权转让即土地使用者以出售、赠予、互换方式将土地使用权转移给其他单位和个人的行为。土地使用权转让不包括土地承包经营权和土地经营权的转移。

3) 房屋买卖

房屋买卖即以货币为媒介，出卖者向购买者过渡房产所有权的交易行为。以下几种情况，视同房屋买卖：

(1) 以房产抵债或实物交换房屋。
(2) 以房产作价投资、入股。
(3) 买房拆料或翻建新房。

4) 房屋赠予

房屋赠予即房屋产权所有人将房屋无偿转让给他人所有。房屋的受赠人原则上要按规定缴纳契税。对于《中华人民共和国继承法》规定的法定继承人（包括配偶、子女、父母、兄弟姐妹、祖父母、外祖父母）继承土地、房屋权属的，不征收契税；非法定继承人根据遗嘱承受死者生前的土地房屋权属，属于赠予行为，应征收契税。

以获奖方式取得的房屋产权，实质上是接受赠予房产的行为，也应缴纳契税。

5) 房屋互换

房屋互换是指房屋所有者之间互相交换房屋的行为。以作价投资（入股）、偿还债务、划转、奖励等方式转移土地、房屋权属的，应当依照规定征收契税。

3. 税率

契税实行3%～5%的幅度税率。具体适用税率由各省、自治区、直辖市人民政府在3%～5%的幅度内提出，报同级人民代表大会常务委员会决定，并报全国人民代表大会常务委员会和国务院备案。

自2010年10月1日起，对个人购买90平方米及以下且属家庭唯一住房的普通住房，减按1%的税率征收契税。

4．计税依据

契税的计税依据不含增值税。由于土地、房屋权属转移方式不同,定价方法不同,因而具体计税依据视不同情况而决定。

(1) 土地使用权出售、房屋买卖,计税依据为土地、房屋权属转移合同确定的价格,包括承受者应交付的货币、实物、其他经济利益对应的价款。

(2) 土地使用权赠予、房屋赠予,以及其他没有价格的转移土地、房屋权属行为,计税依据为税务机关参照土地使用权出售、房屋买卖的市场价格依法核定的价格。

(3) 土地使用权互换、房屋互换,计税依据为所互换的土地使用权、房屋的价格差额。

(4) 国有土地使用权出让,计税依据为承受人为取得该土地使用权而支付的全部经济利益。

(5) 房屋附属设施征收契税的依据。

① 不涉及土地使用权和房屋所有权转移变动的,不征收契税。

② 采取分期付款方式购买房屋附属设施土地使用权、房屋所有权的,应按合同规定的总价款计征契税。

③ 承受者房屋附属设施权属如为单独计价的,按照当地确定的适用税率征收契税;如与房屋统一计价的,适用与房屋相同的契税税率。

5．应纳税额的计算

契税应纳税额的计算公式为：

应纳契税税额＝计税依据×税率

【例10-35】 居民甲有两套住房,将一套出售给居民乙,成交价格为2 000 000元;将另外一套住房与居民丙的住房交换,并支付给丙换房差价200 000元。假定适用的契税税率为3％,计算甲、乙、丙三方各自应缴纳的契税税额。

解析：

甲应纳契税税额＝200 000×3％＝6 000(元)

乙应纳契税税额＝2 000 000×3％＝60 000(元)

丙无须缴纳契税。

6．税收优惠

1) 有下列情形之一的,免征契税

(1) 国家机关、事业单位、社会团体、军事单位承受土地、房屋用于办公、教学、医疗、科研和军事设施。

(2) 非营利性的学校、医疗机构、社会福利机构承受土地、房屋权属用于办公、教学、医疗、科研、养老、救助。

(3) 承受荒山、荒地、荒滩土地使用权用于农、林、牧、渔业生产。

(4) 婚姻关系存续期间夫妻之间变更土地、房屋权属。

(5) 法定继承人通过继承承受土地、房屋权属。

(6) 依照法律规定应当予以免税的外国驻华使馆、领事馆和国际组织驻华代表机构承受土地、房屋权属。

根据国民经济和社会发展需要,国务院对居民住房需求保障、企业改制重组(企业公司制改造、事业单位改制、公司合并或分立、企业破产、资产划转、债权转股权、公司股权转让)、灾后重建等情形可以规定免征或者减征契税,报全国人民代表大会常务委员会备案。

2)省、自治区、直辖市可以决定对下列情形免征或者减征契税

(1)因土地、房屋被县级以上人民政府征收、征用,重新承受土地、房屋权属。

(2)因不可抗力灭失住房,重新承受住房权属。

7. 征收管理

1)纳税义务发生时间

契税的纳税义务发生时间是纳税人签订土地、房屋权属转移合同的当日,或者纳税人取得其他具有土地、房屋权属转移合同性质凭证的当日。

2)纳税期限

纳税人应当在依法办理土地、房屋权属登记手续前申报缴纳契税。

3)纳税地点

契税在土地、房屋所在地的征收机关缴纳。

4)纳税申报

企业应按规定填写"契税纳税申报表"(见表10-8)。

【纳税申报同步练习】

契税纳税申报案例

某公司2021年9月25日购买商品房一套用于办公,面积200平方米,成交价格2 000 000元,当地政府规定的契税税率为3‰,该商品房位于A市丰和区长征路21号。该公司9月30日对契税进行纳税申报。请填列该公司契税纳税申报表(纳税识别号等表头信息略)。

解析:

该公司应纳契税税额=2 000 000×3‰=60 000(元)

解答:契税纳税申报表填列情况见表10-8。

10.6.2 契税的会计处理

与房产税、城镇土地使用税、印花税等其他小税种的应纳税额通过"税金及附加"账户直接计入当期损益不同,契税的征税范围是转移土地使用权、房屋所有权等房地产权属,计税基础价值大,应纳契税一般应予以资本化,通过计入"在建工程""固定资产""无形资产"等账户进行核算。

纳税人购买房屋、建筑物等固定资产的同时获得土地使用权的,应按计提的契税,借方记入"固定资产""在建工程"等账户,贷方记入"应交税费——应交契税"账户;实际缴纳契税时,借方记入"应交税费——应交契税"账户,贷方记入"银行存款"账户。

纳税人单独购买土地使用权,应按计提的契税,借方记入"无形资产"账户,贷方记入"应交税费——应交契税"账户;实际缴纳契税时,借方记入"应交税费——应交契税"账户,贷方记入"银行存款"账户。

表 10-8 契税纳税申报表

填表日期： 年 月 日　　　　　　　　　金额单位：元（列至角分）；面积单位：平方米

承受方信息	名称		□单位　□个人		
	登记注册类型			所属行业	
	身份证件类型	□身份证　□护照　□其他		身份证件号码	
	联系人			联系方式	
转让方信息	名称		□单位　□个人		
	纳税人识别号			所属行业	
	身份证件类型			联系方式	
土地房屋权属转移信息	合同签订日期	2021年9月25日		土地房屋坐落地址	A市丰和区长征路21号
	权属转移对象	普通商品住房		权属转移方式	房屋买卖
	家庭唯一住房	□90平方米以上 □90平方米及以下		家庭第二套改善性住房	□90平方米以上 □90平方米及以下	用途	办公
	权属转移面积	200	成交价格	□含税 □不含税	成交单价	10 000
	评估价格		计税价格	2 000 000	税率	3%
税款征收信息	计征税额	60 000	减免性质代码		减免税额		应纳税额	60 000

以下由纳税人填写：

纳税人声明	此纳税申报表是根据《中华人民共和国契税暂行条例》和国家有关税收规定填报的，是真实的、可靠的、完整的。
纳税人签章	代理人签章	代理人身份证号

以下由税务机关填写：

受理人			
受理日期	年 月 日	受理税务机关签章	

房地产企业购入的土地使用权应缴纳的契税视开发情况而定：如果土地购入后即进行实质性开发，则作为开发成本处理；如果土地购入后仅作为储备土地，则作为无形资产处理。

纳税人也可不通过"应交税费——应交契税"账户对契税进行核算，在缴纳契税时直接贷方记入"银行存款"账户。

【例10-36】 2021年3月，某公司购入一块土地的使用权，购入价格为10 000 000元（不含增值税），适用的契税税率为3%，对公司该契税涉税业务进行会计处理。

解析：

公司购入土地使用权的应纳契税，应予以资本化，计入"无形资产"账户。

应纳契税税额＝10 000 000×3%＝300 000（元）

会计分录如下。

（1）计提契税时：

借：无形资产——土地使用权	300 000	
贷：应交税费——应交契税		300 000

（2）缴纳契税时：

借：应交税费——应交契税	300 000	
贷：银行存款		300 000

【例10-37】 2021年6月，甲公司以一栋价值10 000 000元的房屋换取乙公司一栋价值12 000 000元的房屋，合同约定甲公司同时应向乙公司支付房屋差价2 000 000元。税务机关核定甲、乙两公司房屋价值符合市场价值，当地适用契税税率为3%。对甲公司契税涉税业务进行会计处理。

解析：

互换房产时，以差价支付方作为契税纳税义务人，甲、乙双方换房时，甲公司支付了2 000 000元差价，甲公司应承担契税纳税义务，计算缴纳契税。

甲公司应纳契税税额＝2 000 000×3%＝60 000（元）

会计分录如下。

（1）计提契税时：

借：固定资产	2 060 000	
贷：应付账款——乙公司		2 000 000
应交税费——应交契税		60 000

（2）缴纳契税时：

借：应交税费——应交契税	60 000	
贷：银行存款		60 000

10.6.3　契税税收筹划技巧与实务

契税的计税基础一般而言价值比较高，此外，契税虽然是一个小税种，但是涉及的税收优惠政策比较多，所以，对契税进行税收筹划主要应从降低计税基础和享受税收优惠政策两方面进行思考。

1. 计税基础的筹划

1) 签订分立合同，降低计税基础

在转让土地使用权、房屋所有权时，往往会涉及停车位、汽车库、顶层阁楼以及储藏室等一些房屋附属设施的转让，对于这些房屋附属设施的契税问题，《财政部、国家税务总局关于房屋附属设施有关契税政策的批复》（财税〔2004〕126号）有明确规定，具体见10.6.1节第4点中的第(5)小点相关阐述。根据该规定，纳税人在承受房屋附属设施时应尽可能分开计价，以降低计税基础。

【例10-38】 2021年，甲公司购买了乙房地产公司的一栋房产作为行政办公楼，连同与该栋房产配套的停车位，一共向乙房地产公司支付了30 000 000元（不含增值税）。但是停车位并未办理产权证，甲公司仅仅获得了车位的永久使用权。当地适用的契税税率为3%，甲公司应如何对所纳契税进行税收筹划？

解析：

对于承受与房屋相关的停车位等附属设施所有权或土地使用权的行为，应按照契税法律法规的规定征收契税；对于不涉及土地使用权和房屋所有权转移变动的，不征收契税。甲公司购买房产时并未获得车位的产权，即车位的权属并未发生转移，因此，车位本身不应征收契税，但是在实际业务处理时，车位应与房产分开计价并各自签订合同。

方案一：按目前情况车位不分开计价。

应纳契税税额=30 000 000×3%=900 000（元）

方案二：甲公司就房产销售和车位买卖分别和乙房地产公司签订合同，并且在合同中各自分别计价。

假设房产价格为27 000 000元，车位价格为3 000 000元，则甲公司应纳契税税额为：

房产应纳契税税额=27 000 000×3%=810 000（元）

车位因免征契税，应纳契税税额为0。

结论：比较两种方案可知，方案二通过签订分立合同，降低了计税基础，减轻契税税负90 000（900 000－810 000）元，获得了合理的税收筹划收益。

实际经济业务中，有的情况下购买车位等房屋附属设施也可能获得产权，但是附属设施的契税税率与房屋的契税税率相比往往更低，对附属设施分开计价可以获得减轻契税税负的筹划效应。

2) 互换业务中减少价差

依据契税相关法规规定，土地使用权、房屋所有权相互交换时，以所支付的价格差额作为计税基础，价格差额越小，当事人应纳的契税就越少。为此，进行税收筹划时，当互换的房地产价值不相等时，可以基于共同利益采取一定措施减少两者的价差，进而降低计税基础获得税收筹划收益。

【例10-39】 2021年，甲、乙两公司因业务拓展，拟互换一套房产作为办公用房，甲公司房产价值约为2 000 000元，乙公司房产因装修陈旧，价值更低，约为1 700 000元。当地适用的契税税率为5%，应如何对契税进行税收筹划以获得合理的税收筹划收益？

解析：

房产互换以支付的价格差额作为契税计税基础，降低价格差额可以取得税收筹划收益。乙公司房产因装修陈旧，价值更低，正好可以按甲公司意思进行装修改造以增加乙公司房产的市场价值，装修费用仍由甲公司承担，但是计税基础降低可以减轻乙公司契税税负。

方案一：按当前情况不进行税收筹划直接交换房产。

乙公司应纳契税税额＝(2 000 000－1 700 000)×5％＝15 000(元)

方案二：由甲公司承担装修费用。

乙公司按甲公司意愿先将房产重新装修再交换，增加房产价值 300 000 元，则装修后乙公司房产价值也为 2 000 000 元。因所交换的房产价值相等无须支付差价，甲、乙公司都不需要缴纳契税。

结论：比较可知，互换房产业务中，基于共同利益采取适当方法减少价差可以获得一定的税收筹划收益。

2. 税收优惠政策的筹划

契税有许多减免税方面的优惠政策，纳税人一方面应该充分知悉不同情况下契税减免的政策法规，另一方面要灵活把握享受契税减免税优惠政策的必备条件，以充分享受税收优惠政策红利。比如，企业公司制改造中，原企业投资主体存续并在改制(变更)后的公司中所持股权(股份)比例超过 75％，且改制(变更)后公司承继原企业权利、义务的，对改制(变更)后公司承受原企业土地、房屋权属的情形，免征契税；事业单位改制为企业，原投资主体存续并在改制后企业中出资(股权、股份)比例超过 50％的，对改制后企业承受原事业单位土地、房屋权属的情形免征契税；企业破产时，承受原企业土地、房屋权属的企业与原企业超过 30％的职工签订服务年限不少于三年的劳动用工合同的，减半征收契税，等等。

1) 变更投资方式，享受免税政策

【例 10-40】 2020 年，王某和刘某拟投资注册一家股本为 10 000 000 元的股份制公司，其中，王某以价值为 8 000 000 元的房产投资，刘某以货币资金 2 000 000 元投资。当地适用的契税税率为 5％，应如何对契税进行税收筹划以获得合理的税收筹划收益？

解析：

投资方充分利用契税法规中的税收优惠政策，对投资方式进行合理安排，可以合法规避房产权属转移过程中的契税税负。依据《关于自然人与其个人独资企业或一人有限责任公司之间土地房屋权属划转有关契税问题的通知》(财税〔2008〕142 号)规定，同一自然人与其设立的个人独资企业或一人有限责任公司之间土地、房屋权属的无偿划转属于同一主体内部土地、房屋权属的无偿划转，不征收契税；依据《财政部 国家税务总局关于继续支持企业事业单位改制重组有关契税政策的通知》(财税〔2018〕17 号)的规定，公司变更时，原企业投资主体存续并在改制(变更)后的公司中所持股权(股份)比例超过 75％，且改制(变更)后公司承继原企业权利、义务的，对改制(变更)后公司承受原企业土地、房屋权属的情形，免征契税。

基于上述税收优惠政策规定，王某可按以下方案进行税收筹划：先到工商行政机关注册登记成立一家个人独资企业，将自有房产划转投入个人独资企业；然后对该个人独资企业进行股份制改造，吸收刘某投资，变更为有限责任公司。

方案一：按现行情况不进行税收筹划。

该股份制公司应纳契税税额＝8 000 000×5％＝400 000（元）

方案二：按上述方案改变投资方式。

王某注册个人独资企业投入房产时免征契税；个人独资企业改制为股份制公司时，符合所持股份比例超过75％等条件（实际持股比例为80％），也免征契税。该股份制公司应纳契税税额为0。

结论：比较两种方案可知，方案二通过改变投资方式进行税收筹划，充分享受税收优惠政策带来的政策红利，可以减轻契税税负400 000元，获得了明显的税收筹划收益。

2) 合理选择户型，享受税率优惠

为满足个人基本住房保障需求，国家对个人购买中小户型商品房税率有相关优惠政策。按照财政部、国家税务总局、住房城乡建设部三部门联合发布的《关于调整房地产交易环节契税、营业税优惠政策的通知》（财税〔2016〕23号）规定，税率减免的具体情形包括：对个人购买家庭唯一住房，面积为90平方米及以下的，减按1％的税率征收契税；面积为90平方米以上的，减按1.5％的税率征收契税。对个人购买家庭第二套改善性住房，面积为90平方米及以下的，减按1％的税率征收契税；面积为90平方米以上的，减按2％的税率征收契税（北京市、上海市、广州市、深圳市暂不适用）。个人在购买自住商品房时，应充分知悉这些政策，合理选择中小户型以减轻契税税负。

【例10-41】 李某大学毕业后在A市工作，2021年拟在A市购买首套住房，选中的楼盘有90平方米和92平方米两种中小户型，价格均为30 000元/平方米。李某应如何对契税进行税收筹划以获得合理筹划收益？

解析：

个人购买家庭首套住房在90平方米及以下的，契税享受减按1％的税率优惠；超过90平方米的，契税享受减按1.5％的税率优惠。

方案一：选择购买90平方米的户型。

应纳契税税额＝90×30 000×1％＝27 000（元）

方案二：选择购买92平方米的户型。

应纳契税税额＝92×30 000×1.5％＝41 400（元）

结论：比较两种方案可知，选择购买90平方米的住房相比购买92平方米的住房，住房实用功能相差不大，但是可减轻契税税负14 400（41 400－27 000）元，对于财力比较紧张的年轻刚需购房群体，是相对合理的选择。

此外，房地产开发公司在实际开发楼盘时，一般也会设计提供一部分非常接近但是不超过90平方米的中小户型供客户选择，这在一定程度上也是从为潜在客户提供节税选择的角度来进行运营操作的。

3) 选择过户方式，享受免税政策

个人将房产留给直系亲属有赠予、买卖、继承三种方式，这三种方式中，赠予、买卖方式均需按规定计算缴纳契税，但是法定继承人（包括配偶、子女、父母、兄弟姐妹、祖父母、外祖父母）依法继承房产，则不征收契税。为此，在合乎情理的情况下，选择继承方式将房产留给直系亲属，可以减轻继承人的税收负担。

10.7 车辆购置税会计与税收筹划

10.7.1 车辆购置税概述

车辆购置税是以在中国境内购置规定车辆为课税对象,在特定环节向车辆购置者征收的一种行为税。现行车辆购置税的基本法律规范是 2018 年 12 月 29 日第十三届全国人民代表大会常务委员会第七会议通过,并于 2019 年 7 月 1 日起开始实施的《中华人民共和国车辆购置税法》。

1. 纳税义务人

车辆购置税的纳税人是指在中华人民共和国境内购置汽车、有轨电车、汽车挂车、排气量超过 150 毫升的摩托车的单位和个人。其中,购置是指以购买、进口、自产、受赠、获奖或者其他方式取得并自用应税车辆的行为。车辆购置税实行一次性征收,购置已征车辆购置税的车辆,不再征收车辆购置税。

2. 征税范围

车辆购置税以列举的车辆作为征税对象,未列举的车辆不征税。具体征税对象包括汽车、有轨电车、汽车挂车、排气量超过 150 毫升的摩托车。

3. 税率

车辆购置税实行统一比例税率,税率为 10%。

4. 计税依据

车辆购置税的计税依据为应税车辆的计税价格,具体规定如下:

(1) 自 2020 年 6 月 1 日起,纳税人购置应税车辆,以电子发票信息中的不含增值税价格作为计税价格。

(2) 纳税人进口自用应税车辆的计税价格,为关税完税价格加上关税和消费税。

(3) 纳税人自产自用应税车辆的计税价格,按照纳税人生产的同类应税车辆的销售价格确定,不包括增值税税款;没有同类应税车辆销售价格的,按组成计税价格确定。属于应征消费税的应税车辆,其组成计税价格中应加计消费税税额。

(4) 纳税人以受赠、获奖或者其他方式取得自用应税车辆的计税价格,按照购置应税车辆时相关凭证载明的价格确定,不包括增值税税款。

5. 应纳税额的计算

车辆购置税实行从价定率的方法计算应纳税额,计算公式为:

应纳税额=计税依据×税率

具体分以下三种情形：

1）购买自用应税车辆应纳税额的计算

相关费用的计税规定如下：

（1）随购买车辆支付的工具件和零部件价款应作为购车价款的一部分，并入计税依据中征收车辆购置税。

（2）支付的车辆装饰费作为价外费用并入计税依据中计税。

（3）代收款项应区别征税。凡使用代收单位（受托方）票据收取的款项，应视作代收单位的价外收费，购买者支付的价外费款，应并入计税依据中一并征税；凡使用委托方票据收取，受托方只履行代收义务和收取代收手续费的款项，应按其他税收政策规定征税。

（4）销售单位开给购买者的发票金额中包含增值税税款时，计算车辆购置税时应换算为不含增值税的计税价格。

（5）销售单位开展优质销售活动时开发票收取的有关费用，应属于经营性收入，企业在代理过程中按规定支付给有关部门的费用，已作为经营性支出列支核算，其收取的各项费用并在一张发票上难以划分的，应作为价外收入计算征税。

计税依据＝（含增值税的销售价格＋价外费用）÷（1＋增值税税率或征收率）

【例10-42】吴某2020年11月从一家汽车有限公司购入一辆小汽车，支付了含增值税税款在内的款项169 500元，另外支付购买工具件和零配件的价款3 390元，车辆装饰费2 260元。支付的款项由该汽车有限公司开具"机动车销售统一发票"和有关票据。计算吴某应纳的车辆购置税税额。

解析：

吴某另外支付的工具件和零配件价款以及车辆装饰费应作为价外费用并入计税依据，且计税依据不包括增值税税款。

计税依据＝（169 500＋3 390＋2 260）÷（1＋13％）＝155 000（元）

应纳车辆购置税税额＝155 000×10％＝15 500（元）

2）进口自用应税车辆应纳税额的计算

进口自用应税车辆计税依据的计算公式为：

计税依据＝关税完税价格＋关税＋消费税

＝（关税完税价格＋关税）÷（1－消费税税率）

3）其他自用应税车辆应纳税额的计算

纳税人自产自用、受赠使用、获奖使用和以其他方式取得并自用的应税车辆，凡不能取得该车辆购置价格，或者低于最低计税价格的，以国家税务总局核定的最低计税价格作为计税依据计算征收车辆购置税。

最低计税价格是指国家税务总局依据机动车生产企业或者经销商提供的车辆价格信息，参照市场平均交易价格核定的车辆购置税计税价格。

【例10-43】2021年7月，某客车制造厂将自产的一辆新型号客车用于本厂行政办公用，该厂在办理车辆上牌前，出具该客车的发票，注明金额为100 000元，并按此金额向主管税务机关申报纳税。经审核，国家税务总局对该车同类型车辆核定的最低计税价格为120 000元。计算该辆客车应纳的车辆购置税。

解析：

纳税人申报的计税价格低于同类型应税车辆的最低计税价格，又无正当理由的，计税价格为国家税务总局核定的最低计税价格

该客车应纳的车辆购置税税额＝120 000×10％＝12 000（元）

6．税收优惠

我国车辆购置税实行法定减免，减免范围具体包括：

（1）外国驻华使馆、领事馆和国际组织驻华机构及其外交人员自用车辆免税。

（2）中国人民解放军和中国人民武装警察部队列入装备订货计划的车辆免税。

（3）悬挂应急救援专用号牌的国家综合性消防救援车辆免税。

（4）设有固定装置的非运输专用作业车辆免税。

（5）城市公交企业购置的公共汽电车辆免税。

（6）回国服务的在外留学人员用现汇购买 1 辆个人自用国产小汽车和长期来华定居专家进口 1 辆自用小汽车免征车辆购置税。

（7）防汛部门和森林消防部门用于指挥、检查、调度、报讯（警）、联络的，由指定厂家生产的，设有固定装置的指定型号的车辆免征车辆购置税。

（8）自 2021 年 1 月 1 日起至 2022 年 12 月 31 日止，对购置的新能源汽车免征车辆购置税。

（9）中国妇女发展基金会"母亲健康快车"项目的流动医疗车免征车辆购置税。

（10）原公安现役部队和原武警黄金、森林、水电部队改制后换发地方机动车牌证的车辆（公安消防、武警森林部队执行灭火救援任务的车辆除外），一次性免征车辆购置税。

根据国民经济和社会发展的需要，国务院可以规定减征或者其他免征车辆购置税的情形，报全国人民代表大会常务委员会备案。

7．征收管理

1）纳税义务发生时间

车辆购置税的纳税义务发生时间为纳税人购置应税车辆的当日，以纳税人购置应税车辆取得的车辆相关凭证上注明的时间为准。

2）纳税期限

纳税人应当自纳税义务发生之日起 60 日内申报缴纳车辆购置税。纳税人应当在向公安机关交通管理部门办理车辆注册登记前，缴纳车辆购置税。

3）纳税地点

需要办理车辆登记注册手续的纳税人，向车辆登记地的主管税务机关申报纳税；不需要办理车辆登记注册手续的纳税人，单位纳税人向其机构所在地的主管税务机关申报纳税，个人纳税人向其户籍所在地或者经常居住地的主管税务机关申报纳税。

4）纳税申报

纳税人应按规定填报"车辆购置税纳税申报表"，具体格式见表10-9。

表 10-9　车辆购置税纳税申报表

填表日期：　年　月　日　　　　　　　　　　　　　　　　　　　金额单位：元

纳税人名称		申报类型	☐征税　☐免税　☐减税
证件名称		证件号码	
联系电话		地　　址	
合格证编号（或货物进口证明书号）	2365873	车辆识别代码/车架号	ABCD1232565002768
厂牌型号	BJ2021E6Y		
排量(cc)	（略）	机动车销售统一发票代码	（略）
机动车销售统一发票号码	（略）	不含税价	200 000
海关进口关税专用缴款书（进出口货物征免税证明）号码			
关税完税价格		关税	消费税	
其他有效凭证名称		其他有效凭证号码	其他有效凭证价格	
购置日期		申报计税价格	申报免（减）税条件或者代码	
是否办理车辆登记	是	车辆拟登记地点	（略）

纳税人声明：
　　本纳税申报表是根据国家税收法律法规及相关规定填报的，我确定它是真实的、可靠的、完整的。
　　纳税人（签名或盖章）：

委托声明：
　　现委托（姓名）＿＿＿＿＿＿＿＿＿＿＿（证件号码）＿＿＿＿＿＿＿＿＿＿＿办理车辆购置税涉税事宜，提供的凭证、资料是真实、可靠、完整的。任何与本申报表有关的往来文件，都可交于此人。
　　委托人（签名或盖章）：　　　　　　被委托人（签名或盖章）：

以下由税务机关填写					
免（减）税条件代码					
计税价格	税率	应纳税额	免（减）税额	实纳税额	滞纳金金额

受理人：　　　　　复核人（适用于免、减税申报）：

　年　月　日　　　　　年　月　日　　　　　　　主管税务机关（章）

【纳税申报同步练习】

车辆购置税纳税申报案例

某公司 2021 年 11 月 23 日购买小轿车一辆，发动机号码为 2365873，车架号码为 ABCD1232565002768，厂牌型号为 BJ2021E6Y，不含税价为 200 000 元。该公司 2021 年 11 月 30 日对车辆购置税进行纳税申报。请填列该公司车辆购置税纳税申报表（纳税识别号等表头信息略）。

解答： 车辆购置税纳税申报表填列情况见表 10-9。

10.7.2 车辆购置税的会计处理

因为企业购入车辆一般记入"固定资产"账户,所以,车辆购入环节缴纳的车辆购置税也应予以资本化记入固定资产原值,而不应记入"税金及附加"账户直接影响当期损益。计提和缴纳车辆购置税时,可以通过"应交税费——应交车辆购置税"进行核算,但是为简化处理,也可以不设置"应交税费——应交车辆购置税"账户,而是直接通过"银行存款"账户核算缴纳的车辆购置税。

【例10-44】 2021年7月,甲公司购入一辆小轿车用于行政办公,取得的增值税专用发票所列价款为200 000元,增值税税额为26 000元,该公司8月到主管税务机关缴纳了车辆购置税。对甲公司该项车辆购置业务涉税情况进行会计处理。

解析:

甲公司应纳车辆购置税税额=200 000×10%=20 000(元)

固定资产入账价值=200 000+20 000=220 000(元)

会计分录如下。

7月购入小轿车时:

借:固定资产　　　　　　　　　　　　　　　　　　220 000
　　应交税费——应交增值税(进项税额)　　　　　 26 000
　　贷:应交税费——应交车辆购置税　　　　　　　　　20 000
　　　　银行存款　　　　　　　　　　　　　　　　　 226 000

8月实际缴纳车辆购置税时:

借:应交税费——应交车辆购置税　　　　　　　　　20 000
　　贷:银行存款　　　　　　　　　　　　　　　　　　20 000

需要注意的是,小轿车虽然是消费税应税项目,但是国内销售时,消费税是在销售环节征收,而不是在采购环节征收,所以,甲公司采购小轿车不涉及消费税会计处理。

如果甲公司7月采购该小轿车时,当日直接向主管税务机关缴纳了车辆购置税,则会计分录如下:

借:固定资产　　　　　　　　　　　　　　　　　　220 000
　　应交税费——应交增值税(进项税额)　　　　　 26 000
　　贷:银行存款　　　　　　　　　　　　　　　　　 246 000

10.7.3 车辆购置税税收筹划技巧与实务

车辆购置税税收筹划思路主要包括缩小计税基础、合理选择经销商、享受税收优惠政策。

1. 缩小计税基础

纳税人购买车辆时,对于各项代收的款项应该各自另行开具票据,避免并入计税价格。通过对车辆型号及配置的合理调整,也可以达到缩小计税基础合理减轻车辆购置税税负的目的。

【例 10-45】 2021 年 3 月,王某从某品牌汽车销售专营店(一般纳税人)购买了一辆新款小轿车,支付购车款 282 500 元(含增值税)。另外支付临时牌照费 200 元、代收保险金 500 元、加价提车费 10 000 元。王某应如何对车辆购置税进行税收筹划?

解析:

另外支付的三项款项各自开具票据,不并入汽车销售专营店开具的"机动车统一销售发票",则可有效缩小计税基础。

方案一:不进行税收筹划。

汽车销售专营店开具的"机动车统一销售发票"合计金额=282 500+200+500+10 000
=293 200(元)

王某应纳车辆购置税=(282 500+200+500+10 000)÷(1+13%)×10%=25 947(元)

方案二:进行税务筹划,各项费用可由各有关单位另行开具票据。

王某应纳车辆购置税=282 500÷(1+13%)×10%=25 000(元)

结论:比较两种方案可知,方案二通过税收筹划,可以使王某减轻车辆购置税税负 947(25 947-25 000)元,取得了合理的税收筹划收益。

此外,缩小计税基础,还可以通过对车辆型号及配置的合理调整来实现。例如,纳税人在购买某一型号的汽车时,往往有较低配置的基础型和更高配置的豪华版升级型等各种细分的型号供选择。对倾向于购置更高配置的豪华版升级型号汽车的情形,直接购置升级型豪华型号和先购置低配置基础型号再请经销商进行售后配置升级,负担的车辆购置税税负会有较大差异,后者由于缩小了计税基础,可以获得一定的税收筹划收益。

2. 合理选择经销商

车辆购置税以机动车销售发票上注明的金额为计税依据,采用付费方式购车时,通过合理选择经销商,将支付给本级销售商中的报酬从车辆购置税计税价格中剥离出去,可以达到减轻车辆购置税税负的目的。

【例 10-46】 2021 年 2 月,刘某拟购置一辆某品牌小轿车,购置方式有两种:第一种是从湖南衡阳市的汽车经销商处购买,该级经销商开具给刘某的机动车销售发票注明价格为 226 000 元(含增值税);第二种也是通过该经销商购置同型号车,但是具体操作时是支付 10 000 元手续费委托该经销商到湖南长沙经销商处购车,刘某另外支付 216 000 元(含增值税)给长沙的经销商,由长沙的经销商为刘某开具机动车销售发票。哪种方式可以获得合理的税收筹划收益?

解析:

第一种方式购车,应按衡阳市汽车经销商开具的发票金额计算应纳车辆购置税;第二种方式购车,衡阳市汽车经销商实际上充当了代购角色,销售发票由长沙汽车经销商直接开具给刘某,刘某支付给衡阳汽车经销商的 10 000 元不用作为价外收费并入车辆购置税的计税价格,从而可以减轻车辆购置税税负。

方法一:

刘某应纳车辆购置税税额=226 000÷(1+13%)×10%=20 000(元)

方法二:

刘某应纳车辆购置税税额=216 000÷(1+13%)×10%=19 115(元)

结论：比较两种方法可知，方法二比方法一减轻车辆购置税税负 885（20 000－19 115）元，获得了合理的税收筹划收益。

3. 享受税收优惠政策

一般单位和个人利用税收优惠政策进行车辆购置税筹划的空间较小，要充分享受车辆购置税的减免政策，应力争达到税法规定的减免税条件，并充分考量能够获得的筹划收益。如一定期限内购置新能源汽车能够享受车辆购置税免税政策，但是要结合后续使用的便捷性等因素进行综合考量。

【扩展阅读10.3】 环境保护税开征背景及主要内容

扫描此码

深度学习

10.8 环境保护税会计与税收筹划

10.8.1 环境保护税概述

环境保护税是对在我国领域以及管辖的其他海域直接向环境排放应税污染物的企业事业单位和其他生产经营者征收的一种税。2016年12月25日第十二届全国人民代表大会常务委员会第二十五次会议通过，并于2018年1月1日起开始实施的《中华人民共和国环境保护税法》（以下简称《环境保护税法》），是我国第一部专门体现"绿色税制"、推进生态文明建设的单行税法，体现了"绿水青山就是金山银山"的新时代生态发展理念。

作为落实生态文明建设的重要税制改革举措而推出的环境保护税，具有以下主要特点：属于调节型税种，首要功能是减少污染排放，而非增加财政收入；渊源来自排污收费制度，环境保护税基本平移了原排污费的制度框架；属于综合型环境税，与仅对单一污染物征税的税种不同，征税范围包括四大类污染物排放；属于直接排放税，直接向环境排放的应税污染物才被纳入征税范围；对大气污染物、水污染物规定了幅度定额税率，可使经济水平、环境目标要求不同的地区在税负设置方面具有一定的灵活性；采用税务、环保部门紧密配合的征收方式；收入纳入一般预算收入，全部划归地方，以促进各地增加环境保护投入。

1. 纳税义务人

环境保护税的纳税义务人是在中华人民共和国领域以及中华人民共和国管辖的其他海域，直接向环境排放应税污染物的企业事业单位和其他生产经营者。

应税污染物,是指《环境保护税法》所附"环境保护税税目税额表""应税污染物和当量值表"规定的大气污染物、水污染物、固体废物和噪声。

有下列情形之一的,不属于直接向环境排放污染物,不缴纳相应污染物的环境保护税:

(1) 企业事业单位和其他经营者向依法设立的污水集中处理、生活垃圾集中处理场所排放应税污染物的。

(2) 企业事业单位和其他经营者在符合国家和地方环境保护标准的设施、场所贮存或者处置固体废物的。

(3) 达到省级人民政府确定的规模标准并且有污染物排放口的畜禽养殖场,应当依法缴纳环境保护税,但依法对畜禽养殖废弃物进行综合利用和无害化处理的。

2. 税目

环境保护税税目包括大气污染物、水污染物、固体废物和噪声四大类。各类具体情况如下:

1) 大气污染物

大气污染物包括二氧化硫、一氧化碳、氯气、氟化物、硫酸雾、铬酸雾、汞及其化合物,铅及其化合物、苯等共计44项。环境保护税征税范围不包括温室气体二氧化碳。

2) 水污染物

水污染物分为两类:第一类水污染物包括总汞、总镉、总铬、六价铬、总砷等10项;第二类水污染物包括悬浮物(SS)、生化需氧量(BOD5)、总有机碳(TOC)、硫化物、甲醛等51项。应税水污染物共计61项。

3) 固体废物

固体废物包括煤矸石、尾矿、危险废物、冶炼渣、粉煤灰、炉渣、其他固体废物(含半固态、液态废物)。

4) 噪声

应税噪声污染目前只包括工业噪声。

3. 税率

环境保护税采用定额税率,其中,对应税大气污染物和水污染物规定了幅度定额税率,具体适用税额的确定和调整,由省、自治区、直辖市人民政府统筹考虑本地区环境承载能力、污染物排放现状和经济社会生态发展目标要求,在规定的税额幅度内提出,报同级人民代表大会常务委员会决定,并报全国人民代表大会常务委员会和国务院备案。"环境保护税税目税率表"如表10-10所示。

4. 计税依据

1) 计税依据的确定方法

应税污染物的计税依据,按照以下方法确定:

(1) 应税大气污染物按照污染物排放量折合的污染当量数确定。

(2) 应税水污染物按照污染物排放量折合的污染当量数确定。

(3) 应税固体废物按照固体废物的排放量确定。

表 10-10　环境保护税税目税率表

税目		计税单位	税额	备注
大气污染物		每污染当量	1.2 元至 12 元	
水污染物		每污染当量	1.4 元至 14 元	
固体废物	煤矸石	每吨	5 元	
	尾矿	每吨	15 元	
	危险废物	每吨	1 000 元	
	冶炼渣、粉煤灰、炉渣、其他固体废物（含半固态、液态废物）	每吨	25 元	
噪声	工业噪声	超标 1～3 分贝	每月 350 元	1. 一个单位边界上有多处噪声超标，根据最高一处超标声级计算应纳税额；当沿边界长度超过 100 米有两处以上噪声超标，按照两个单位计算应纳税额。 2. 一个单位有不同地点作业场所的，应当分别计算应纳税额，合并计征。 3. 昼、夜均超标的环境噪声，昼、夜分别计算应纳税额，累计计征。 4. 声源一个月内超标不足 15 天的，减半计算应纳税额。 5. 夜间频繁突发和夜间偶然突发厂界超标噪声，按等效声级和峰值噪声两种指标中超标分贝值高的一项计算应纳税额
		超标 4～6 分贝	每月 700 元	
		超标 7～9 分贝	每月 1 400 元	
		超标 10～12 分贝	每月 2 800 元	
		超标 13～15 分贝	每月 5 600 元	
		超标 16 分贝以上	每月 11 200 元	

（4）应税噪声按照超过国家规定标准的分贝数确定。

其中，每种应税大气污染物、水污染物的具体污染当量值，依照《环境保护法》所附"应税污染物和当量值表"执行。

2）计税依据的具体计算

（1）应税大气污染物、水污染物计税依据。

应税大气污染物、水污染物的污染当量数＝该污染物的排放量÷该污染物的污染当量值

具体计税范围是：每一排放口或者没有排放口的应税大气污染物，按照污染当量数从大到小排序，对前三项污染物征收环境保护税；每一排放口的应税水污染物，区分第一类水污染物和其他类水污染物，按照污染物当量数从大到小排序，对第一类水污染物按照前五项征收环境保护税，对其他类水污染物按照前三项征收环境保护税。水污染物同一排放口中的化学需氧量（COD）、生化需氧量（BOD5）、总有机碳（TOC），只征收一项，按三项中污染当量数最高的一项收取。

（2）应税固体废物计税依据。

应税固体废物的计税依据＝当期固体废物的产生量－当期固体废物的综合利用量－当期固体废物的储存量－当期固体废物的处置量

(3) 应税噪声计税依据。

应税噪声的计税依据为超过国家标准的分贝数。

5. 应纳税额的计算

1) 排放应税大气污染物环境保护税应纳税额的计算

应纳税额=计税依据(污染当量数)×适用税率

【例10-47】 2021年3月,某企业向大气直接排放二氧化硫、氟化物各20千克,一氧化碳200千克,氯化物100千克。已知相应污染物的污染当量值分别为二氧化硫0.95、氟化物0.87、一氧化碳16.7、氯化物10.75。假设当地大气污染物每污染当量税额按最低标准1.2元计算,该企业只有一个排放口。计算该企业当月排放大气污染物应纳的环境保护税。

解析:

第一步:计算各污染物的污染当量数。

二氧化硫的污染当量数=20÷0.95=21.05

氟化物的污染当量数=20÷0.87=22.99

一氧化碳的污染当量数=200÷16.7=11.98

氯化物的污染当量数=100÷10.75=9.30

第二步:按污染物的当量数排序。

氟化物的污染当量数(22.99)>二氧化硫的污染当量数(21.05)>一氧化碳的污染当量数(11.98)>氯化物的污染当量数(9.30)。

依据税法规定,每一排放口或者没有排放口的应税大气污染物,对前三项污染物征收环境保护税。

第三步:计算应纳税额。

当月环境保护税应纳税额=(22.99+21.05+11.98)×1.2=67.22(元)

2) 排放应税水污染物环境保护税应纳税额的计算

应纳税额=计税依据(污染当量数)×适用税率

【例10-48】 2021年6月,某企业向水体直接排放第一类水污染物总汞、总镉、总铬、总砷、总铅、总银各20千克。排放第二类水污染悬浮物(SS)、总有机碳、对硫磷、甲苯各20千克。已知相应污染物的污染当量值分别为总汞0.0005、总镉0.005、总铬0.04、总砷0.02、总铅0.025、总银0.02、悬浮物4、总有机碳0.49、对硫磷0.05、甲苯0.02。假设水污染物每污染当量税额按最低标准1.4元计算。计算该企业当月应纳的环境保护税税额。

解析:

第一步:计算第一类水污染物的污染当量数。

总汞的污染当量数=20÷0.0005=40 000

总镉的污染当量数=20÷0.005=4 000

总铬的污染当量数=20÷0.04=500

总砷的污染当量数=20÷0.02=1 000

总铅的污染当量数=20÷0.025=800

总银的污染当量数=20÷0.02=1 000

第二步：对第一类水污染物当量数排序。

总汞的污染当量数(40 000)＞总镉的污染当量数(4 000)＞总砷的污染当量数(1 000)≥总银的污染当量数(1 000)＞总铅的污染当量数(800)＞总铬的污染当量数(500)。

依据税法规定，每一排放口的应税水污染物，对第一类水污染物按照前五项征收环境保护税。

第三步：计算第一类水污染物的环境保护税应纳税额。

当月第一类水污染物的环境保护税应纳税额＝(40 000＋4 000＋1 000＋1 000＋800)× 1.4＝65 520(元)

第四步：计算第二类水污染物的污染当量数。

悬浮物(SS)的污染当量数＝20÷4＝5

总有机碳的污染当量数＝20÷0.49＝40.82(水污染物同一排放口中的化学需氧量、生化需氧量、总有机碳，只征收一项，按三项中污染当量数最高的一项收取)

对硫磷的污染当量数＝20÷0.05＝400

甲苯的污染当量数＝20÷0.02＝1 000

第五步：对第二类水污染物的污染当量数排序。

甲苯的污染当量数(1 000)＞对硫磷的污染当量数(400)＞总有机碳的污染当量数(40.82)＞悬浮物的污染当量数(5)。

依据税法规定，每一排放口的应税水污染物，区分第一类水污染物和其他类水污染物，对其他类水污染物按照前三项征收环境保护税。

第六步：计算第二类水污染物的环境保护税应纳税额。

当月第二类水污染物的环境保护税应纳税额＝(1 000＋400＋40.82)×1.4＝2017.15(元)

当月该企业排放应税水污染物合计环境保护税应纳税额＝65 520＋2 017.15

＝67 537.15(元)

3) 排放固体废物环境保护税应纳税额的计算

应纳税额＝计税依据(排放量)×适用税率

【例10-49】 2021年8月，某企业产生尾矿2 000吨，其中，符合国家规定的综合利用尾矿500吨，在符合国家和地方环境保护标准的设施中储存600吨。计算该企业当月尾矿应纳的环境保护税。

解析：

排放固体废物环境保护税应纳税额＝(2 000－500－600)×15＝13 500(元)

4) 应税噪声环境保护税应纳税额的计算

应税噪声环境保护税应纳税额为计税依据对应的具体适用税额。

【例10-50】 某工业企业只有一个生产场所且只在昼间生产，2021年9月，边界处声环境功能区类别为1类，生产时产生噪声为62分贝，《工业企业厂界环境噪声排放标准》规定，1类功能区昼间的噪声排放限值为55分贝，当月超标天数为17天。计算该企业当月噪声污染应纳的环境保护税税额。

解析：

超标分贝数＝62－55＝7(分贝)

当月超标天数超过15天，不能减免环境保护税税额。

根据《环境保护税税目税额表》,可得出该企业当月噪声污染环境保护税应纳税额为1 400元。

6. 税收减免

1) 暂免征税项目

下列情形,暂予免征环境保护税:

(1) 农业生产(不包括规模化养殖)排放应税污染物的。

(2) 机动车、铁路机车、非道路移动机械、船舶和航空器等流动污染源排放应税污染物的。

(3) 依法设立的城乡污水集中处理、生活垃圾集中处理场所排放相应应税污染物,不超过国家和地方规定的排放标准的。

(4) 纳税人综合利用的固体废物,符合国家和地方环境保护标准的。

(5) 国务院批准免税的其他情形。

2) 减征税额项目

(1) 纳税人排放应税大气污染物或者水污染物的浓度值低于国家和地方规定的污染物排放标准30%的,减按75%征收环境保护税。

(2) 纳税人排放应税大气污染物或者水污染物的浓度值低于国家和地方规定的污染物排放标准50%的,减按50%征收环境保护税。

7. 征收管理

1) 征管方式

环境保护税采用"企业申报、税务征收、环保协同、信息共享"的征管方式。

2) 纳税时间

环境保护税纳税义务发生时间为纳税人排放应税污染物的当日。环境保护税按月计算,按季度申报。不能按固定期限计算缴纳的,可以按次申报缴纳。

纳税人按季度申报缴纳的,应当自季度终了之日起15日内,向税务机关办理纳税申报并缴纳税款。

3) 纳税地点

纳税人应当向应税污染物排放地的税务机关申报缴纳环境保护税。

4) 纳税申报

纳税人对环境保护税进行纳税申报时,应当填报"环境保护税报纳税申报表"。申报表分为A类申报表和B类申报表。A类申报表适用于通过自动监测、监测机构监测、排污系数和物料衡算法计算污染物排放量的纳税人,B类申报表适用于除A类申报之外的其他纳税人,包括按次申报的纳税人。"环境保护税纳税申报表(A类)"如表10-11所示。

表 10-11　环境保护税纳税申报表（A类）

税款所属期：自　　年　　月　　日 至　　年　　月　　日　　填表日期：　　年　　月　　日

*纳税人名称：　　　　　　　　（公章）　　统一社会信用代码（纳税人识别号）：　　　　　　　　金额单位：元（列至角分）

税源编号	*排放口名称或噪声源名称	*税目	*污染物名称	*计税依据或超标噪声综合系数	*单位税额	*本期应纳税额 (7)=(5)×(6)	本期减免税额	*本期已缴税额	*本期应补(退)税额 (10)=(7)-(8)-(9)
(1)	(2)	(3)	(4)	(5)	(6)		(8)	(9)	
A37021260180256	粉尘排放口	一般性粉尘（气）	粉尘	1 190	2	2 380			2 380
合计	—	—	—	—	—	2 380			2 380

授权声明

如果你已委托代理人申报，请填写下列资料：

为代理一切税务事宜，现授权　　　　　　　（地址）为本纳税人的代理申报人，任何与本申报表有关的往来文件，都可寄予此人。

授权人签字：

*申报人声明

本纳税申报表是根据国家税收法律法规及相关规定填写的，是真实的、可靠的、完整的。

声明人签字：

【纳税申报同步练习】

环境保护税纳税申报案例

某化工公司2021年第一季度向大气直接排放一般性粉尘情况如下：1月产生污染当量数400，2月产生污染当量数380，3月产生污染当量数410，已知当地大气污染每污染当量税额为2元。该公司2021年4月8日对当年第一季度应纳环境保护税进行纳税申报。请填列该公司环境保护税纳税申报表（纳税识别号等表头信息略）。

解析：

该公司2021年第一季度应纳环境保护税＝(400＋380＋410)×2＝1 190×2＝2 380(元)

解答： 环境保护税纳税申报表填列情况见表10-11。

10.8.2 环境保护税的会计处理

企业对环境保护税涉税业务进行会计处理时，应通过"税金及附加"账户将应交的环境保护税计入当期损益。计算出环境保护税时，借方记入"税金及附加"账户，贷方记入"应交税费——应交环境保护税"账户；实际缴纳税款时，借方记入"应交税费——应交环境保护税"账户，贷方记入"银行存款"账户。

【例10-51】 承【例10-48】的资料，对该企业环境保护税涉税业务进行会计处理。假设该企业4月、5月两个月没有排放水污染物，环境保护税按月计算，按季度申报纳税。

解析：

会计分录如下。

(1) 6月计算出应纳的环境保护税时：

借：税金及附加　　　　　　　　　　　　　67 537.15
　　　贷：应交税费——应交环境保护税　　　　　　　67 537.15

(2) 7月实际缴纳第二季度的环境保护税时：

借：应交税费——应交环境保护税　　　　　67 537.15
　　　贷：银行存款　　　　　　　　　　　　　　　　67 537.15

10.8.3 环境保护税税收筹划技巧与实务

依据环境保护税的开征意图和《环境保护税法》对纳税人的界定，纳税人如果要彻底规避环境保护税，主要途径包括两个方面：一是优化产品结构，改进生产流程，提高工艺水平，通过技术转型升级，实现节能减排，避免向环境排放应税污染物；二是避免直接向环境排放应税污染物，可以考虑向依法设立的污水集中处理、生活垃圾集中处理场所排放应税污染物，或者在符合国家和地方环境保护标准的设施、场所储存或者处置固体废物。具体而言，应从计税依据、税率、享受税收减免方面构思税收筹划方法。

1. 计税依据的筹划

应税大气污染物和水污染物均以污染排放物的当量数作为计税依据，应税固体废物以排放量作为计税依据，应税噪声以超过国家规定标准的分贝数作为计税依据，为此，纳税人应积极采用污染物排放净化新技术，使用环境保护专用设备，尽可能减少应税污染物的排放,这样不仅降低了环境保护税的计税依据,而且可以享受增值税、企业所得税方面的税收优惠政策,进而获得合理的税收筹划收益。

2. 税率的筹划

税法对应税大气污染物和应税水污染物均规定了定额幅度税率,前者的幅度税率为每污染当量 1.2~12 元,后者的幅度税率为每污染当量 1.4~14 元,具体适用税率的确定与调整,由省级地方人大常委会在法定税额幅度内决定。实践中,各个省级区域在规定的税额幅度内制定了不尽相同的税额。例如,吉林、江西、安徽、陕西等省份对大气污染物和水污染物每污染当量按照规定的下限标准计征,征收标准分别为 1.2 元和 1.4 元。绝大部分省级区域确定的大气污染物和水污染物适用税额则高于税额幅度下限标准,但是具体情况不一,如山西省应税大气污染物每污染当量按 1.8 元征收,应税水污染物每污染当量按 2.1 元征收。四川省应税大气污染物每污染当量按 3.9 元征收,应税水污染物每污染当量按 2.8 元征收。北京市应税大气污染物和应税水污染物的税额征收标准则确定为上限,每污染当量分别按 12 元和 14 元征收。

凡此种种,需要企业充分知悉掌握。进行税收筹划时,在其他条件相近的情况下,企业可以优先选择环境保护税定额税率较低的地区进行投资及开展生产经营活动。

3. 享受税收减免的筹划

纳税人应知悉并把握环境保护税的税收减免政策,尽可能创造条件以符合减免税的相关要求,以减轻环境保护税税收负担。

例如,畜禽养殖企业规模达到省级人民政府确定的标准时,可以不直接设置污染物排放口,而是将畜禽粪便、污水等养殖副产物经过无害化处理施用于农田,不超过土地养分需求,不造成环境污染和疫情传播,就属于"用作肥料"而不是排放污染物,进而达到免予征收环境保护税的要求。

再如,电镀、印染等行业排放的生产废水中往往含有总镍、总铬、总铅、总汞等重金属,在排放的污水中这类重金属浓度偏高的情况下,如果能够在污染物排放口增加一道重金属回收利用环节,使纳税人排放的总镍、总铬、总铅、总汞等重金属的浓度低于国家和地方规定的污染物排放标准 30% 或者 50% 以上的,则可以分别减按 75% 和 50% 的比例征收环境保护税,进而获得合理的税收筹划收益。

简言之,进行环境保护税税收筹划,既是纳税人获得合理筹划收益的需要,更是履行社会责任、践行生态文明的需要,其目标指向经济效益和社会效益的和谐统一,纳税人应高度重视并认真推进。

10.9　财产税和行为税合并纳税申报试点改革

10.9.1　合并纳税申报试点改革背景

长期以来,我国纳税申报实践中都是采取分税种各自单独申报的办法,为此,同一纳税人的很多基础数据都是重复采集,进而导致应填表单繁多、办税程序复杂、企业负担偏重等弊端。为全力改善营商环境,切实简化办税流程,提高办税业务效率,我国于2019年率先对"城镇土地使用税"和"房产税"推行了合并申报改革,该项改革举措实施后,在共享基础数据、减轻企业负担方面收到了很好成效。为此,我国后续进一步加大了合并纳税申报改革试点,目前已经试行将财产税和行为税的10个税种统一合并申报,以期推动实现多税种"一张报表、一次申报、一次缴款、一张凭证"的工作目标。可以预见,随着改革举措的进一步完善,后续纳税申报工作将愈加简洁高效,进而极大减轻纳税人的工作负担。

10.9.2 财产和行为税纳税申报表填制

"财产和行为税纳税申报表"由一张主表和一张减免附表组成,主表填制纳税情况,附表填制申报享受减免税的详细情况。纳税申报前,需要先维护税源信息,征管系统会根据各税种税源信息自动生成申报表,纳税人审核确认后即可完成申报。此外,不同纳税期限的财产和行为税各个税种也可以合并申报,合并申报不强制要求一次性申报全部税种,允许纳税人自由选择一次性或分别申报当期税种。

"财产和行为税纳税申报表"如表10-12所示。

【导入案例讨论】

经过本章的学习,我们对于主要小税种涉税业务会计处理及税收筹划思路有了全面深刻的认识。最后,让我们来逐一回答本章开始"导入案例"中提出的问题。

问题1:结合该公司从事的主要业务,谈一谈公司有可能涉及哪些税种的计算缴纳及账务处理。

解答:该公司必然会涉及城市维护建设税、城镇土地使用税、房产税、印花税、车船税的计算缴纳及账务处理。因为城市维护建设税是增值税等流转税的附加税种,该公司正常生产经营必然会承担增值税税负,为此也是城市维护建设税的纳税人;该公司是位于本市的机械制造公司,必然有厂房等经营性房产,为此是城镇土地使用税和房产税的纳税人;正常生产经营过程中,签订各类经济合同是常态性行为,为此该公司必然是印花税的纳税人;作为较大型的制造业公司,必然会有一定的在用车辆,为此该公司是车船税的纳税人。

该公司有可能涉及车辆购置税、契税、环境保护税的计算缴纳及账务处理。因为该公司具体会计年度如果新购买了车辆、船舶等交通运输工具,则是车船税的纳税人;如果该公司具体会计年度新购置了房产,或者进行房产置换且支付了差价,则是契税的纳税人;如果该公司生产经营过程中有噪声、污染气体排放且超过《环境保护税法》规定的标准,则是环境保护税的纳税人。

问题2:计入当期损益和作为资本化处理的税种分别是哪些?

解答:计入当期损益的是城市维护建设税、城镇土地使用税、房产税、车船税、印花税、环境保护税等税种计算缴纳的税额;作为资本化处理的是契税、车辆购置税等税种计算缴纳的税额。

表 10-12 财产和行为税纳税申报表

纳税人识别号（统一社会信用代码）：□□□□□□□□□□□□□□□□□□

纳税人名称：

金额单元：元（列至角分）

序号	税种	税目	税款所属期起	税款所属期止	计税依据	税率	应纳税额	减免税额	已缴税额	应补（退）税额
1										
2										
3										
4										
5										
6										
7										
8										
9										
10										
11	合计	—	—	—		—				

声明：此表是根据国家税收法律法规及相关规定填写的，本人（单位）对填报内容（及附带资料）的真实性、可靠性、完整性负责。

纳税人（签章）：　　　　　　　　　　　　　　　　　　　　　　　　年　月　日

经办人：

经办人身份证号：

代理机构签章：　　　　　　　　　　　　　　　　　　　　　　　　年　月　日

代理机构统一社会信用代码：

　　　　　　　　　　　　　受理人：
　　　　　　　　　　　　　受理税务机关（章）：
　　　　　　　　　　　　　受理日期：　　年　月　日

扫描此码
即测即练题

复习思考题

1. 城市维护建设税的税收筹划方法有哪些?
2. 城镇土地使用税的税收筹划方法有哪些?
3. 房产税的税收筹划方法有哪些?
4. 车船税的税收筹划方法有哪些?
5. 印花税的税收筹划方法有哪些?
6. 契税的税收筹划方法有哪些?
7. 车辆购置税的税收筹划方法有哪些?
8. 环境保护税的税收筹划方法有哪些?

第11章
主要产业部门税务会计与税收筹划

【学习目标】
1. 理解价值链治理模式对税负及会计处理的影响。
2. 理解主要产业部门涉税业务特点。
3. 理解税收筹划助推产业链、价值链转型升级的思路。

【导入案例】
　　甲公司是一家从事芯片封装简易设备研发及设计的科技型企业;乙公司是一家代工企业,主要为甲公司研发设计的产品提供零部件加工及组装业务;丙公司是一家信息服务及品牌营销企业。甲、乙、丙三家公司在产业链不同环节构成了较为稳定的业务关系。甲公司拥有一定的研发能力及自主知识产权储备,但部分核心技术需要依靠全球供应链获得国外公司授权使用,近年来受全球供应链断供风险影响较大,甲公司拟强化自主研发推动核心技术储备产业化,以带动产业链转型升级。

　　请思考:
1. 从税收筹划的角度看,甲公司是否需要考虑产业链中其他环节企业的责、权、利?
2. 税收筹划推动这三家公司所处产业链转型升级的整体思路是什么?

　　现实经济生活中,企业的经济活动离不开特定产业部门,并处于具体产业链的某一(几)个具体环节,产业部门以及产业链的整体发展状况,对作为经济活动基本单元的企业具有深远影响。为此,对税务会计与税收筹划的思考,有必要突破单个经济主体的传统视角,进一步拓展到对所处产业部门以及整个产业链的系统考察。

11.1　产业领域涉税业务的价值链分析

　　国民经济产业部门的划分非常翔实复杂,这里仅简单抽象出装备制造业和现代服务业进行阐述,两者分别对应经济流转活动中的货物和服务,具有方法论方面的启发借鉴意义。

【扩展阅读 11.1】 价值链分析范式从初创走向制度化

扫描此码
深度学习

11.1.1 产业领域价值链概述

1. 产业领域价值链的含义

产业领域的经济活动中，研发、设计、零部件生产、组装、交付、营销等一系列价值创造活动的集合，构成了完整的价值链。但是价值链中各个价值活动环节创造的价值增值存在很大差异，研发、设计、技术服务等活动一般处于高价值创造环节，而通用性零部件生产、组装等活动一般处于低价值创造环节。抽象地看，价值链中的具体价值活动与价值创造在坐标中形成一条凸向下方的微笑曲线（见图 11-1）。

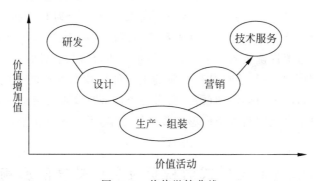

图 11-1 价值微笑曲线

但是，随着产业领域专业化分工的不断深化，传统上在单个企业内部可以完成的研发、设计、生产、组装、交付、营销等价值创造活动，已经被突破并延伸到企业之间甚至国家之间。在这种发展背景下，某一产业部门具体产业链中的不同企业专业化分工日趋明显，各类企业主要专注于某一价值创造环节，而不再将业务覆盖到全价值链上的所有价值创造环节，这种专业化分工协作促成了国内价值链发展以及供应链完善。另外，随着经济全球化进程的深化，特定产业部门在各个国家之间也开始出现专业化分工，如核心技术研发、精密零部件制造、高端品牌营销等高价值创造环节往往留在某些发达国家，而辅助性组件设计、通用性零部件生产、组装等低价值创造环节则交由发展中国家承担，这种国际化分工推动了全球价值链发展与国际供应链延伸。

2. 不同价值创造环节与税负轻重的关系

流转税中的主要税种增值税与所得税中的主要税种企业所得税，对这种价值链分工有深刻地体现和反映。增值税的征税对象就是具体环节的增值额,处于价值链中的核心技术研发、精密零部件设计生产、生产性技术服务等高价值创造环节的企业,依据增值税计税原理,同样的单位投入会产生更大的增值,无疑需要承担更高的增值税税负;而处于通用性零部件生产、组装、一般性服务等低价值创造环节的企业,依据增值税计税原理,同样的单位投入产生的增值不高,则仅需承担较低的增值税税负。企业所得税亦是如此,处于高价值创造环节的企业单位投入所获收入与成本费用配比存在很大差异,进而会产生较高的利润或应纳税所得额;而处于低价值创造环节的企业单位投入所获收入与成本费用配比存在的差异甚小,进而产生的利润或应纳税所得额相对有限。为此从一般意义上而言,前者承担的企业所得税税负应该高于后者。

3. 价值链治理模式对税收筹划的影响

产业领域价值链由处于不同价值创造环节的企业(经济组织)共同维系,但是处于各个价值创造环节的企业(经济组织)在价值链中具有不同的地位和影响力,各自承担的责任、拥有的权利、获得的利益并不一致,为此,需要对各个环节参与方的责、权、利冲突进行协调并合理分配,否则价值链不能保持稳定。价值链中不同环节参与方的整体税负安排即是责、权、利协调的一个重要方面,因为增值税的计税原理就是将本环节的销项税额减去进项税额,本环节的进项税额就是上一环节的销项税额,本环节的销项税额又是下一环节的进项税额,通过这种内在逻辑,本环节与上下环节联系起来,所有环节环环相扣,进而形成完整的增值税抵扣链,从不同环节价值创造的角度来理解增值税抵扣链,实际上就是具体产业部门完整的价值链。同时,增值税税负的轻重一般又与企业所得税具有较强相关性。所以,产业领域价值链中不同环节参与方基于自身在价值链中所处位置和地位的不同,形成的责、权、利冲突与利益协调机制,即价值链治理模式,会对各个环节具体参与方的税收筹划产生重要约束作用,如果囿于单个企业的角度来构思税收筹划方案,不仅视野狭窄,而且难于长久。

11.1.2 价值链治理模式对税负及会计处理的影响

产业领域价值链治理模式的不同,对价值链具体环节参与企业税收筹划的影响也不同。价值链治理模式主要有以下四种类型。

1. 市场型治理模式

当价值链中各参与企业交换的资源类型简单且易于进行标准化处理,资源及信息传输流程简洁,对资源供给方的能力无特殊要求时,价值链治理无须采用复杂的非市场协调方式进行,通过市场价值交换关系即可实现。但是这种治理模式主要适用于对关键核心技术依赖性不强的价值链中下游环节,如手机塑料盖板加工、快递服务业等。这种治理模式下,更换交易对象非常便利并且成本不高,价值链在稳定性方面存在欠缺,离推动价值链向上游环节攀升、实现创新驱动存在较大差距。价值链中具体企业涉税业务会计处理及税收筹划所受的影响如下。

1) 所得税加计扣除效果不显,研发经费较少资本化处理

由于创新驱动动力不足,相关企业研发经费投入不足,或者即便有一定的研发经费投入

力度，但是加计扣除政策产生的政策实效难以彰显。从账务处理看，研发经费多是直接计入管理费用并在当期所得税纳税申报中进行加计扣除纳税调整。研发经费进行资本化处理形成专利、专有技术的情况不多，所得税会计处理中通过专利等无形资产摊销逐年调整应纳税所得额的情况较少。

2) 增值税税负相对均衡，税负转移的空间较小

由于不同环节价值创造都比较平缓，且交易市场信息公开透明，对供需对象的选择更换相对便利，所以，处于不同环节的企业的增值税税负相对均衡，通过转移定价等方式进行税负转移的操作空间较小。

2. 等级型治理模式

当价值链中存在主导企业掌握核心技术研发，但是各增值环节需要充分交流知识产权、隐性知识等技术资源，而且产品极其复杂、难以进行标准化处理时，主导企业需要在某种程度上促进价值链内其他环节实现知识共享，并将复杂产品的生产在价值链各个环节进行适当分解，进而不同环节的价值增值表现出一定的等级性。这种治理模式下，主导企业对价值链内不同企业的责、权、利配置与协调具有较大主导性，价值链中具体企业涉税业务会计处理及税收筹划所受的影响如下。

1) 不同环节企业增值税税负存在较大差异

价值链中不同环节的价值创造表现出等级性、差异性特点。其中，主导企业掌握核心技术研发，因而处于高价值创造环节，单位投入形成的增值税税负也高。但是，价值链内某种程度的知识共享也促进了其他环节企业研发能力的等级性发展，为此，价值创造也呈现出等级性递减的趋势，单位投入在不同环节产生的增值税税负存在较大差异。从会计处理的角度看，研发经费资本化形成专利、专有技术的情况比较普遍。

2) 某些环节企业所得税与增值税税负在一定周期内呈逆向变动关系

主导型企业由于占据核心研发等高价值创造环节，所以往往具有较高的研发经费投入力度，而且一般被认定为高新技术企业，且作为国家特殊支持的领域还可以享受"两免三减半""五免五减半"等所得税优惠政策。受研发经费加计扣除、高新技术企业按15%的所得税优惠税率计税，以及较长时期内的企业所得税免税或减半征收等政策的影响，处于核心或重要研发环节的企业，一定周期内企业所得税税负与增值税税负呈逆向变动关系。

3) 企业之间通过投资、产权变更、转移定价等方式转移税负的税收筹划方式较为普遍

这种治理模式下，价值链相对稳定，重新选择交易对象成本较高、难度较大，由于价值链中不同环节的企业往往具有一定直接或间接关联关系，因此，某种程度上具有由主导企业实行垂直一体化管理的等级控制特征。出于责、权、利协调及整体利益考虑，通过投资、产权变更、转移定价等方式将其他环节税收负担内部化、个体环节税收负担外部化或者在不同环节重新合理配置税收负担的税收筹划思路及具体方法比较普遍。

3. 从属型治理模式

当价值链中存在主导企业掌握核心技术研发及质量标准，而其他参与方被限定在简单的组装、部分非关键配件生产、物流等较为狭窄的业务范围内时，设计、加工技术升级、关键零部件采购等重要业务都受到主导企业的干预和控制，主导企业为避免技术外溢而限制专

有技术或核心知识资源在价值链内共享时,价值链就表现为从属型治理模式。这种治理模式下,交易对象的选取很大程度上建立在依赖关系基础上,主导企业一方面控制技术外溢及严格防范其他投机行为,另一方面又能够为从属企业提供足够的市场资源、准入机会,进而维持价值链的稳定性。但是主导企业垄断了价值链中的核心技术研发、设计等高价值创造环节,从属企业只能锁定在加工、组装等较低的价值创造环节,责、权、利的配置极不平衡,尤其在国际经济分工中,这种治理模式下的主导企业极有可能基于经济之外的其他因素考虑阻断供应链,在关键技术核心领域"卡脖子"进而影响阻滞价值链中下游环节企业转型升级。这种情况下,价值链中具体企业涉税业务会计处理及税收筹划所受的影响如下。

1)不同环节单位投入产生的增值税税负差异悬殊,但是较大的流转额使中下游环节亦能产生较大的增值税绝对额度

主导性企业垄断了核心技术研发和设计等高价值创造环节,而中下游环节的企业主要被锁定在简单加工和组装等业务范围内,导致单位投入产出的增值税税负差异悬殊。但是中下游环节极大的流转额也可以对冲单位投入产生的增值额不高的影响,因而这些环节也可能产生较大的增值税绝对额度。从税收筹划的角度看,中下游环节的企业在一般纳税人身份和小规模纳税人身份之间进行合理抉择,可以获得一定的增值税税收筹划收益。

2)从企业所得税的角度看,不同环节产生的应纳税所得额差异明显,中下游环节以相对财务指标反映的利润微薄,资产净利率等相对指标普遍不高

主导企业在核心技术研发、设计等高价值创造环节的垄断地位,使其单位投入产生的应纳税所得额亦高,但在研发经费加计扣除、高新技术企业适用15%的所得税低税率,以及"两免三减半""五免五减半"等所得税直接减免优惠政策的影响下,承担的所得税税负可能并不高;中下游环节的企业,由于较低的资产净利率等指标,相对盈利能力不足,一般所得税税负也不会太高,但是这些环节的企业适用高新技术企业低税率,以及"两免三减半""五免五减半"等所得税直接减免优惠政策的可能性小,反而可能成为企业所得税实际税负的主要贡献者。当然,部分中下游企业如果能够创造条件拆分为小型微利企业,也可以享受20%的低税率,以及应纳税所得额居于一定区间时再分别减按25%和50%计入应纳税所得额的所得税税收优惠政策。

4. 关系型治理模式

当价值链中各参与企业交换的资源十分复杂,产品规格及信息传输难以进行标准化处理,且参与各方能力都很强时,关系型价值链治理模式将会凸显。这种价值链治理模式主要处于高精尖领域合作研发及协同创新等高价值创造环节,由于复杂的专有知识交换及隐性信息传输难以进行标准的程序化处理,对核心专有知识的垄断和保密使得公开市场价值交换机制发挥作用的空间有限,价值链治理往往需要通过参与各方频繁的面对面交流及往复反馈互动来完成,通过声誉、信任及不断匹配建立的地位平等、相互依赖、共担风险的非市场化协调治理形式作用明显。这种治理模式下更换合作方的难度很大且重新构造价值流程链接的成本极高,因而价值链相对稳固。这种情况下,价值链中具体企业涉税业务会计处理及税收筹划所受的影响如下。

1)有大量的研发经费投入,且会计处理时通过资本化计入无形资产的比例高

这类价值链中,各参与企业均为声誉和地位较为匹配的相关方,且主要处于高精尖的研

发、设计等价值链上游环节,因此,各参与企业都有大量的研发经费投入,并因强大的研发实力能够成功研发出专利、专有技术等各类知识产权无形资产,因而会计处理时对研发费用的资本化与费用化划分比较清晰,通过资本化处理计入无形资产的比例高。

2) 不同环节企业总体税负较为平衡,转移定价等协调不同企业税负差异的税收筹划方式较为常见

稳固的价值链接使参与企业事实上成为联系紧密的利益共同体,而公开市场价格机制在这种价值链中发挥作用的空间有限,为此,责、权、利的非市场协调机制意义重大,通过转移定价等协商式税收筹划方式使各个环节参与方的总体税负相对均衡,进而共担风险、共享收益的特征较为明显。

值得注意的是,产业领域的价值链治理模式不是静态的,而是一定程度上可能相互交叠且能够动态变化的。市场型和等级型处于价值链治理类型的两端,参与企业能力越强,则越有助于推动价值链远离从属型治理模式,朝着关系型方向发展。但是关系型治理模式因为难以进行规范化处理,所以可能抑制产业或行业标准的兴起,进而对产业规模扩张形成制约。

11.2 具体产业部门涉税业务特点

11.2.1 装备制造业涉税业务特点

在工业4.0、制造强国等战略的引导与驱动下,装备制造业的转型发展与创新驱动无疑具有极为重要的战略地位。不少实证研究表明,我国装备制造业在全球价值链分工中目前还处于中下游位置,高端芯片、智能化柔性操作系统、高端精密零部件研发、设计等高价值创造环节由西方发达国家控制,核心零部件大量依赖进口。例如,在半导体领域,中国目前90%的半导体使用量依赖进口,虽然计划到2025年,自主生产70%的使用量,但是相比欧美技术强国稳定的5纳米制程芯片量产能力,尚存在一定差距。为此,国内企业主要处于有限的研发、通用性零部件设计加工、组装等较低的价值创造环节,价值链中的轨道锁定现象较为明显。尤其在当前百年未有之大变局背景下,全球价值链断链、国外供应链受阻的趋势非常明显,核心技术领域"卡脖子"问题严重影响我国装备制造业在全球产业链、价值链中的位置攀升。

装备制造业作为"工业之母",提升自主研发水平、实现创新驱动的重要性不言而喻。这样的发展形势下,装备制造业涉税业务具有以下特点。

1. 政策引导意图明显,税收优惠力度空前

国家在税制法规设计中,大力鼓励通过加大研发投入提高研发水平,进而有效解决关键技术领域的核心问题,以实现创新驱动以及产业转型升级的政策意图非常明显。在主要税种中的体现如下。

1) 增值税税制要素的减免税政策规定

为鼓励科学研究和技术开发,促进技术进步,在符合条件的前提下,对内资研发机构和

外资研发中心采购国产设备全额退还增值税;增值税一般纳税人销售其自行开发生产的软件产品,按13%税率征收增值税后,对其增值税实际税负超过3%的部分实行即征即退政策。增值税一般纳税人将进口软件产品进行本地化改造后对外销售,其销售的软件产品可享受上款规定的增值税即征即退政策。

2) 企业所得税税制要素的减免税政策规定

企业研究开发费,未形成无形资产计入当期损益的,在按照规定据实扣除的基础上,再按照研究开发费用的75%加计扣除,形成无形资产的,按照无形资产成本的175%摊销;国家重点扶持的高新技术企业减按15%的税率征收企业所得税;对软件产业和集成电路产业等特殊行业规定了"五免五减半"(国家鼓励的集成电路线宽小于65纳米,且经营期在15年以上的集成电路生产企业或项目,第1年至第5年免征企业所得税,第6年至第10年按照25%的法定税率减半征收企业所得税)、"两免三减半"(国家鼓励的集成电路线宽小于130纳米,且经营期在10年以上的集成电路生产企业或项目,第1年至第2年免征企业所得税,第3年至第5年按照25%的法定税率减半征收企业所得税)等税收优惠政策。

2. 实际涉税业务情况

1) 普遍依据税制法规优惠政策规定,确保研发经费投入占营业收入达到一定比例

在税制法规优惠政策引导下,装备制造业企业研发经费投入力度普遍加大,实际经济业务中,不少企业均确保自身研发经费投入比例符合相关文件对优惠政策的具体规定,以享受税收减免方面的优惠政策。如《财政部 国家税务总局关于进一步鼓励软件产业和集成电路产业发展企业所得税政策的通知》(财税〔2012〕27号)、《财政部 国家税务总局 发展改革委 工业和信息化部关于软件和集成电路产业企业所得税优惠政策有关问题的通知》(财税〔2016〕49号)等文件明确规定,对以单片集成电路、多芯片集成电路、混合集成电路制造为主营业务的集成电路企业,享受企业所得税"两免三减半""五免五减半"优惠政策的同时,年度研究开发费用占营业收入总额比例不得低于6%,其中,企业在中国境内发生的研究开发费用金额占研究开发费用总额的比例不低于60%。为此,实践中不少企业按营业收入的6%以上明确了研发经费投入力度,尤其是部分营业收入增长较快的企业,研发经费绝对额度也保持了快速增长。

2) 研发经费支出结构不尽合理,工资薪金列支所占比例相对偏高

依据《国家税务总局关于研发费用税前加计扣除归集范围有关问题的公告》(国家税务总局公告〔2017〕40号)文件,对研发费用税前加计扣除归集范围明确为人员人工费用、直接投入费用、折旧费用、无形资产摊销费用、新产品设计费、新工艺规程制定费、新药研制的临床试验费、勘探开发技术的现场试验费,其他相关费用(此类费用总额不得超过可加计扣除研发费用总额的10%)六大类别。

实际经济业务活动中,不少规模以下的中小型企业,研发经费支出明细主要为通过工资薪金保险(含五险一金)列支的研发部门人员人工费用支出,其他直接投入费用、无形资产摊销费用、新产品设计费、新工艺规程制定费等占比很少。此外,从研发机构的人员构成看,存在不少学历、学科背景不合理的情况,学科背景相差甚远,行政人员及学历层次偏低的人员占比过高等情况比较常见。而按照《国家税务总局关于研发费用税前加计扣除归集范围有关问题的公告》(国家税务总局公告〔2017〕40号)文件规定,人员人工费用是指"直接从事研

发活动人员的工资薪金、基本养老保险费、基本医疗保险费、失业保险费、工伤保险费、生育保险费和住房公积金,以及外聘研发人员的劳务费用"。直接从事研发活动的人员包括研究人员、技术人员、辅助人员。其中:研究人员是指主要从事研究开发项目的专业人员;技术人员是指具有工程技术、自然科学和生命科学中一个或一个以上领域的技术知识和经验,在研究人员指导下参与研发工作的人员;辅助人员是指参与研究开发活动的技工。外聘研发人员是指与本企业或劳务派遣企业签订劳务用工协议(合同)和临时聘用的研究人员、技术人员、辅助人员。

上述情况反映出不少企业虽然在形式上顺应了国家加大研发投入力度、享受税收减免优惠的政策导向,但是实质上是以比较牵强的方式安排研发部门人员构成,并将其工资薪金支出作为研发经费中的人员人工费用,导致实质性研发经费支出明细结构不尽合理,难以真正实现税制法规政策推动核心技术升级,引导创新驱动的政策调控意图。

3) 研究开发经费会计处理差异明显,通过资本化计入无形资产的情况相差悬殊

装备制造业国内价值链虽然处于全球价值链的中下游位置,但是中低端领域的产业链非常完整,京津冀、长三角、珠三角以及其他一些经济协同发展区域,在某些具体的产业领域都具有贯穿研发、设计、生产、装配、使用等各个环节的完整供应链,某些民族品牌甚至有向全球价值链上游环节攀升的趋势。总体看来,国内价值链不同环节参与企业研究开发经费会计处理差异十分明显:一些有影响的重要品牌或者区域重要企业的研发经费列支收到了积极成效,产生了不少专利、专有技术等无形资产,研发经费通过资本化计入无形资产的比例很高;但是价值链中为数众多的中小型企业的研发经费列支产生的效果则相对有限,研发经费成功形成无形资产进行资本化处理的状况不具备普遍性,在价值链末端甚至有少数企业的研发经费支出基本上是进行费用化处理,连实用新型、外观设计等知识产权的成功获取都很少,反映了研发经费会计处理情况的差异较为悬殊。

4) 不同环节企业都贡献了一定的增值税税负,与企业所得税税负呈现出较强的逆向关联

广阔的市场空间以及完整的产业链体系,使装备制造业各个环节的参与企业都能够基于充足的流转量形成一定的价值流转,尽管不少环节单位投入产生的增长率并不高,但是价值流转量充足的绝对数额,使不同环节企业都贡献了一定的增值税税负。但是,装备制造业价值链中,即便中下游环节的众多企业,一方面因增值率不高影响应纳税所得额的产生,另一方面因受研究开发经费加计扣除、研发部门人员配置及经费投入符合政策规定享受"两免三减半""五免五减半",以及小型微利企业所得税直接减免等税收优惠政策的影响,实际的企业所得税税负总体都比较小,与承担的增值税税负呈现出较强的逆向关联。

11.2.2 现代服务业涉税业务特点

现代服务业是以现代科学技术,特别是以信息技术为主要支撑,建立在新的商业模式、服务方式和管理方法基础上的服务产业,既包括随着技术发展而产生的新兴服务业态,也包括运用现代技术对传统服务业的改造和提升。具体包括基础服务(通信服务和信息服务)、生产和市场服务(金融、物流、批发、电子商务、农业支撑服务以及中介和咨询等专业服务)、个人消费服务(教育、医疗保健、住宿、餐饮、文化娱乐、旅游、房地产、商品零售等)、公共服务

（政府的公共管理服务、基础教育、公共卫生、医疗以及公益性信息服务等）等类别。总体来看，现代服务业大致相当于现代第三产业，主要就是"营改增"之前营业税涵盖的范畴。

现代服务业又可以根据其在价值链中所处不同价值创造环节分为生产性服务业和一般服务业两类。其中，生产性服务业是指需要较高科技含量与技术支撑，为工业技术进步、产业升级和生产效率提高提供保障服务，与工业生产有较高融合程度的现代服务业，典型的如科技信息服务、融资租赁、数控操作系统研发、大数据处理与云计算等行业；而人力资本准入门槛低、具有劳动密集性特点的服务业则被归为一般服务业，典型的如快递、餐饮、住宿、旅游、商品零售等行业。国家税制政策进行"营改增"，就是为了将现代服务业提供的服务纳入增值税进销抵扣环节，完善增值税抵扣链条，促进现代服务业提升科技水平，实现服务业与制造业的深度融合。为此，其具体涉税业务具有以下特点。

1. 税收优惠政策指向明显，具体领域适用面较窄

我国税制法规对现代服务业的引导调节作用指向明显，原来营业税覆盖的七大类服务以及转让无形资产和销售不动产等九大类税目，目前力度大的税收优惠政策仅适用于其中的少数具体领域。

1）增值税税制要素的减免税政策规定

对国家级、省级科技企业孵化器、大学科技园和国家备案的众创空间向在孵对象提供孵化服务取得的收入，免征增值税；一般纳税人提供管道运输服务，对其增值税实际税负超过3%的部分实行增值税即征即退政策；经中国人民银行、银监会或者商务部批准从事融资租赁业务的纳税人中的一般纳税人，提供有形动产租赁服务和有形动产融资性售后回租服务，对其增值税实际税负超过3%的部分实行增值税即征即退政策。此外，对从制造业中分离出来的外包或者单独从事软件开发业务的企业，也适用销售软件产品增值税税负超过3%的部分实行即征即退的优惠政策。

2）企业所得税税制要素的减免税政策规定

企业所得税减免政策的规定方面，也主要是研发经费加计扣除，高新技术企业、技术先进型服务企业享受15%的所得税低税率，以及符合条件的软件企业享受"两免三减半""五免五减半"等政策。但是，这些政策在实际经济活动中主要适用于研发投入力度大、科技研发活动频繁、技术含量高的生产性服务业，覆盖面更为广大的一般服务性企业囿于研发经费投入的有限性，在高新技术企业、技术先进型服务企业认定、研发经费加计扣除等方面实际很少能够享受到企业所得税的政策优惠。

2. 实际涉税业务情况

1）一般性服务业企业实际增值率不高，但是进项税额不足导致增值税税负不合理虚高现象较为普遍

一般性服务业处于价值链的低价值创造环节，但是普遍存在进项税额不足的问题，这是因为：一方面，在一般性服务业企业中人工成本占总成本的比重很高，但是这部分支出往往难以取得增值税进项税发票；另一方面，不同于制造业企业有频繁的原材料、固定资产采购，一般性服务业企业能够得到合法认定的进项税额偏少。导致的结果是，增值税税负不合理虚高，但是类似实际税负超过3%的部分实行即征即退的优惠政策主要适用于少数生产

性服务业,为此,一般性服务业企业不合理地承担了更多的增值税税负。

2)一般性服务业真实利润偏低,但是企业所得税税负相对偏高

一般性服务业企业的成本费用主要在管理费用、服务方案策划成本以及渠道费用等方面,实体货物成本总体不高,这也意味着固定资产和存货相对都比较少,企业通过固定资产加速折旧以及存货计价方法变动能够获得的降低应纳税所得额的空间有限。而且,多数一般性服务业企业没有多少研发费用列支,无法享受研发经费加计扣除带来的企业所得税减税优惠。此外,一般性服务业企业认定为高新技术企业、技术先进型服务企业的可能性也非常小,无法享受按15%的企业所得税低税率带来的税收优惠。

3)一般性服务业企业投资者股利分配政策导致个人所得税税负偏高

一般性服务业企业属于劳动密集型企业,在步入成熟期后,企业价值增速缓慢,股利分配时往往选用高股利分配政策,但是投资者取得的股利分红适用的是20%的比例税率,进而承担的个人所得税税负偏高。

4)生产性服务业企业贡献了较大的增值税税负,但是研发经费资本化处理的情形不突出

部分生产性服务业企业在与制造业密切关联的研发、设计、金融服务等高价值创造环节发挥了积极作用,并为此贡献了较大的增值税税负。但是,我国生产性服务业各行业内部发展不均衡,以规模小的中小企业为主,服务层次及技术含量总体偏低。相当一部分企业研发经费支出没有很有效地形成专利、专有技术等无形资产,会计处理上,研发经费资本化计入无形资产的情况不突出,反映了生产性服务业与制造业的关联度相对较差,对推动制造业转型升级的直接技术支持能力不足。

11.3 税收筹划助推产业链、价值链转型升级的思路

税制法规政策不仅是国家财政意志的体现,而且是通过税收杠杆落实宏观调控目标、促进产业创新发展与技术转型升级的重要手段。税收筹划作为税务会计的重要职能,必须突破定位于某个企业为自己获得最大税收筹划收益的狭隘视角,而应该结合本企业在产业链、价值链中的具体位置,从协调产业链、价值链中企业之间的责、权、利关系出发,进而创造良好的发展生态,共同推动产业链、价值链转型升级,以促进行业和本企业长远发展的角度进行规划。通过税收筹划助推产业链、价值链转型升级的具体思路包括以下几方面。

11.3.1 涵养价值生态维护产业链稳定,避免一己私利破坏价值生态

积极维护产业链的稳定性,涵养良好价值生态,对于整个产业和企业自身的长远发展与转型升级的重要性不言而喻,正所谓"一荣俱荣,一损俱损",如果仅仅从自身一己私利出发,不顾产业链上下游环节的整体利益,甚至破坏整个价值生态,则造成的损害是全局性的,自身所获收益也必定不能长久。

例如,某产业链由 A、B、C、D、E 五个环节的企业(集群)组成,因为各个环节均有较高的

价值创造(假设每个环节的增值率均为50%),为此,从价值链治理的角度看,五个环节参与方责、权、利关系协调具备一定的关系型治理模式特征,产业技术水平较高,有向价值链上游环节攀升的趋势。其简单示意图如图11-2所示。

$$A \Longrightarrow B \Longrightarrow C \Longrightarrow D \Longrightarrow E$$

图11-2 变更前的产业链示意图

这种情形下,假设从A环节投入100元初始投资,那么B环节的销售额为200元,C环节的销售额为400元,D环节的销售额为800元,E环节的销售额为1 600元,整个产业链的增值额为1 500元。各个环节承担的增值税税负分别为(假设各环节适用的增值税税率均为13%)B环节13元、C环节26元、D环节52元、E环节104元,整个产业链自起点至终点产生的增值税税额为195元。

但是,C环节企业测算后,觉得本环节增值率为50%,高于纳税人身份选择的平衡点,为此选择变更为小规模纳税人,不再采用进项税额抵扣法计算缴纳增值税,而是直接适用3%的增值税税率计算缴纳增值税。这样一来,C环节缴纳的增值税为12(400×3%)元,相比变更前自身确实降低了增值税税负14(26−12)元的筹划收益,但是D环节由于不能取得增值税进项税额进行抵扣,D环节缴纳的增值税为104(800×13%−0)元,C环节变更身份的税收筹划导致D环节增加增值税税负52(104−52)元。整个产业链自起点至终点产生的增值税税负为233(195−14+52)元。其简单示意图如图11-3所示。

$$A \Longrightarrow B \Longrightarrow C \cdots\cdots D \Longrightarrow E$$

图11-3 变更后的产业链示意图

也就是说,C环节取得的税收筹划收益,是以将税收负担向D环节大幅度转嫁,并更大程度上增加D环节税收负担来实现的,其出于一己私利不顾及下游环节负担、破坏整个价值生态的负面影响不言而喻,如此一来,D环节不可能长期维持这种状况,其他环节也会相应发生剧烈变动,整个产业链将走向震荡甚至崩溃,价值链向上游环节攀升更无从谈起。

11.3.2 适度技术转移均衡增值率,推动协同创新实现价值链攀升

实际经济发展中,有的产业领域制约产业链、价值链整体转型升级的重要原因是主导企业垄断了核心技术并严格防止技术外溢,导致产业链中其他参与企业无法参与高价值创造环节经营活动,只能被锁定在较低的价值创造环节,这种从属性价值链治理模式阻滞了中下游企业学习分享重要知识、提升技能技术水平。为此,各个环节协同创新水平很低,不能有效推动整个产业链转型升级及推动价值链向中上游环节攀升。从税收筹划的角度看,主导企业适度转移重要技术,通过知识共享及学习增能,可以帮助其他环节企业摆脱技术锁定的不利地位,通过提升技能技术水平增强全链条各环节的协同创新能力,其核心思想是不同环节分享价值创造、均衡过度悬殊的利益分配,进而有利于整个产业链长远健康发展。具体可以采用主导型企业适当转让知识产权,或者通过股权投资促进重要知识转移等方法来达到均衡增值率及利益共享的目的,进而提升产业链协同创新能力。

例如,某产业链中甲环节企业为主导型企业,乙环节企业处于从属地位,甲环节企业垄

断了核心知识与关键技术研发,乙环节企业只能从事简单的组装及辅助配件制造等低价值创造业务。为均衡增值率、共享利益,甲环节企业将部分重要知识产权转让给乙环节企业共享。假设转让前甲环节增值率是60%,乙环节增值率是40%;转让后甲环节增值率并未受损降低,乙环节增值率提高到50%。假设适用的增值税税率为13%。

这种税收筹划思路的益处如下。

(1) 甲环节可享受力度极大的税收优惠政策。

① 技术转让环节免征增值税。

② 技术转让所得符合一定条件的可享受免征、减征企业所得税的税收优惠政策:一个纳税年度内,居民企业转让技术所有权所得不超过500万元的部分,免征企业所得税。超过500万元的部分,减半征收企业所得税。

(2) 乙环节提高了增值率,获得了更大的综合收益。

以投入100元为例:获得转让技术前,乙环节销售额为167元($67 \div 167 \times 100\% = 40\%$)。应纳增值税为$8.71(167 \times 13\% - 100 \times 13\%)$元,假设不考虑期间费用等因素,匡算的应纳企业所得税为$16.75(67 \times 25\%)$元,税后净利润为$50.25(67-16.75)$元。获得技术转让后,乙环节销售额为200元($100 \div 200 \times 100\% = 50\%$)。应纳增值税为$13(200 \times 13\% - 100 \times 13\%)$元,假设乙环节企业被认定为高新技术企业(适用15%的企业所得税税率),且不考虑期间费用等因素,匡算的应纳企业所得税为$15(100 \times 15\%)$元,税后净利润为$85(100-15)$元。

综合考虑,乙环节获得技术转让的收益为:增值税税负增加$4.29(13-8.71)$元,企业所得税税负减少$1.75(16.75-15)$元,税后净利增加$34.75(85-50.25)$元,获得综合收益为$32.21(34.75+1.75-4.29)$元。

(3) 整个产业链由于甲、乙等各个环节协同创新能力的提高而更具潜能和发展前景,增加了推动整个产业链转型升级、促进价值链向中上游环节攀升的可能性。

11.3.3 生产性服务业与制造业深度融合、价值共创,助推产业链升级

税制法规针对服务业的普惠性税收减免优惠政策涉及较少,为此,通过税收筹划使生产性服务业与制造业深度融合,使生产性服务业有效融入产业链的核心环节,在高价值创造环节实现价值共创,可以基于分工与合作的辩证统一助推产业链升级。

具体方法包括生产性服务业与制造业通过适当参股建立股权联系,或者通过建立多方联盟、协商定价、定期会谈、吸引风险投资等机制向关系型价值链治理模式发展。这种情况下,对于生产性服务业企业而言,通过增加设备采购等措施加大研发经费投入力度,一方面可以享受研发机构采购设备全额退还增值税的税收优惠政策,另一方面可以享受所得税计征时研发经费加计扣除,以及认定为技术先进型服务企业享受15%的企业所得税低税率等企业所得税优惠政策;对于制造企业而言,将由本企业承担的非核心服务剥离出去,转为向生产型服务企业购买服务,可以取得合法的进项税额抵扣凭证,进而加大了可抵扣的进项税额以减轻增值税税负。另外,向生产型服务企业转让技术时则可以享受免征增值税以及相关的企业所得税减免税优惠政策。

更具价值的是,促进了生产性服务业与制造业的深度融合,在价值链高价值创造环节可以实现价值共创,通过分散风险、共享收益,价值链中责、权、利分配更加均衡合理,有利于建立稳固的价值链接,进而共同推动产业链转型升级。

【导入案例讨论】

经过本章的学习,我们对于主要产业部门税务会计与税收筹划的主要内容有了一定理解。最后,让我们来逐一回答本章开始"导入案例"中提出的问题。

问题1:从税收筹划的角度看,甲公司是否需要考虑产业链中其他环节企业的责、权、利?

解答:从税收筹划的角度看,甲公司作为该产业链中的主导性企业,有责任协调并合理分配产业链中其他环节企业的税收筹划收益,只有基于合理的利益分配关系,整个产业链才能协同行动、共创价值、共担风险,进而推动产业链转型升级。

问题2:税收筹划推动这三家公司所处产业链转型升级的整体思路是什么?

从税收筹划的角度看,甲公司可以通过技术转让等方式,让部分专有知识在产业链内不同环节共享,促进乙公司提升技术水平向高新技术企业迈进,促进丙公司向生产型服务业转型并成为技术先进型服务企业。甲公司进行技术转让,不仅可以免征增值税,而且在一定条件下可以享受企业所得税的减免优惠政策;乙企业通过提升能力参与技术研发与创新,成为高新技术企业可以享受15%的企业所得税优惠政策,另外,还可以享受研发经费加计扣除,采购研发设备增值税全额退还等税收优惠政策;丙公司向生产性服务业转型,成为技术先进型服务企业可以享受15%的企业所得税优惠政策,进入软件产品研发等特殊领域,还可以享受增值税即征即退、企业所得税直接减免等方面的优惠政策。通过税收筹划,整个产业链不同环节协同创新能力增强,知识产权储备得以更快实现产业化,有利于推动产业链转型升级。

扫描此码

即测即练题

复习思考题

1. 产业价值链有哪几种类型?对税负及会计处理有什么影响?
2. 装备制造业涉税业务有什么特点?
3. 现代服务业涉税业务有什么特点?
4. 税收筹划助推产业链、价值链转型升级的思路是什么?

第12章 税收筹划思路与技巧的系统思考

【学习目标】
1. 理解企业承担的直接税与间接税的总体结构与配比关系。
2. 理解对直接税和间接税进行税收筹划时存在的税务风险差异。
3. 理解不同税种税负对利润表和现金流量表之间依存关系产生的具体影响。
4. 深刻认识整体税收筹划观的意义。

【导入案例】
甲公司是一家成立不久的锂电池生产企业,在国家鼓励发展新能源动力车的宏观产业政策背景下,公司 2021 年业绩有较快增长。但是,在与同行业资产规模、税后净利等财务指标比较接近的乙公司、丙公司进行比较时发现,甲公司的年度税收负担是最重的,2021 年纳税额度比乙公司、丙公司大约分别高出 6%、5%。公司管理高层由此认为财务部门税收筹划工作不得力,并责成财务部门在下一年度加大税收筹划工作力度,尽可能使税收负担降低到与乙公司、丙公司持平的水平。

请思考:
1. 甲公司管理高层认为财务部门税收筹划工作不得力的结论是否客观?
2. 甲公司管理高层认为税收筹划的目标指向是在下一年度使税收负担降低到与乙公司、丙公司持平的水平,是否合理?

12.1 企业直接税与间接税的总体结构及配比关系

12.1.1 企业直接税与间接税的总体结构与配比情况

我国税制设计体现了直接税与间接税并重的思路,其中,直接税与企业或其他纳税主体的经营状况、收益状况密切相关,经营状况、收益状况好则应纳税所得额多,进而负担的直接税也高;经营状况、收益状况差则应纳税所得额少,进而负担的直接税也低,甚至免征,这主要体现在企业所得税、个人所得税等直接税种。而间接税则是以增值税、消费税(特殊货物)等流转税为主,其计税依据主要是流转额,对于企业等纳税主体而言,不论自身实际经营状况、收益状况如何,流转税税负高低只与流转额多少相关,为此,即便是亏损企业,只要实际生产经营的流转额大,则承担的间接税税负相应也多。

但是,我国实际税收占比中,直接税与间接税差异较大,其原因一方面是对我国产业结构现实状况的反映,另一方面与国家运用税收杠杆进行宏观调控时的政策着力点息息相关。

从我国产业结构中一、二、三部门的实际情况看:第一产业的农业部门,集约化程度不高,以初级农产品为主的产业结构决定了该领域的高附加值创造空间相对有限。第二产业的制造业虽然不乏技术密集型、资金密集型企业,但是总体上仍处于价值链的中下游环节,劳动密集型企业依然占有很大比重,在产业链的中低端赚取相对微薄的利润。第三产业的服务业中餐饮、批发、零售、中介等生活性服务行业占比很大,不能创造高附加值,为此,利润空间也相对有限。

再从各类企业实际情况看,我国规模以下的中小型企业在数量上占绝大多数,尤其小型微利企业为数众多,此外,不少大型骨干企业的资产净利率等财务指标可能也并不高。在这样的基本面下,企业所得税不仅计税基础少,而且小型微利企业可以享受减按20%的低税率,以及一定区间内减计应纳税所得额等优惠政策,所以,对大多数企业而言,企业所得税等直接税种的税负一般也不高。即便部分企业具有较高的技术先进性并能够创造更高的附加值,但是我国针对高新技术企业有享受15%低税率的所得税优惠政策,另外,对软件产业、集成电路产业以及其他国家重点扶持发展的领域,《企业所得税法》还规定了"两面三减半""五免五减半"等企业所得税直接减免优惠政策。

由于我国市场空间广阔、经济发展韧性很足,宏观经济基本面总体长期向好,产业领域经济活动非常活跃,各类企业在生产、流通各个环节的参与程度高,各种货物、服务的流转额大,交易频繁,为此,产生的增值税、消费税等间接税税负依然非常可观。基于这种情形,对我国绝大多数企业来说,自身承担的直接税与间接税税负并不平衡,总体上是企业所得税等直接税税负较少甚至为零,但是增值税等间接税税负较多。

【扩展阅读12.1】 我国宏观税负变化

扫描此码

深度学习

12.1.2 政策着力点差异与税务风险

直接税和间接税实际税负的差异,体现了国家运用税收杠杆进行宏观调控的着力点存在区别,并因此带来了不同的税务风险。

1. 所得税以直接调节税负扶持企业发展为主，增值税重在维护抵扣链完整以确保宏观经济有序运行

国家为促进企业微观主体发展，在企业所得税的政策优惠方面有许多翔实规定，运用低税率、直接减免、研发经费加计扣除等各类税收优惠政策，对小型微利企业、高新技术企业、鼓励发展领域的企业都通过减轻企业所得税税负给予了真诚扶持；但是增值税的税制设计及优惠政策，重在维护抵扣链的完整性以确保宏观经济有序运行，因为增值税抵扣链完整蕴含的深层意义，实际上就是维护产业链的完整性和安全性，如果增值税抵扣链被破坏，其后果是切断了产业链不同环节的正常衔接与价值流转，进而危及宏观经济安全。为此，在优惠政策的设计方面，增值税等流转税虽然也有起征点等优惠政策规定，但仅适用于被认定为小规模纳税人的个体工商户，覆盖面比较窄。而内资研发机构购进国产设备全额退还增值税等政策的适用面也非常窄，只是针对研发机构。至于部分行业按13%税率征收增值税后如果实际税负超过3%的，超出部分实行即征即退政策，也是为了消除"营改增"之后部分行业实际税负增加的负面后果。另外，增值税适用的税率几次被调低，基本税率由17%降为16%，再降为13%，其适用对象不是选择性的，而是普惠性的，目的在于降低流转税的整体税负，并不具有直接的行业引导调节效应。总体上看，增值税税制设计重在维护抵扣链的完整性以确保宏观经济有序运行，通过税收优惠政策的杠杆效应调节企业行业经济活动的政策意图相对居于次要地位。

2. 政策着力点差异带来不同税务风险

对直接税和间接税政策着力点的差异，使企业对不同税种进行税收筹划时面临不同的税务风险。具体如下。

1) *增值税税收筹划处置不当可能面临较高税务风险，筹划过程中应有意识地维护抵扣链条的完整性不被破坏*

对增值税进行税收筹划时，应将眼界放到维护抵扣链条完整、避免不当破坏进而影响宏观经济运行的大局下进行，如果囿于最大限度地减轻本环节增值税税负的狭隘眼界，采取转移定价、变更纳税人身份等方法进行税收筹划，可能会因影响抵扣链条的完整性而带来税务风险，进而受到主管税务机关处罚。至于虚开增值税发票、代开增值税发票等违法获利的行为，其直接后果是破坏了产业链的正常衔接并进一步影响宏观经济有序运行，可能因其严重性触犯刑法从而成为犯罪行为。

2) *所得税税收筹划面临的税务风险主要是针对纳税人自身，对宏观经济有序运行的直接影响不大，筹划过程中应积极创造条件依法享受政策红利*

所得税的税收优惠政策体现了明显的杠杆调节的引导效应，主要是在"大众创业、万众创新"等宏观产业政策引导下，一方面是对小型微利企业健康成长的深切呵护，另一方面是对推动转型升级、促进技术创新的真诚扶持。企业在进行所得税的税收筹划时面临的税务风险主要是针对纳税人自身的诚信缺失、偷税漏税受罚等方面的风险，对宏观经济有序运行的直接影响并不大。所以，纳税人应该积极创造条件适用所得税优惠政策规定，依法享受政策红利，进而为自身的长远发展和转型升级积蓄核心资源和技术力量。

12.2 流转税、所得税、财产税、行为税的兼容耦合性及现金流量分析

12.2.1 流转税、所得税、财产税、行为税的兼容耦合性

流转税、所得税、财产税、行为税虽然各自都有具体的征税对象和征税范围,但是它们都是基于纳税人的生产经营活动而产生的,并从不同侧面反映了纳税人涉税业务的实际情况。为此,不同税种之间不是彼此孤立、互不相关的,而是存在着密切的兼容耦合关系。纳税人对此应有系统全面的理解和把握。

1. 流转额是纳税人生产经营的起点和基础,流转税税负为此居于主导性地位

纳税人进行生产经营的基础,是在采购、生产(加工)、销售货物或提供服务等环节都要有正常的业务量,即流转额,流转额过小或流转频次太低,都不足以支撑企业正常的运营发展,也就是说,以业务量为基础的流转额,不仅是流转税产生的前提和基础,直接影响所承担的增值税、消费税、城市维护建设税、教育费附加等流转税(费)税负的高低,而且所得税、财产税、行为税都是以一定的流转额为基础来进行确认和计量的。

2. 足够的流转额是产生可观会计利润的前提,但是所得税税负与流转额并不必然呈现正相关关系

对于正常运营的企业或其他经济组织而言,可观会计利润的产生需要建立在有足够的营业收入基础之上,与足够营业收入相配比的必然是相应的营业成本,也就是在销售、采购等环节都要有足够的业务量或者说流转额,流转额如果过小,则税前会计利润的绝对值也不可能太高。但是,所得税税负与流转额并不必然呈现正相关关系,具体原因在于以下几方面:纳税人可能居于价值链的中下游环节,创造的附加值偏低,即销售毛利率总体比较低;会计利润调整为应纳税所得额时,研发经费加计扣除、公允价值变动损益、固定资产加速折旧等调减应纳税所得额的项目金额较大;小型微利企业及高新技术企业享受了所得税低税率政策优惠;某些国家鼓励发展的特定行业有"两免三减半""三免三减半""五免五减半"等所得税直接减免政策;某些地区为促进区域经济发展,对所得税中的地方支配部分实行税收返还政策等。这使得从逻辑上看,足够的业务量或者说流转额,虽然是产生流转税税负和会计利润的共同前提,但是其对增值税等流转税税负的影响是呈现直接正相关的,而对会计利润而言只是基本前提,其对应纳税所得额以及相应的企业所得税税负的影响还受到各种税制优惠政策的影响,彼此往往并不必然呈现正相关关系。

3. 财产税税负既不能脱离流转额实际情况的影响,又要具有相对的独立性和稳定性

房产税、车船税等财产税,是以用于生产经营的房产和车船等财产作为征税对象,纳税人生产经营过程中的业务量、流转额与需要的生产车间、办公用房等房产面积以及用于载重、运输的各类车船数量,具有一定的相关性。总体而言,生产经营过程中的业务量大、流转

额多,则需要的生产车间、办公用房等房产面积以及用于载重、运输的各类车船数量也相应更多,反之亦然。为此,房产税、车船税等财产税不能脱离纳税人业务量、流转额等实际情况的影响。但是,纳税人一定期间的产能又是相对稳定的,在不发生大规模扩充、削减产能或者兼并、分立等资产重组的情况下,正常的产能波动不会对用于生产经营的房产面积和车船数量产生明显影响,从这一角度看,房产税、车船税等财产税在正常的生产经营年度中,一般又具有相对的独立性和稳定性,较少随业务量波动发生明显变化。

4. 流转额对行为税的影响具有明显的分化性,不同税种税负轻重受影响程度不一

流转额对行为税中的印花税、土地增值税、车辆购置税、城镇土地使用税等税种的影响具有明显的分化性,不同税种税负轻重受影响程度不一。印花税以及房地产企业的土地增值税等行为税明显受到流转额的影响,其税负轻重与流转额大小呈现出明显的正相关性,原因在于:印花税征税对象中各种经济合同的书立,就是以合同所载金额作为印花税计税依据的,市场经济作为法治经济,通过各类经济合同载明交易和事项的金额以及参与各方的权利义务是极其普遍的现象;房地产企业的流转额就体现在国有土地使用权的购买以及开发后房地产的销售金额等方面,尽管土地增值税适用的是四级超率累进税率,但无论适用哪档税率,只有足够的流转额才能产生可观的计税基础。为此,印花税、房地产企业的土地增值税等税种的税负轻重,与业务量、流转额的大小存在着较强的正相关性,受其影响程度高。

但是,流转额对行为税中的车辆购置税、城镇土地使用税等税种的影响则不是特别明显,这些税种的税负轻重受其影响程度不高,原因在于:对生产经营比较正常、稳定的纳税人而言,即便业务量、流转额有一定波动,但是对车辆购置、生产用厂房办公楼改扩建等方面的需求具有一定弹性,业务量、流转额正常波动并不必然要求增加车辆购置及生产用厂房办公楼改扩建等方面的需求,这些税种的税负轻重受流转额的影响程度相对较低。

12.2.2 不同税种税负对利润表与现金流量表逻辑依存关系的影响

不同税种的计税原理存在较大区别,具体涉税业务在进行账务处理时采用的计量、披露方式亦不一致,这种情况会导致不同税种实际税负对利润表与现金流量表的逻辑依存关系产生不同影响。纳税人应基于对这种逻辑依存关系的深刻洞察,统筹安排现金流量以避免因欠税、未及时纳税等情况带来的税务风险。

1. 一般纳税人增值税实际税负会导致利润表与现金流量表较大程度的背离

一般纳税人增值税的计税原理是将纳税人的销项税额减去进项税额,同时增值税是价外税,一般情况下,采购环节的进项税额不计入采购成本,销售环节的销项税额不计入营业收入,为此,进项税额和销项税额既不影响成本又不影响收益,即不对当期损益产生影响,所以,在利润表中没有设计相应项目对增值税税负的实际情况进行披露。但是,增值税是纳税人承担的流转税中的主要税种,并且与其他税种的实际税负存在一定的兼容耦合关系,所以,增值税应税、退税及缴纳情况在现金流量表的"经营活动产生的现金流量"部分有充分披露。正是由于一般纳税人增值税计税原理及计量方法的特性,使利润表与现金流量表对增值税实际税负的反映与披露存在很大背离,两者在直接的逻辑依存关系方面没有得到体现。

当然,一般纳税人在涉及购进环节进项税额不能抵扣、前期已经抵扣的进项税额在后期发生进项税额转出等情形时,也可以通过计入采购成本或管理费用、营业外支出等处理方式影响到当期损益,进而在利润表中有所体现,但是这种情况相对比较偶发,不是常态性的主要业务;小规模纳税人因为不采用进项税额抵扣法计算缴纳增值税,上一环节的销项税额在本环节不予抵扣而是直接计入采购成本,所以,虽然原材料的生产领用会对本期利润产生直接影响,但是销售环节依然作为价外税分开计量,其对当期损益的影响是通过定价的调整来间接发挥作用的。从这一角度看,小规模纳税人的增值税税负不会导致利润表与现金流量表较大程度的背离,但其增值税对利润表的影响,没有直接反映在税金及附加、所得税费用等涉税项目中,而是悄然隐藏在营业成本、营业收入等项目中间接产生影响。

2. 所得税费用在利润表与现金流量表中有较强的逻辑依存关系,但是不同的会计处理方法会产生一定差异

企业所得税的计算缴纳情况在利润表与现金流量表中有较强的逻辑依存关系,分别通过利润表中的"所得税费用"项目,以及现金流量表中经营活动产生的现金流量部分的"支付的各项税费""收到的税费返还"等项目披露,总体表现为较大的一致性。但是,所得税会计的不同处理方法,会对这种依存关系产生不同影响,具体是:采用资产负债表债务法进行所得税会计处理时,因为递延所得税资产、递延所得税负债的存在,利润表中的"所得税费用"项目与现金流量表中"支付的各项税费"项目中实际缴纳的企业所得税会有一定背离;采用应纳税款法进行所得税会计处理时,利润表中的"所得税费用"项目与现金流量表中"支付的各项税费"项目中实际缴纳的企业所得税则有基本的一致性。

3. 消费税、城市维护建设税、教育费附加以及其他主要小税种,在利润表与现金流量表中有较强的直接逻辑依存关系

消费税、城市维护建设税、教育费附加,以及其他主要小税种,在进行涉税业务会计处理时对应缴税费一般均直接记入"税金及附加"账户借方,类似随同消费税应税产品销售的包装物应缴消费税也可能记入"其他业务成本"账户借方等情况相对较少。为此,在利润表中直接设置了"税金及附加"项目对相关税费计算缴纳情况进行披露,在现金流量表中则通过"支付的各项税费""收到的税费返还"等项目进行披露,这些税种的税负情况在利润表与现金流量表中有较强的直接逻辑依存关系,一致性程度很高。

4. 契税、车辆购置税等少数财产和行为税的税负,因为进行资本化会计处理,会导致利润表与现金流量表的背离

契税、车辆购置税等少数行为税,因为作为征税对象购置的房产、车辆等单位价值高、使用周期长,均确认为固定资产进行计量,所以,相应应缴纳的契税、车辆购置税在进行会计处理时一般也予以资本化计入相关固定资产的原值,而不直接计入当期损益。因此,在利润表中对契税、车辆购置税等财产和行为税的税负情况没有直接披露,但是现金流量表中"支付的各项税费"等项目却涵盖了这些税种的税负情况,为此,契税、车辆购置税等少数财产和行为税的税负,会导致利润表与现金流量表的背离。

12.3 整体税收筹划观的思考与构建

税收筹划的表现形式是纳税人在遵守税制法规的前提下,通过对生产经营过程中的涉税业务进行合理规划和安排,达到减轻税收负担、降低税务风险相关目的的系列方法与行动的构思、选取及实施。但是,从税收筹划的实质看,税收筹划则是一项综合性很强的微观经济管理活动,不仅需要将财政、税收、财务、会计、法律、管理、经济等诸多方面的知识融合在统一的分析框架内,而且还应对宏观经济形势、产业发展政策、自身行业地位、生产运营现状有全面的认识和综合考量。为此,构建基于行业状况及自身发展战略的整体税收筹划观,具有重要意义。

12.3.1 税收筹划应审视所处行业整体发展态势及产业链具体情况

充分审视纳税人选择进入的行业的整体发展态势并清楚自身在行业中所处的地位,是构建整体税收筹划观的重要环节。由于税制法规具有明显的宏观调控作用,税收杠杆是国家引导调节产业结构的重要手段,所以,纳税人选择进入的行业将对税收筹划的空间造成极大影响。国家鼓励发展的专、精、特、新等解决技术"卡脖子"问题的领域,以及贴近民生的第一产业绿色发展领域,有效助推产业转型升级的生产性服务业等行业,都会因国家税制优惠政策的不断出台及持续性扶持获得极大的税收筹划空间。但是,选择进入非国家鼓励发展的行业、低附加值的一般性加工业、普通服务业、科技含量低的劳动密集型产业、某些高耗能的夕阳产业等领域,则国家税制优惠政策的实施空间极为有限,除宏观经济下滑等情况下为纾缓企业困境实施的普惠性税收延迟缴纳、减免等政策外,较难获得有针对性的税收优惠政策红利。

另外,纳税人在行业产业链中所处的实际地位,也是构建整体税收筹划观的关键因素。现代市场经济条件下,以完善的基础设施、高效的物流与供应链管理、强大的信息传输能力为基础,在行业内部实施专业化分工与协作,行业内部企业分居于产业链的不同环节,共同推动产业链有序运行已经成为基本的经济运行模式。但是,产业链不同环节企业的价值创造有高有低,地位有主有次,产业链接环节有的紧密有的松散,处于高价值创造环节、主导地位的企业与处于低价值创造环节、次要地位的企业进行税收筹划的空间有很大差异,前者通过议价、转移定价、间接控制等方式降低风险、平衡税负的可能性大,而后者迫于制度压力接受这种安排的特点较为明显。此外,产业链接较为松散的环节由于可替代性强,也会对具体企业的整体税收筹划思路与空间形成制约。总体而言,纳税人不能脱离自身在产业链不同价值创造环节的具体位置,以及与上下游环节链接的紧密程度来构想税收筹划方案,从维护产业链完整性及有序运行的角度,一定程度上接受产业链内部非正式的制度性安排,摒弃仅从自身利益最大化的角度来构思税收筹划方案,是相对理性的选择。

12.3.2 税收筹划目标应服从纳税人的整体战略发展目标

尽可能降低税负并化解税务风险,是税收筹划的现实目标,但是将这一目标置于纳税人的整体战略发展目标之下看,某些具体情境下两者指向可能并不一致。这种情况下,税收筹划目标应基于更大的格局,服从纳税人的整体战略发展目标。

比如,在公开资本市场中,上市公司通过增发新股实现优化资本结构、有效扩充产能的战略意图较为常见,但是依据《中华人民共和国证券法》《中华人民共和国公司法》等法规规定以及证券监管部门要求,公司增发新股必须有较好的盈利能力且近三年应连续盈利。为此,纳税人为符合政策及监管要求,有必要放弃一些类似固定资产加速折旧及具体存货计价方法的选用等税法允许的做法,以增加规定会计期间的会计利润进而承担更高的企业所得税税负。再如,某些物流便捷、基础设施完备的产业园区对入驻企业在土地划拨等方面有非常优惠的政策与配套设施,但是对入驻企业进行遴选时会有"亩均税收贡献度"等考察指标,为此,企业发展战略(如定位)为争取成功入驻园区以获得长期的政策红利支持,势必要使自身在前期的税收贡献居于行业内较高水平,这样处理虽然牺牲了一定时期内本可以获取的税收筹划收益,但是能够换取更大的战略发展空间,并在后续的长期发展中获得持续支持,不断发展与壮大。

12.3.3 税收筹划应与企业生命周期生产运营完整流程相结合

纳税人投资于某一行业,一般均有一定的生命运营周期,这在公司章程及工商注册登记中都会有具体体现。资金筹资、生产运营准备、正常生产运营、资金回收、股利分配等基本业务流程,在初创期、发展期、稳定期、收缩期、清算期等不同生命周期发展阶段有不同的运营特点,税收筹划应与整个生命周期不同阶段生产运营的完整流程紧密结合起来,以避免"只见树木不见森林"的局促视野。

比如,当纳税人企业处于初创期时,为在激烈的市场竞争中生存下来需要尽快提高市场占有率,为此,此阶段可能会集中专注于业务量或者流转额的最大限度增加,同时这种情况下往往又伴随较低的定价策略,其资金运营特点是增值税等流转税税负会产生大量的现金流支付需求,但是营业收入带来的现金流入往往不能满足这种需求,税收筹划的着力点应该是尽可能延缓增值税纳税义务的确认时间,进而获得资金的时间价值;处于发展期的企业,重点应提高生产服务的附加值,努力向着依靠科技进步实现创新驱动的目标迈进,为此,这一阶段针对企业所得税计算缴纳业务中的研发经费加计扣除、高新技术企业认定、先进服务型企业认定等方面的谋划应该是税收筹划的重点。同时,还有必要兼顾研发中心购买国产设备的增值税全部退还等流转税涉税业务的税收筹划;处于稳定期的企业,应对自身业务进行精细化深耕运营,在专、精、特、新等精细化领域占据一定地位,为此,这一阶段税收筹划的侧重点,应是保持稳定的研发投入力度及创新能力,同时在国家鼓励的特定领域获得认证,进而直接享受"两免三减半""三免三减半""五免五减半"的所得税直接减免政策;处于收缩期的企业,往往在市场竞争中已经丧失主动性,或者所处产业已经受到国家宏观调控政策的某些限制,其税收筹划的重点应是在可预见的期间,尽快完成固定资产、无形资产等长期资产的价值补偿,加快对存货等流动资产的周转,同时对造成较大财务负担的非主要业务进行资产重组予以剥离,进而降低流转额及企业所得税应纳税所得额,达到减轻流转税及所得税税负的目的;处于清算期的企业,有经营期到期停止经营清算与破产清算不同情形,前者有可能在足额偿还债务之后,投资者再分得一定的财产,其税收筹划的侧重点是尽快变现资产,同时避免增加投资者的所得税税负。后者往往处于资不抵债的财务状况,虽然企业在尽力清偿债务之后投资者已没有剩余财产可供分配,但是在清偿债务及安置员工的过程中,严格依循法律公平对待债务人并妥善安置员工,进而降低税务风险,树立良好社会形象,则是税收筹划工作的侧重点。

12.3.4 税收筹划应秉持终身学习理念,全面把握税制法规的变化调整

税收筹划必须以税制法规为准绳,税制法规虽然具有较强稳定性和刚性,但是随着宏观经济形势的发展变化、国家产业政策的调整、税收征管方式的变革,国务院财政、税务以及其他相关主管部门会不断出台新的涉税政策及具体文件,税收筹划人员对税制法规的学习不是一劳永逸的,开展税收筹划应秉持终身学习理念,全面把握税制法规变化调整步伐,及时更新知识结构,深刻理解政策走向,在不断的学习积累中改进完善税收筹划思路,避免因跟不上政策发展变化而遭受重大损失或引发税务风险。

例如,国家为鼓励软件产业和集成电路产业发展,对符合条件的软件企业和集成电路企业所得税规定了"两免三减半""五免五减半"等直接减免政策,但是按照《财政部 国家税务总局关于进一步鼓励软件产业和集成电路产业发展企业所得税政策的通知》(财税〔2012〕27号)规定,相关企业享受这种税收优惠政策前应该先获得财税主管部门的符合条件资格认定。但是该项政策实施几年之后,为贯彻国务院出台的《国务院关于取消和调整一批行政审批项目等事项的决定》(国发〔2015〕11号)和《国务院取消非行政许可审批事项的决定》(国发〔2015〕27号)等文件精神,国家税务总局于2015年出台的《国家税务总局关于发布企业所得税优惠政策事项管理办法的公告》(国家税务总局公告〔2015〕76号),取消了对税收优惠符合条件资格认定这一前置规定的要求,改为由企业向税务机关提交备案资料的备案制,即企业先享受税收优惠政策,再由省级税务部门转请同级发展改革委、工业和信息化厅进行事后核查。对经核查不符合条件的,由税务部门追缴已经减免的企业所得税,并按照税收征管法的规定进行处理。现实操作中就有此前未能获得税收优惠资格认定的企业没有及时知晓政策的变化并深刻理解政策内涵,直至2020年才了解到相关政策已于几年前发生变化,由此认为自身条件早已符合所得税减免条件,并就其错过的2015年起就应享受的"两免三减半""五免五减半"等政策提出行政复议。但是"从开始盈利的第一年度起享受该等所得税减免政策"中的第一年,不会因为企业对政策变化的后知后觉而相应后延,且政策规定追溯应享受的减免税年限仅为3年,即追溯到2017年为止,为此这种行政复议行为难以获得预期效果,甚至有可能因迟延纳税而被行政处罚。类似这种不能秉持终身学习理念,对税制法规政策的变化调整未能及时跟进并深刻理解的情况,有可能给纳税人带来极大损失并引发税务风险。

【导入案例讨论】

经过本章的学习,我们对于整体税收筹划观有了较深刻的理解。最后,让我们来逐一回答本章开始"导入案例"中提出的问题。

问题1:甲公司管理高层认为财务部门税收筹划工作不得力的结论是否客观?

解答:甲公司管理高层仅依据与资产总额、净利润等指标接近的另外两家公司的比较,就认为财务部门税收筹划工作不得力的结论并不客观。因为甲公司是成立不久的企业,与乙公司、丙公司可能处于不同的生命周期发展阶段,在研发机构建设、研发经费投入力度、产业链中所处的位置、业务流转额的大小、地方政府财政补贴等方面都存在很大差异,不结合这些因素进行具体分析,难以得出该公司财务部门税收筹划工作不得力的结论。

问题2:甲公司管理高层认为税收筹划的目标指向是在下一年度使税收负担降低到与乙公司、丙公司持平的水平,是否合理?

解答:甲公司管理高层认为税收筹划的目标指向是在下一年度使税收负担降低到与乙公司、丙公司持平的水平,并不合理。因为甲公司是锂电池行业的新进入者,该行业目前发展很快,其战略定位应该是尽可能提高市场占有率以及提升在产业链中的位置。为实现这一战略意图,甲公司可能应尽力增加业务流转额或定位于适应中高端需求,这会导致短期内承担相对偏高的税负,尤其是增值税等流转税税负。公司税收筹划指向应该服从这种战略以利于企业的长远发展,而不应将短期内最大限度降低税负作为最关键的税收筹划目标。

扫描此码

即测即练题

复习思考题

1. 我国运用税收杠杆进行宏观调控时,对直接税和间接税的政策着力点有什么不同?
2. 各类税种的税负之间存在怎样的兼容耦合性?
3. 不同种类税负对利润表和现金流量表之间的依存关系会造成什么影响?
4. 应从哪些方面构思整体税收筹划观?

参 考 文 献

[1] 盖地.税务会计与纳税筹划[M].15版.大连:东北财经大学出版社,2021.
[2] 中国注册会计师协会.税法[M].北京:中国财政经济出版社,2021.
[3] 中国注册会计师协会.会计[M].北京:中国财政经济出版社,2021.
[4] 东奥会计在线.2021年注册会计师考试应试指导及全真模拟测试 税法[M].北京:北京科学技术出版社,2021.
[5] 梁文涛,耿红玉.税务管理及筹划[M].大连:东北财经大学出版社,2021.
[6] 盖地.税务筹划[M].7版.北京:高等教育出版社,2019.
[7] 王怡,任妙丹.税务会计[M].北京:北京师范大学出版社,2019.
[8] 蔡昌,李梦娟,阴长霖,等.税收筹划理论、实务与案例[M].2版.北京:中国人民大学出版社,2018.
[9] 贺志东.企业会计准则操作实务[M].4版.北京:电子工业出版社,2015.

教师服务

感谢您选用清华大学出版社的教材！为了更好地服务教学，我们为授课教师提供本书的教学辅助资源，以及本学科重点教材信息。请您扫码获取。

》 教辅获取

本书教辅资源，授课教师扫码获取

》 样书赠送

会计学类重点教材，教师扫码获取样书

 清华大学出版社

E-mail：tupfuwu@163.com
电话：010-83470332 / 83470142
地址：北京市海淀区双清路学研大厦 B 座 509

网址：https://www.tup.com.cn/
传真：8610-83470107
邮编：100084